# TROUBLE IS MY BUSINESS

Jiro Taniguchi
Natsuo Sekikawa

## 6 Das Ende der Sorgen



書読 schreiber&leser

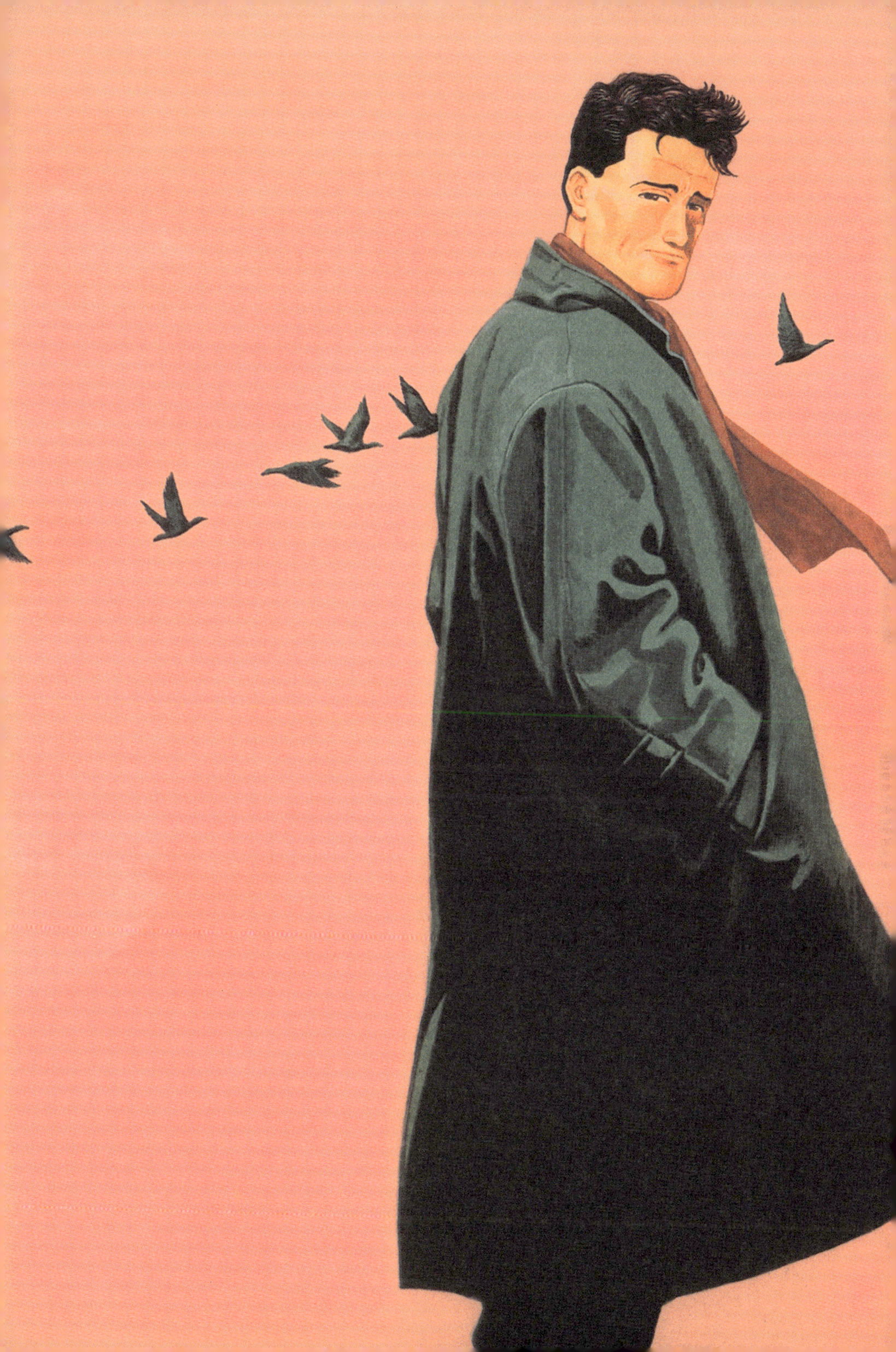

# Inhalt

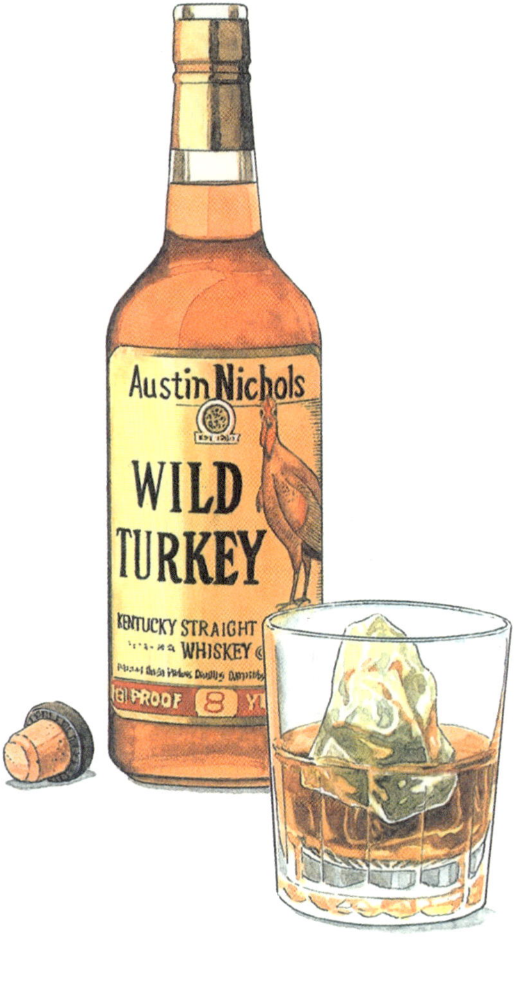
Austin Nichols
WILD
TURKEY
KENTUCKY STRAIGHT
WHISKEY

# TROUBLE IS MY BUSINESS

## Kapitel 38
# Der Herbst des Schnüfflers

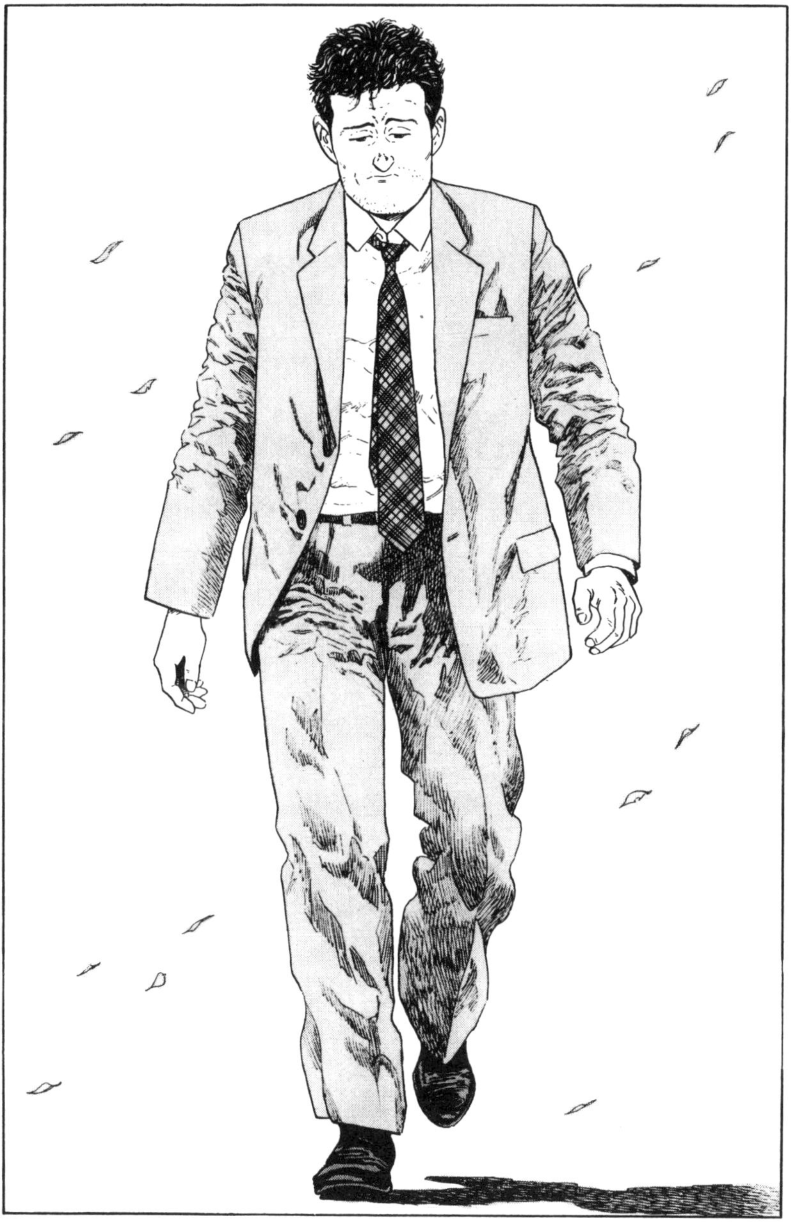

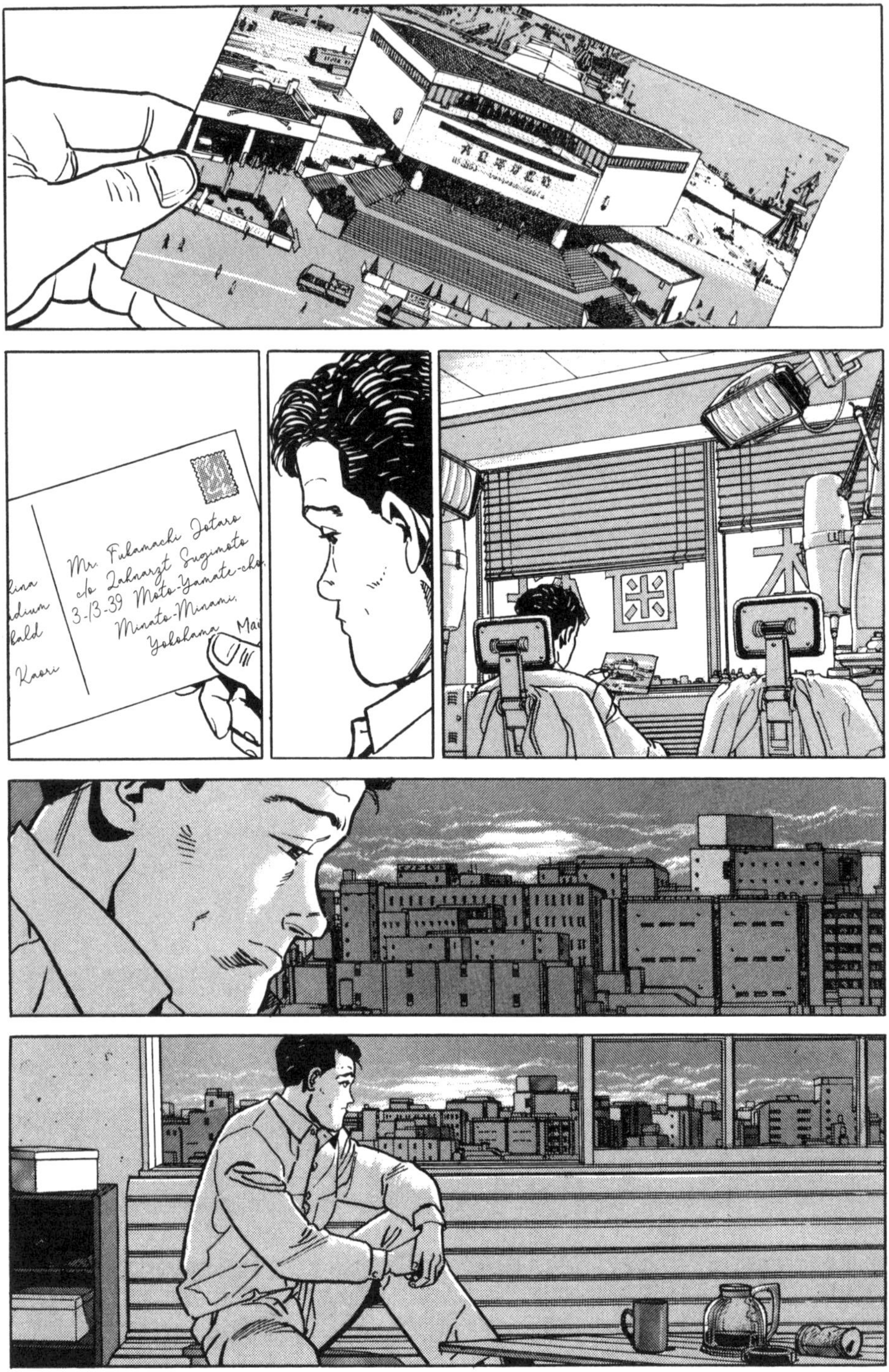
Mr. Fukamachi Jotaro
c/o Zahnarzt Sugimoto
3-13-39 Moto-Yamate-cho,
Minato-Minami,
Yokohama

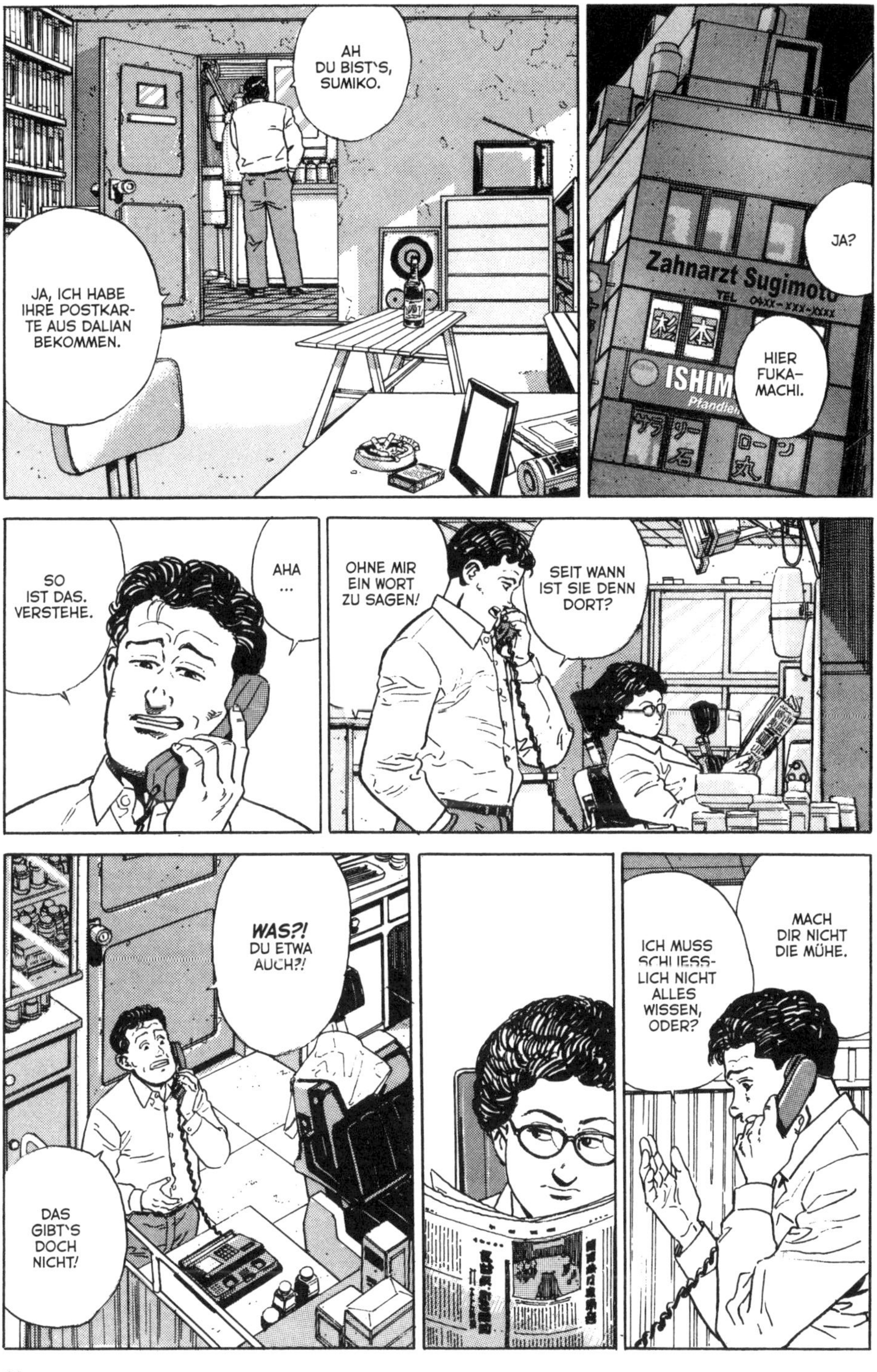
AH DU BIST`S, SUMIKO.
JA, ICH HABE IHRE POSTKARTE AUS DALIAN BEKOMMEN.
Zahnarzt Sugimoto
JA?
HIER FUKAMACHI.
SO IST DAS. VERSTEHE.
AHA ...
OHNE MIR EIN WORT ZU SAGEN!
SEIT WANN IST SIE DENN DORT?
WAS?! DU ETWA AUCH?!
DAS GIBT`S DOCH NICHT!
ICH MUSS SCHLIESSLICH NICHT ALLES WISSEN, ODER?
MACH DIR NICHT DIE MÜHE.

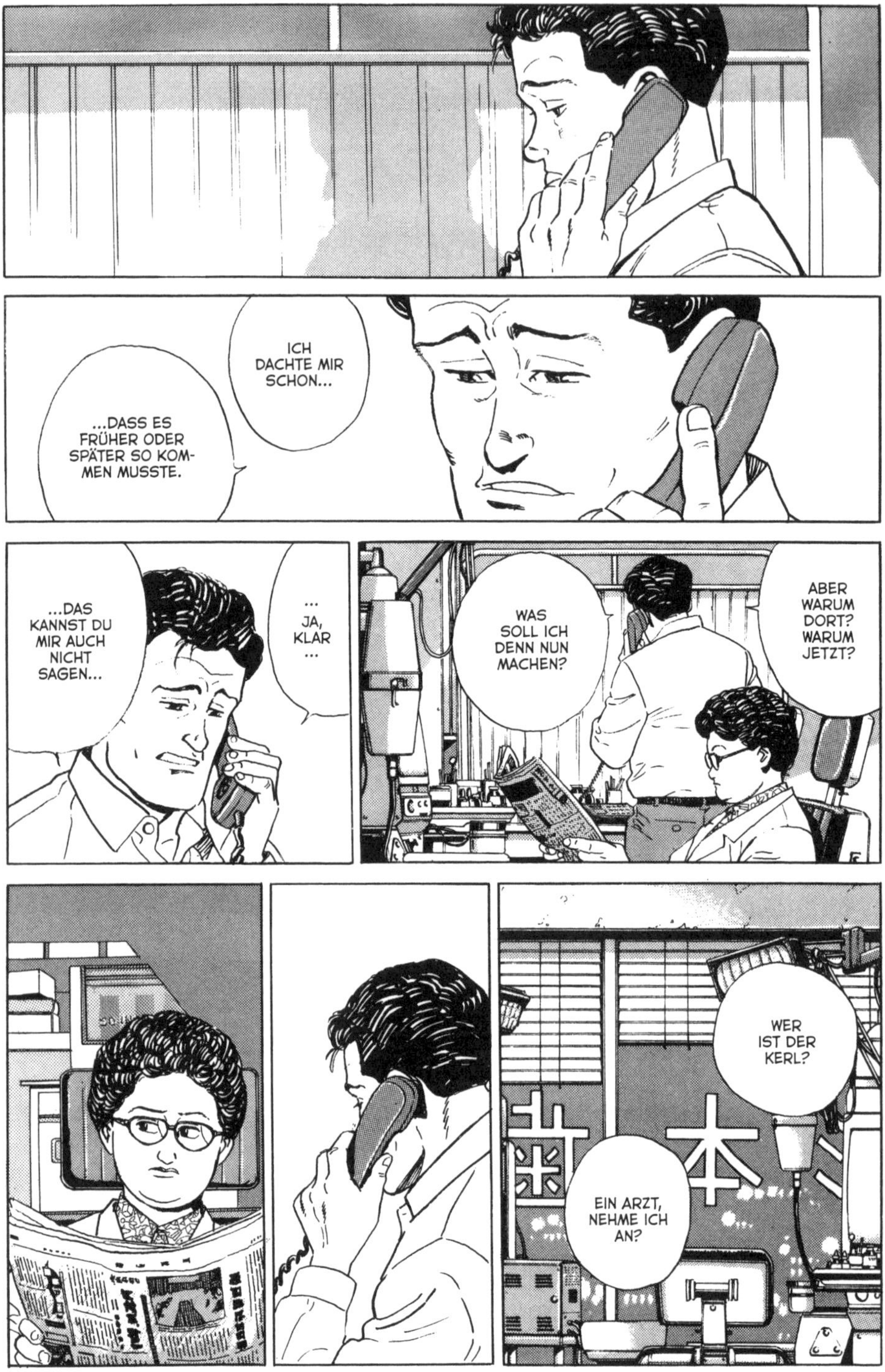
ICH DACHTE MIR SCHON...
...DASS ES FRÜHER ODER SPÄTER SO KOMMEN MUSSTE.
ABER WARUM DORT? WARUM JETZT?
WAS SOLL ICH DENN NUN MACHEN?
...JA, KLAR...
...DAS KANNST DU MIR AUCH NICHT SAGEN...
WER IST DER KERL?
EIN ARZT, NEHME ICH AN?

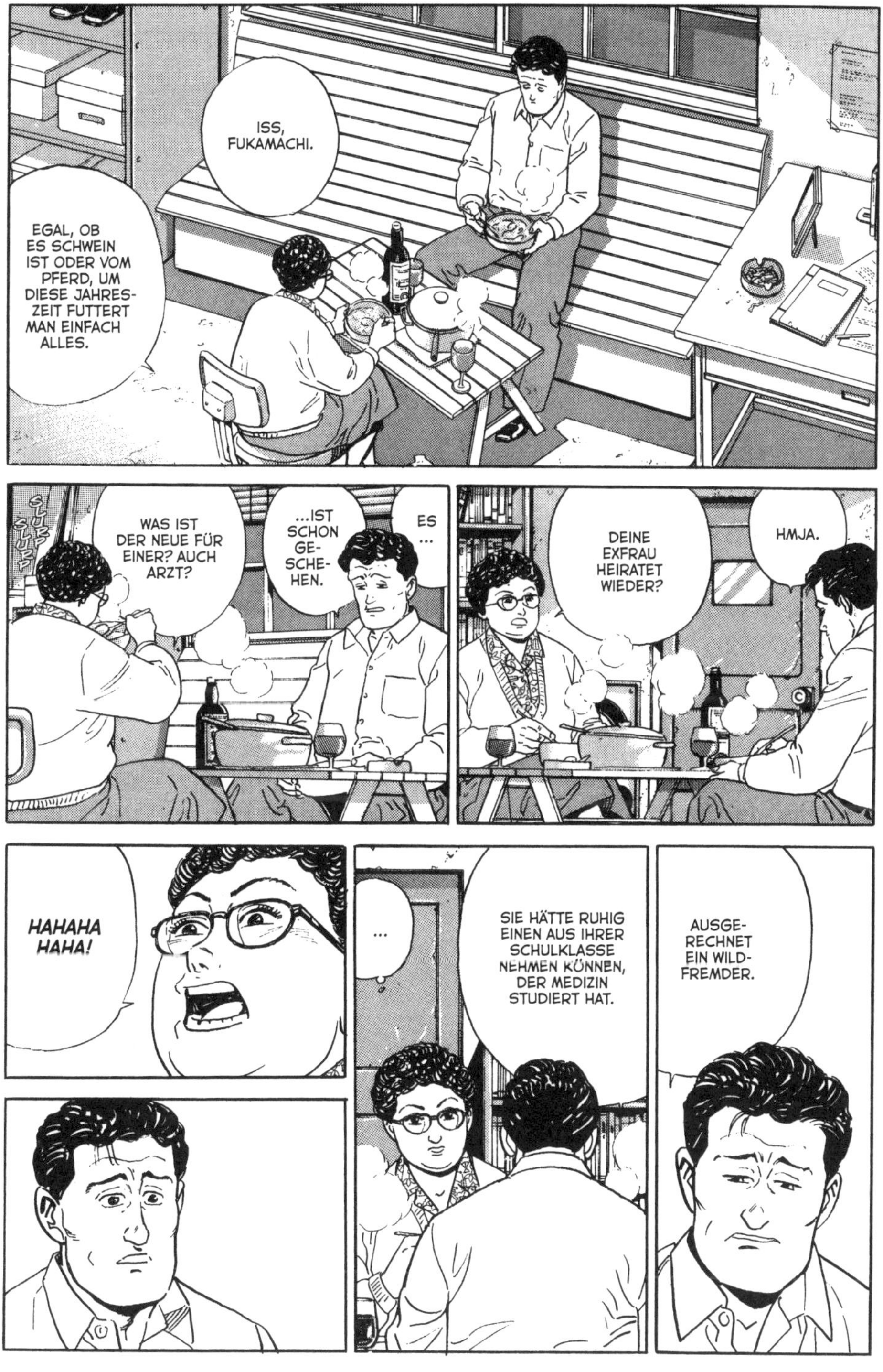
ISS, FUKAMACHI.
EGAL, OB ES SCHWEIN IST ODER VOM PFERD, UM DIESE JAHRESZEIT FUTTERT MAN EINFACH ALLES.
SLURP SLURP
WAS IST DER NEUE FÜR EINER? AUCH ARZT?
...IST SCHON GESCHEHEN.
ES ...
DEINE EXFRAU HEIRATET WIEDER?
HMJA.
HAHAHA HAHA!
...
SIE HÄTTE RUHIG EINEN AUS IHRER SCHULKLASSE NEHMEN KÖNNEN, DER MEDIZIN STUDIERT HAT.
AUSGERECHNET EIN WILDFREMDER.

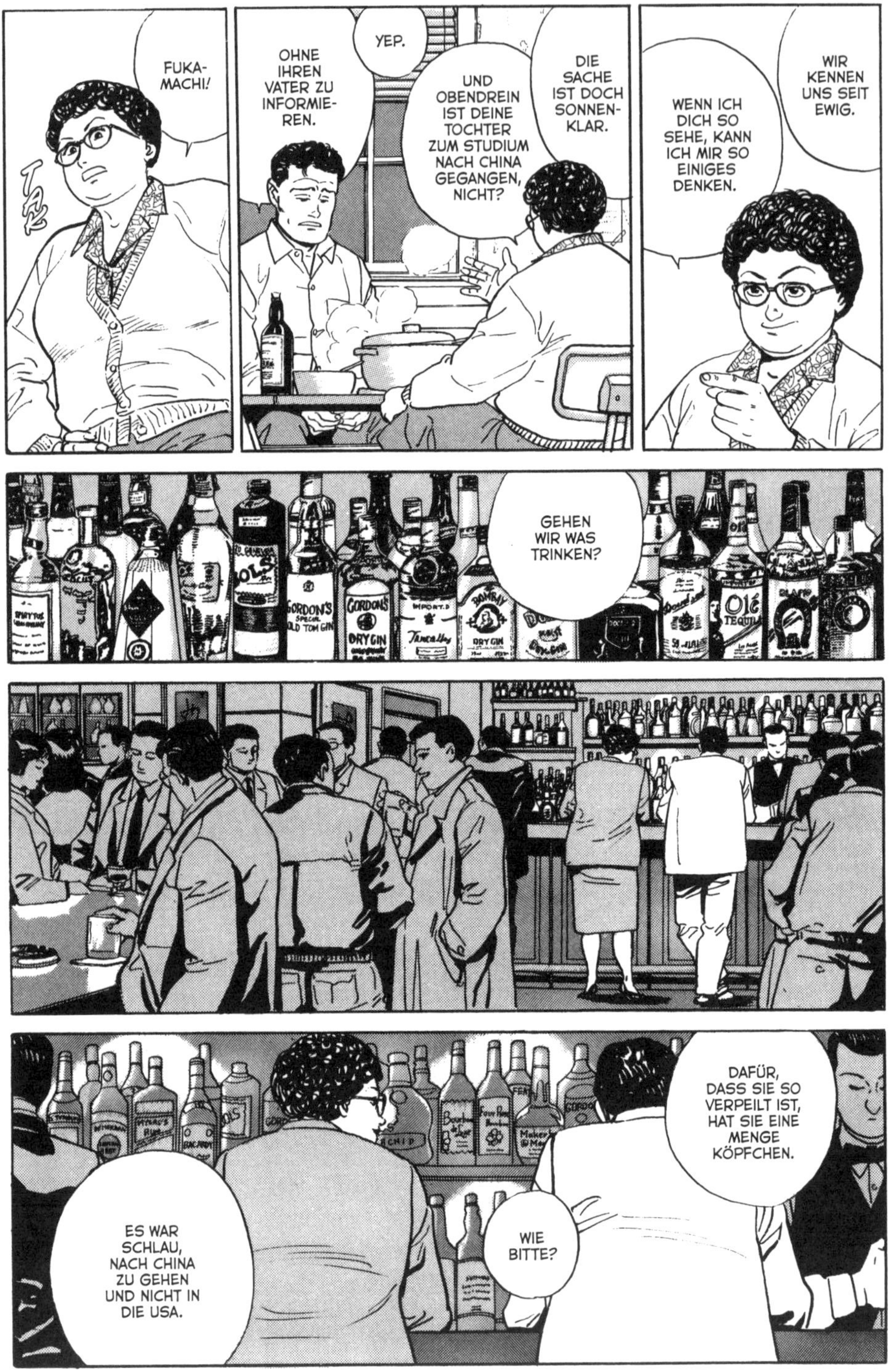
FUKA-MACHI!
OHNE IHREN VATER ZU INFORMIEREN.
YEP.
UND OBENDREIN IST DEINE TOCHTER ZUM STUDIUM NACH CHINA GEGANGEN, NICHT?
DIE SACHE IST DOCH SONNENKLAR.
WIR KENNEN UNS SEIT EWIG.
WENN ICH DICH SO SEHE, KANN ICH MIR SO EINIGES DENKEN.
GEHEN WIR WAS TRINKEN?
DAFÜR, DASS SIE SO VERPEILT IST, HAT SIE EINE MENGE KÖPFCHEN.
WIE BITTE?
ES WAR SCHLAU, NACH CHINA ZU GEHEN UND NICHT IN DIE USA.

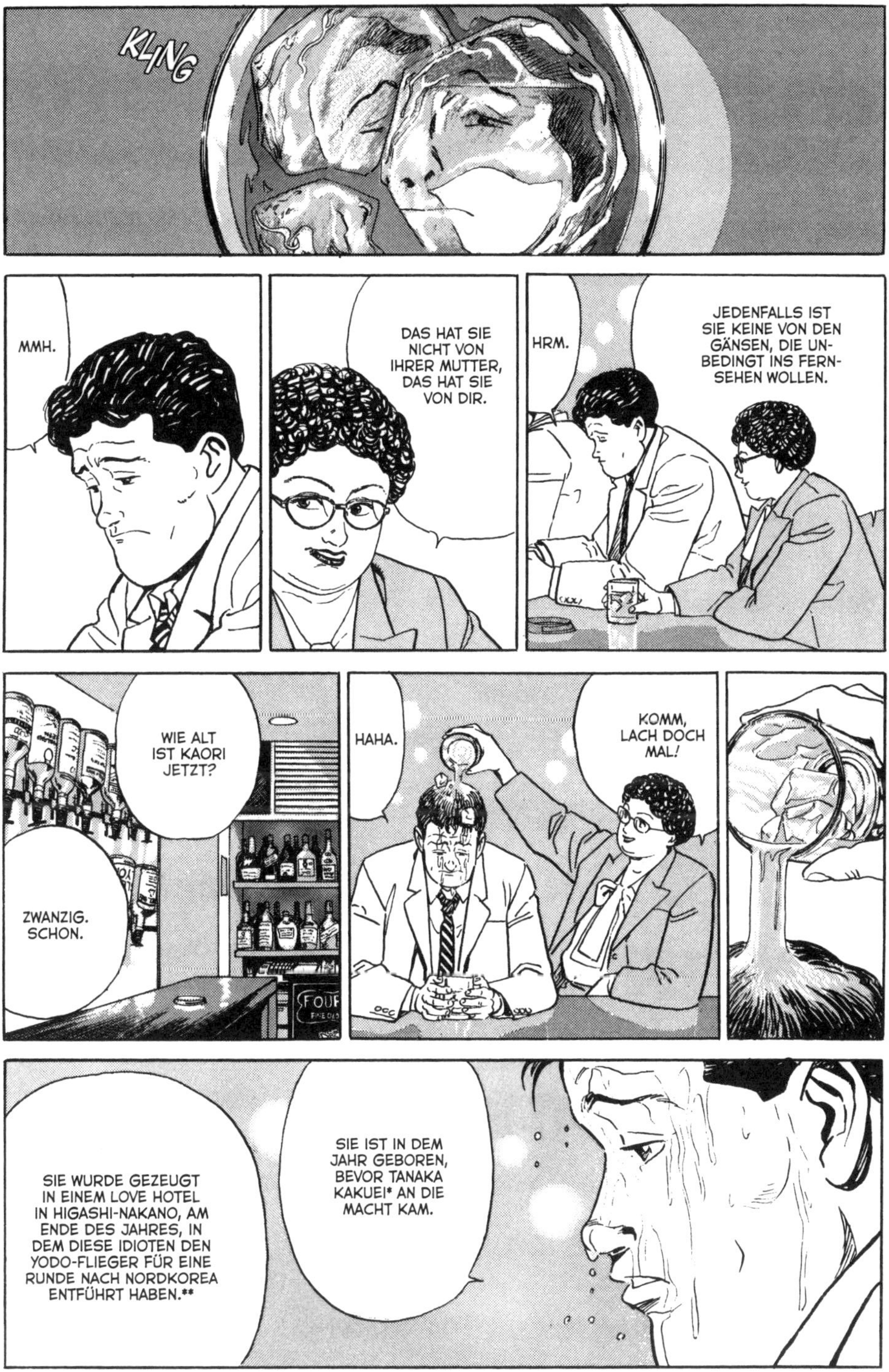


*Japanischer Premierminister 1972 - 1974, wurde nach der Lockheed-Schmiergeldaffäre zum Rücktritt gezwungen. **am 31. März 1970 entführten Mitglieder der RAF (Red Army Faction) eine Maschine der Japan Airlines auf einem Inlandsflug nach Nordkorea.

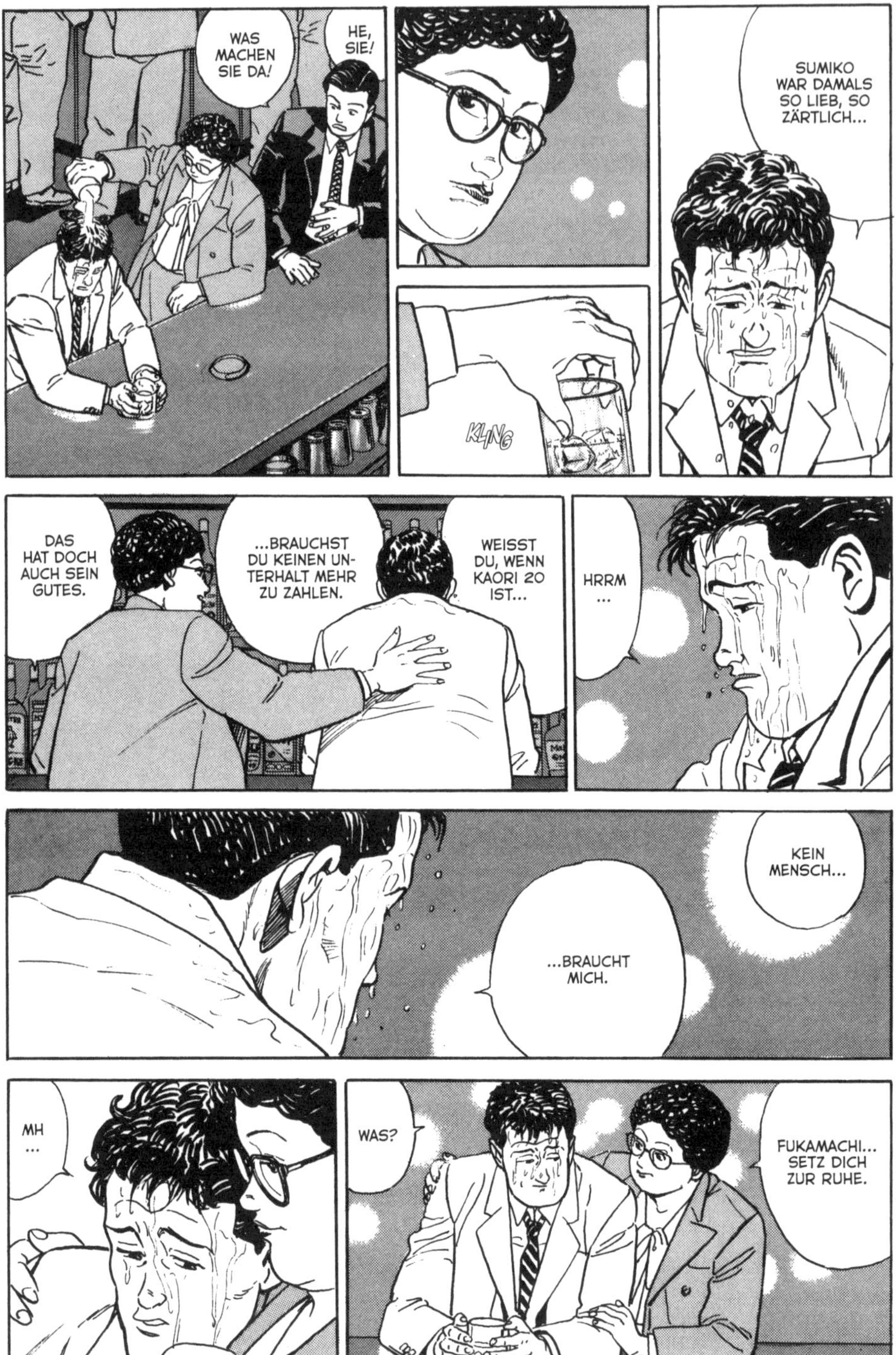
SUMIKO WAR DAMALS SO LIEB, SO ZÄRTLICH...
KLING
HE, SIE!
WAS MACHEN SIE DA!
HRRM ...
WEISST DU, WENN KAORI 20 IST...
...BRAUCHST DU KEINEN UNTERHALT MEHR ZU ZAHLEN.
DAS HAT DOCH AUCH SEIN GUTES.
KEIN MENSCH...
...BRAUCHT MICH.
FUKAMACHI... SETZ DICH ZUR RUHE.
WAS?
MH ...

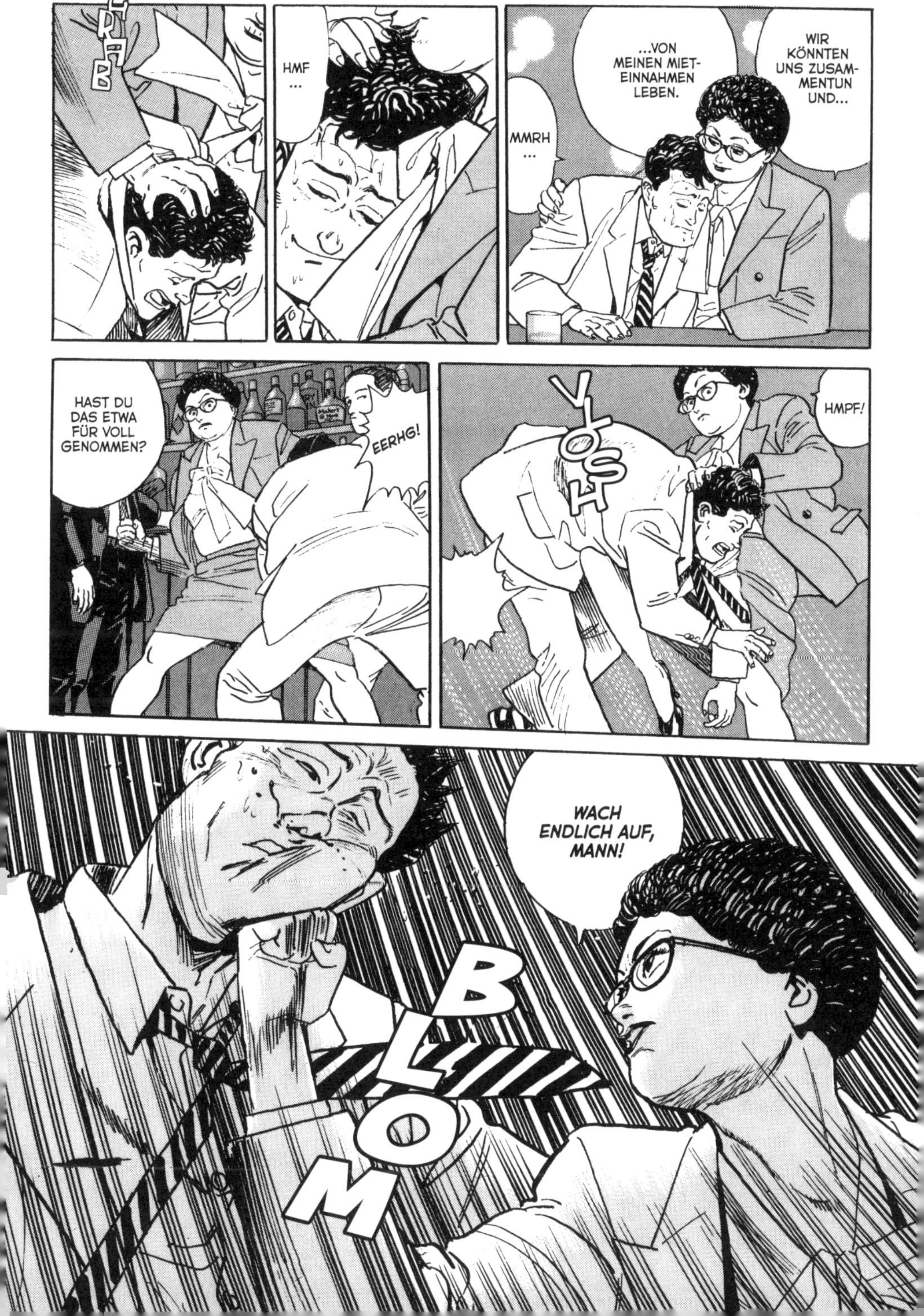
GRAB
HMF ...
WIR KÖNNTEN UNS ZUSAMMENTUN UND...
...VON MEINEN MIETEINNAHMEN LEBEN.
MMRH ...
HMPF!
VOSH
EERHG!
HAST DU DAS ETWA FÜR VOLL GENOMMEN?
WACH ENDLICH AUF, MANN!
BLOM

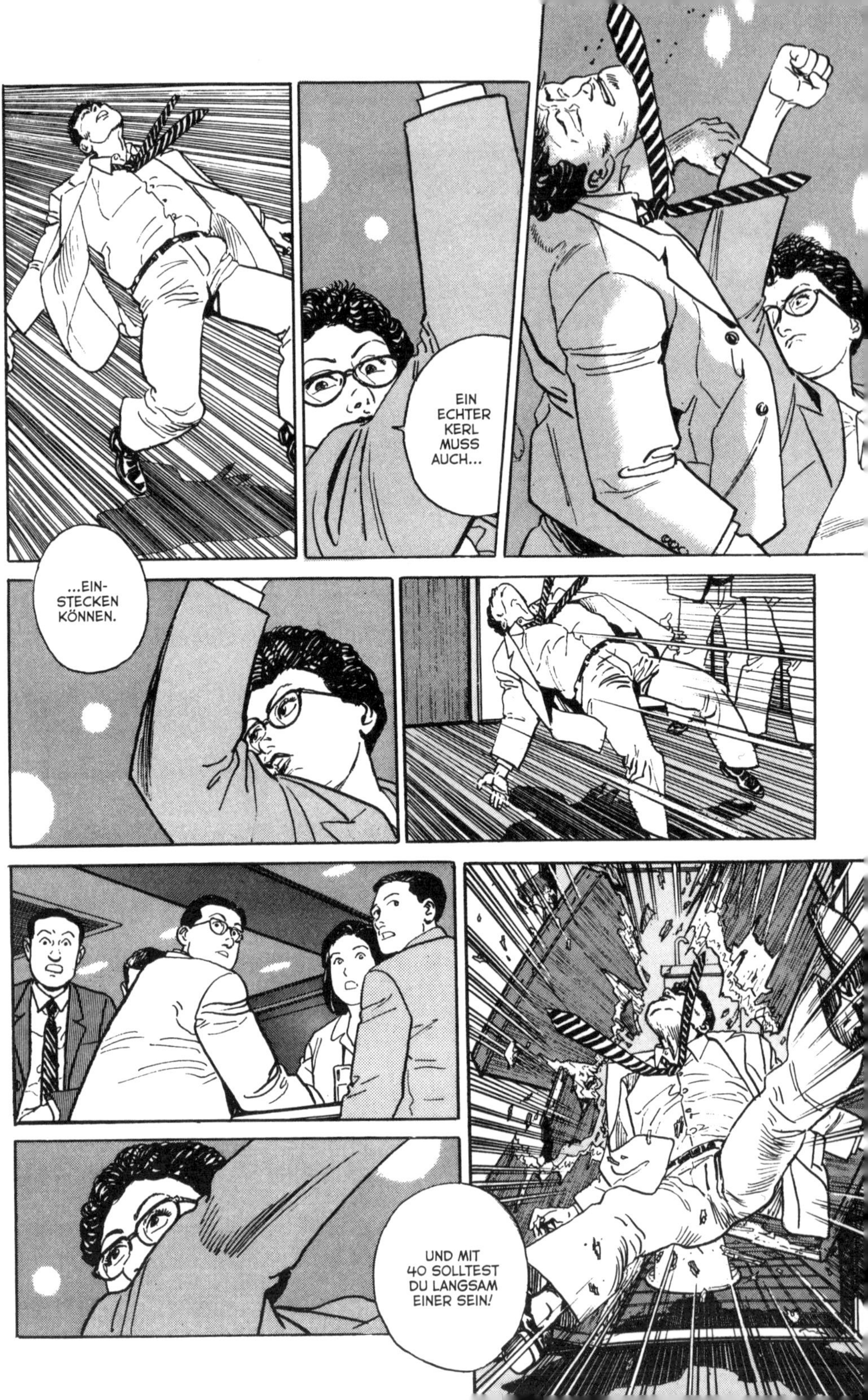
EIN ECHTER KERL MUSS AUCH...
...EIN-STECKEN KÖNNEN.
UND MIT 40 SOLLTEST DU LANGSAM EINER SEIN!

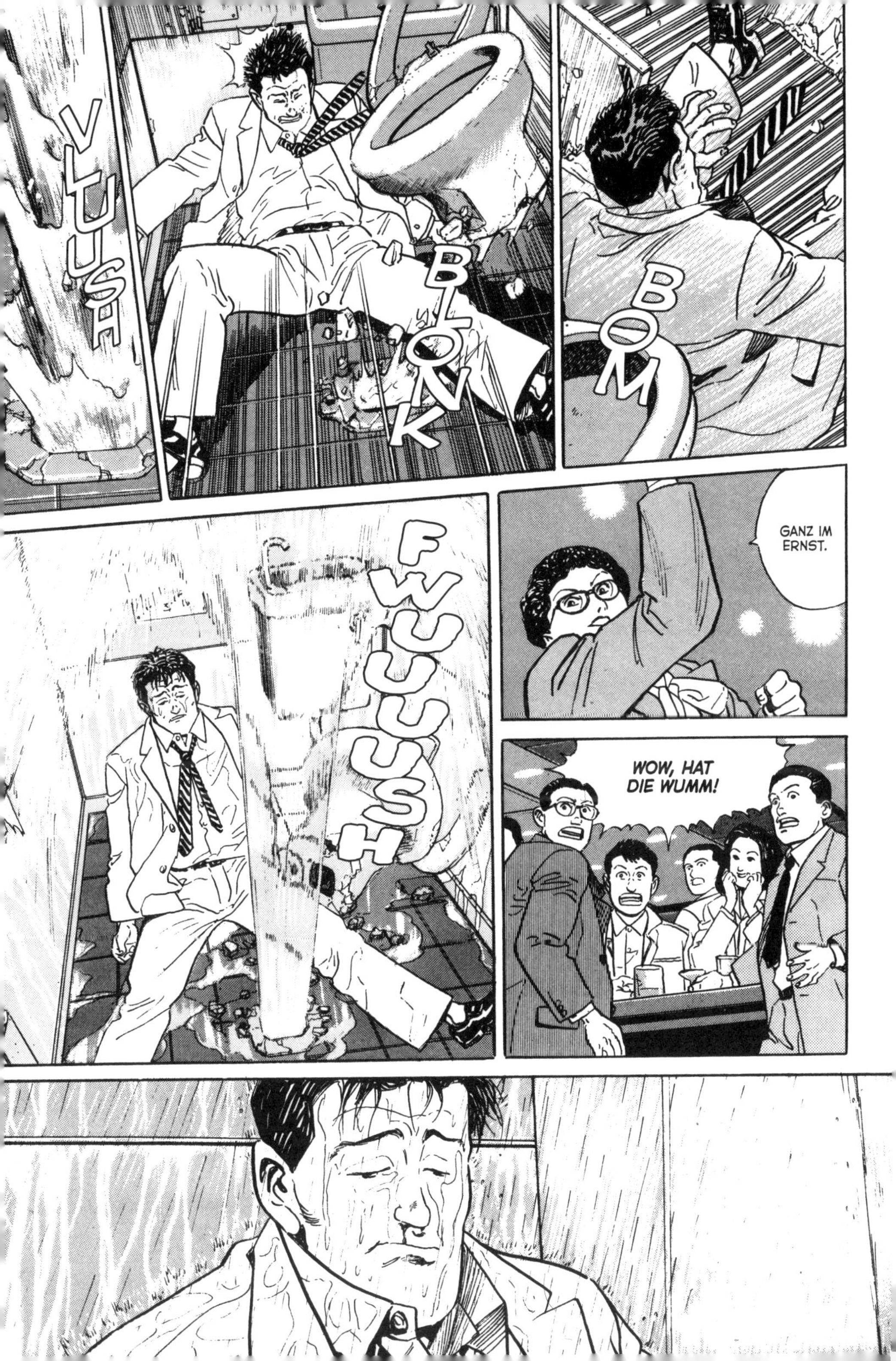
VLUUSH
BLONK
BOM
FWUUUUUSH
GANZ IM ERNST.
WOW, HAT DIE WUMM!

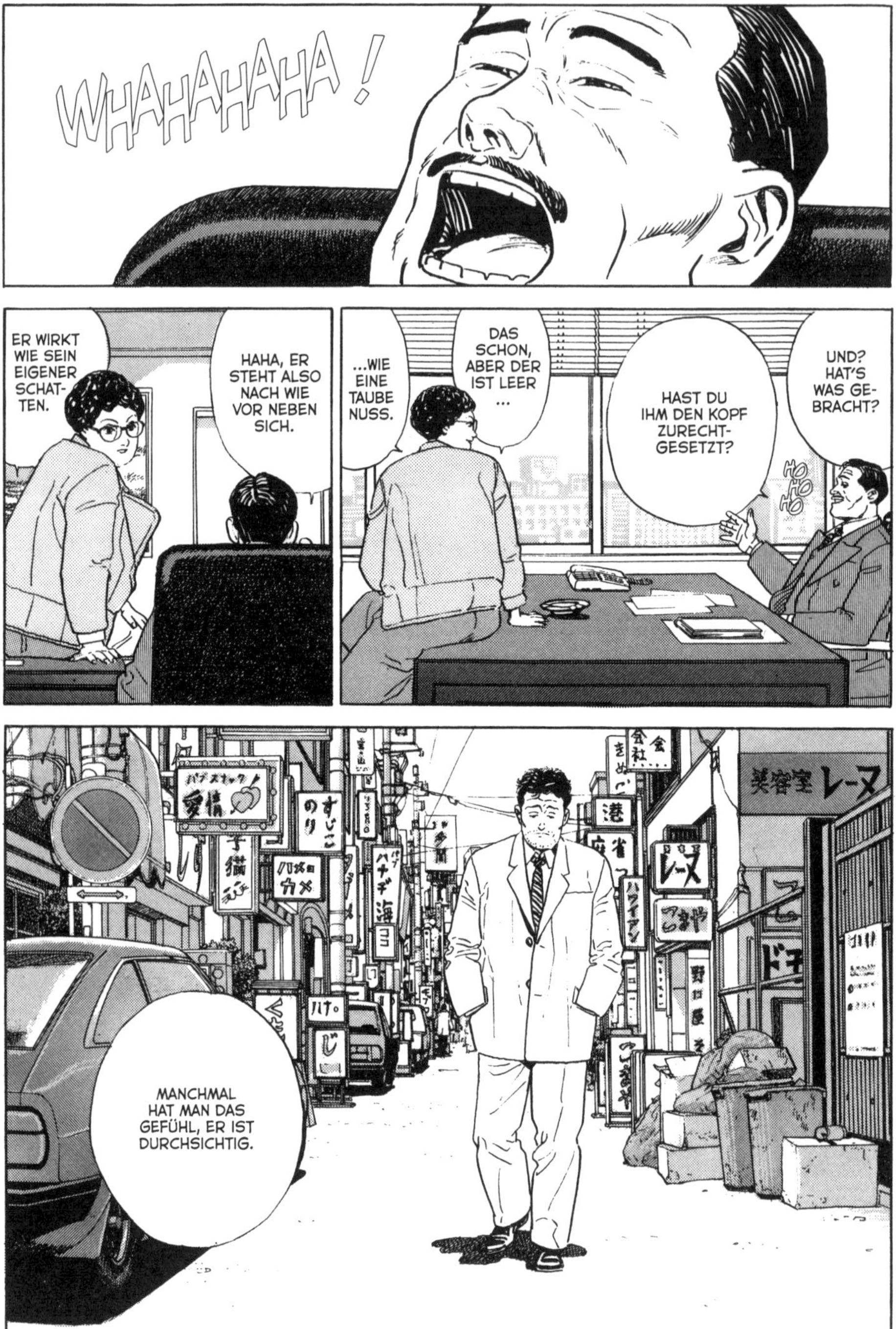
WHAHAHAHA!
UND? HAT'S WAS GE-BRACHT?
HASS DU IHM DEN KOPF ZURECHT-GESETZT?
HO HO HO
DAS SCHON, ABER DER IST LEER ...
...WIE EINE TAUBE NUSS.
HAHA, ER STEHT ALSO NACH WIE VOR NEBEN SICH.
ER WIRKT WIE SEIN EIGENER SCHAT-TEN.
MANCHMAL HAT MAN DAS GEFÜHL, ER IST DURCHSICHTIG.

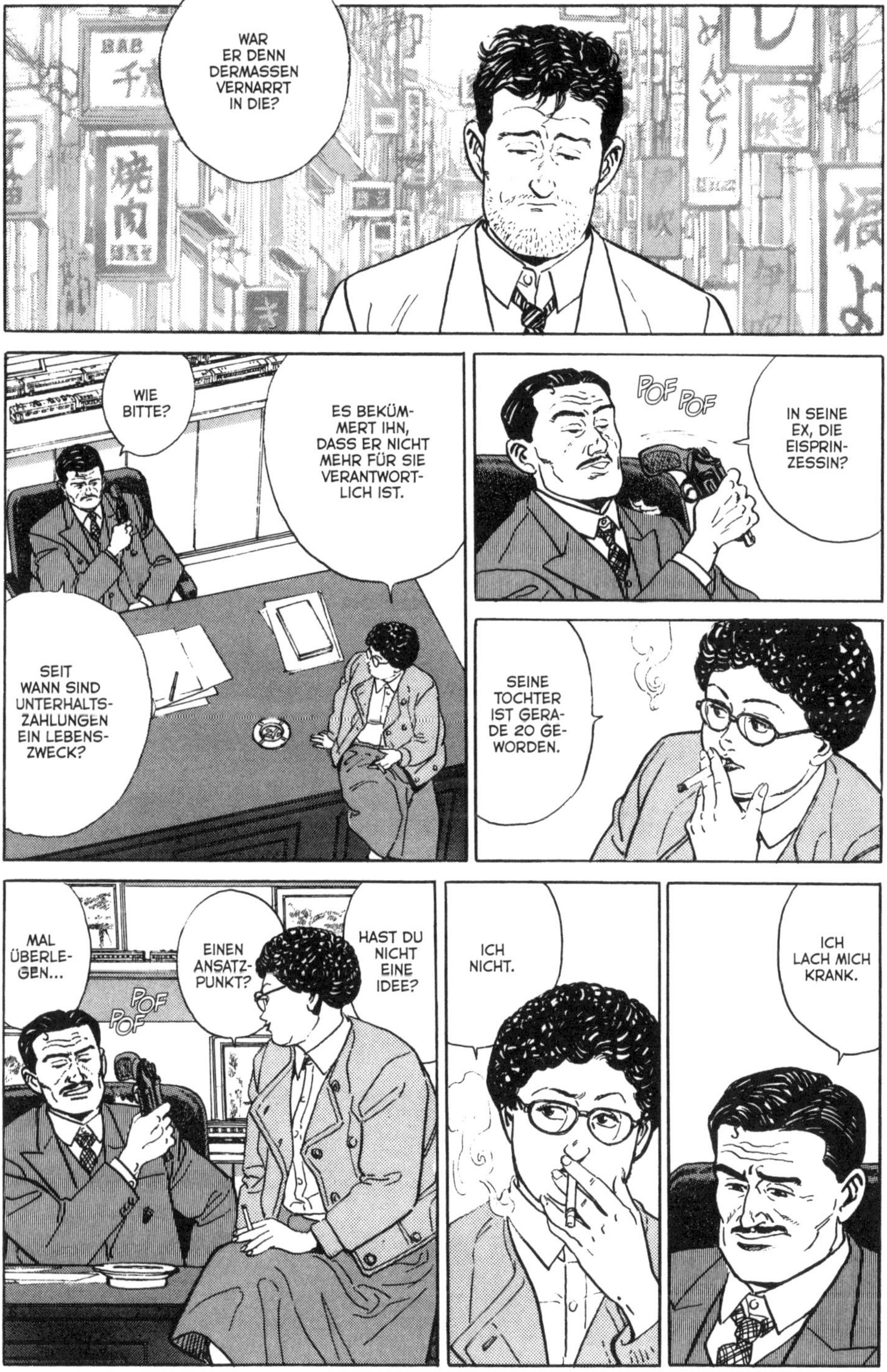
WAR ER DENN DERMASSEN VERNARRT IN DIE?
POF POF
IN SEINE EX, DIE EISPRINZESSIN?
ES BEKÜMMERT IHN, DASS ER NICHT MEHR FÜR SIE VERANTWORTLICH IST.
WIE BITTE?
SEIT WANN SIND UNTERHALTSZAHLUNGEN EIN LEBENSZWECK?
SEINE TOCHTER IST GERADE 20 GEWORDEN.
ICH LACH MICH KRANK.
ICH NICHT.
HAST DU NICHT EINE IDEE?
EINEN ANSATZPUNKT?
POF POF
MAL ÜBERLEGEN...

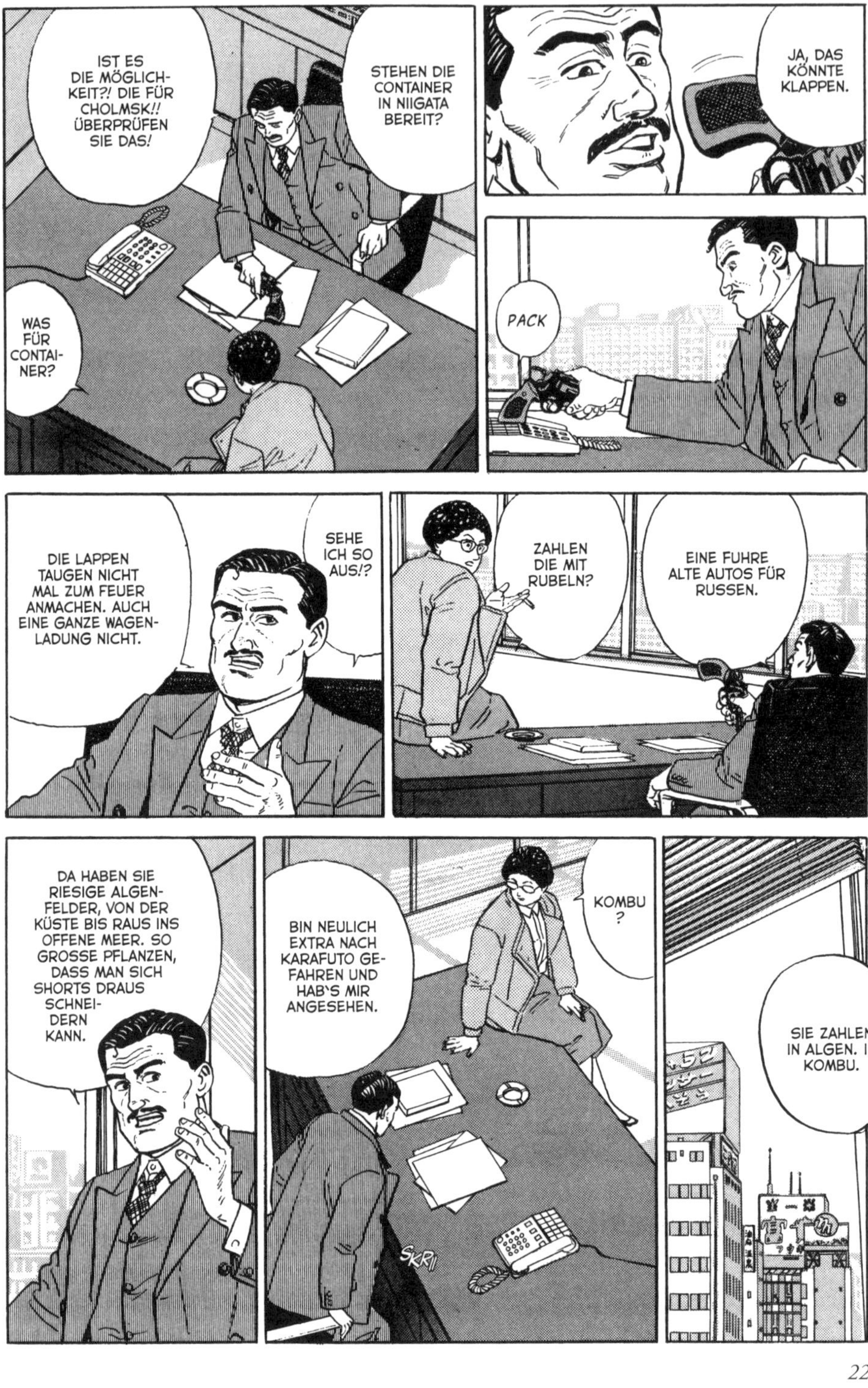

JA, DAS KÖNNTE KLAPPEN.
PACK
STEHEN DIE CONTAINER IN NIIGATA BEREIT?
IST ES DIE MÖGLICHKEIT?! DIE FÜR CHOLMSK!! ÜBERPRÜFEN SIE DAS!
WAS FÜR CONTAINER?
EINE FUHRE ALTE AUTOS FÜR RUSSEN.
ZAHLEN DIE MIT RUBELN?
SEHE ICH SO AUS!?
DIE LAPPEN TAUGEN NICHT MAL ZUM FEUER ANMACHEN. AUCH EINE GANZE WAGENLADUNG NICHT.
SIE ZAHLEN IN ALGEN. IN KOMBU.
KOMBU ?
BIN NEULICH EXTRA NACH KARAFUTO GEFAHREN UND HAB'S MIR ANGESEHEN.
SKRII
DA HABEN SIE RIESIGE ALGENFELDER, VON DER KÜSTE BIS RAUS INS OFFENE MEER. SO GROSSE PFLANZEN, DASS MAN SICH SHORTS DRAUS SCHNEIDERN KANN.

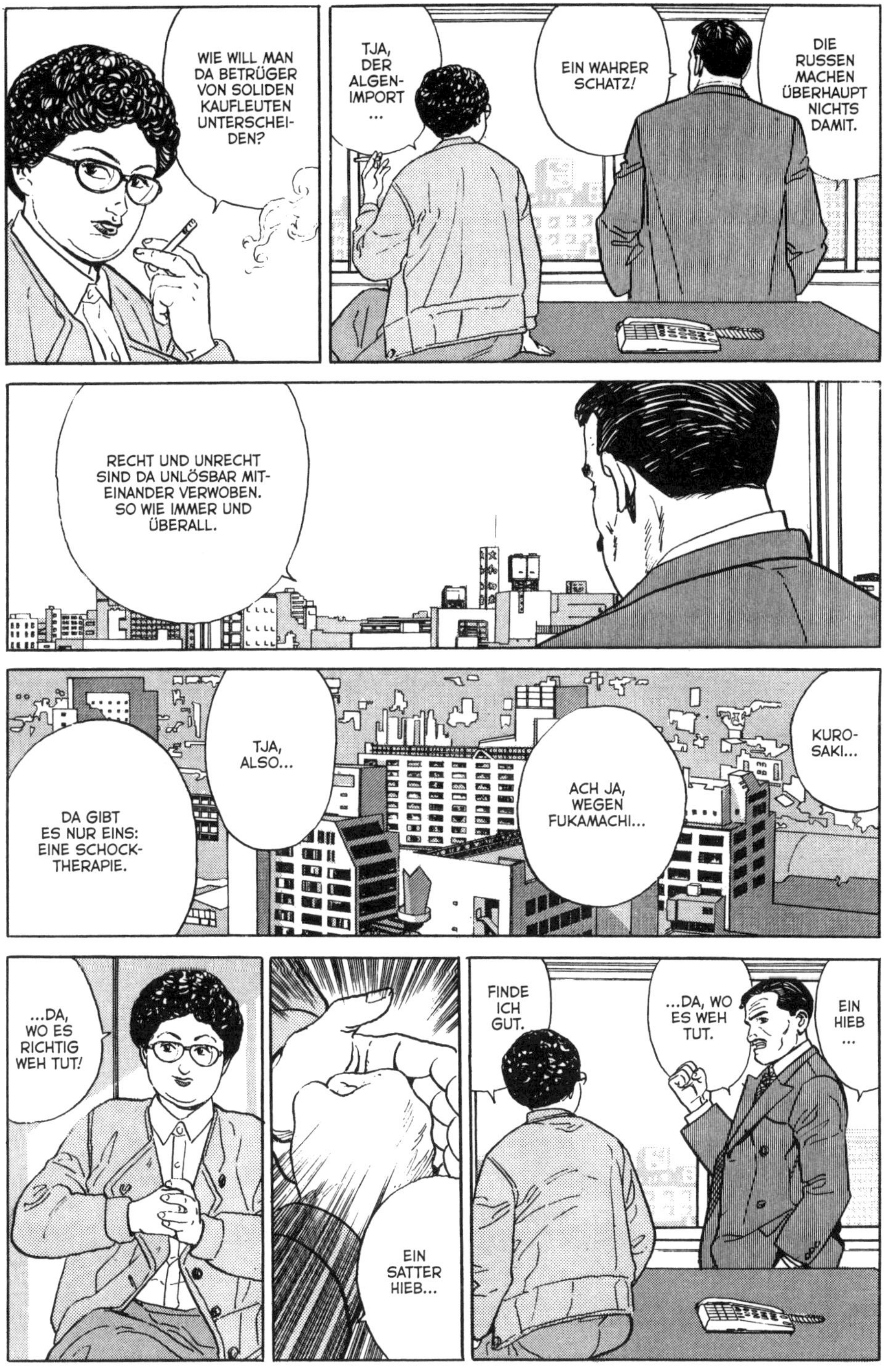
DIE RUSSEN MACHEN ÜBERHAUPT NICHTS DAMIT.
EIN WAHRER SCHATZ!
TJA, DER ALGEN-IMPORT ...
WIE WILL MAN DA BETRÜGER VON SOLIDEN KAUFLEUTEN UNTERSCHEI-DEN?
RECHT UND UNRECHT SIND DA UNLÖSBAR MIT-EINANDER VERWOBEN. SO WIE IMMER UND ÜBERALL.
KURO-SAKI...
ACH JA, WEGEN FUKAMACHI...
TJA, ALSO...
DA GIBT ES NUR EINS: EINE SCHOCK-THERAPIE.
EIN HIEB ...
...DA, WO ES WEH TUT.
FINDE ICH GUT.
EIN SATTER HIEB...
...DA, WO ES RICHTIG WEH TUT!

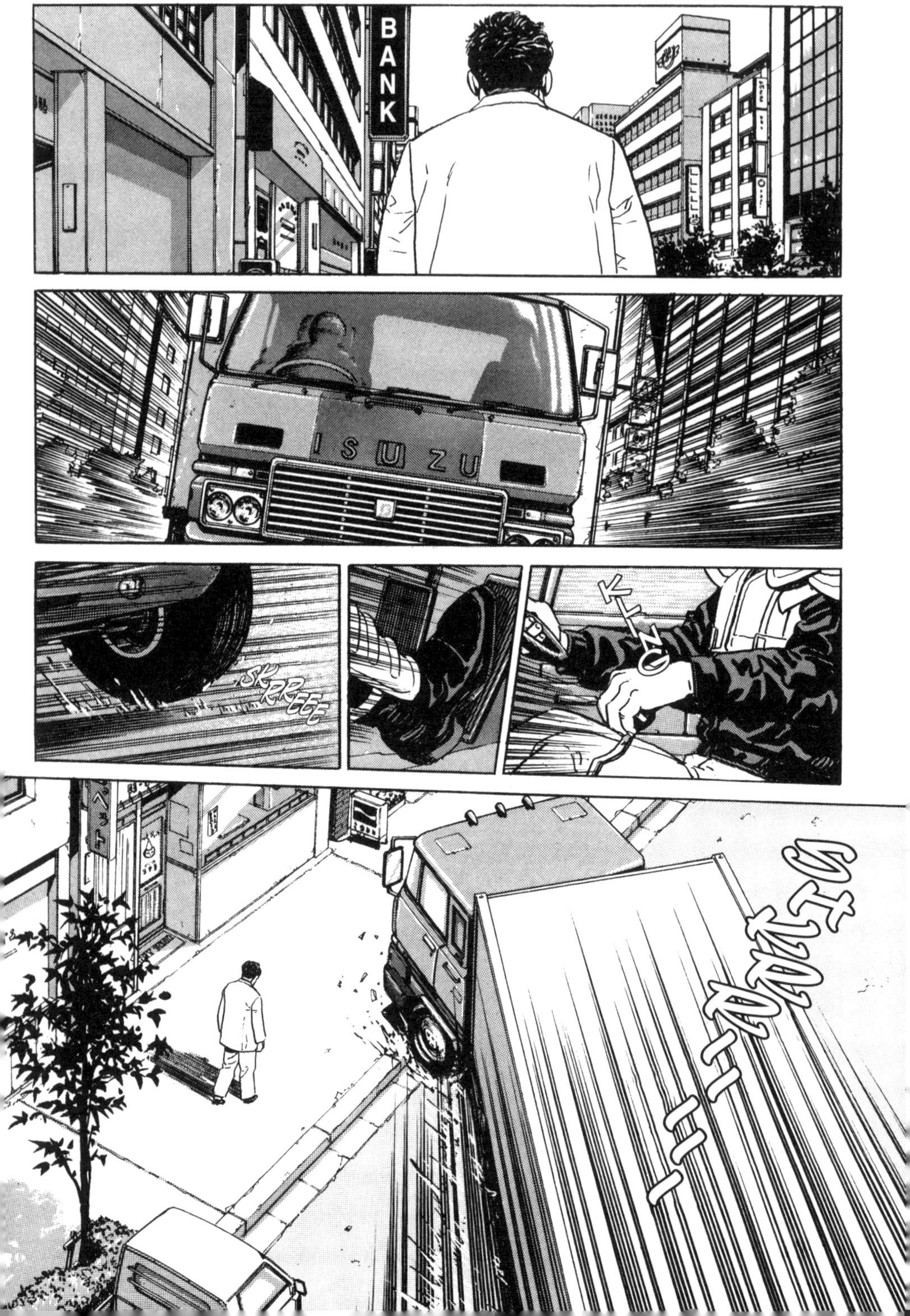
BANK
ISUZU
SKRREEE
KLING

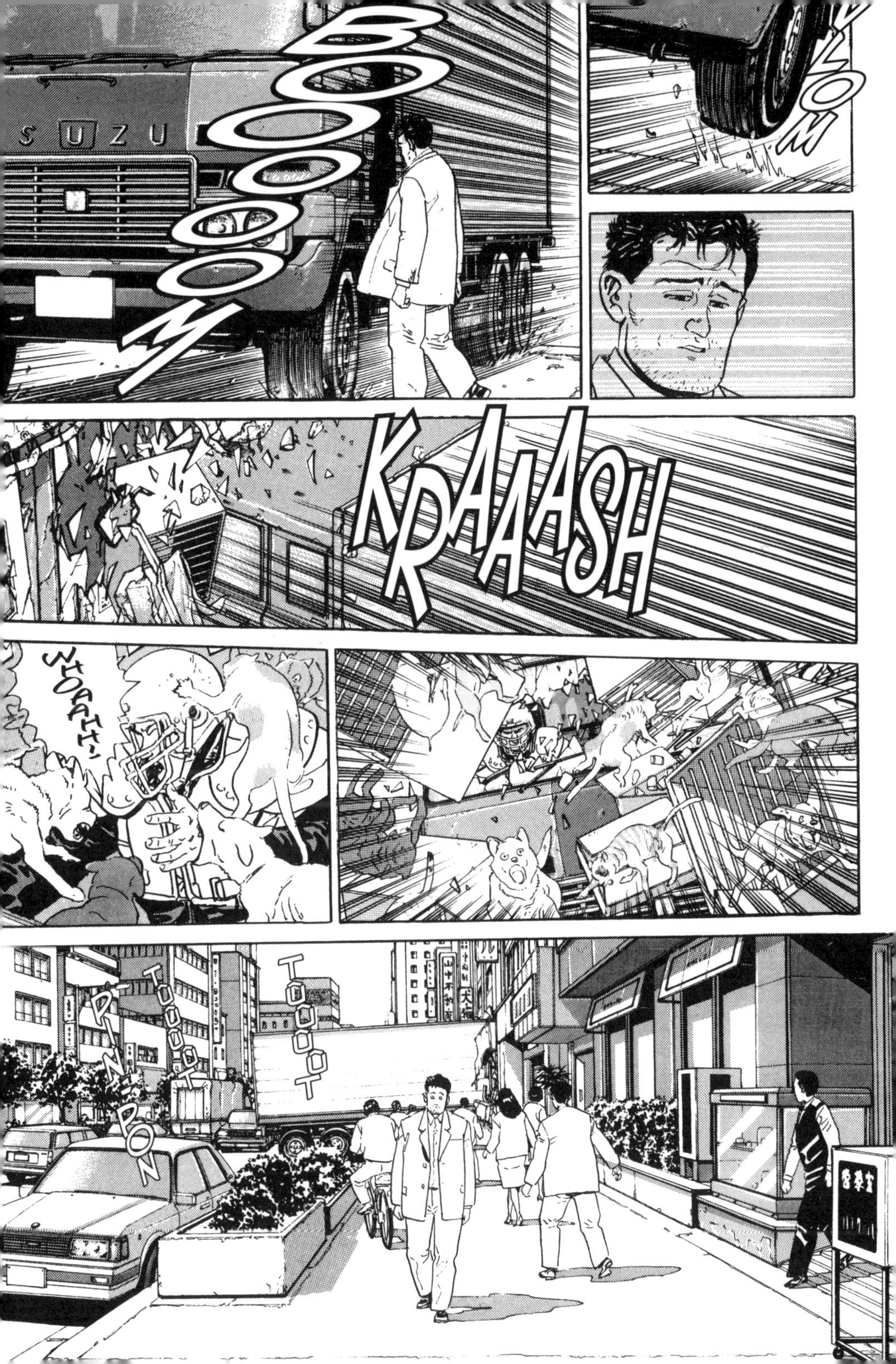
BOOOOOOM
VROOM
KRAAASH
WOAAHH!
TOOOOT
TOOOT
PINPON

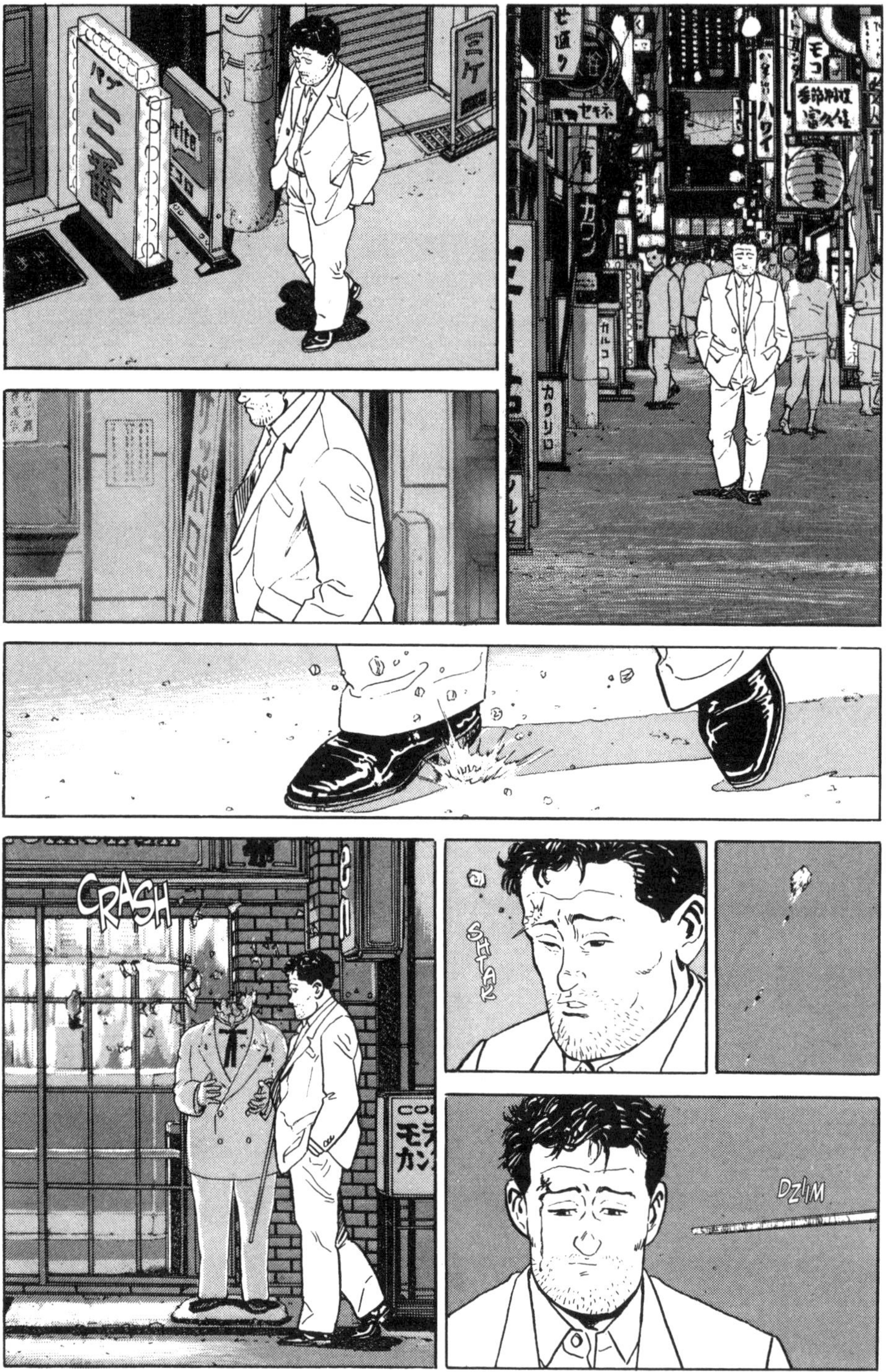
CRASH
SHTAK
DZIM

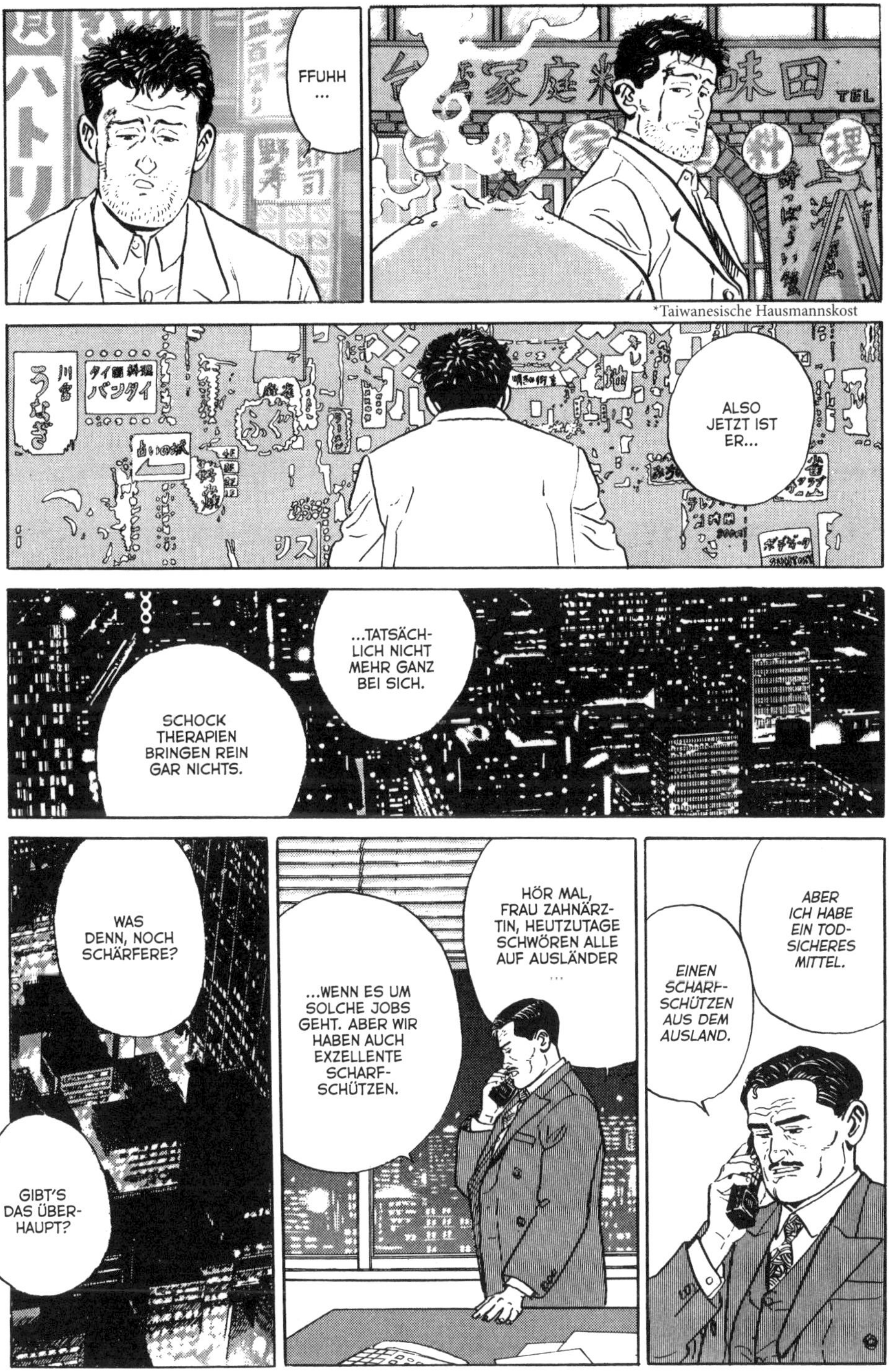


*Taiwanesische Hausmannskost

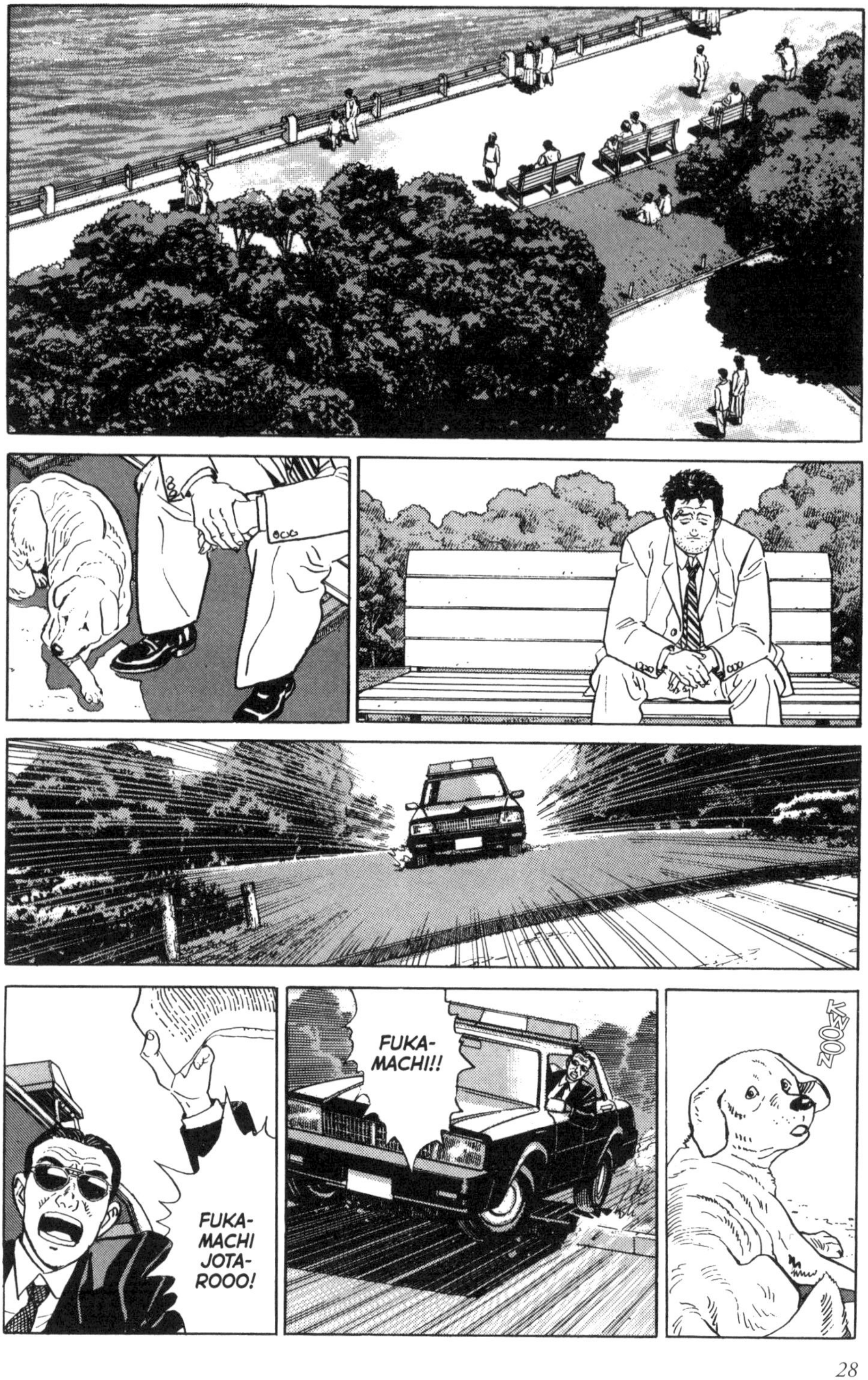
KWOON
FUKA-MACHI!!
FUKA-MACHI JOTA-ROOO!

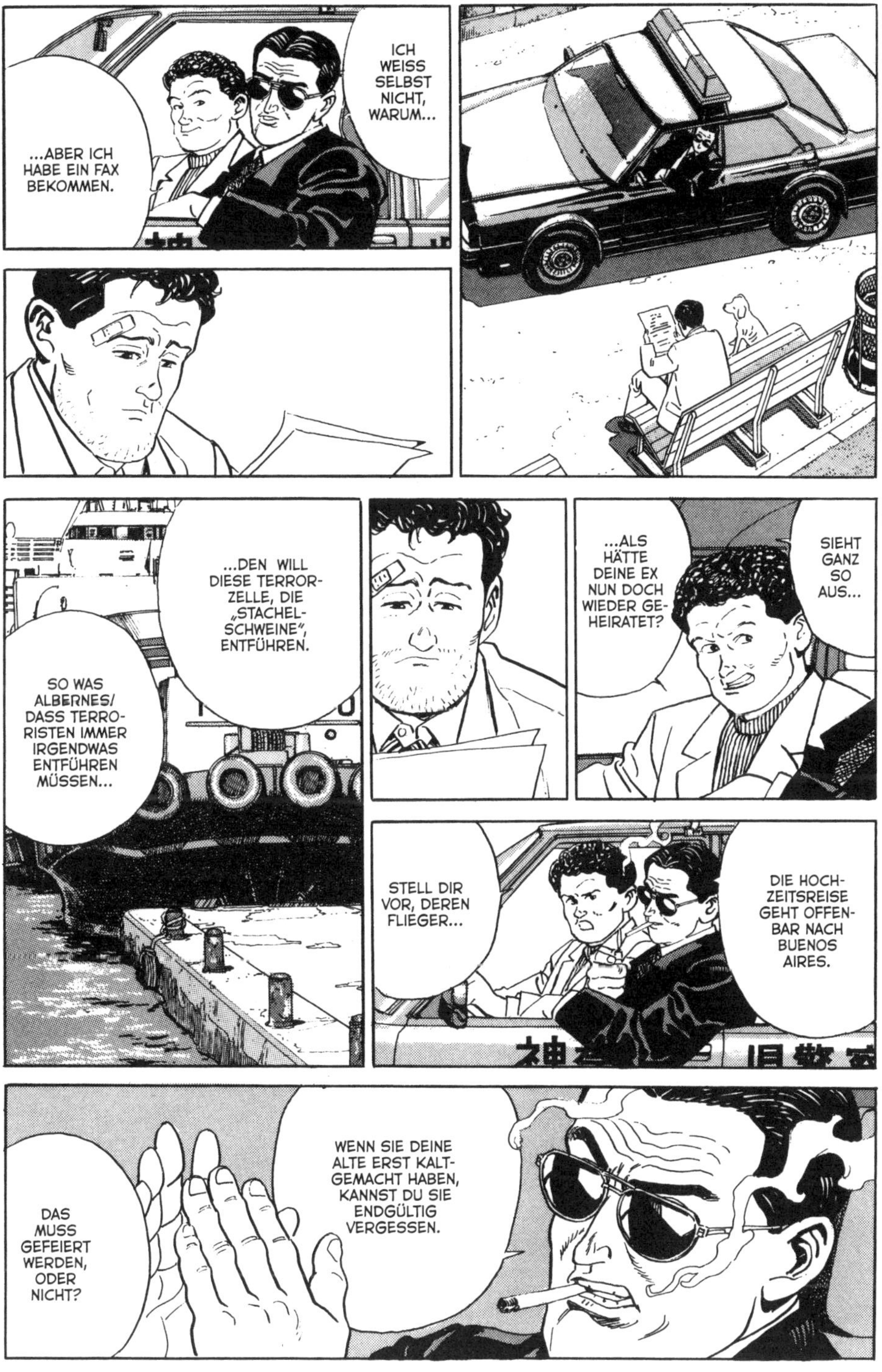
ICH WEISS SELBST NICHT, WARUM...
...ABER ICH HABE EIN FAX BEKOMMEN.
SIEHT GANZ SO AUS...
...ALS HÄTTE DEINE EX NUN DOCH WIEDER GEHEIRATET?
DIE HOCHZEITSREISE GEHT OFFENBAR NACH BUENOS AIRES.
STELL DIR VOR, DEREN FLIEGER...
...DEN WILL DIESE TERRORZELLE, DIE „STACHELSCHWEINE", ENTFÜHREN.
SO WAS ALBERNES! DASS TERRORISTEN IMMER IRGENDWAS ENTFÜHREN MÜSSEN...
WENN SIE DEINE ALTE ERST KALTGEMACHT HABEN, KANNST DU SIE ENDGÜLTIG VERGESSEN.
DAS MUSS GEFEIERT WERDEN, ODER NICHT?

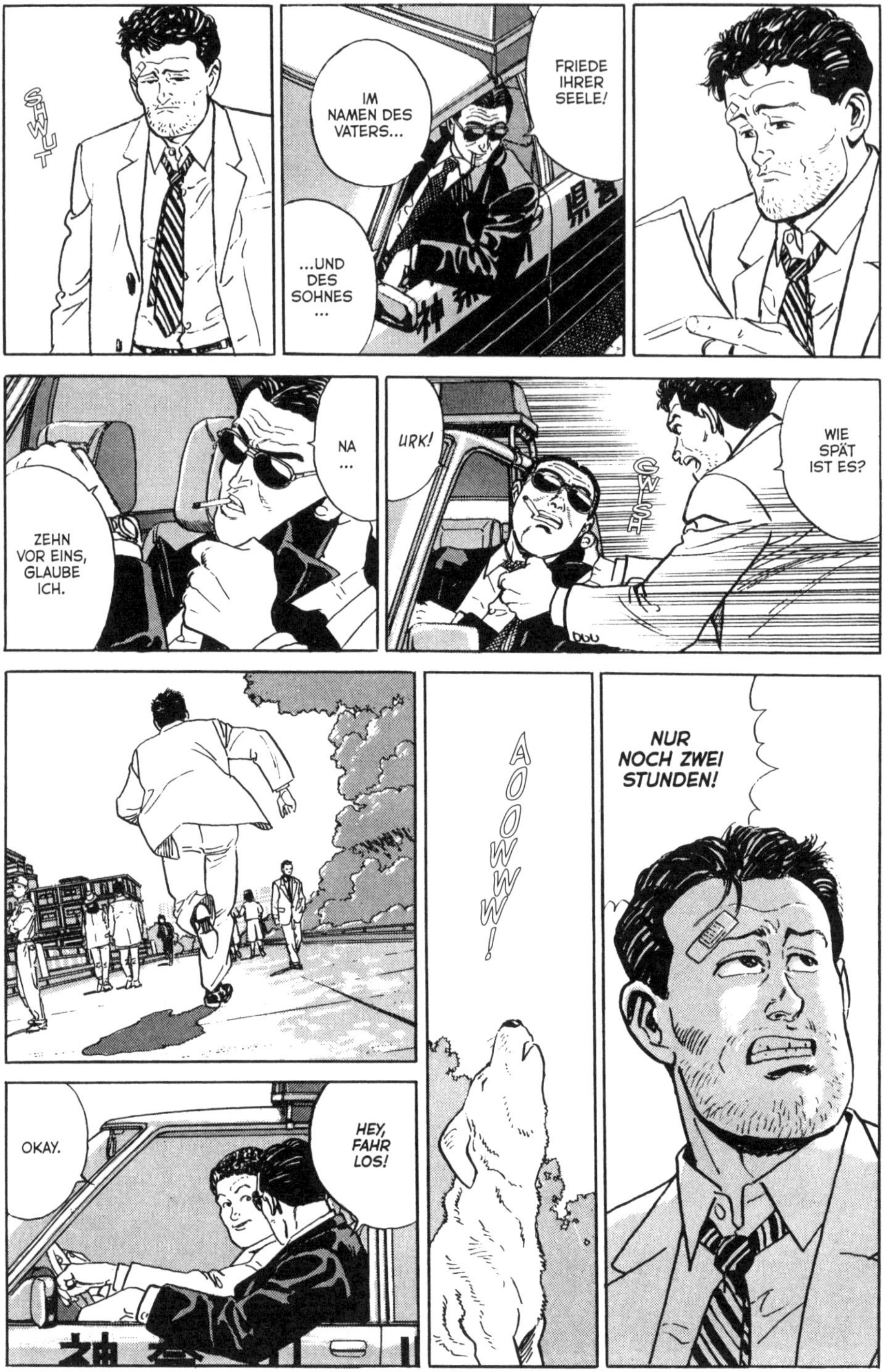
SHWUT
IM NAMEN DES VATERS...
...UND DES SOHNES ...
FRIEDE IHRER SEELE!
NA ...
ZEHN VOR EINS, GLAUBE ICH.
URK!
GWISH
WIE SPÄT IST ES?
AOOOWWW!
NUR NOCH ZWEI STUNDEN!
HEY, FAHR LOS!
OKAY.

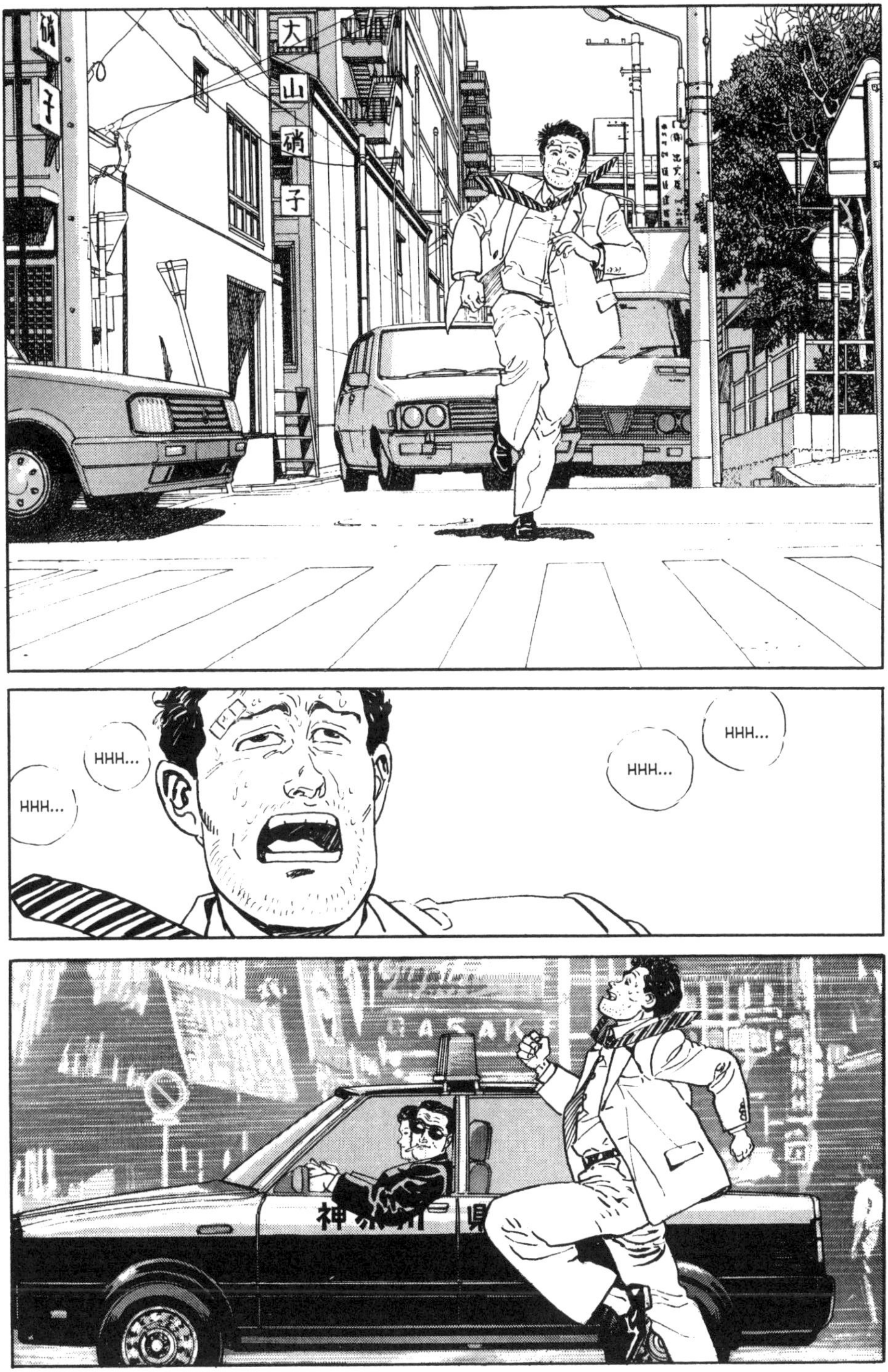
硝子
大山硝子
HHH...
HHH...
HHH...
HHH...

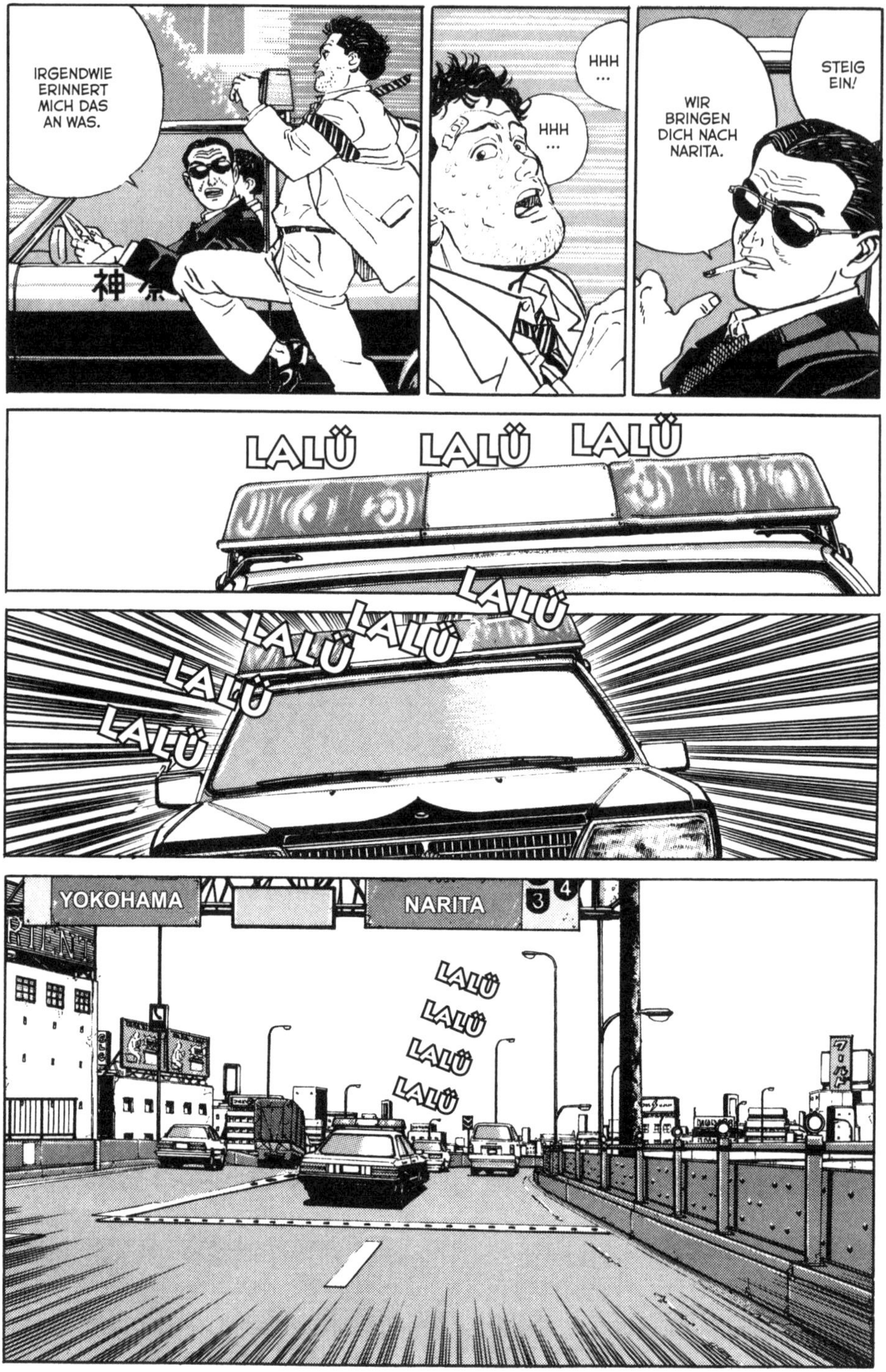
IRGENDWIE ERINNERT MICH DAS AN WAS.
HHH …
HHH …
STEIG EIN!
WIR BRINGEN DICH NACH NARITA.
LALÜ LALÜ LALÜ
LALÜ LALÜ LALÜ LALÜ LALÜ
YOKOHAMA
NARITA
LALÜ LALÜ LALÜ LALÜ

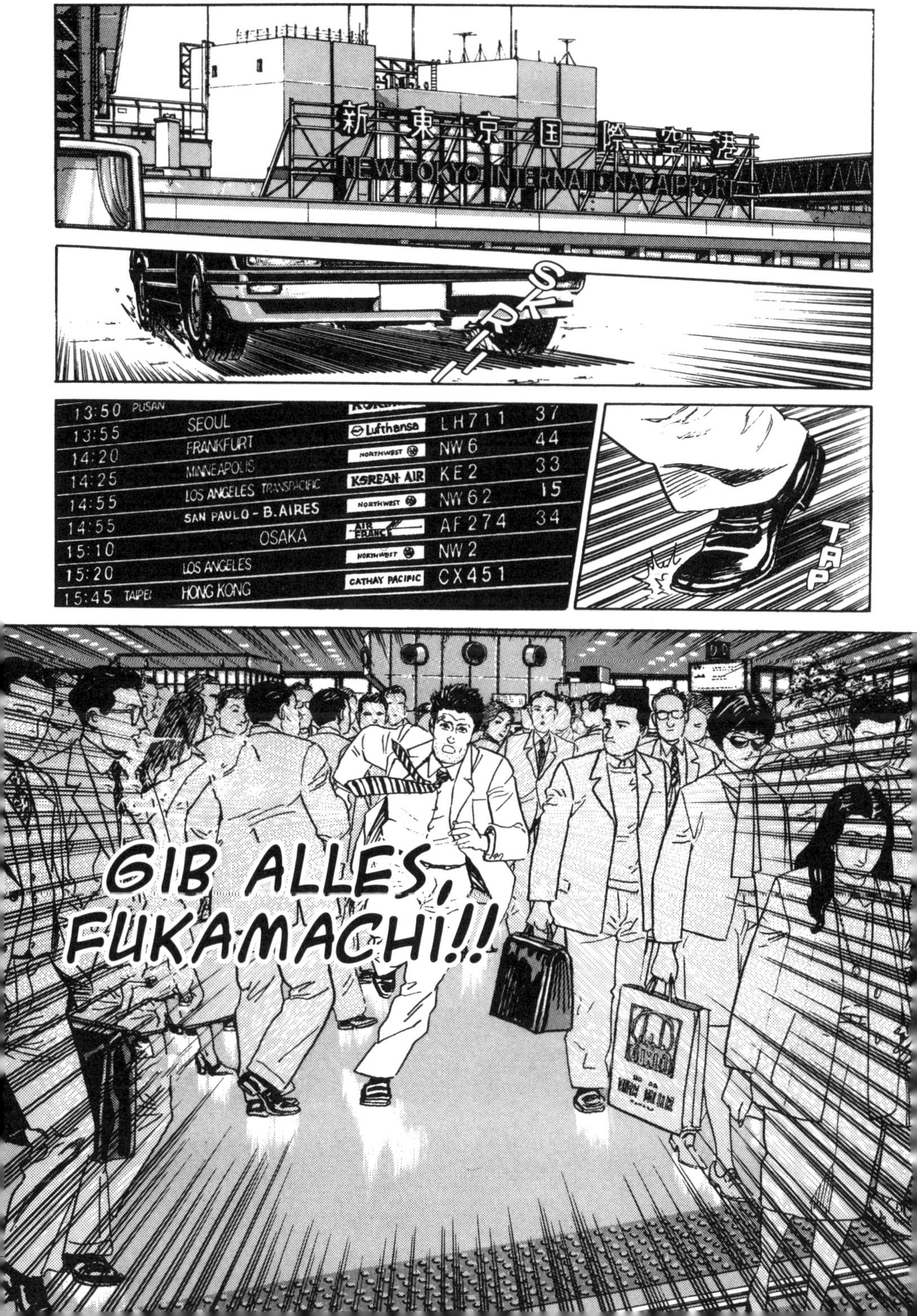

新東京国際空港
NEW TOKYO INTERNATIONAL AIRPORT
SKRII
13:50 PUSAN
13:55 SEOUL Lufthansa LH711 37
14:20 FRANKFURT NORTHWEST NW6 44
14:25 MINNEAPOLIS KOREAN AIR KE2 33
14:55 LOS ANGELES TRANSPACIFIC NORTHWEST NW62 15
14:55 SAN PAULO - B.AIRES AIR FRANCE AF274 34
15:10 OSAKA NORTHWEST NW2
15:20 LOS ANGELES CATHAY PACIFIC CX451
15:45 TAIPEI HONG KONG
TAP
GIB ALLES, FUKAMACHI!!!

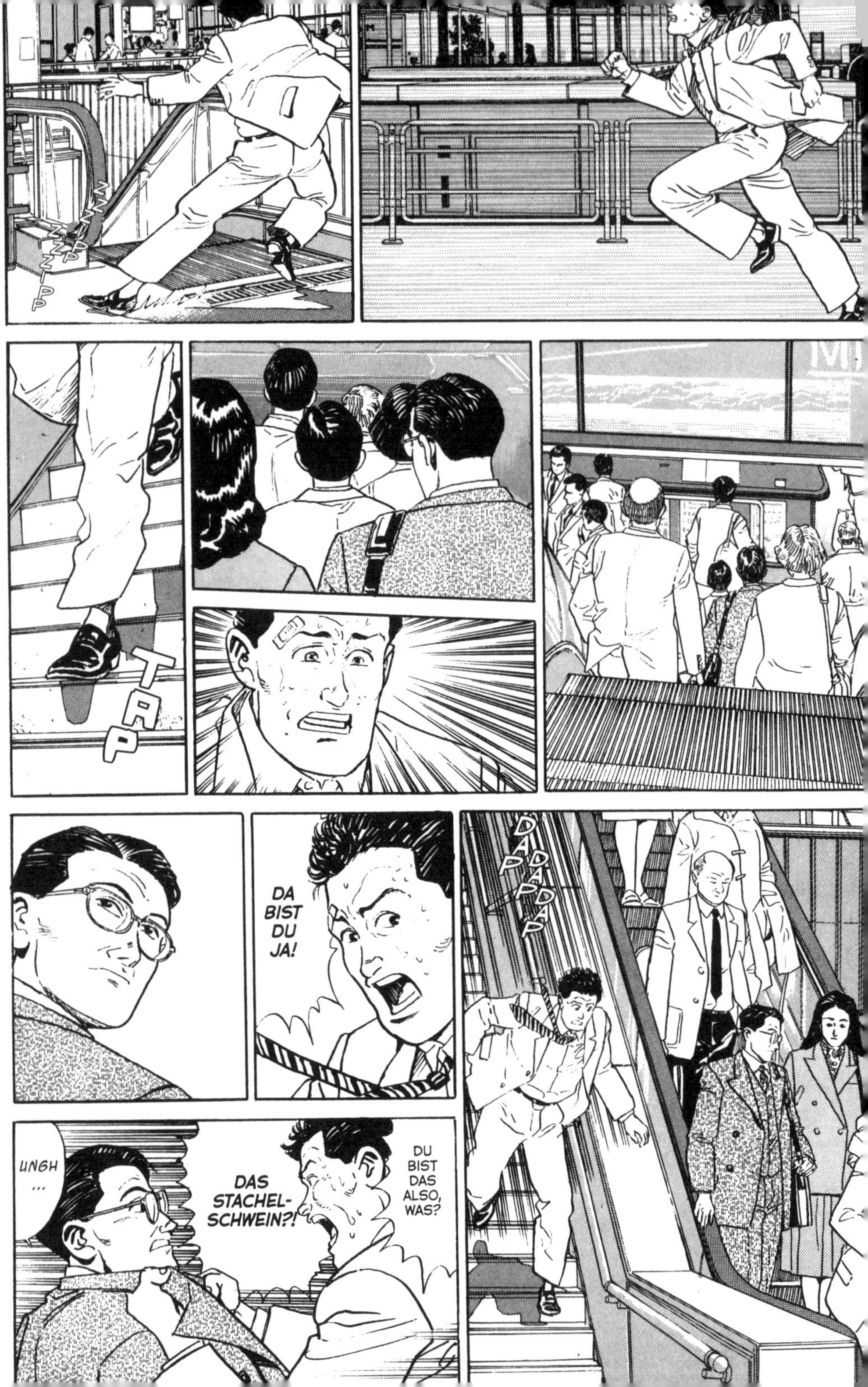
ZZZIPP
ZZZIPP
TAP
DAPDAPDAPDAP
DA BIST DU JA!
DU BIST DAS ALSO, WAS?
DAS STACHEL-SCHWEIN?!
UNGH ...

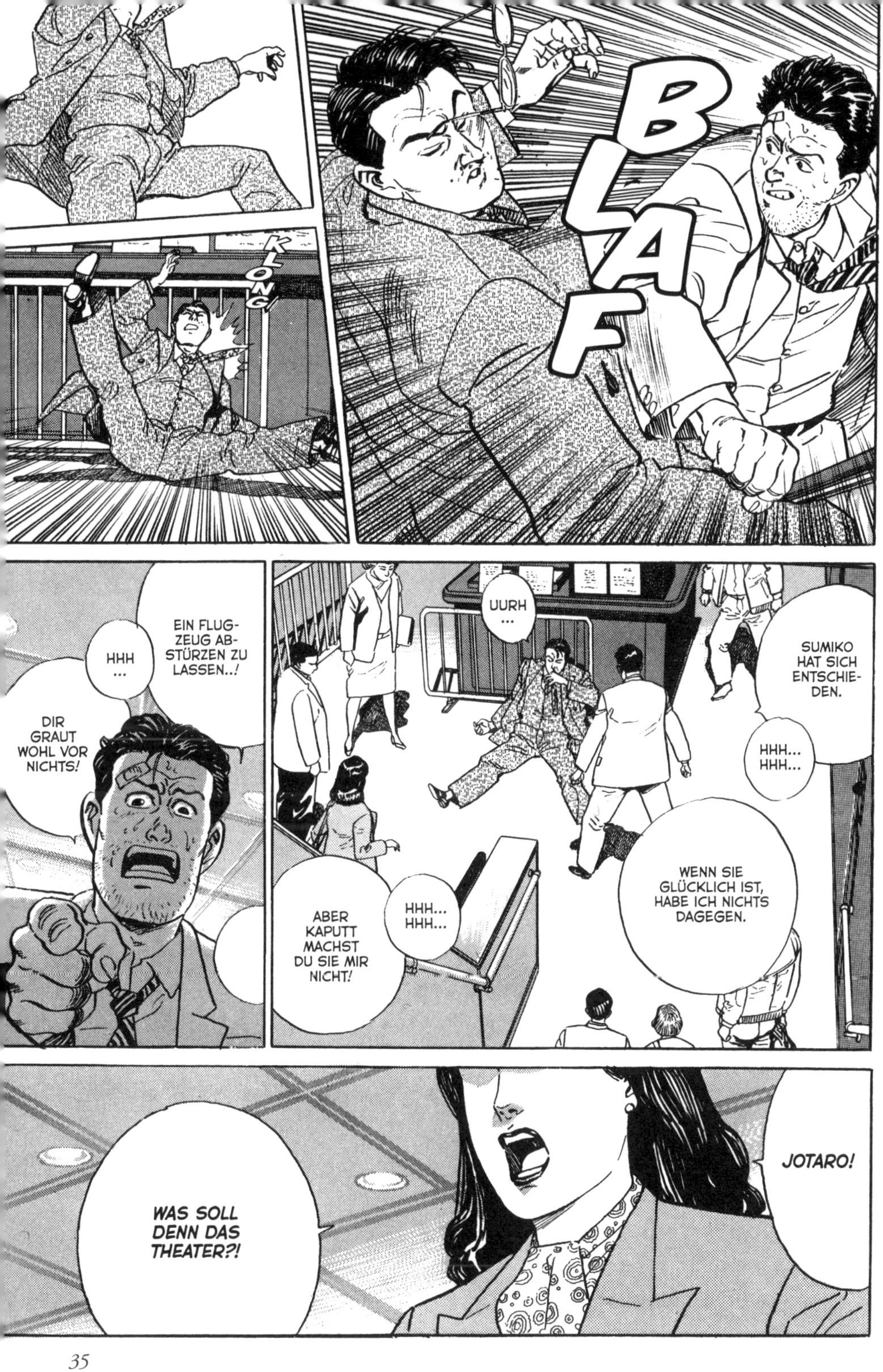
KLONG!
BLAF
EIN FLUGZEUG ABSTÜRZEN ZU LASSEN..!
HHH ...
DIR GRAUT WOHL VOR NICHTS!
UURH ...
SUMIKO HAT SICH ENTSCHIEDEN.
HHH... HHH...
WENN SIE GLÜCKLICH IST, HABE ICH NICHTS DAGEGEN.
HHH... HHH...
ABER KAPUTT MACHST DU SIE MIR NICHT!
JOTARO!
WAS SOLL DENN DAS THEATER?!

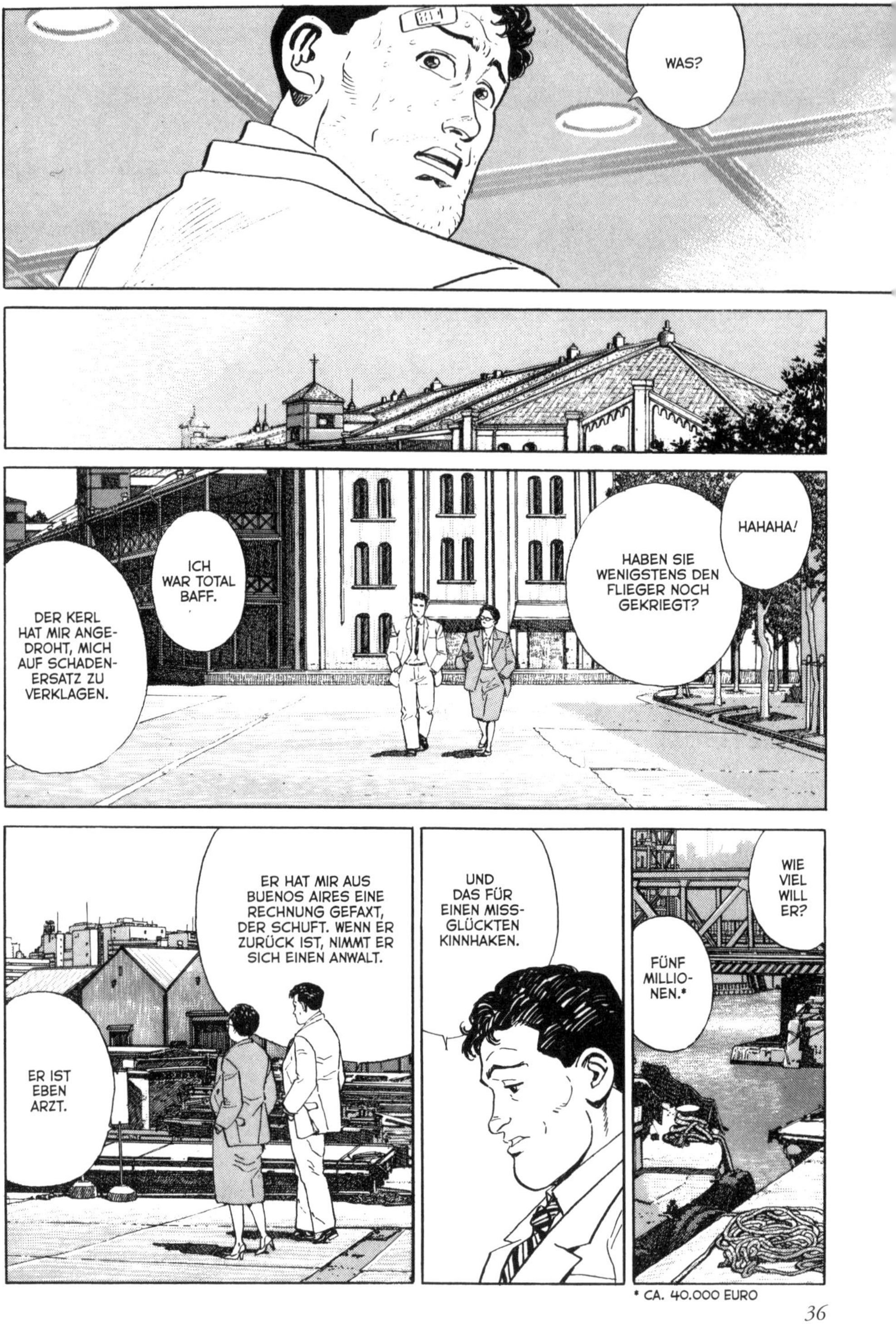


* CA. 40.000 EURO

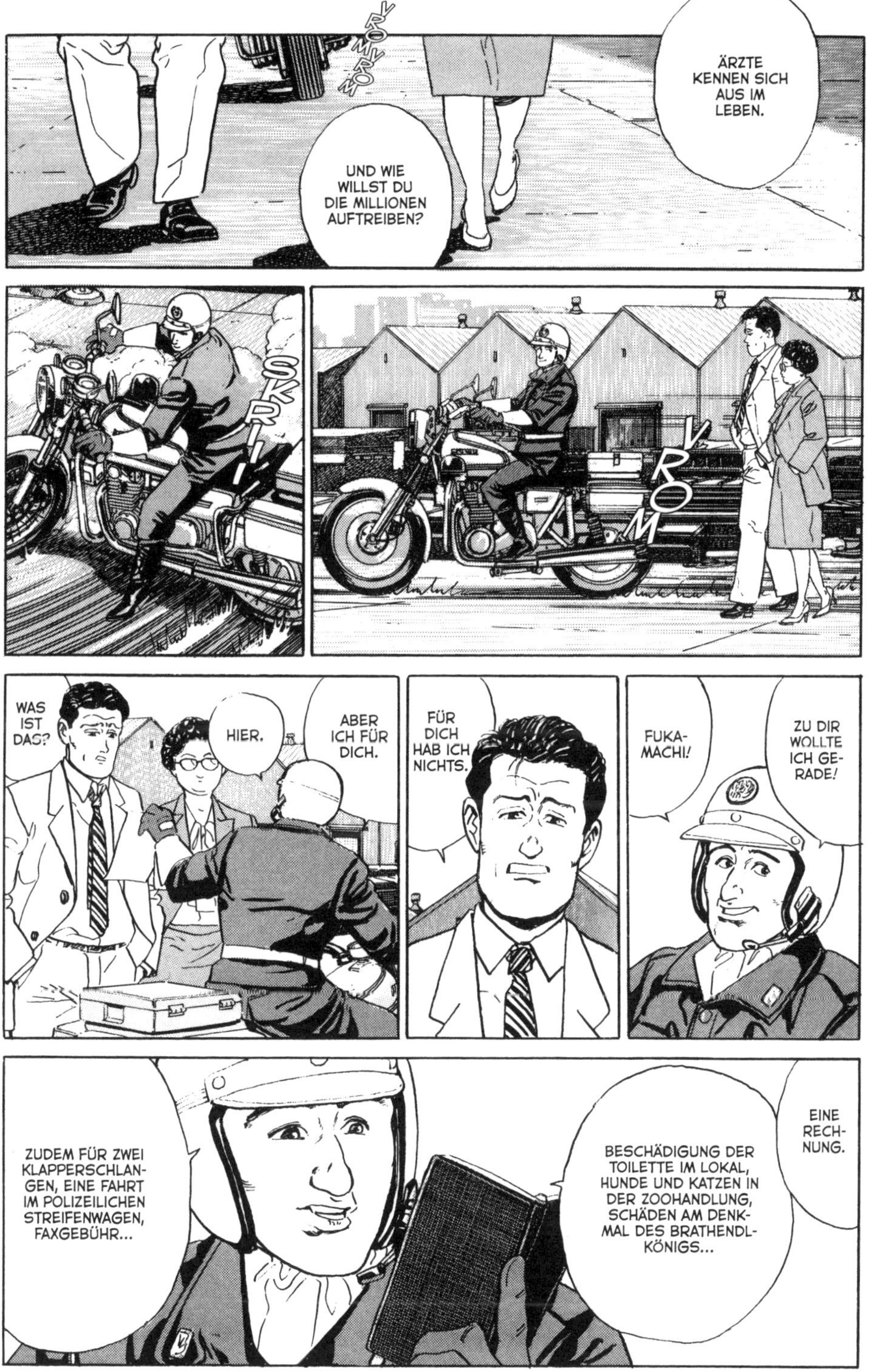
ÄRZTE KENNEN SICH AUS IM LEBEN.
UND WIE WILLST DU DIE MILLIONEN AUFTREIBEN?
VROMVROM
VROM
SKRIII
ZU DIR WOLLTE ICH GERADE!
FUKAMACHI!
FÜR DICH HAB ICH NICHTS.
ABER ICH FÜR DICH.
HIER.
WAS IST DAS?
EINE RECHNUNG.
BESCHÄDIGUNG DER TOILETTE IM LOKAL, HUNDE UND KATZEN IN DER ZOOHANDLUNG, SCHÄDEN AM DENKMAL DES BRATHENDLKÖNIGS…
ZUDEM FÜR ZWEI KLAPPERSCHLANGEN, EINE FAHRT IM POLIZEILICHEN STREIFENWAGEN, FAXGEBÜHR…

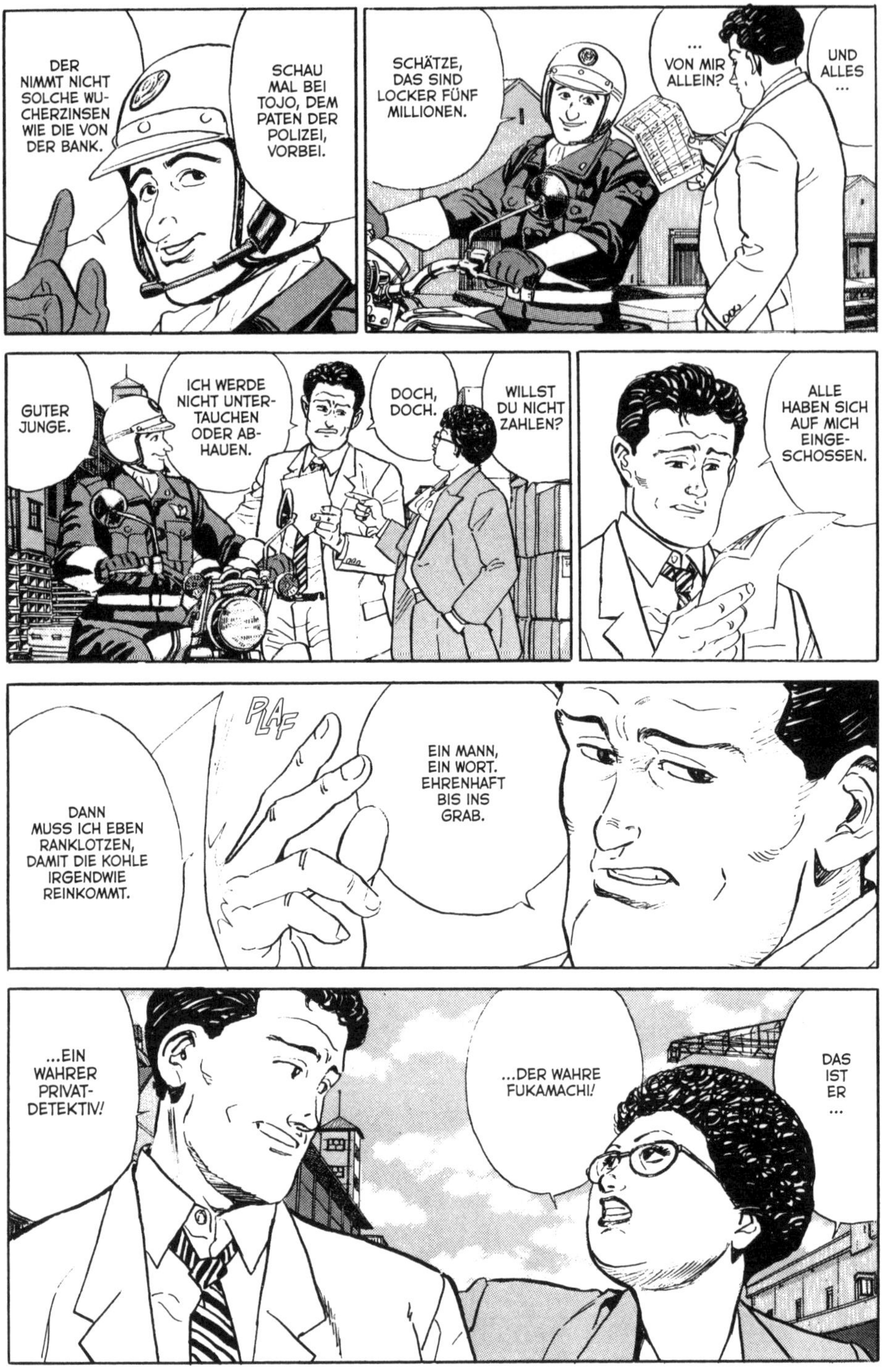
DER NIMMT NICHT SOLCHE WUCHERZINSEN WIE DIE VON DER BANK.
SCHAU MAL BEI TOJO, DEM PATEN DER POLIZEI, VORBEI.
SCHÄTZE, DAS SIND LOCKER FÜNF MILLIONEN.
... VON MIR ALLEIN?
UND ALLES ...
GUTER JUNGE.
ICH WERDE NICHT UNTERTAUCHEN ODER ABHAUEN.
DOCH, DOCH.
WILLST DU NICHT ZAHLEN?
ALLE HABEN SICH AUF MICH EINGESCHOSSEN.
DANN MUSS ICH EBEN RANKLOTZEN, DAMIT DIE KOHLE IRGENDWIE REINKOMMT.
PLAF
EIN MANN, EIN WORT. EHRENHAFT BIS INS GRAB.
...EIN WAHRER PRIVATDETEKTIV!
...DER WAHRE FUKAMACHI!
DAS IST ER ...

## Kapitel 39
# „Fürs Vaterland"

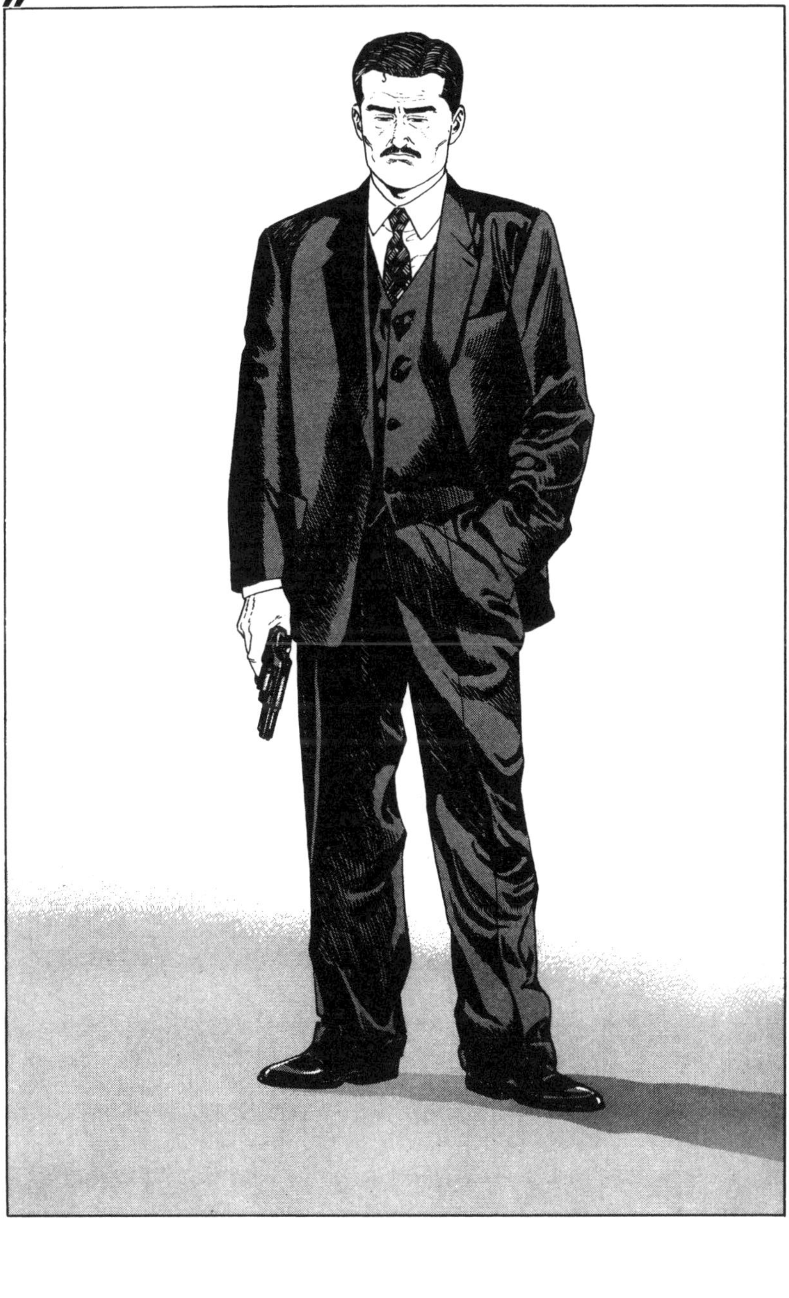

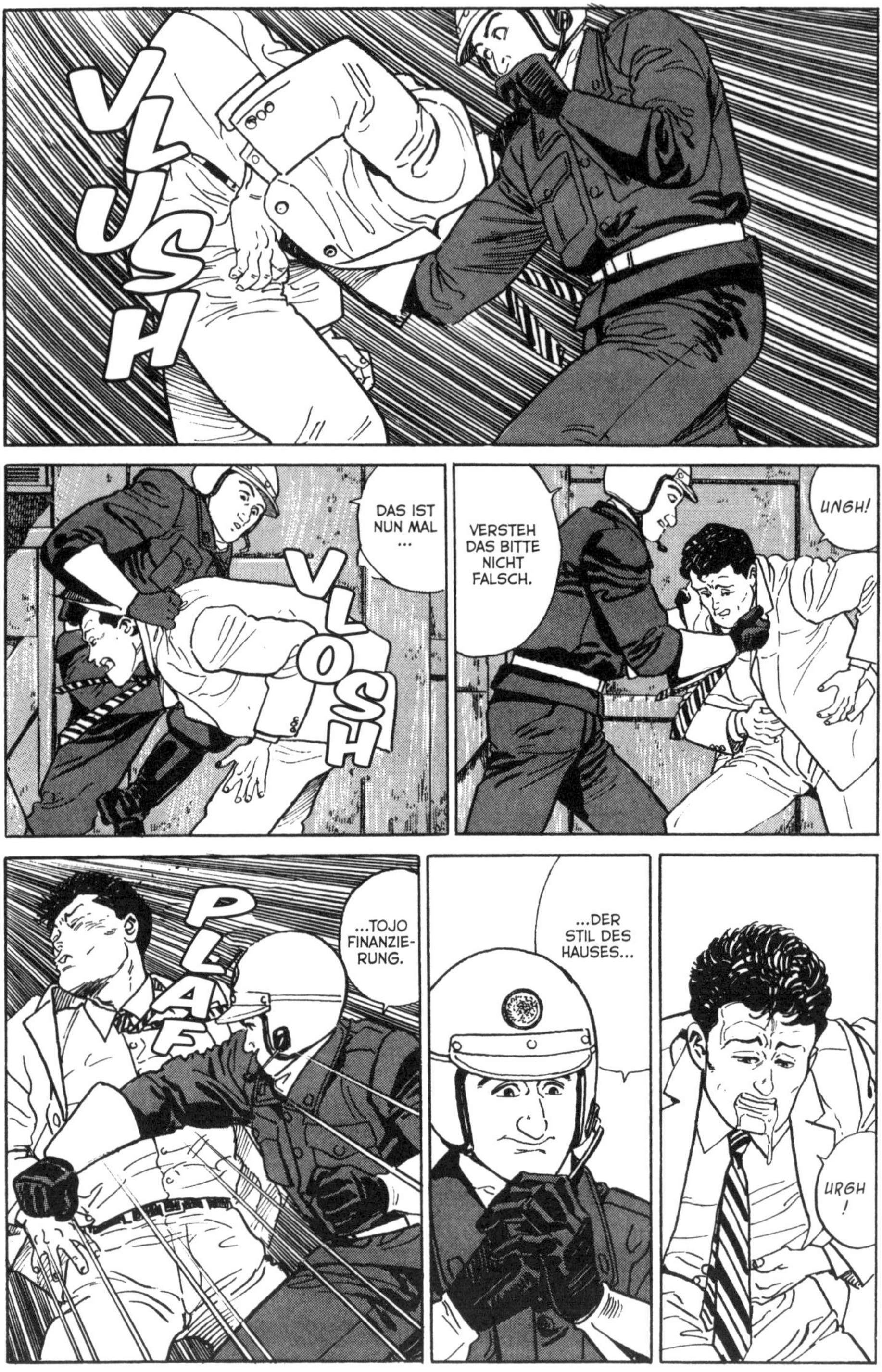
VLUSH
DAS IST NUN MAL ...
VLOSH
VERSTEH DAS BITTE NICHT FALSCH.
UNGH!
...TOJO FINANZIERUNG.
PLAF
...DER STIL DES HAUSES...
URGH!

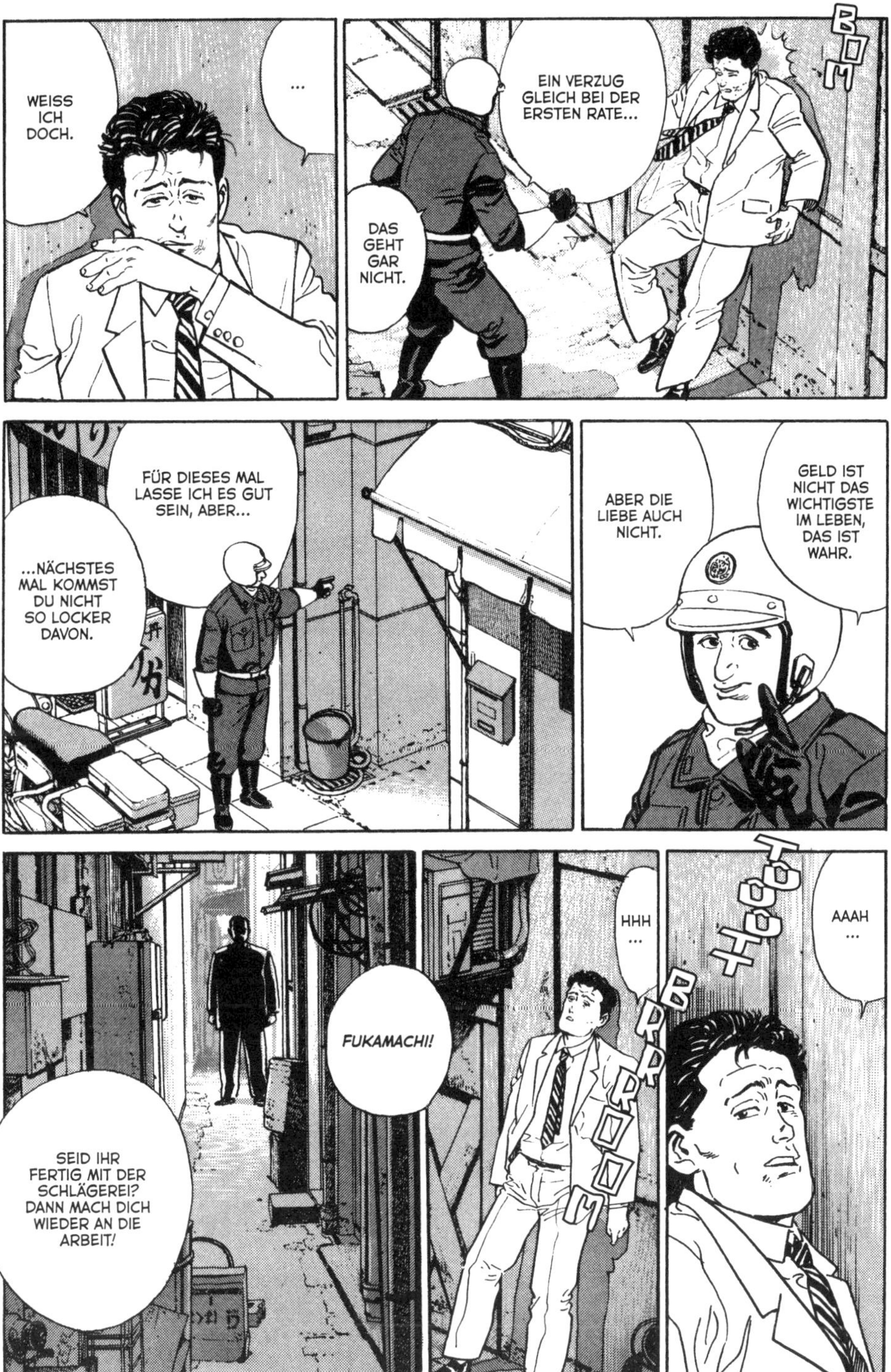

BOM
EIN VERZUG GLEICH BEI DER ERSTEN RATE...
DAS GEHT GAR NICHT.
...
WEISS ICH DOCH.
GELD IST NICHT DAS WICHTIGSTE IM LEBEN, DAS IST WAHR.
ABER DIE LIEBE AUCH NICHT.
FÜR DIESES MAL LASSE ICH ES GUT SEIN, ABER...
...NÄCHSTES MAL KOMMST DU NICHT SO LOCKER DAVON.
AAAH ...
TUUUT
BRRR
ROOOM
HHH ...
FUKAMACHI!
SEID IHR FERTIG MIT DER SCHLÄGEREI? DANN MACH DICH WIEDER AN DIE ARBEIT!

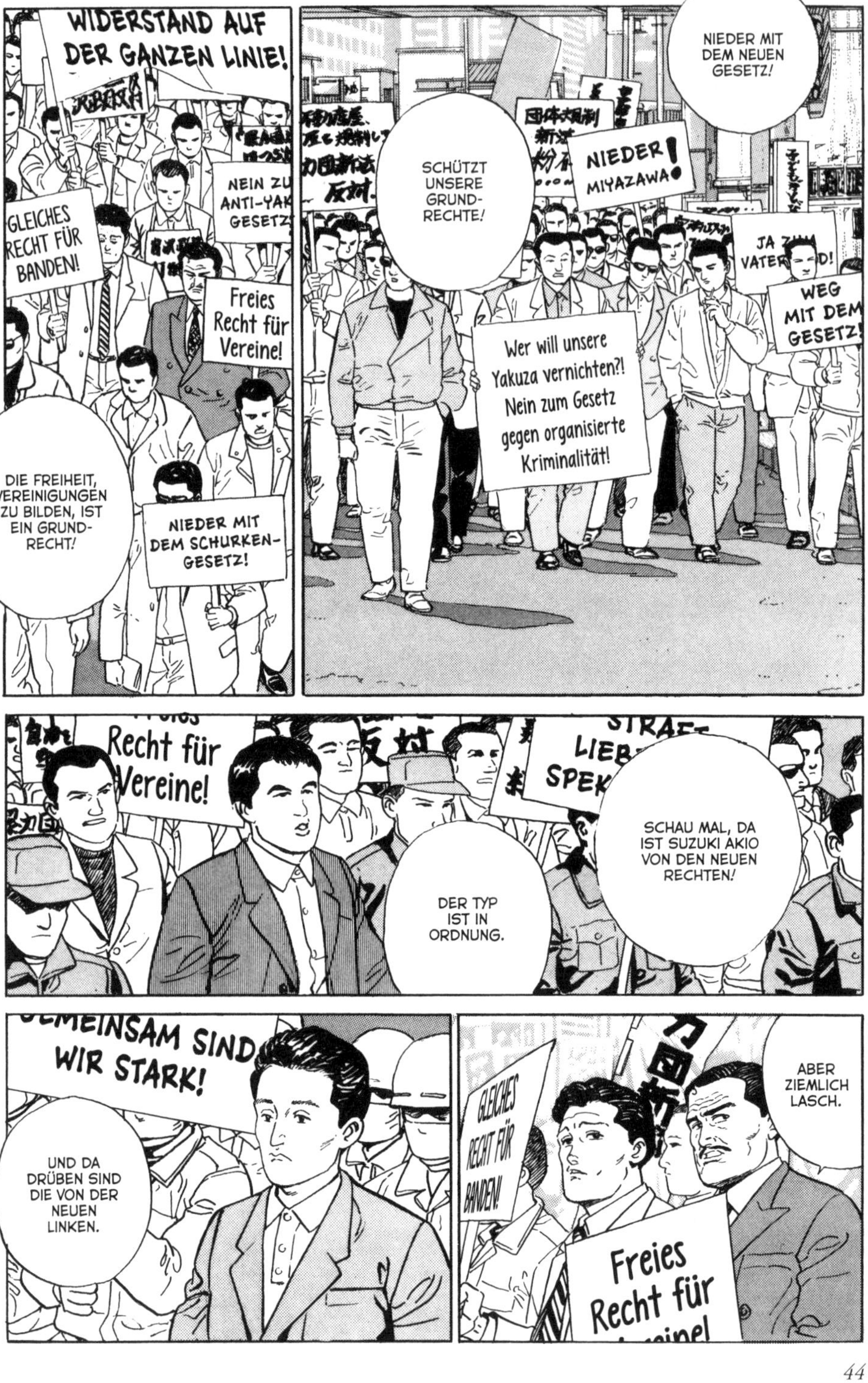
WIDERSTAND AUF DER GANZEN LINIE!
GLEICHES RECHT FÜR BANDEN!
NEIN ZU ANTI-YAK GESETZ
Freies Recht für Vereine!
DIE FREIHEIT, VEREINIGUNGEN ZU BILDEN, IST EIN GRUNDRECHT!
NIEDER MIT DEM SCHURKENGESETZ!
SCHÜTZT UNSERE GRUNDRECHTE!
NIEDER MIYAZAWA!
NIEDER MIT DEM NEUEN GESETZ!
Wer will unsere Yakuza vernichten?! Nein zum Gesetz gegen organisierte Kriminalität!
WEG MIT DEM GESETZ!
Recht für Vereine!
SCHAU MAL, DA IST SUZUKI AKIO VON DEN NEUEN RECHTEN!
DER TYP IST IN ORDNUNG.
WIR STARK!
UND DA DRÜBEN SIND DIE VON DER NEUEN LINKEN.
ABER ZIEMLICH LASCH.
GLEICHES RECHT FÜR BANDEN!
Freies Recht für

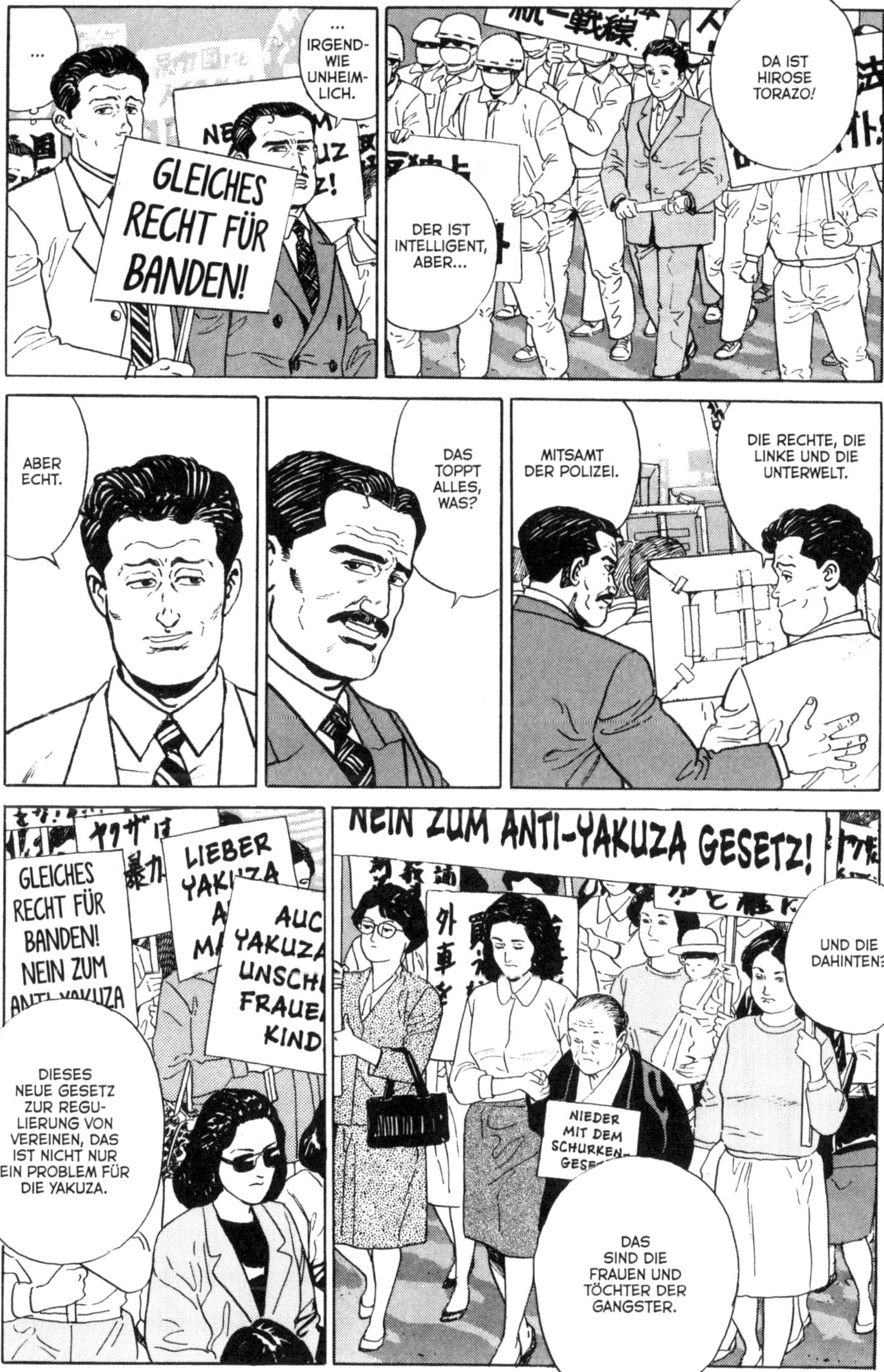
...
... IRGENDWIE UNHEIMLICH.
GLEICHES RECHT FÜR BANDEN!
DA IST HIROSE TORAZO!
DER IST INTELLIGENT, ABER...
ABER ECHT.
DAS TOPPT ALLES, WAS?
DIE RECHTE, DIE LINKE UND DIE UNTERWELT.
MITSAMT DER POLIZEI.
GLEICHES RECHT FÜR BANDEN! NEIN ZUM ANTI-YAKUZA
LIEBER YAKUZA
DIESES NEUE GESETZ ZUR REGULIERUNG VON VEREINEN, DAS IST NICHT NUR EIN PROBLEM FÜR DIE YAKUZA.
NEIN ZUM ANTI-YAKUZA GESETZ!
UND DIE DAHINTEN?
DAS SIND DIE FRAUEN UND TÖCHTER DER GANGSTER.

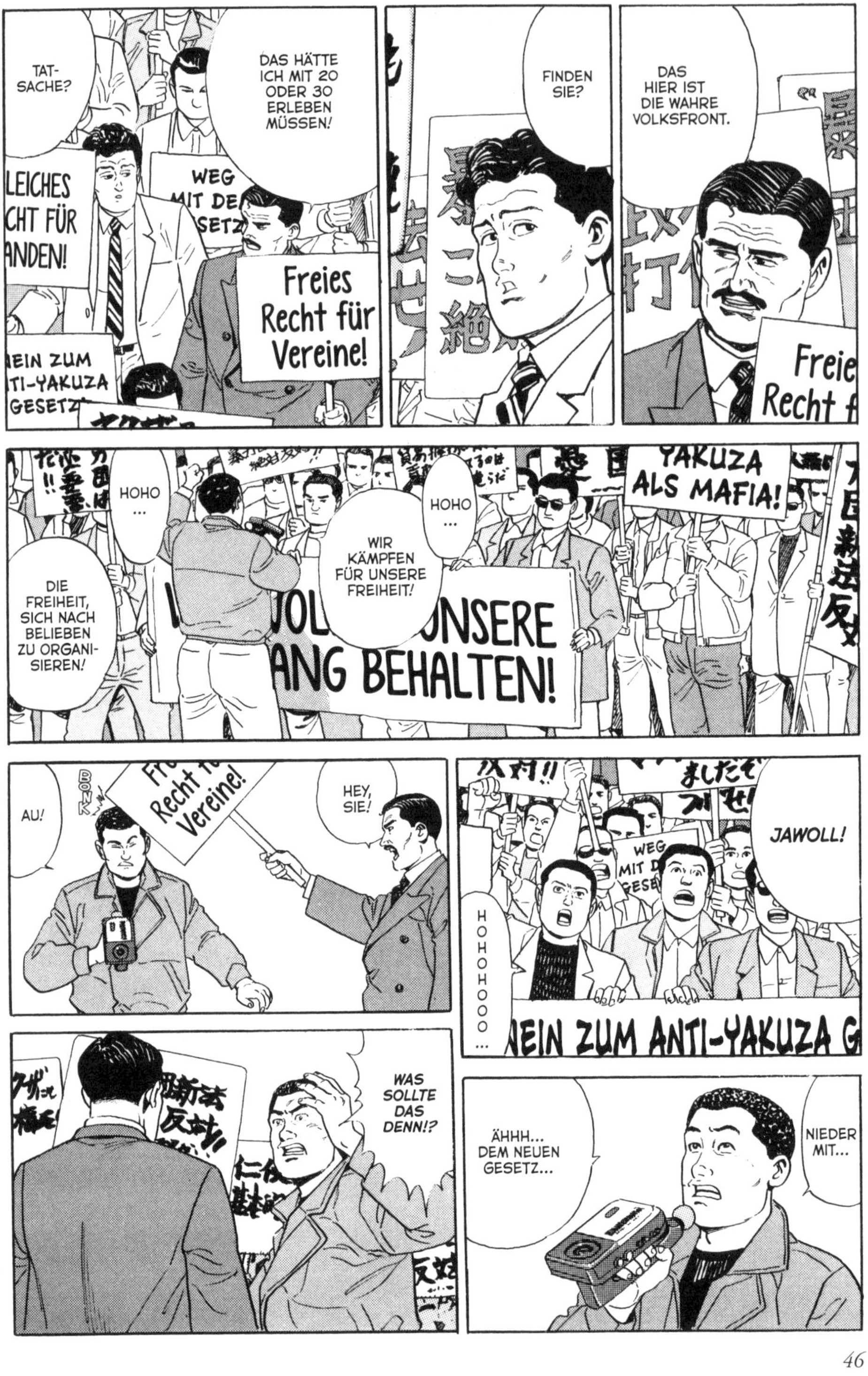
DAS HIER IST DIE WAHRE VOLKSFRONT.
FINDEN SIE?
DAS HÄTTE ICH MIT 20 ODER 30 ERLEBEN MÜSSEN!
TAT-SACHE?
Freies Recht für Vereine!
HOHO ...
WIR KÄMPFEN FÜR UNSERE FREIHEIT!
HOHO ...
DIE FREIHEIT, SICH NACH BELIEBEN ZU ORGANISIEREN!
YAKUZA ALS MAFIA!
ANG BEHALTEN!
JAWOLL!
HOHOHOHOOO ...
HEY, SIE!
BONK
AU!
WAS SOLLTE DAS DENN!?
NIEDER MIT...
ÄHHH... DEM NEUEN GESETZ...

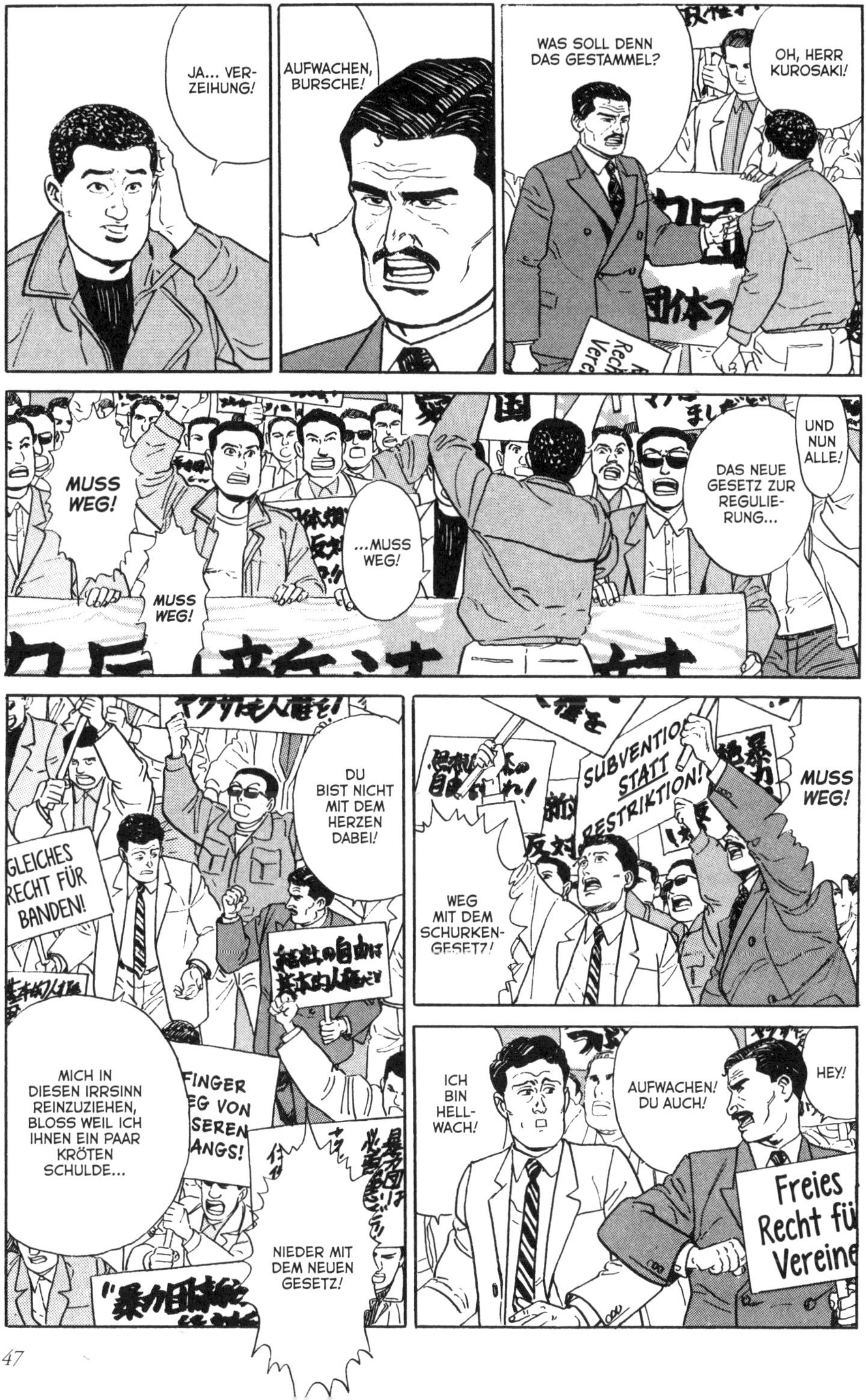
JA... VERZEIHUNG!
AUFWACHEN, BURSCHE!
WAS SOLL DENN DAS GESTAMMEL?
OH, HERR KUROSAKI!
MUSS WEG!
MUSS WEG!
...MUSS WEG!
UND NUN ALLE!
DAS NEUE GESETZ ZUR REGULIERUNG...
GLEICHES RECHT FÜR BANDEN!
DU BIST NICHT MIT DEM HERZEN DABEI!
MICH IN DIESEN IRRSINN REINZUZIEHEN, BLOSS WEIL ICH IHNEN EIN PAAR KRÖTEN SCHULDE...
NIEDER MIT DEM NEUEN GESETZ!
STATT RESTRIKTION!
MUSS WEG!
WEG MIT DEM SCHURKENGESETZ!
ICH BIN HELLWACH!
AUFWACHEN! DU AUCH!
HEY!

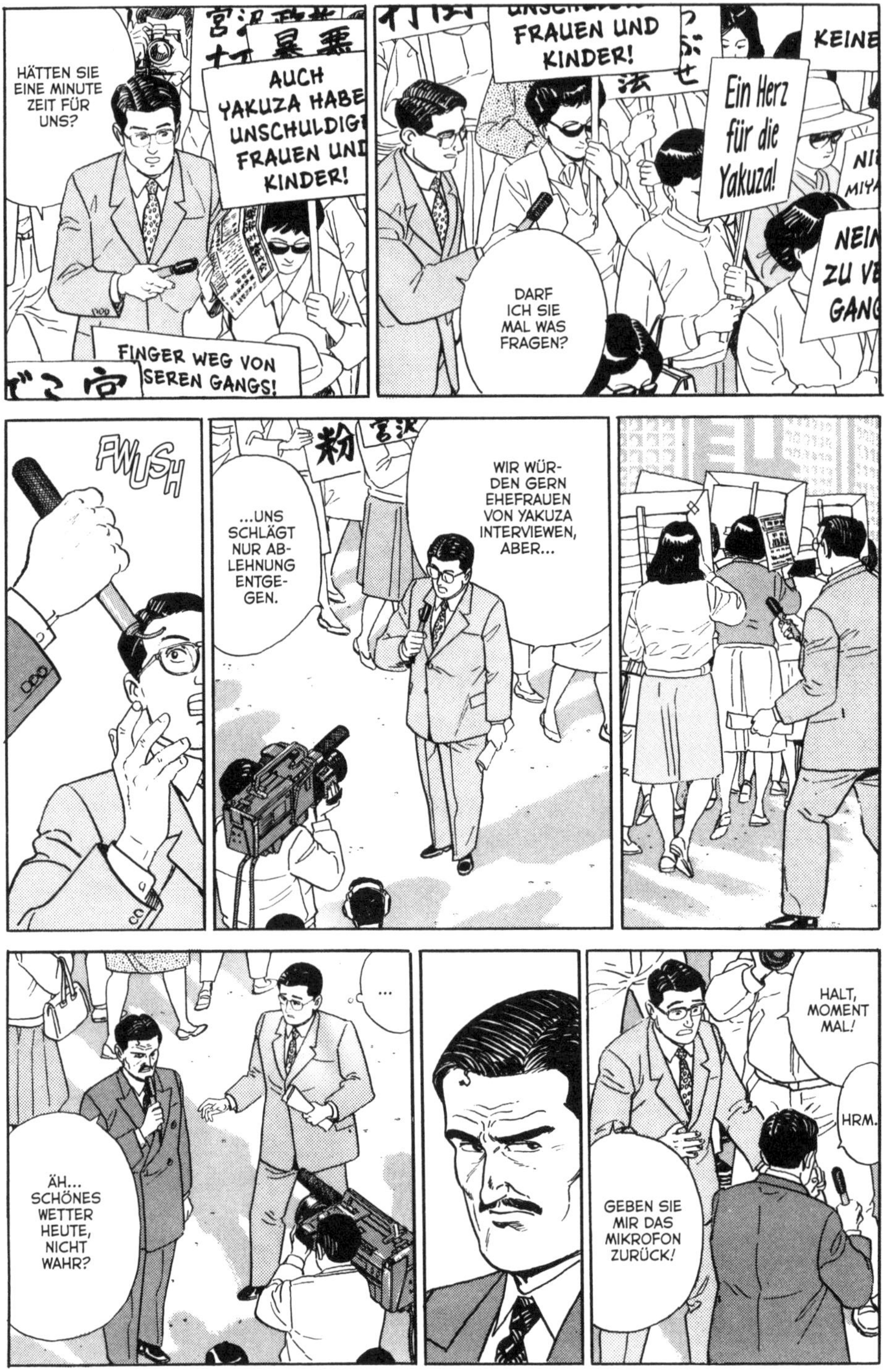

HÄTTEN SIE EINE MINUTE ZEIT FÜR UNS?
AUCH YAKUZA HABE UNSCHULDIGE FRAUEN UND KINDER!
FINGER WEG VON SEREN GANGS!
FRAUEN UND KINDER!
KEINE
Ein Herz für die Yakuza!
NEIN ZU VE GANG
DARF ICH SIE MAL WAS FRAGEN?
FWUSH
WIR WÜRDEN GERN EHEFRAUEN VON YAKUZA INTERVIEWEN, ABER...
...UNS SCHLÄGT NUR ABLEHNUNG ENTGEGEN.
...
ÄH... SCHÖNES WETTER HEUTE, NICHT WAHR?
HALT, MOMENT MAL!
HRM.
GEBEN SIE MIR DAS MIKROFON ZURÜCK!

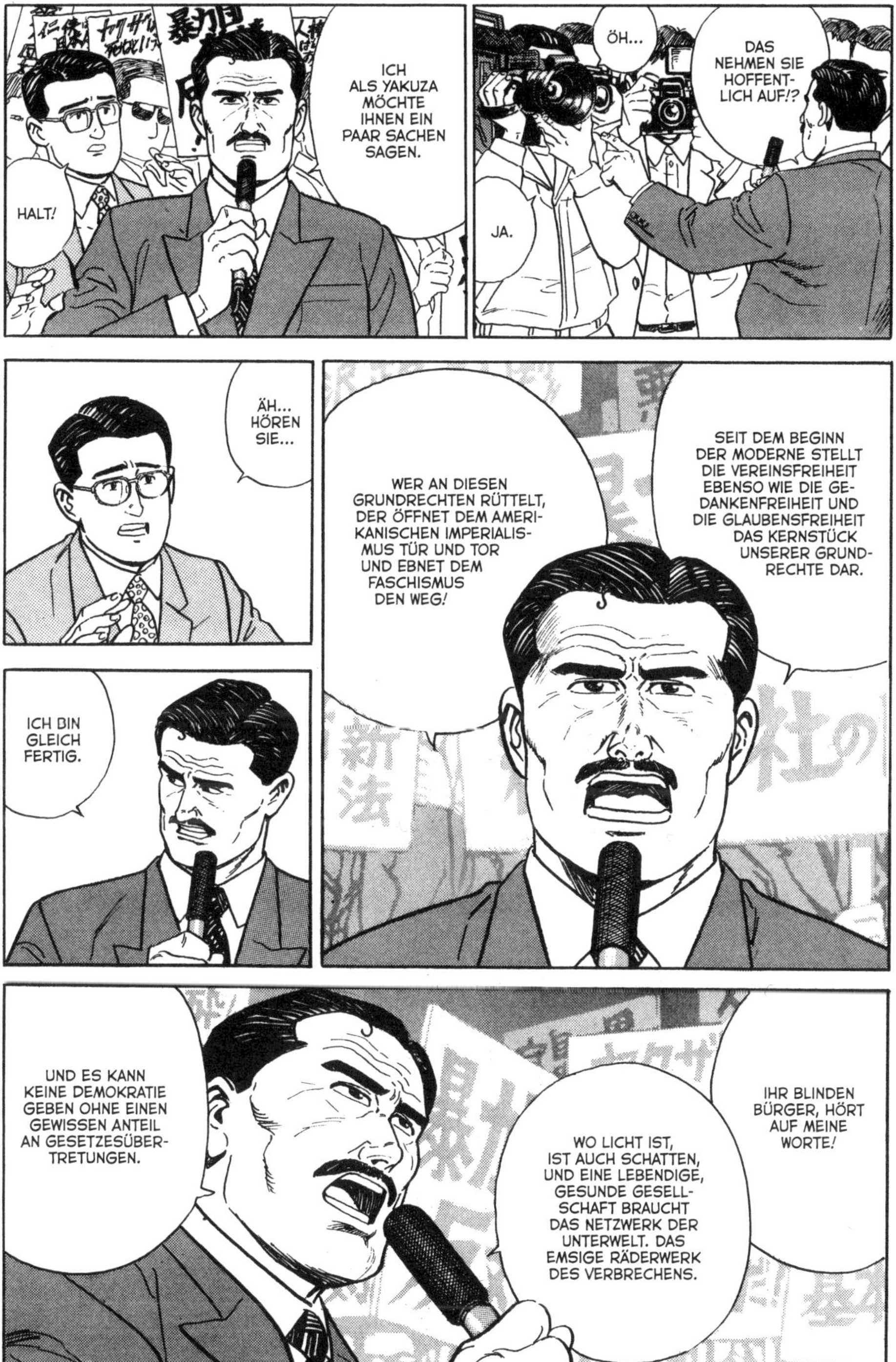
DAS NEHMEN SIE HOFFENTLICH AUF!?
ÖH...
JA.
ICH ALS YAKUZA MÖCHTE IHNEN EIN PAAR SACHEN SAGEN.
HALT!
SEIT DEM BEGINN DER MODERNE STELLT DIE VEREINSFREIHEIT EBENSO WIE DIE GEDANKENFREIHEIT UND DIE GLAUBENSFREIHEIT DAS KERNSTÜCK UNSERER GRUNDRECHTE DAR.
WER AN DIESEN GRUNDRECHTEN RÜTTELT, DER ÖFFNET DEM AMERIKANISCHEN IMPERIALISMUS TÜR UND TOR UND EBNET DEM FASCHISMUS DEN WEG!
ÄH... HÖREN SIE...
ICH BIN GLEICH FERTIG.
IHR BLINDEN BÜRGER, HÖRT AUF MEINE WORTE!
WO LICHT IST, IST AUCH SCHATTEN, UND EINE LEBENDIGE, GESUNDE GESELLSCHAFT BRAUCHT DAS NETZWERK DER UNTERWELT. DAS EMSIGE RÄDERWERK DES VERBRECHENS.
UND ES KANN KEINE DEMOKRATIE GEBEN OHNE EINEN GEWISSEN ANTEIL AN GESETZESÜBERTRETUNGEN.

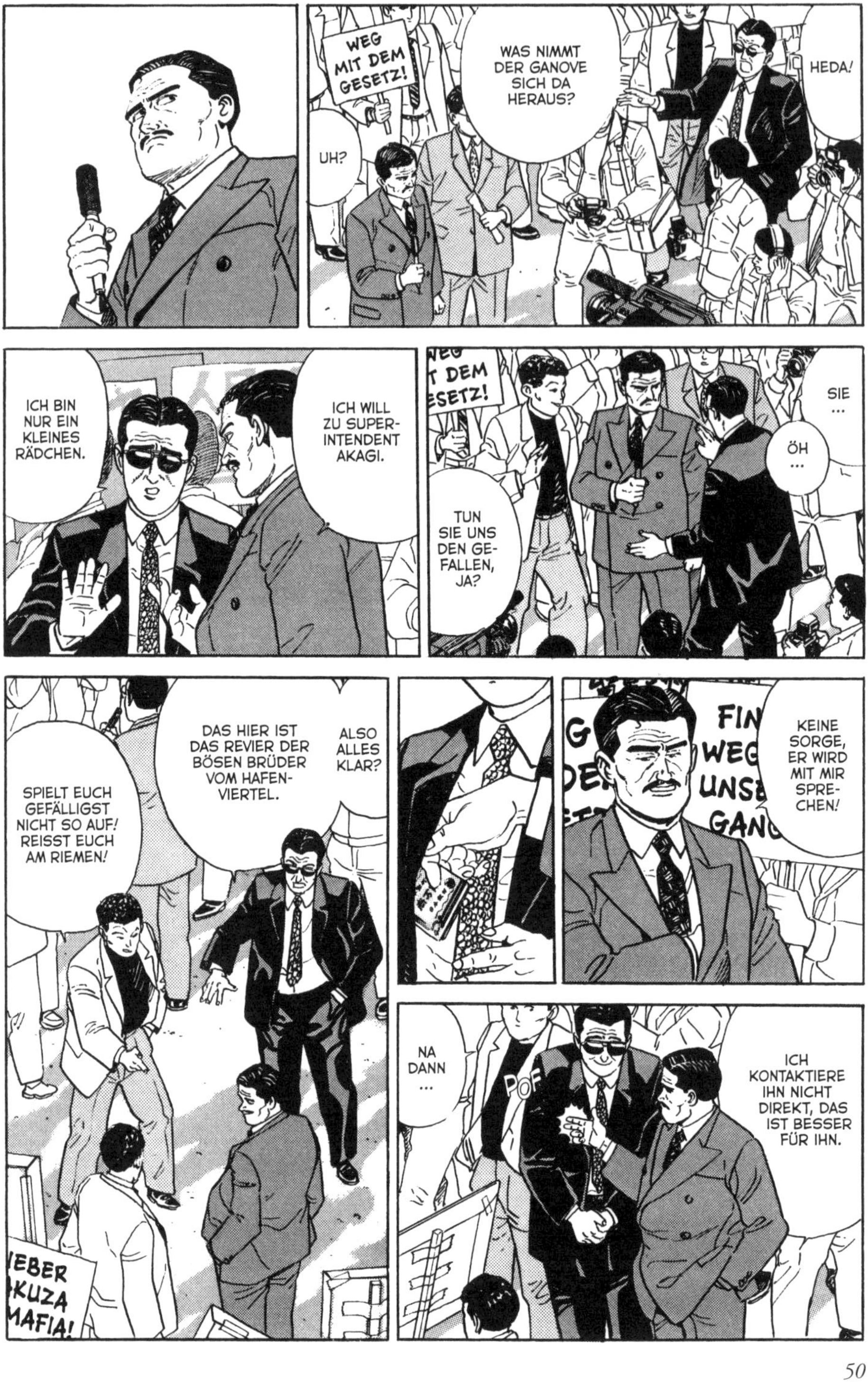
WEG MIT DEM GESETZ!
UH?
WAS NIMMT DER GANOVE SICH DA HERAUS?
HEDA!
ICH BIN NUR EIN KLEINES RÄDCHEN.
ICH WILL ZU SUPER-INTENDENT AKAGI.
TUN SIE UNS DEN GE-FALLEN, JA?
SIE ...
ÖH ...
SPIELT EUCH GEFÄLLIGST NICHT SO AUF! REISST EUCH AM RIEMEN!
DAS HIER IST DAS REVIER DER BÖSEN BRÜDER VOM HAFEN-VIERTEL.
ALSO ALLES KLAR?
KEINE SORGE, ER WIRD MIT MIR SPRE-CHEN!
NA DANN ...
POF
ICH KONTAKTIERE IHN NICHT DIREKT, DAS IST BESSER FÜR IHN.

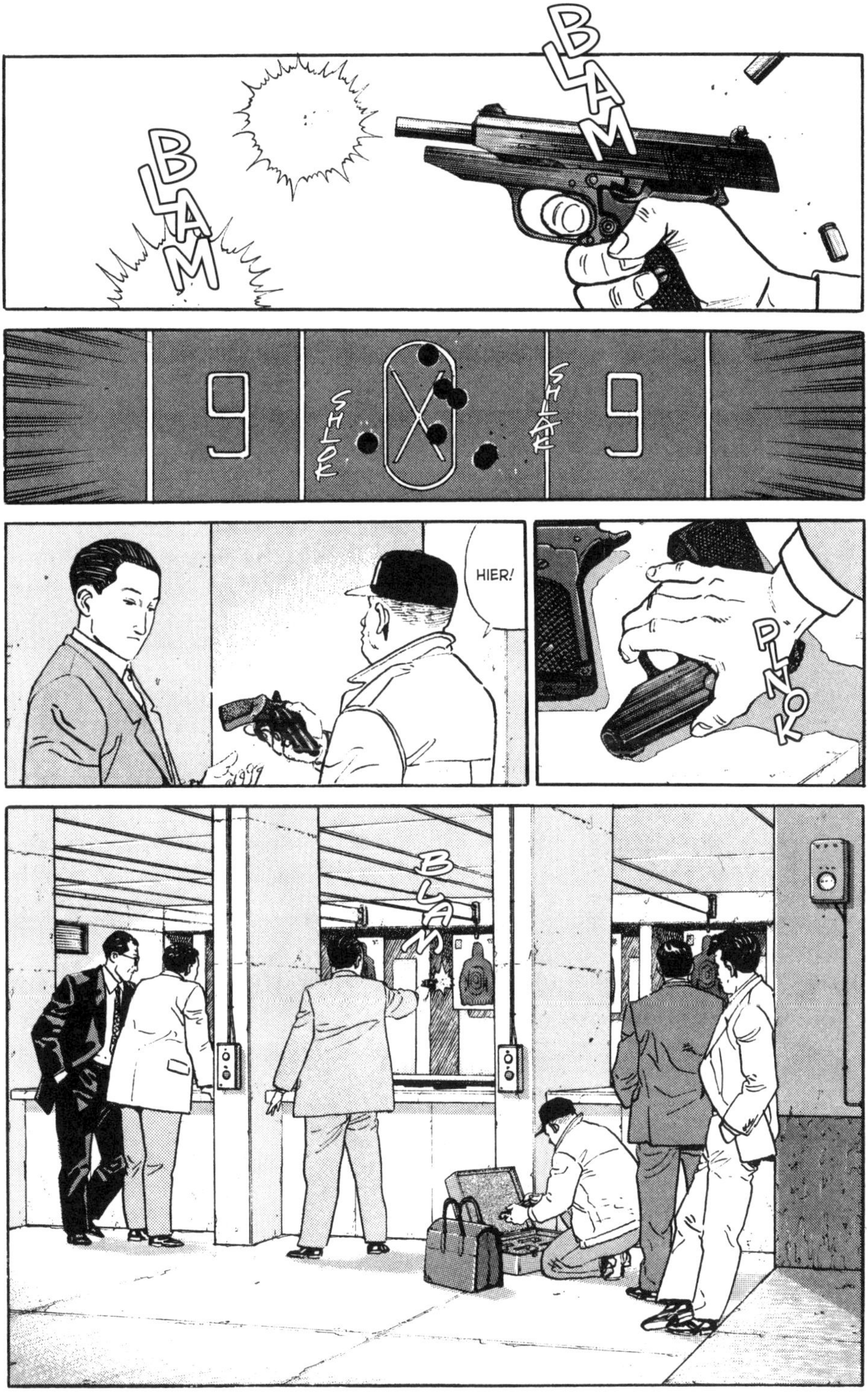
BLAM
BLAM
SHLAK
SHLOK
PLNOK
HIER!
BLAM

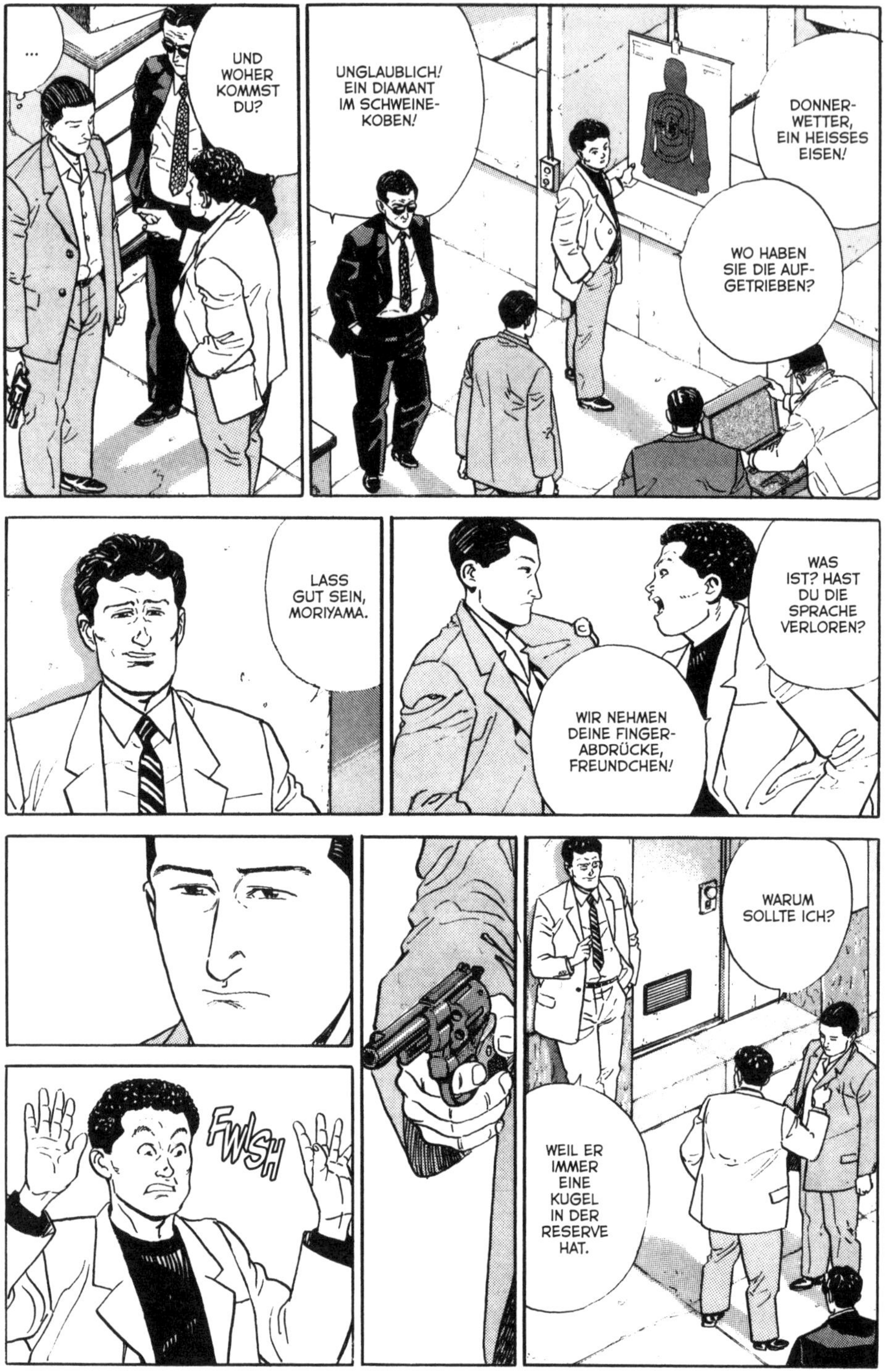
...
UND WOHER KOMMST DU?
UNGLAUBLICH! EIN DIAMANT IM SCHWEINE-KOBEN!
DONNER-WETTER, EIN HEISSES EISEN!
WO HABEN SIE DIE AUF-GETRIEBEN?
LASS GUT SEIN, MORIYAMA.
WAS IST? HAST DU DIE SPRACHE VERLOREN?
WIR NEHMEN DEINE FINGER-ABDRÜCKE, FREUNDCHEN!
FWISH
WARUM SOLLTE ICH?
WEIL ER IMMER EINE KUGEL IN DER RESERVE HAT.

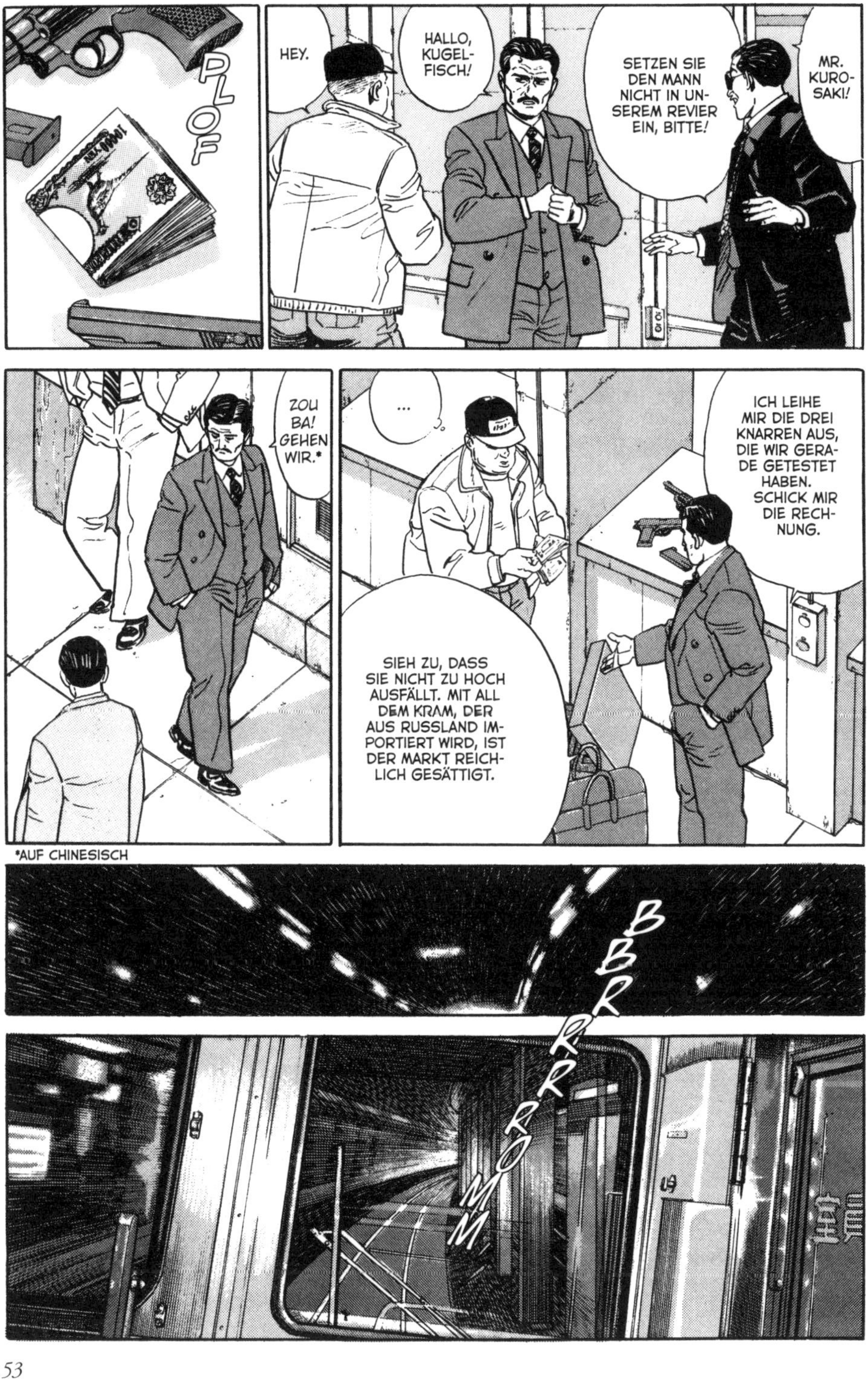
PLOF
HEY.
HALLO, KUGELFISCH!
SETZEN SIE DEN MANN NICHT IN UNSEREM REVIER EIN, BITTE!
MR. KUROSAKI!
ZOU BA! GEHEN WIR.*
...
ICH LEIHE MIR DIE DREI KNARREN AUS, DIE WIR GERADE GETESTET HABEN. SCHICK MIR DIE RECHNUNG.
SIEH ZU, DASS SIE NICHT ZU HOCH AUSFÄLLT. MIT ALL DEM KRAM, DER AUS RUSSLAND IMPORTIERT WIRD, IST DER MARKT REICHLICH GESÄTTIGT.
*AUF CHINESISCH
BBRRRRROMM

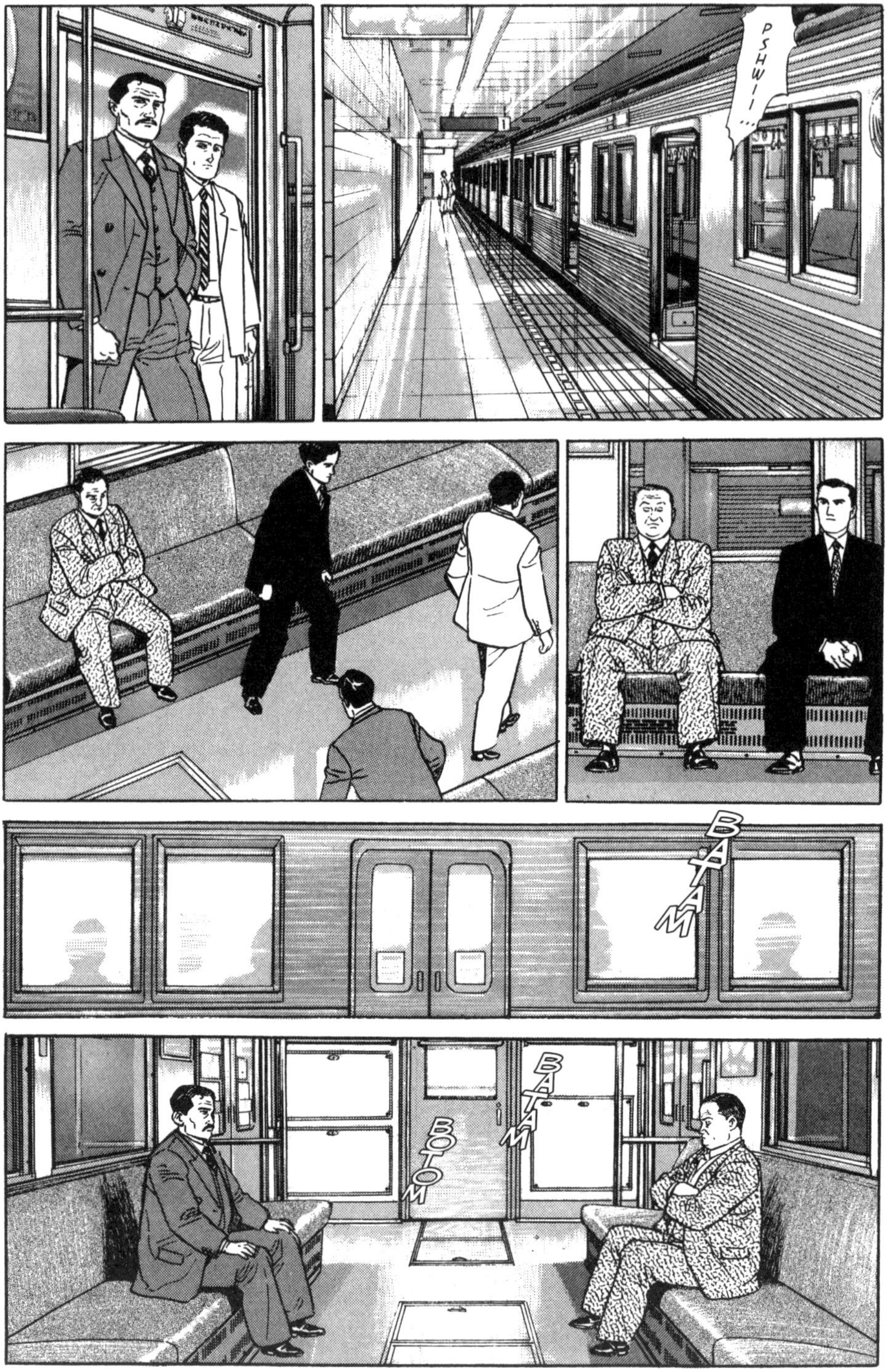
PSHWII...
BATAM
BATAM
BOTOM

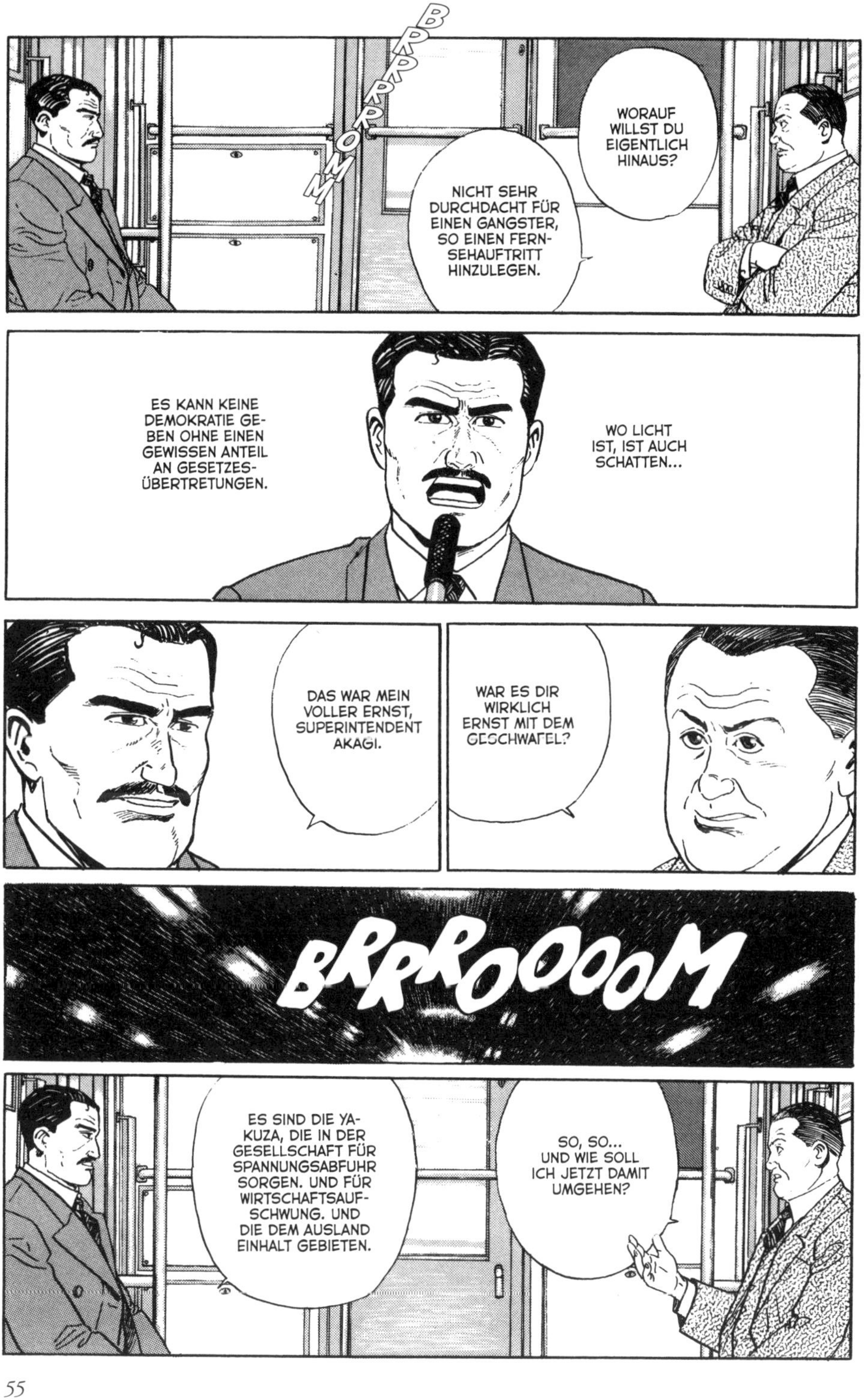
BRRRROMM
WORAUF WILLST DU EIGENTLICH HINAUS?
NICHT SEHR DURCHDACHT FÜR EINEN GANGSTER, SO EINEN FERNSEHAUFTRITT HINZULEGEN.
WO LICHT IST, IST AUCH SCHATTEN...
ES KANN KEINE DEMOKRATIE GEBEN OHNE EINEN GEWISSEN ANTEIL AN GESETZESÜBERTRETUNGEN.
WAR ES DIR WIRKLICH ERNST MIT DEM GESCHWAFEL?
DAS WAR MEIN VOLLER ERNST, SUPERINTENDENT AKAGI.
BRRROOOOM
ES SIND DIE YAKUZA, DIE IN DER GESELLSCHAFT FÜR SPANNUNGSABFUHR SORGEN. UND FÜR WIRTSCHAFTSAUFSCHWUNG. UND DIE DEM AUSLAND EINHALT GEBIETEN.
SO, SO... UND WIE SOLL ICH JETZT DAMIT UMGEHEN?

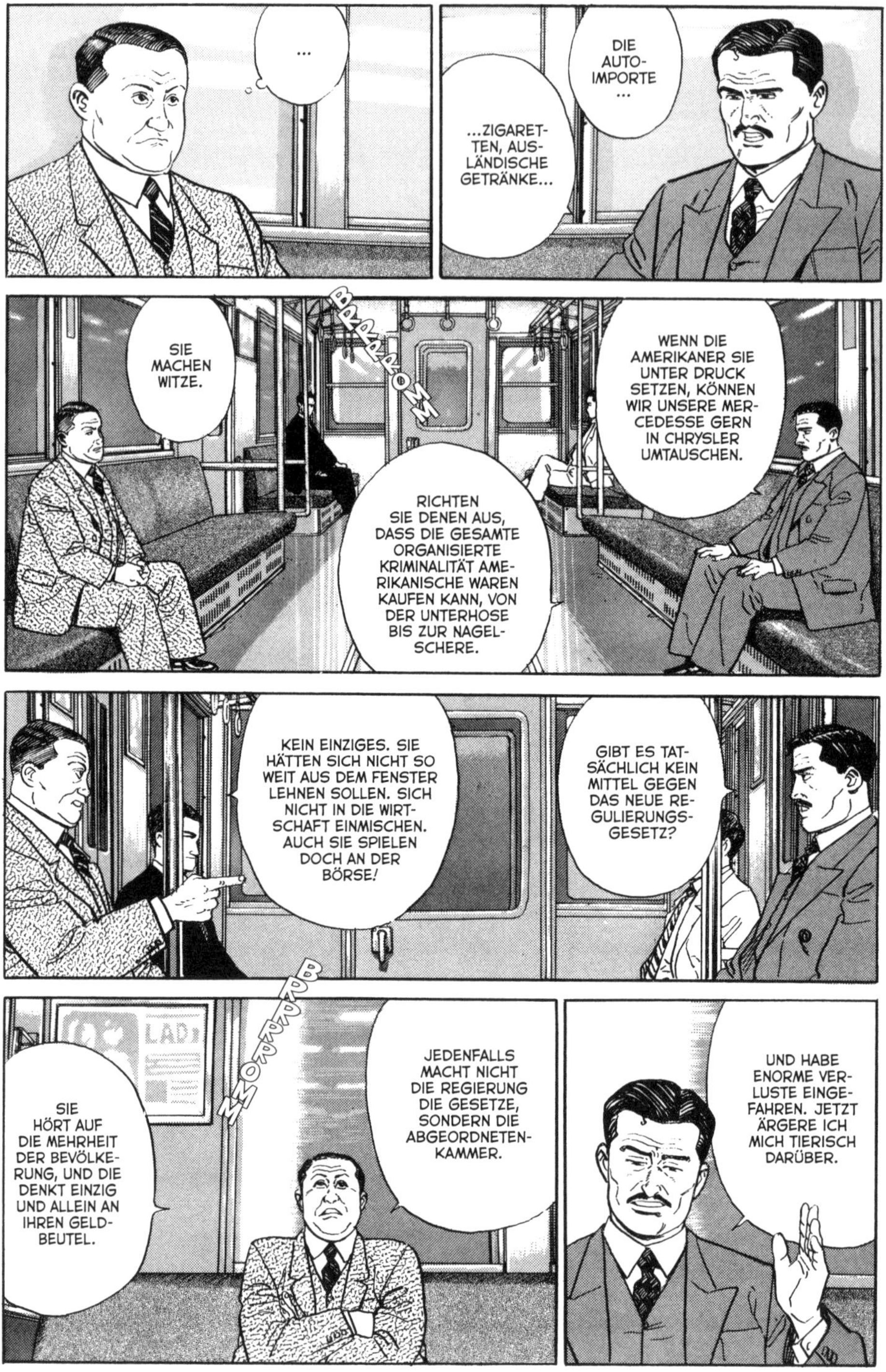
...
DIE AUTOIMPORTE ...
...ZIGARETTEN, AUSLÄNDISCHE GETRÄNKE...
SIE MACHEN WITZE.
BRRROMM
WENN DIE AMERIKANER SIE UNTER DRUCK SETZEN, KÖNNEN WIR UNSERE MERCEDESSE GERN IN CHRYSLER UMTAUSCHEN.
RICHTEN SIE DENEN AUS, DASS DIE GESAMTE ORGANISIERTE KRIMINALITÄT AMERIKANISCHE WAREN KAUFEN KANN, VON DER UNTERHOSE BIS ZUR NAGELSCHERE.
GIBT ES TATSÄCHLICH KEIN MITTEL GEGEN DAS NEUE REGULIERUNGSGESETZ?
KEIN EINZIGES. SIE HÄTTEN SICH NICHT SO WEIT AUS DEM FENSTER LEHNEN SOLLEN. SICH NICHT IN DIE WIRTSCHAFT EINMISCHEN. AUCH SIE SPIELEN DOCH AN DER BÖRSE!
BRRRROMM
JEDENFALLS MACHT NICHT DIE REGIERUNG DIE GESETZE, SONDERN DIE ABGEORDNETENKAMMER.
SIE HÖRT AUF DIE MEHRHEIT DER BEVÖLKERUNG, UND DIE DENKT EINZIG UND ALLEIN AN IHREN GELDBEUTEL.
UND HABE ENORME VERLUSTE EINGEFAHREN. JETZT ÄRGERE ICH MICH TIERISCH DARÜBER.

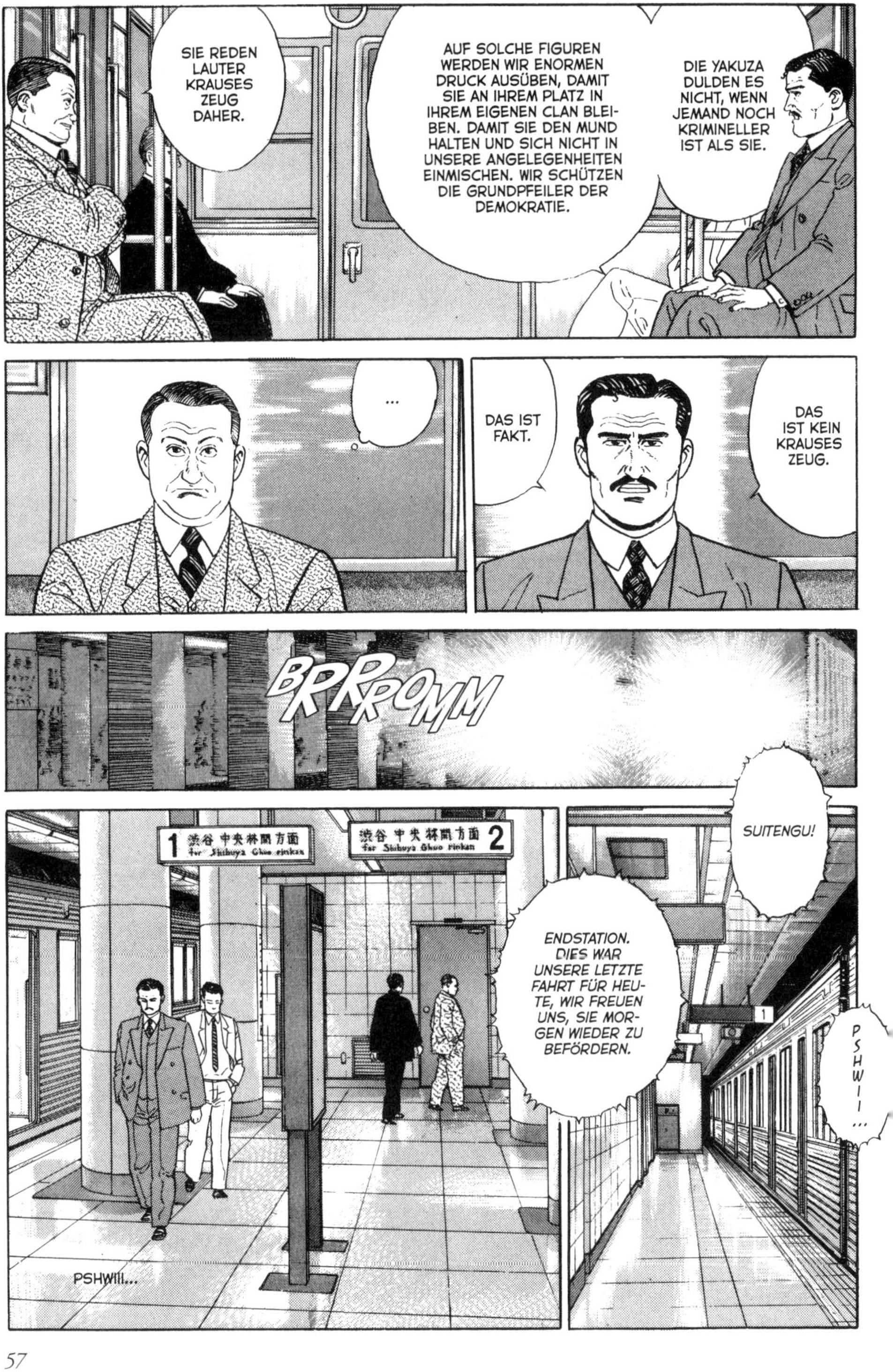
DIE YAKUZA DULDEN ES NICHT, WENN JEMAND NOCH KRIMINELLER IST ALS SIE.
AUF SOLCHE FIGUREN WERDEN WIR ENORMEN DRUCK AUSÜBEN, DAMIT SIE AN IHREM PLATZ IN IHREM EIGENEN CLAN BLEIBEN. DAMIT SIE DEN MUND HALTEN UND SICH NICHT IN UNSERE ANGELEGENHEITEN EINMISCHEN. WIR SCHÜTZEN DIE GRUNDPFEILER DER DEMOKRATIE.
SIE REDEN LAUTER KRAUSES ZEUG DAHER.
DAS IST KEIN KRAUSES ZEUG.
DAS IST FAKT.
...
BRRRROMM
SUITENGU!
ENDSTATION. DIES WAR UNSERE LETZTE FAHRT FÜR HEUTE, WIR FREUEN UNS, SIE MORGEN WIEDER ZU BEFÖRDERN.
PSHWII...
PSHWIII...

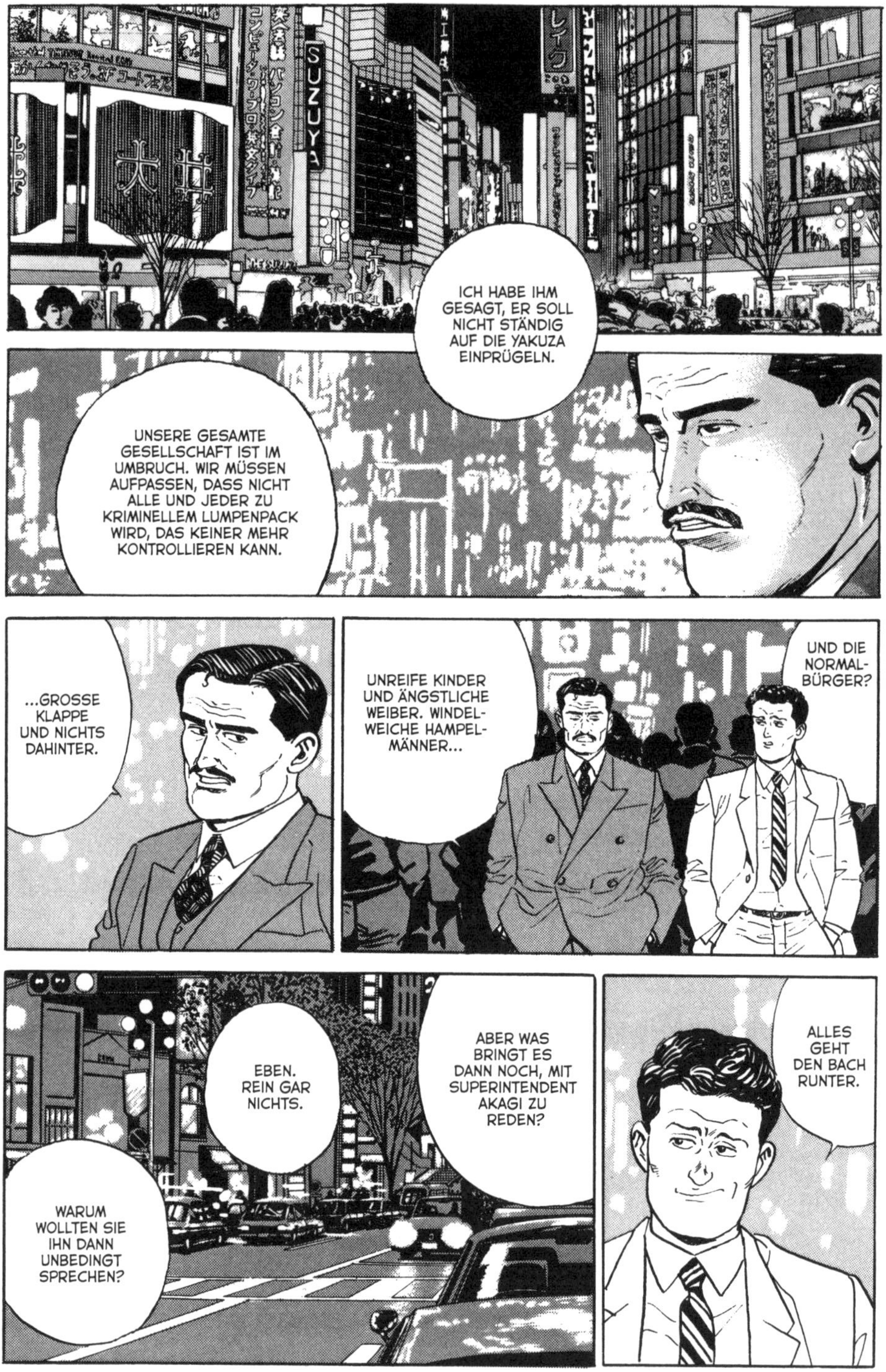
ICH HABE IHM GESAGT, ER SOLL NICHT STÄNDIG AUF DIE YAKUZA EINPRÜGELN.
UNSERE GESAMTE GESELLSCHAFT IST IM UMBRUCH. WIR MÜSSEN AUFPASSEN, DASS NICHT ALLE UND JEDER ZU KRIMINELLEM LUMPENPACK WIRD, DAS KEINER MEHR KONTROLLIEREN KANN.
...GROSSE KLAPPE UND NICHTS DAHINTER.
UNREIFE KINDER UND ÄNGSTLICHE WEIBER. WINDELWEICHE HAMPELMÄNNER...
UND DIE NORMALBÜRGER?
EBEN. REIN GAR NICHTS.
ABER WAS BRINGT ES DANN NOCH, MIT SUPERINTENDENT AKAGI ZU REDEN?
WARUM WOLLTEN SIE IHN DANN UNBEDINGT SPRECHEN?
ALLES GEHT DEN BACH RUNTER.

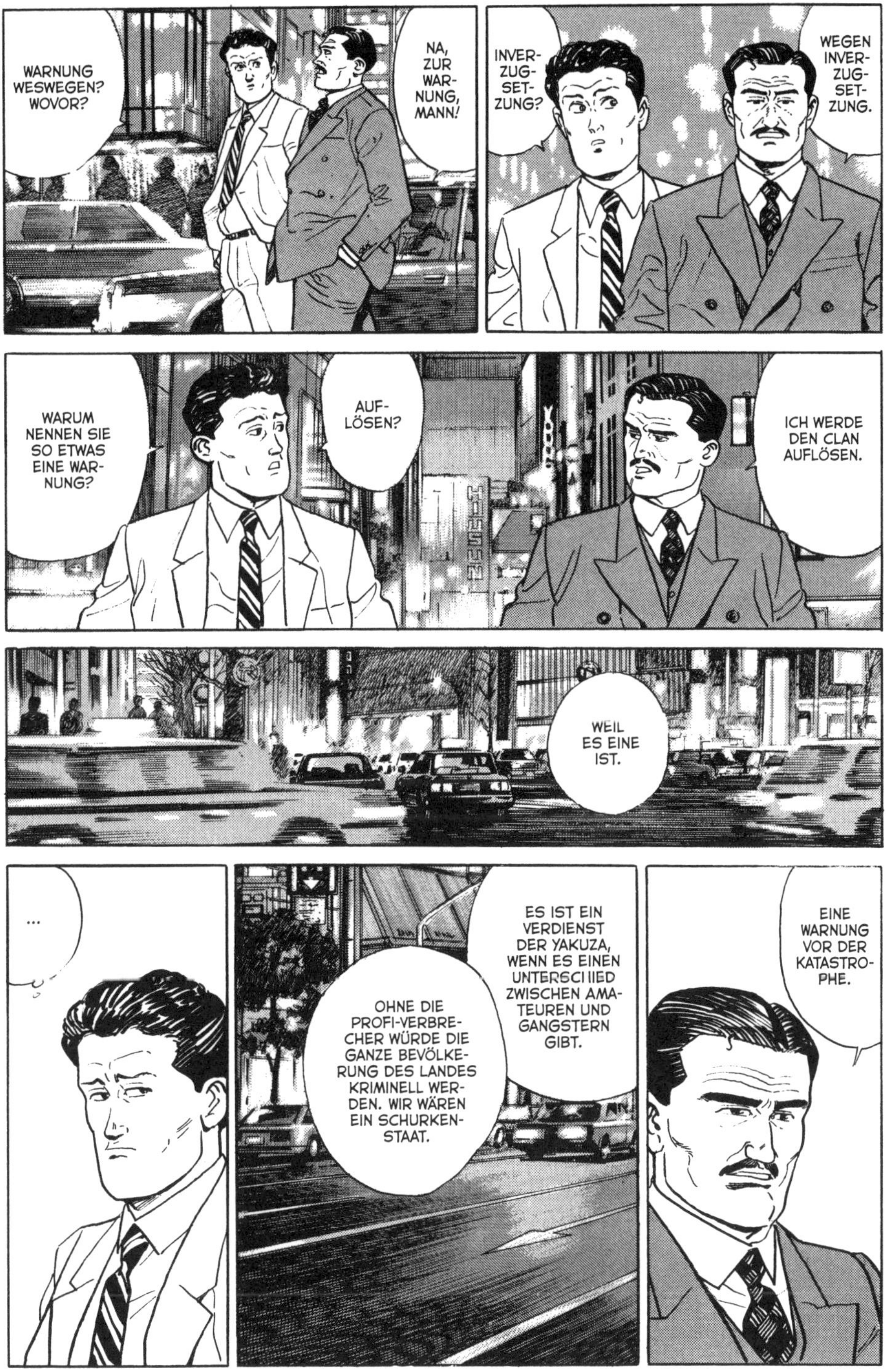
WEGEN INVERZUGSETZUNG.
INVERZUGSETZUNG?
NA, ZUR WARNUNG, MANN!
WARNUNG WESWEGEN? WOVOR?
ICH WERDE DEN CLAN AUFLÖSEN.
AUFLÖSEN?
WARUM NENNEN SIE SO ETWAS EINE WARNUNG?
WEIL ES EINE IST.
EINE WARNUNG VOR DER KATASTROPHE.
ES IST EIN VERDIENST DER YAKUZA, WENN ES EINEN UNTERSCHIED ZWISCHEN AMATEUREN UND GANGSTERN GIBT.
OHNE DIE PROFI-VERBRECHER WÜRDE DIE GANZE BEVÖLKERUNG DES LANDES KRIMINELL WERDEN. WIR WÄREN EIN SCHURKENSTAAT.
...

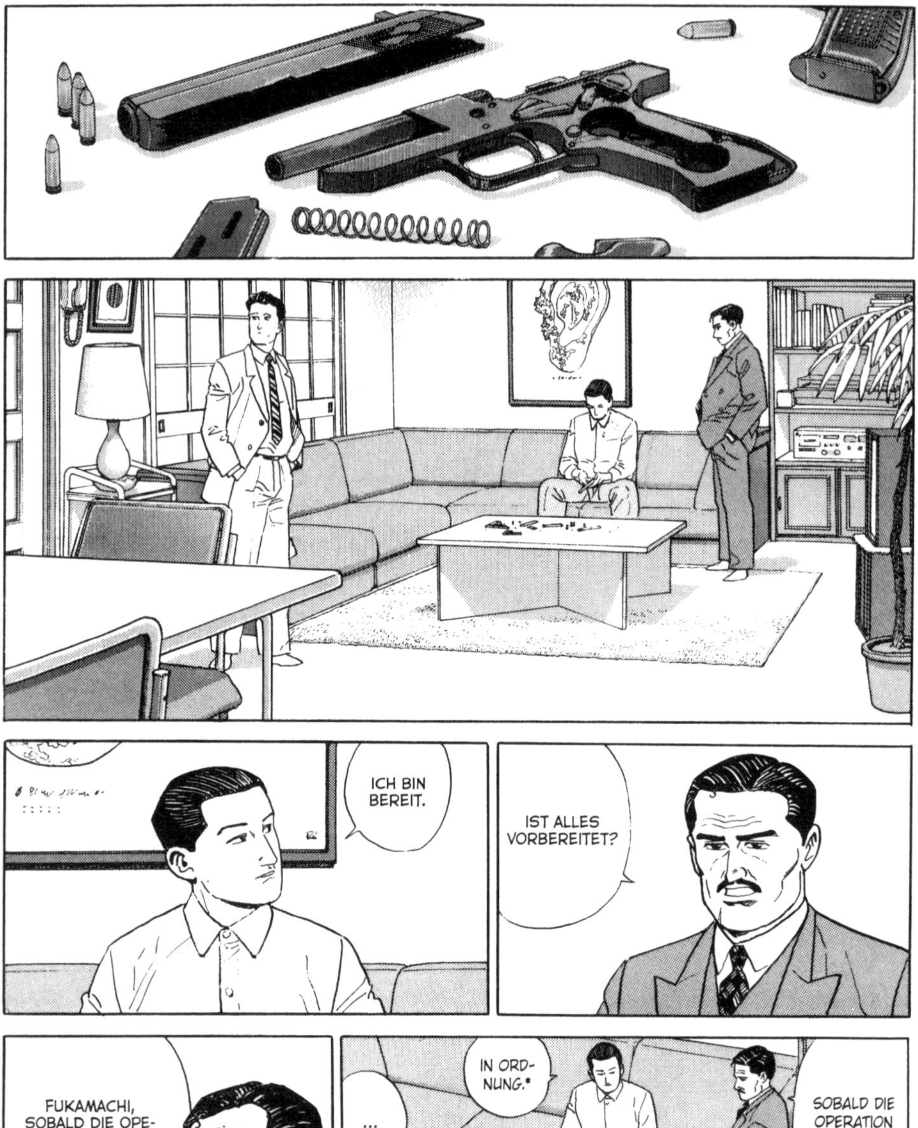


*AUF CHINESISCH

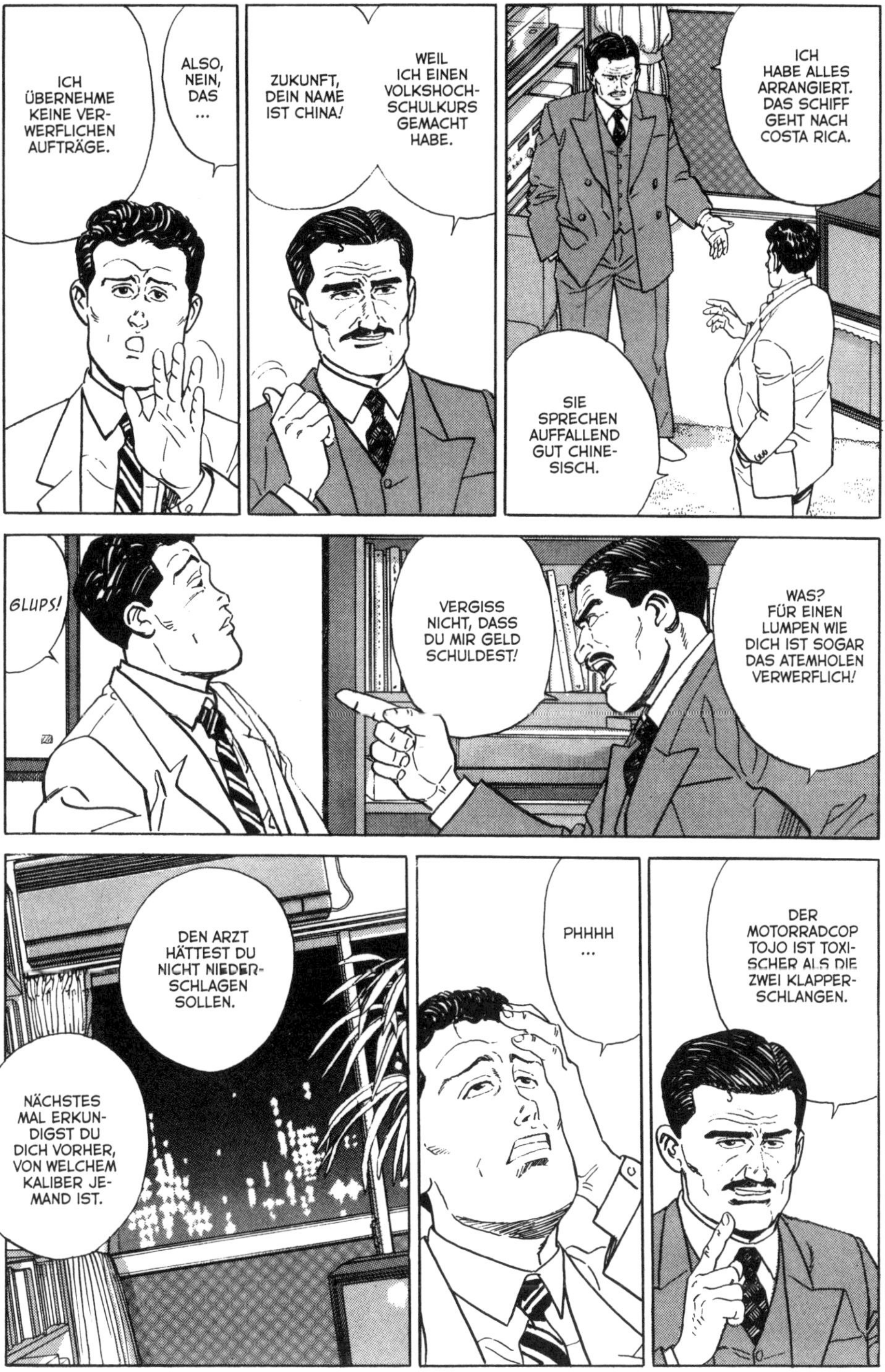
ICH HABE ALLES ARRANGIERT. DAS SCHIFF GEHT NACH COSTA RICA.
SIE SPRECHEN AUFFALLEND GUT CHINESISCH.
WEIL ICH EINEN VOLKSHOCHSCHULKURS GEMACHT HABE.
ZUKUNFT, DEIN NAME IST CHINA!
ALSO, NEIN, DAS ...
ICH ÜBERNEHME KEINE VERWERFLICHEN AUFTRÄGE.
WAS? FÜR EINEN LUMPEN WIE DICH IST SOGAR DAS ATEMHOLEN VERWERFLICH!
VERGISS NICHT, DASS DU MIR GELD SCHULDEST!
GLUPS!
DER MOTORRADCOP TOJO IST TOXISCHER ALS DIE ZWEI KLAPPERSCHLANGEN.
PHHHH ...
DEN ARZT HÄTTEST DU NICHT NIEDERSCHLAGEN SOLLEN.
NÄCHSTES MAL ERKUNDIGST DU DICH VORHER, VON WELCHEM KALIBER JEMAND IST.

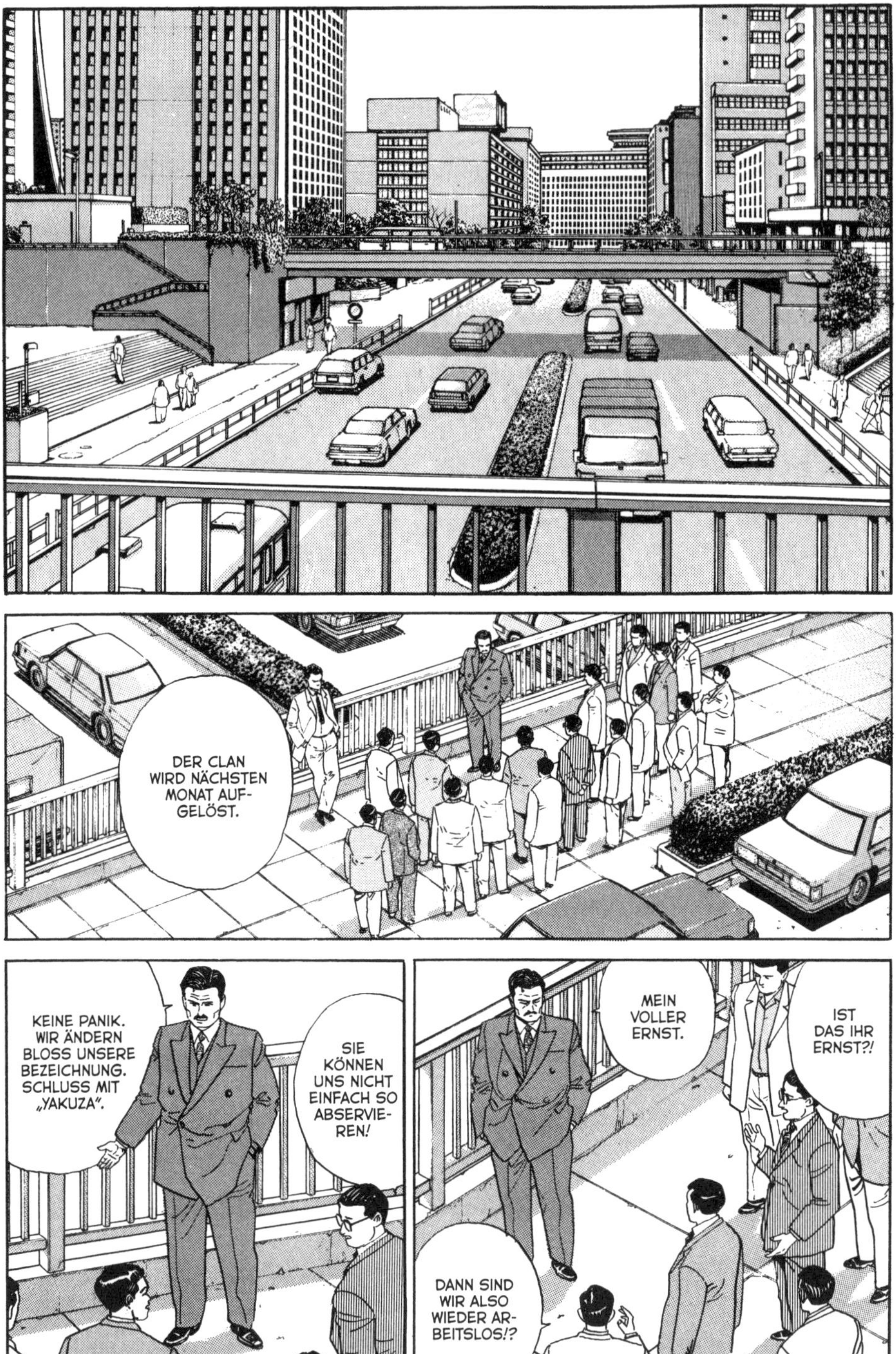
DER CLAN WIRD NÄCHSTEN MONAT AUF-GELÖST.
IST DAS IHR ERNST?!
MEIN VOLLER ERNST.
DANN SIND WIR ALSO WIEDER AR-BEITSLOS!?
SIE KÖNNEN UNS NICHT EINFACH SO ABSERVIE-REN!
KEINE PANIK. WIR ÄNDERN BLOSS UNSERE BEZEICHNUNG. SCHLUSS MIT „YAKUZA“.

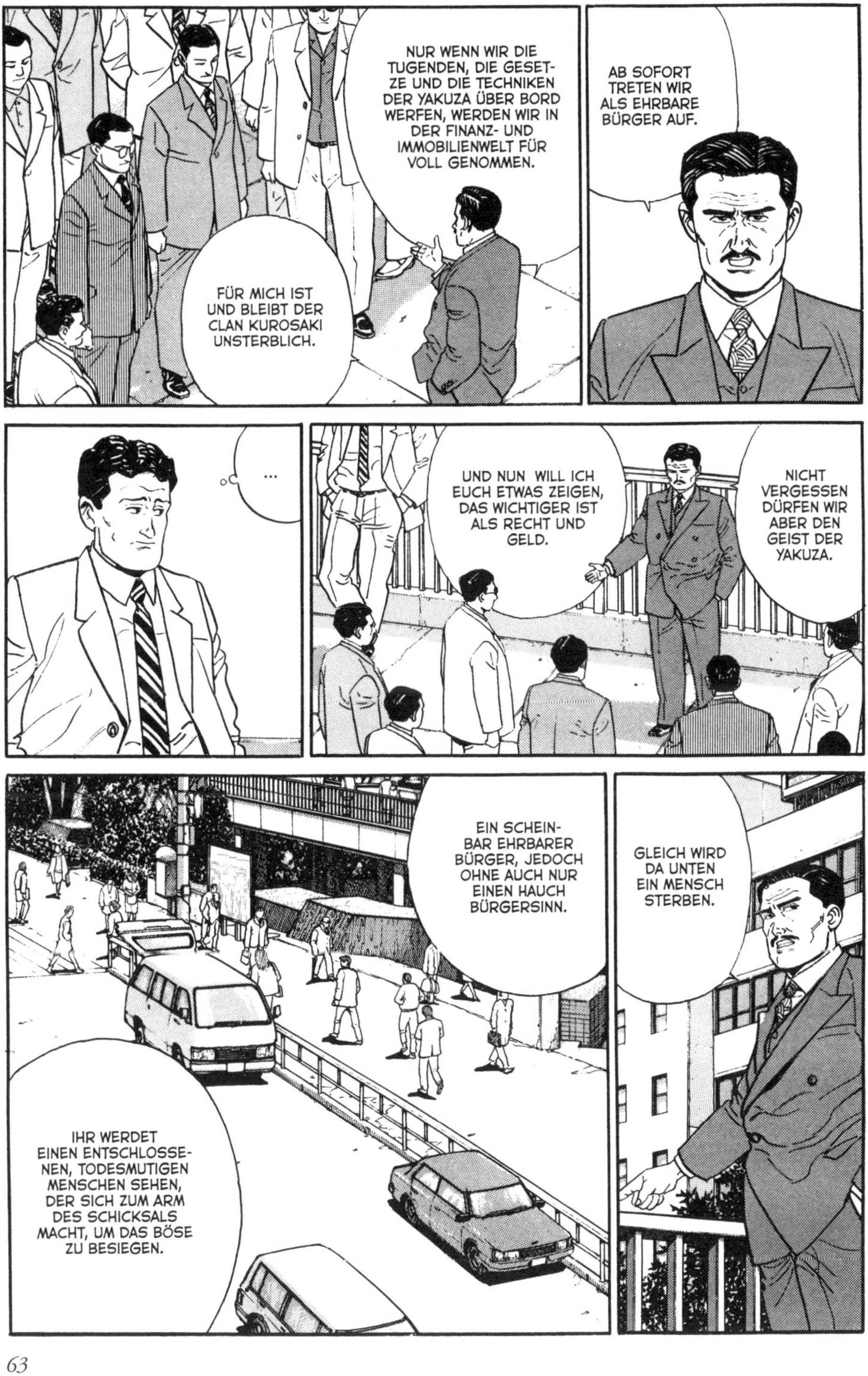
AB SOFORT TRETEN WIR ALS EHRBARE BÜRGER AUF.
NUR WENN WIR DIE TUGENDEN, DIE GESETZE UND DIE TECHNIKEN DER YAKUZA ÜBER BORD WERFEN, WERDEN WIR IN DER FINANZ- UND IMMOBILIENWELT FÜR VOLL GENOMMEN.
FÜR MICH IST UND BLEIBT DER CLAN KUROSAKI UNSTERBLICH.
NICHT VERGESSEN DÜRFEN WIR ABER DEN GEIST DER YAKUZA.
UND NUN WILL ICH EUCH ETWAS ZEIGEN, DAS WICHTIGER IST ALS RECHT UND GELD.
...
GLEICH WIRD DA UNTEN EIN MENSCH STERBEN.
EIN SCHEINBAR EHRBARER BÜRGER, JEDOCH OHNE AUCH NUR EINEN HAUCH BÜRGERSINN.
IHR WERDET EINEN ENTSCHLOSSENEN, TODESMUTIGEN MENSCHEN SEHEN, DER SICH ZUM ARM DES SCHICKSALS MACHT, UM DAS BÖSE ZU BESIEGEN.

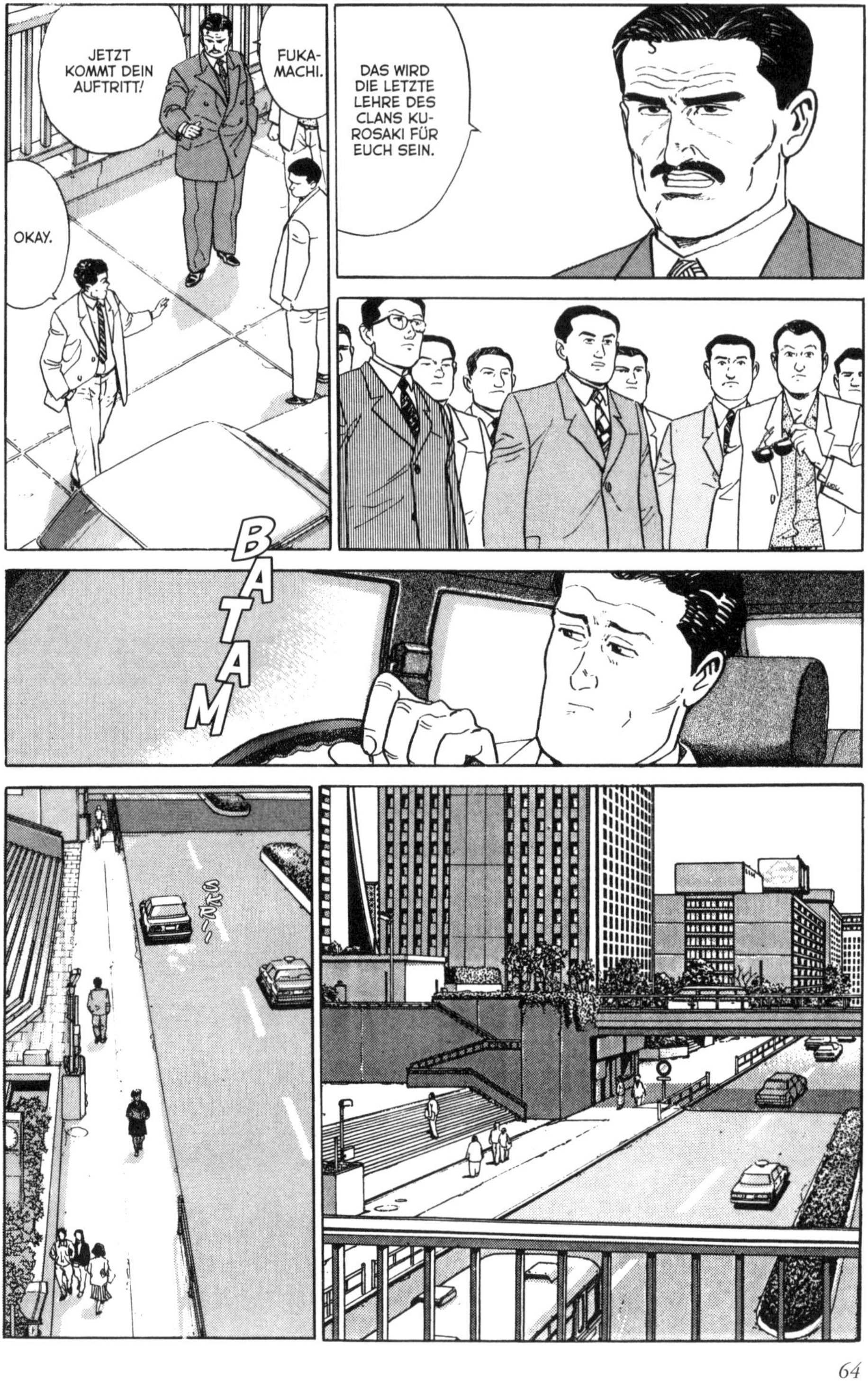
DAS WIRD DIE LETZTE LEHRE DES CLANS KUROSAKI FÜR EUCH SEIN.
FUKAMACHI.
JETZT KOMMT DEIN AUFTRITT!
OKAY.
BATAM

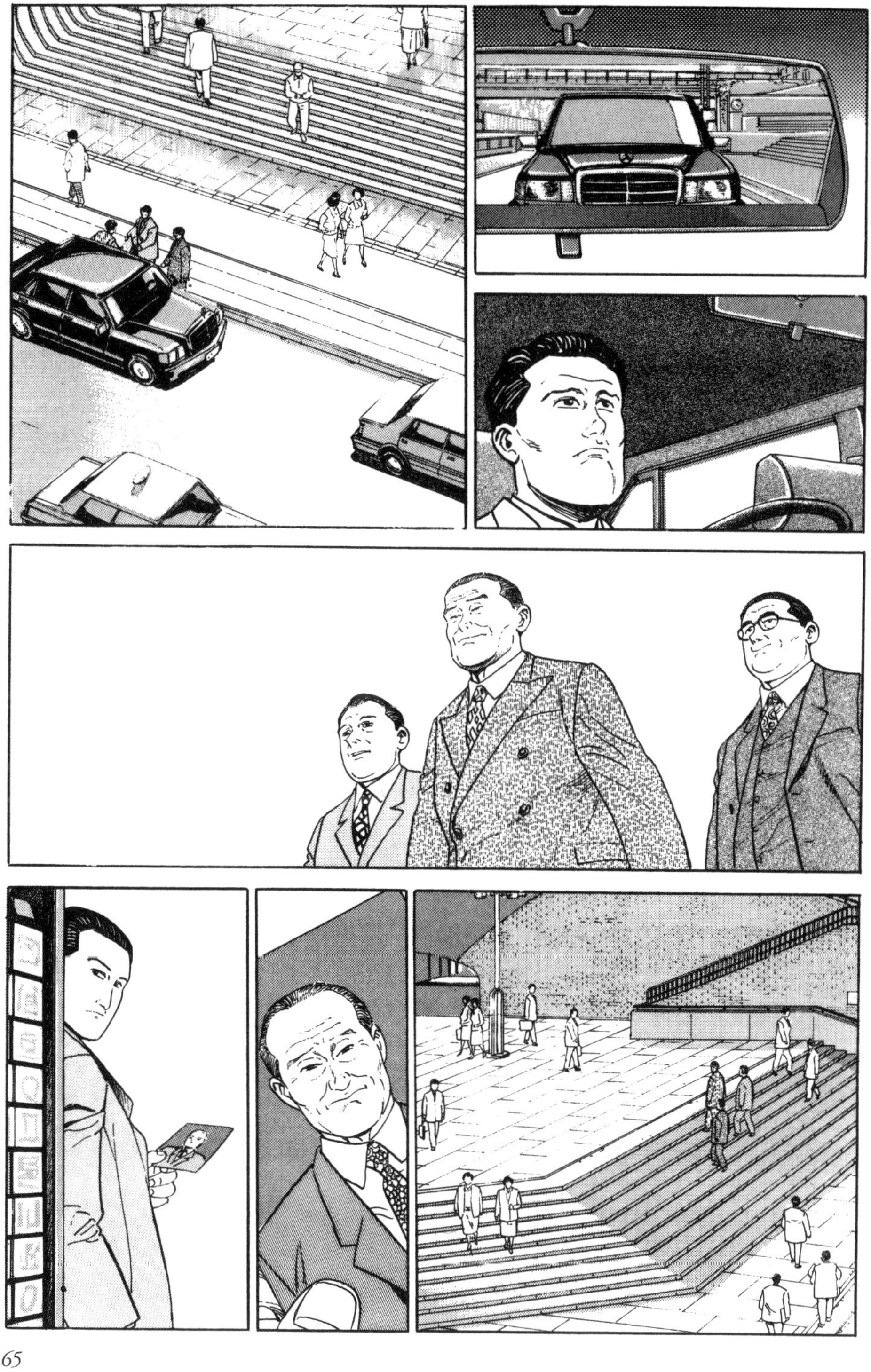

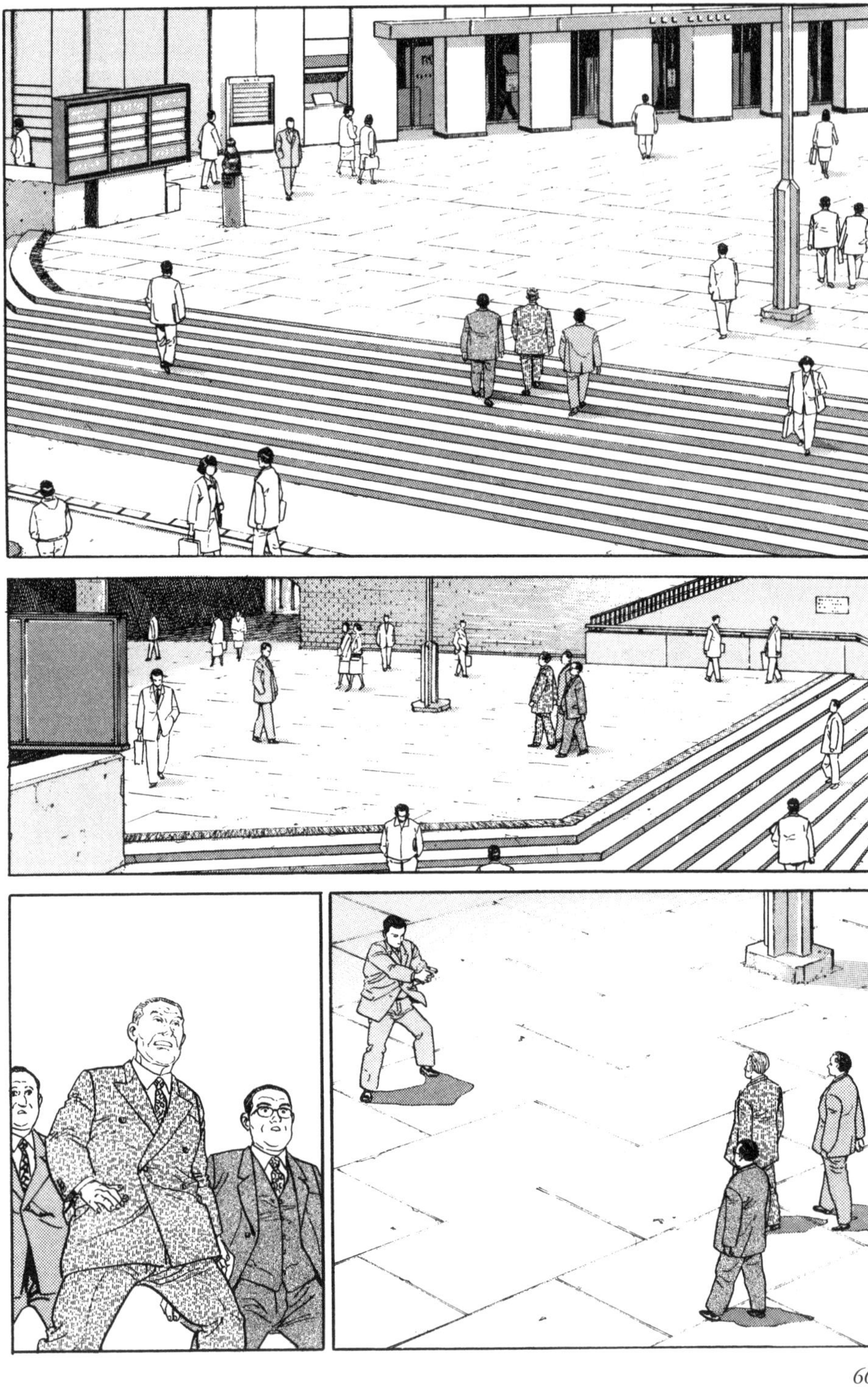

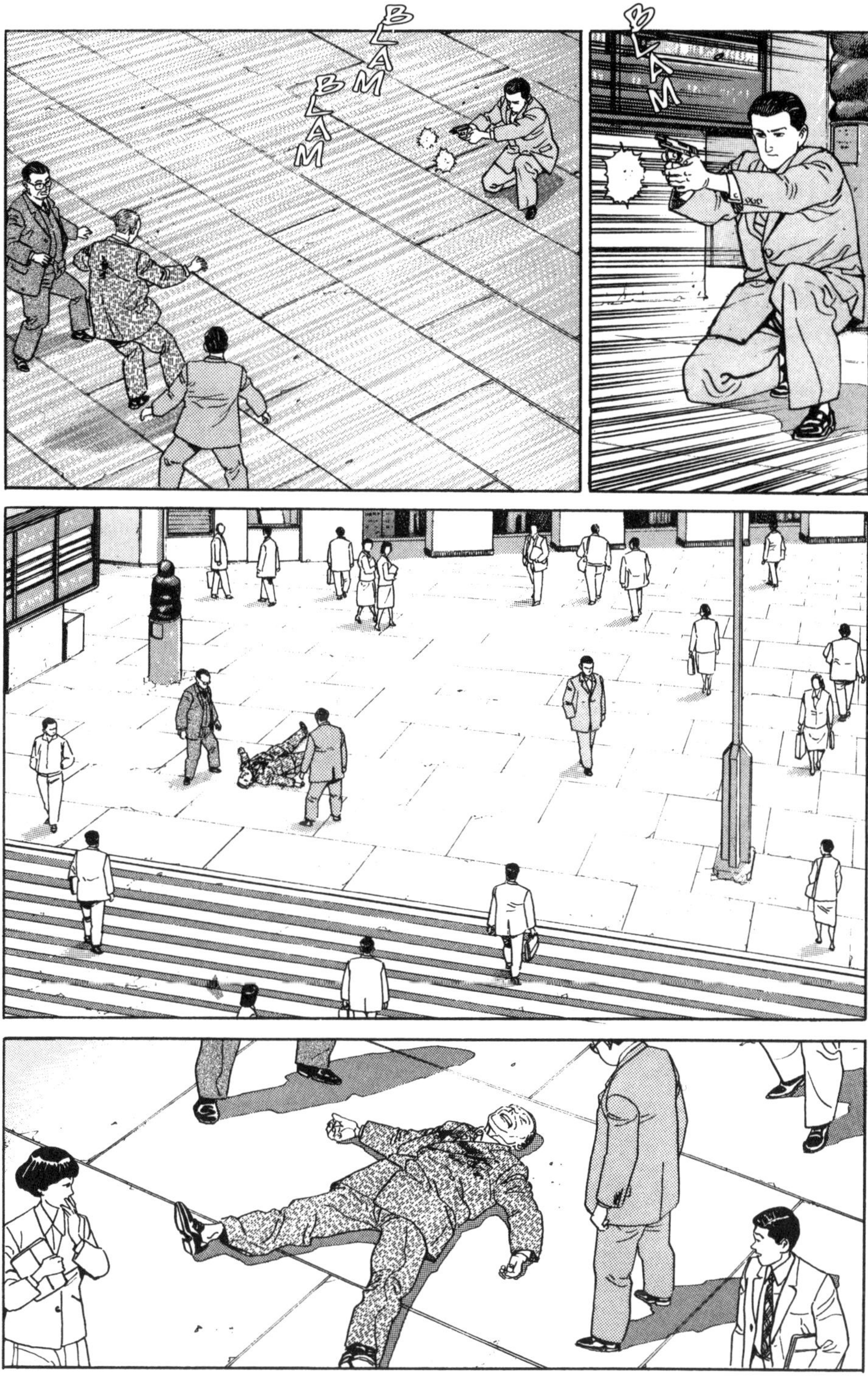
BLAM
BLAM
BLAM

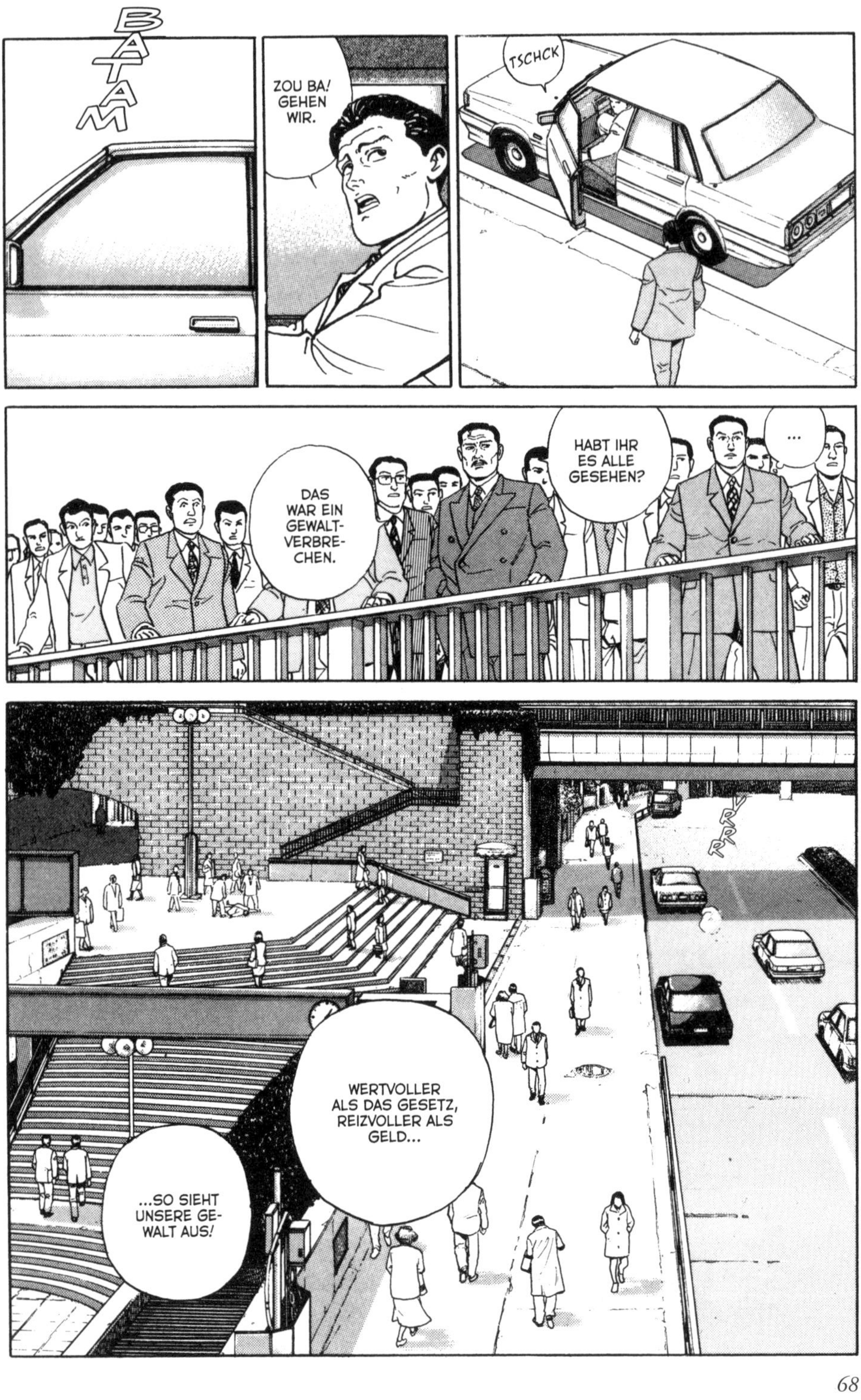
BATAM
ZOU BA! GEHEN WIR.
TSCHCK
...
HABT IHR ES ALLE GESEHEN?
DAS WAR EIN GEWALT-VERBRE-CHEN.
VRRR
WERTVOLLER ALS DAS GESETZ, REIZVOLLER ALS GELD...
...SO SIEHT UNSERE GE-WALT AUS!

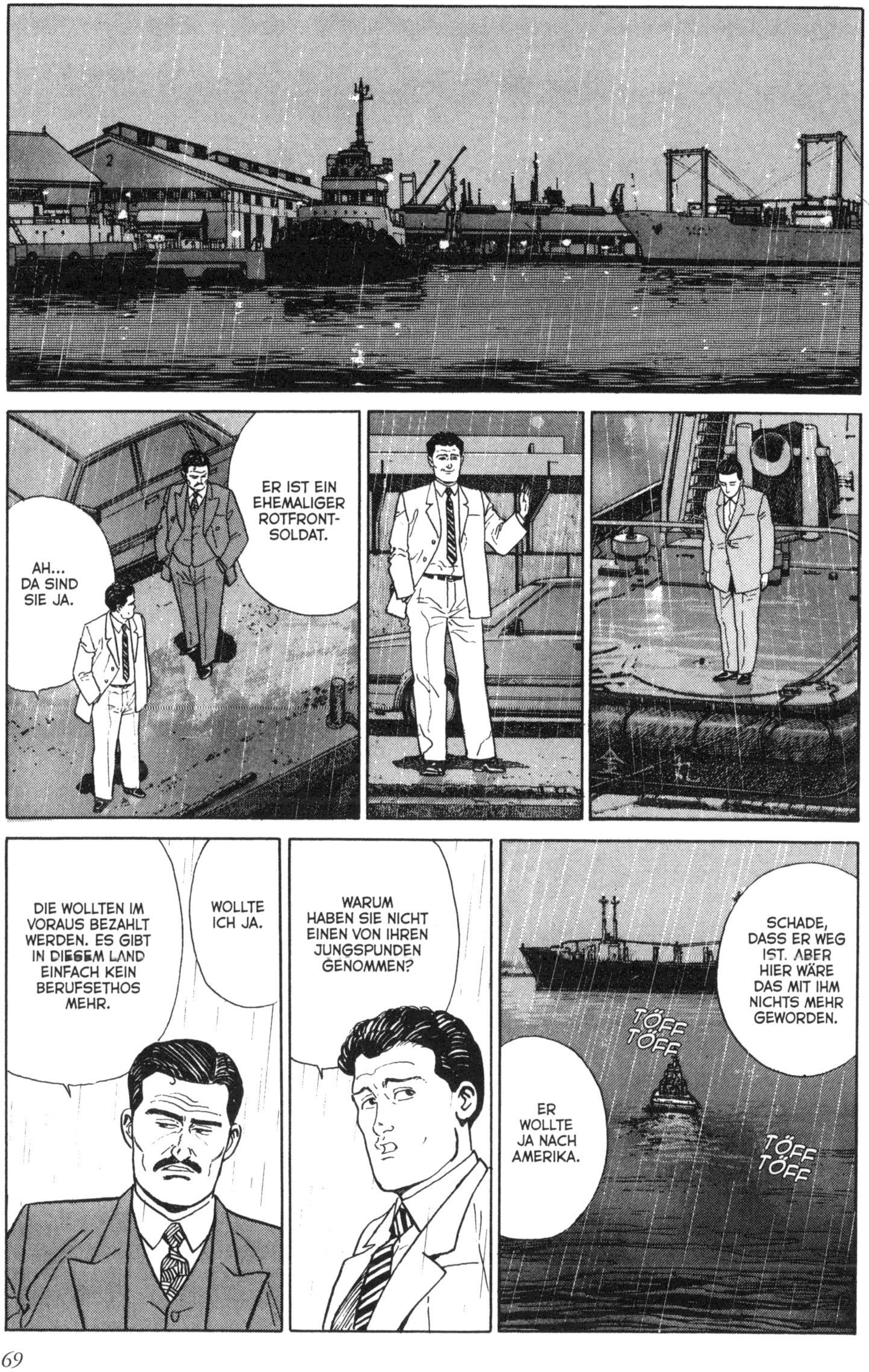

SCHADE, DASS ER WEG IST. ABER HIER WÄRE DAS MIT IHM NICHTS MEHR GEWORDEN.
ER WOLLTE JA NACH AMERIKA.
TÖFF TÖFF
TÖFF TÖFF
ER IST EIN EHEMALIGER ROTFRONT-SOLDAT.
AH... DA SIND SIE JA.
WARUM HABEN SIE NICHT EINEN VON IHREN JUNGSPUNDEN GENOMMEN?
WOLLTE ICH JA.
DIE WOLLTEN IM VORAUS BEZAHLT WERDEN. ES GIBT IN DIESEM LAND EINFACH KEIN BERUFSETHOS MEHR.

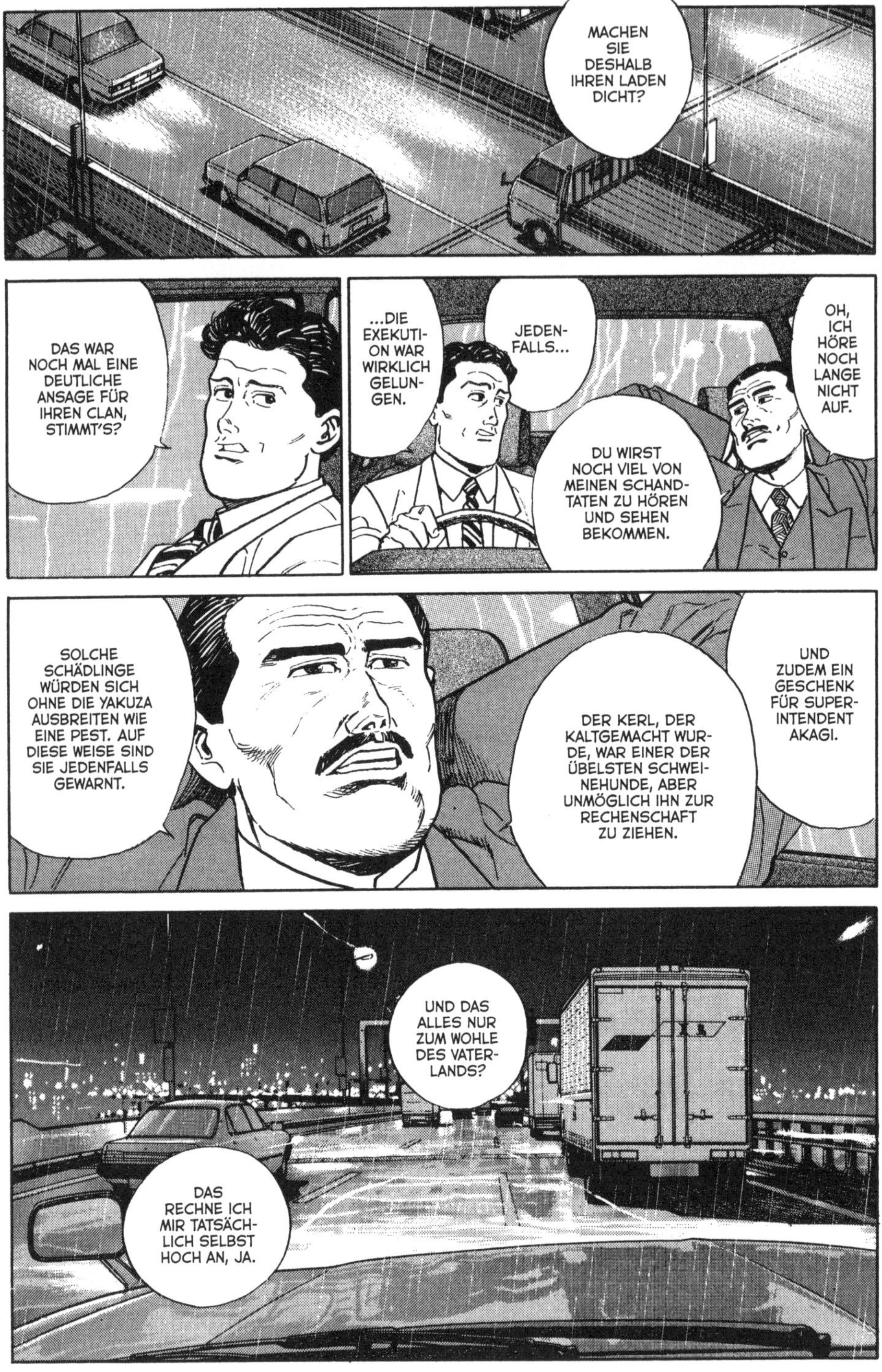
MACHEN SIE DESHALB IHREN LADEN DICHT?
OH, ICH HÖRE NOCH LANGE NICHT AUF.
DU WIRST NOCH VIEL VON MEINEN SCHANDTATEN ZU HÖREN UND SEHEN BEKOMMEN.
JEDENFALLS...
...DIE EXEKUTION WAR WIRKLICH GELUNGEN.
DAS WAR NOCH MAL EINE DEUTLICHE ANSAGE FÜR IHREN CLAN, STIMMT'S?
UND ZUDEM EIN GESCHENK FÜR SUPERINTENDENT AKAGI.
DER KERL, DER KALTGEMACHT WURDE, WAR EINER DER ÜBELSTEN SCHWEINEHUNDE, ABER UNMÖGLICH IHN ZUR RECHENSCHAFT ZU ZIEHEN.
SOLCHE SCHÄDLINGE WÜRDEN SICH OHNE DIE YAKUZA AUSBREITEN WIE EINE PEST. AUF DIESE WEISE SIND SIE JEDENFALLS GEWARNT.
UND DAS ALLES NUR ZUM WOHLE DES VATERLANDS?
DAS RECHNE ICH MIR TATSÄCHLICH SELBST HOCH AN, JA.

## Kapitel 40
# Endzeitstimmung

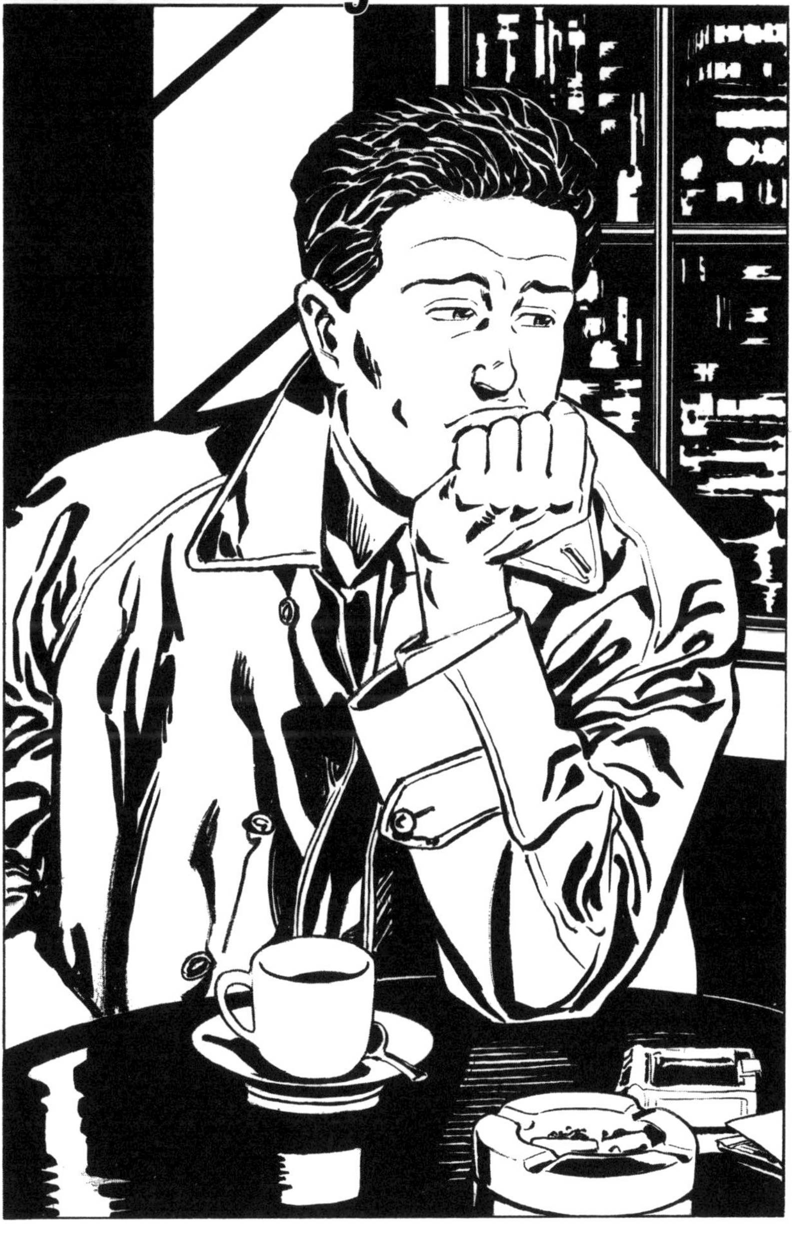

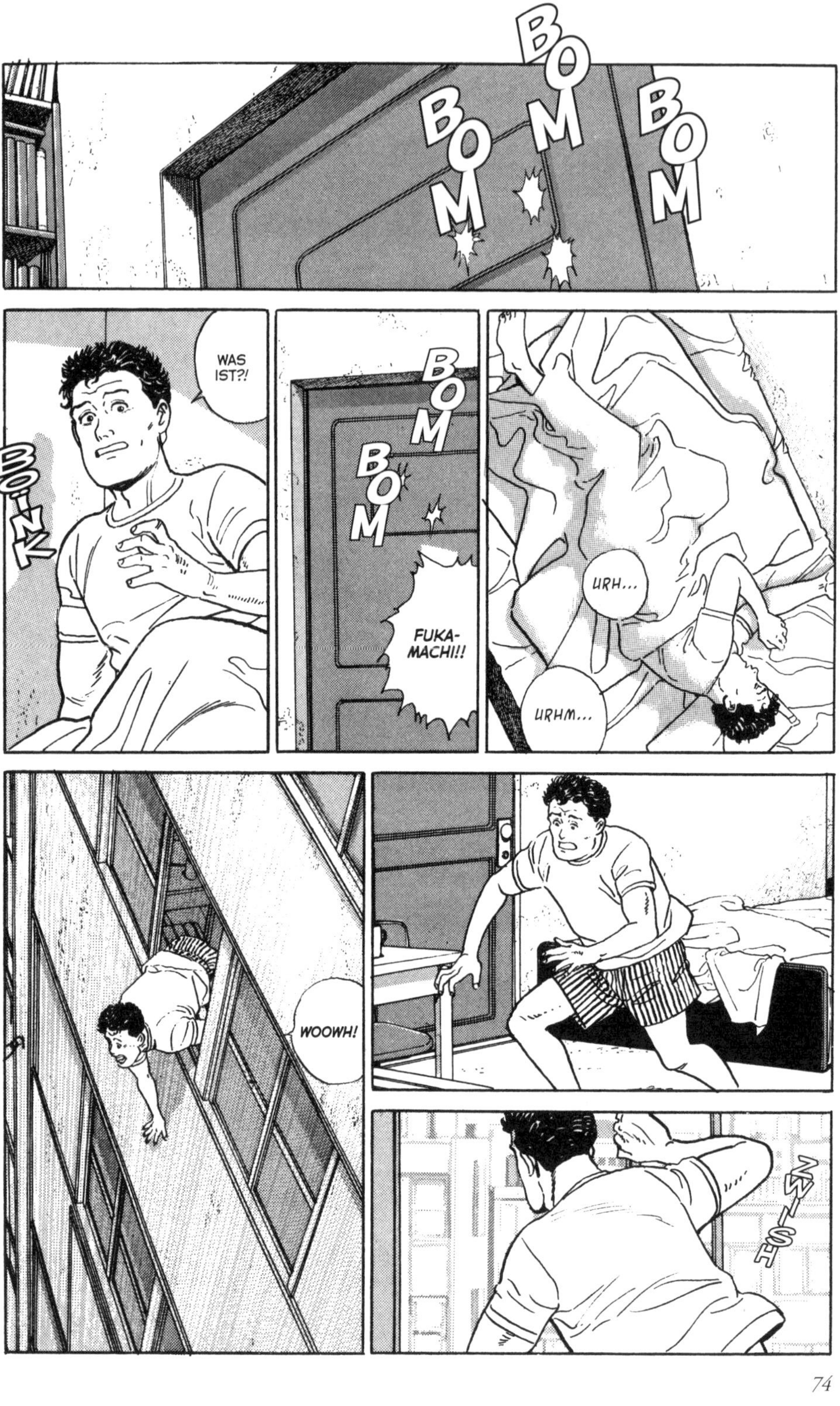
BOM
BOM
BOM
WAS IST?!
BOINK
BOM
BOM
FUKA-MACHI!!
URH...
URHM...
WOOWH!
ZWISH

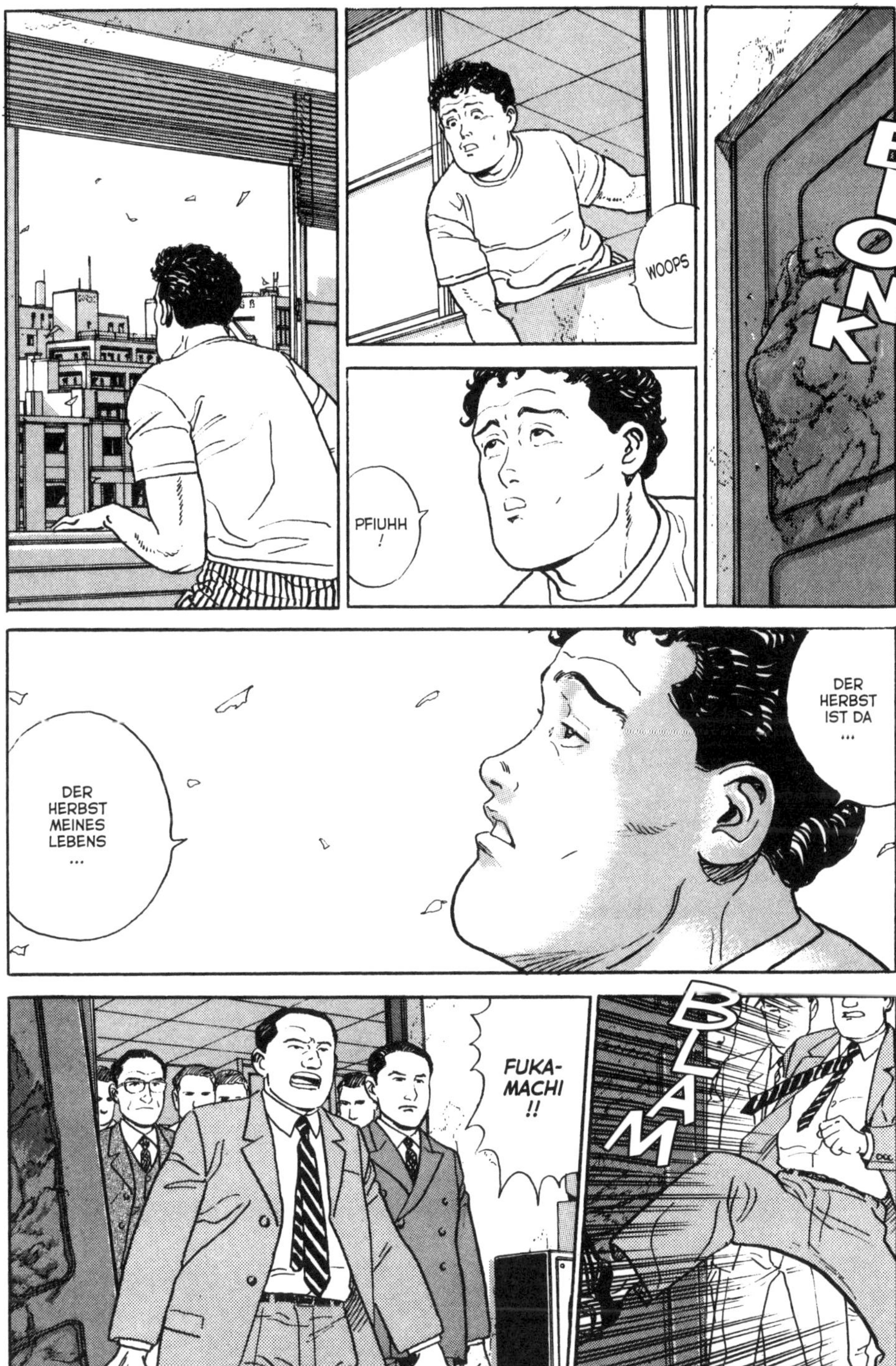
WOOPS
PFIUHH !
BLONK
DER HERBST IST DA ...
DER HERBST MEINES LEBENS ...
BLAM
FUKA-MACHI !!

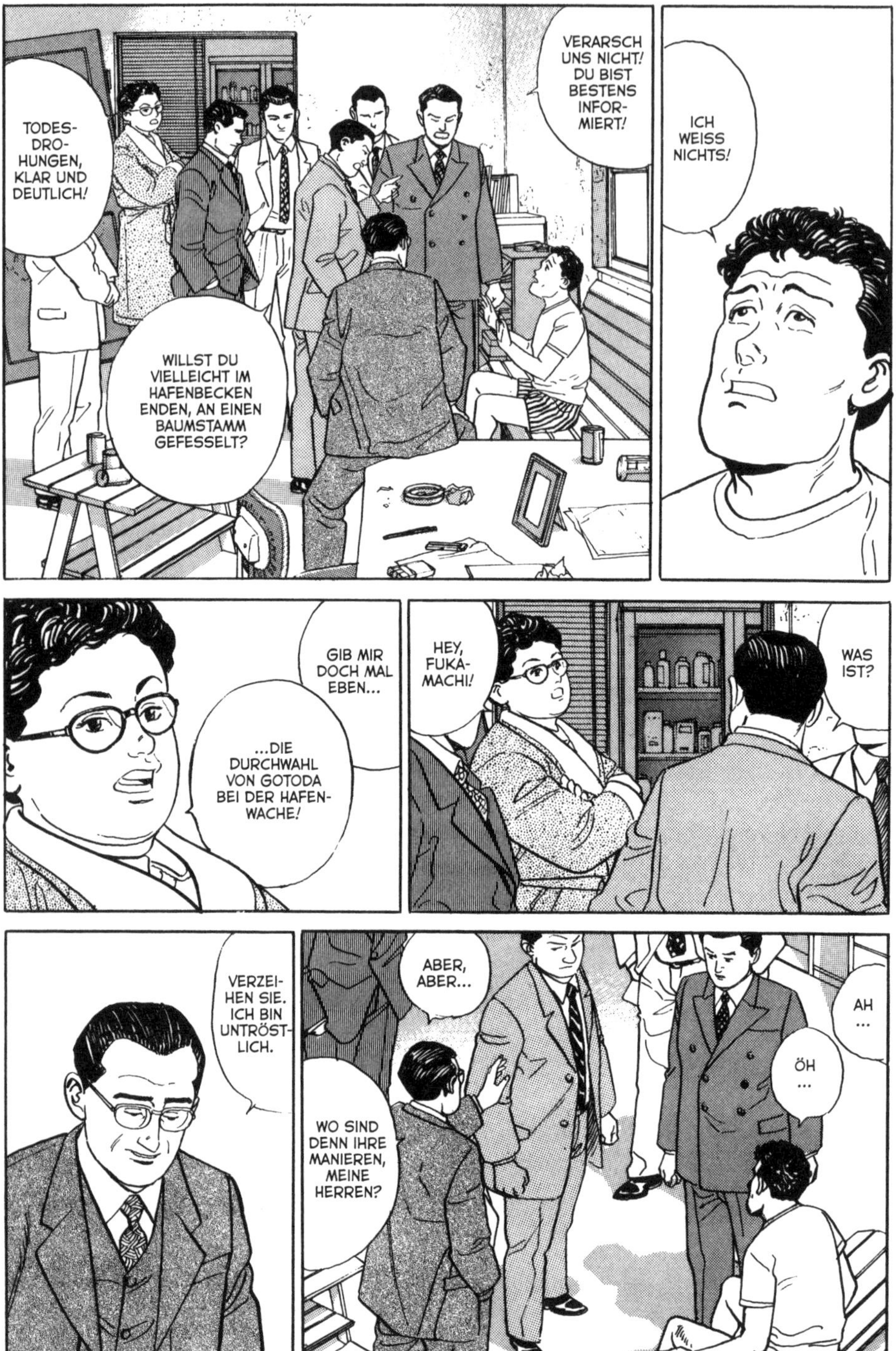
ICH WEISS NICHTS!
VERARSCH UNS NICHT! DU BIST BESTENS INFORMIERT!
TODESDROHUNGEN, KLAR UND DEUTLICH!
WILLST DU VIELLEICHT IM HAFENBECKEN ENDEN, AN EINEN BAUMSTAMM GEFESSELT?
WAS IST?
HEY, FUKAMACHI!
GIB MIR DOCH MAL EBEN...
...DIE DURCHWAHL VON GOTODA BEI DER HAFENWACHE!
AH ...
ÖH ...
ABER, ABER...
WO SIND DENN IHRE MANIEREN, MEINE HERREN?
VERZEIHEN SIE. ICH BIN UNTRÖSTLICH.

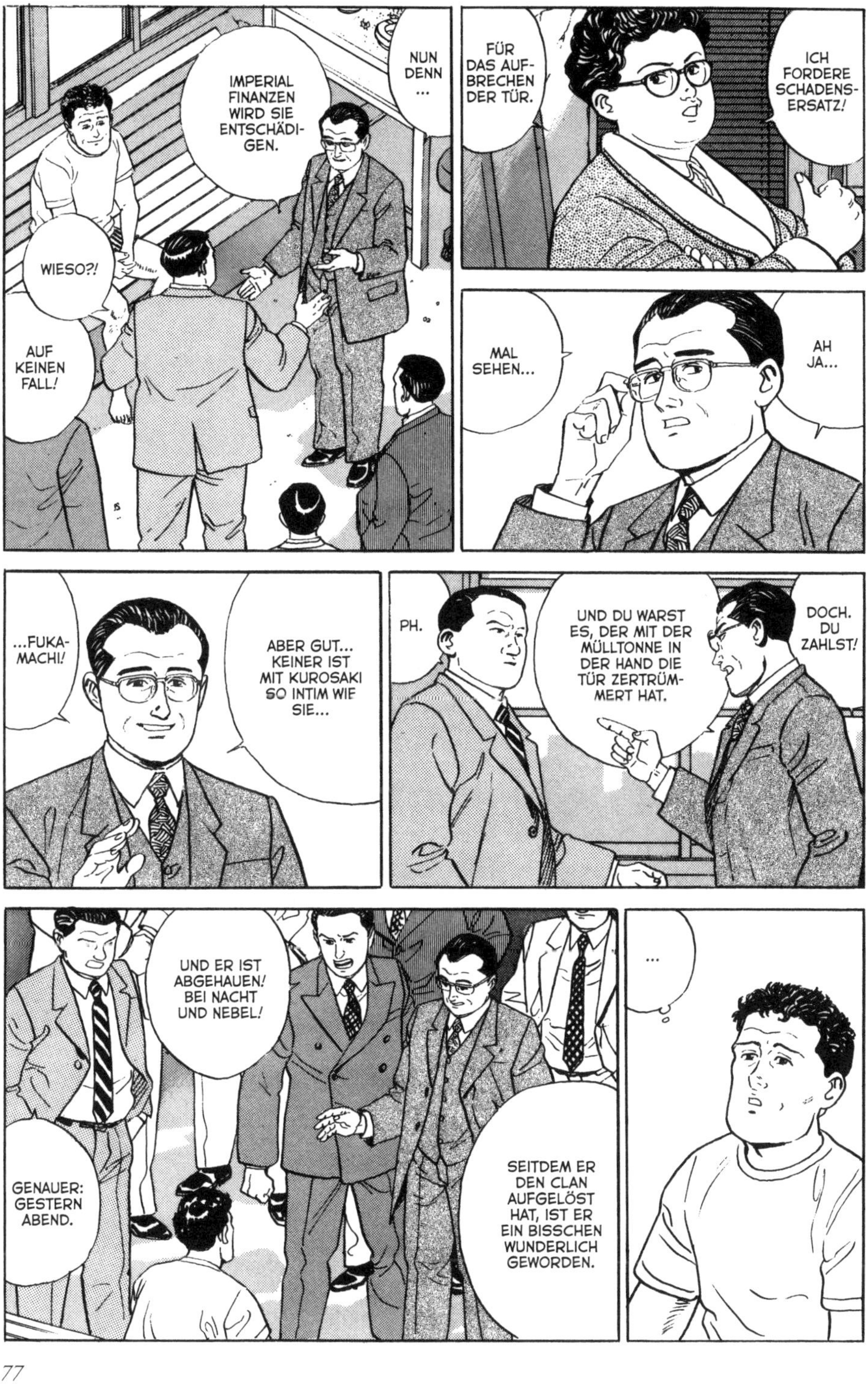
ICH FORDERE SCHADENSERSATZ!
FÜR DAS AUFBRECHEN DER TÜR.
NUN DENN ...
IMPERIAL FINANZEN WIRD SIE ENTSCHÄDIGEN.
WIESO?!
AUF KEINEN FALL!
AH JA...
MAL SEHEN...
DOCH. DU ZAHLST!
UND DU WARST ES, DER MIT DER MÜLLTONNE IN DER HAND DIE TÜR ZERTRÜMMERT HAT.
PH.
ABER GUT... KEINER IST MIT KUROSAKI SO INTIM WIE SIE...
...FUKAMACHI!
...
SEITDEM ER DEN CLAN AUFGELÖST HAT, IST ER EIN BISSCHEN WUNDERLICH GEWORDEN.
UND ER IST ABGEHAUEN! BEI NACHT UND NEBEL!
GENAUER: GESTERN ABEND.

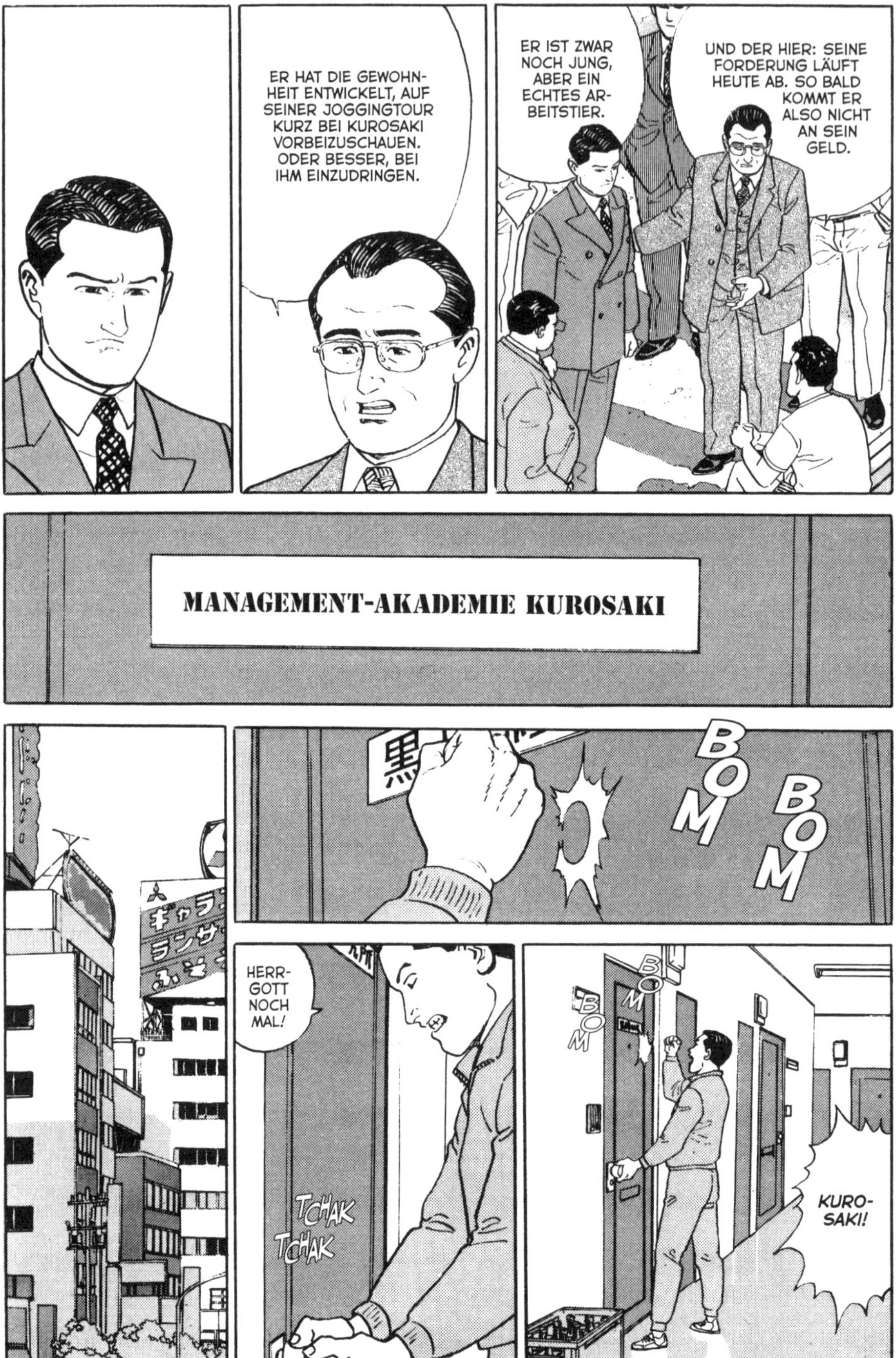

ER HAT DIE GEWOHNHEIT ENTWICKELT, AUF SEINER JOGGINGTOUR KURZ BEI KUROSAKI VORBEIZUSCHAUEN. ODER BESSER, BEI IHM EINZUDRINGEN.
ER IST ZWAR NOCH JUNG, ABER EIN ECHTES ARBEITSTIER.
UND DER HIER: SEINE FORDERUNG LÄUFT HEUTE AB. SO BALD KOMMT ER ALSO NICHT AN SEIN GELD.
MANAGEMENT-AKADEMIE KUROSAKI
BOM BOM BOM
HERRGOTT NOCH MAL!
TCHAK TCHAK
BOM BOM
KUROSAKI!

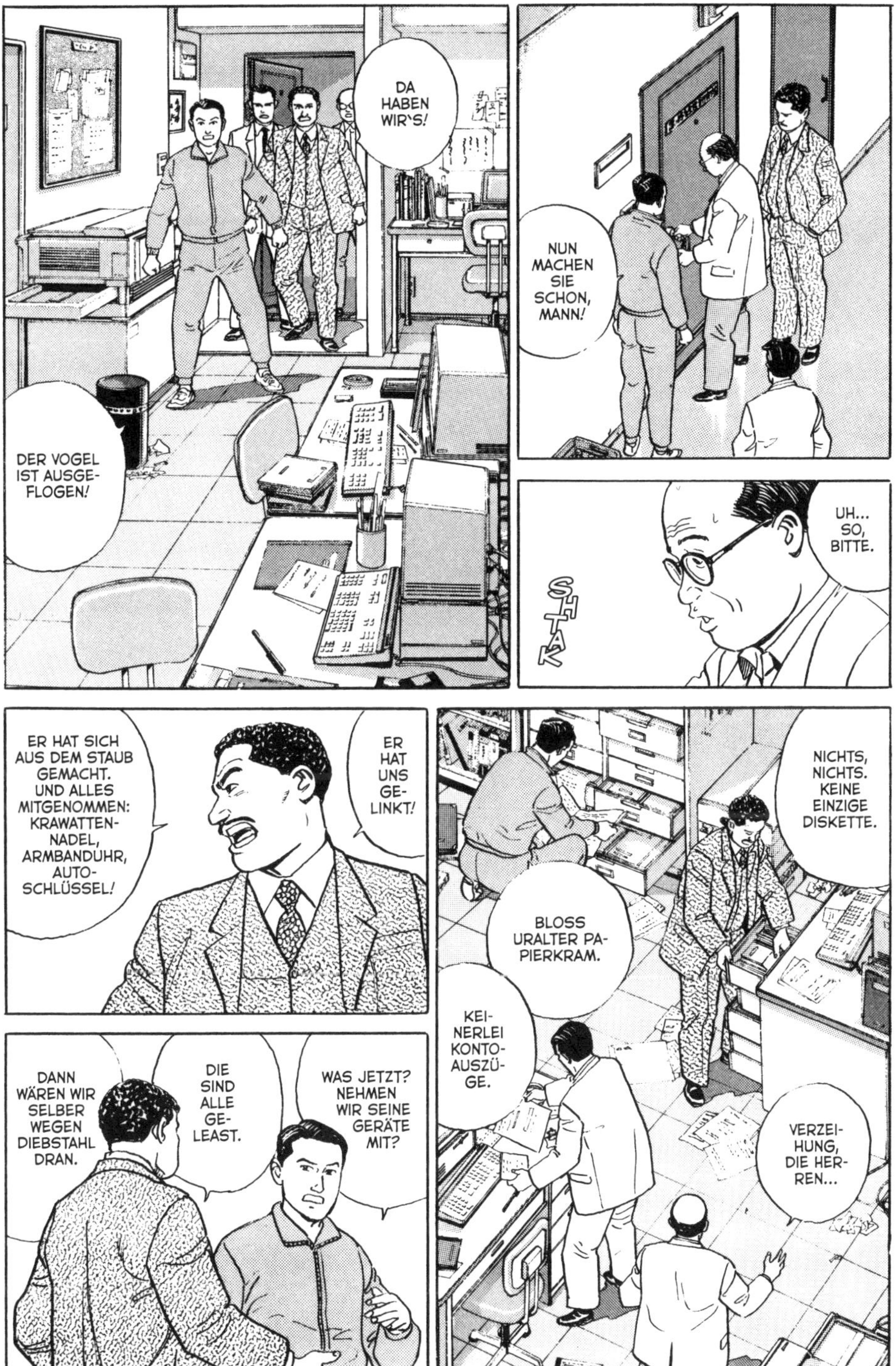
DA HABEN WIR`S!
DER VOGEL IST AUSGEFLOGEN!
NUN MACHEN SIE SCHON, MANN!
UH... SO, BITTE.
SHTAK
ER HAT UNS GELINKT!
ER HAT SICH AUS DEM STAUB GEMACHT. UND ALLES MITGENOMMEN: KRAWATTENNADEL, ARMBANDUHR, AUTOSCHLÜSSEL!
NICHTS, NICHTS. KEINE EINZIGE DISKETTE.
BLOSS URALTER PAPIERKRAM.
KEINERLEI KONTOAUSZÜGE.
VERZEIHUNG, DIE HERREN...
WAS JETZT? NEHMEN WIR SEINE GERÄTE MIT?
DIE SIND ALLE GELEAST.
DANN WÄREN WIR SELBER WEGEN DIEBSTAHL DRAN.

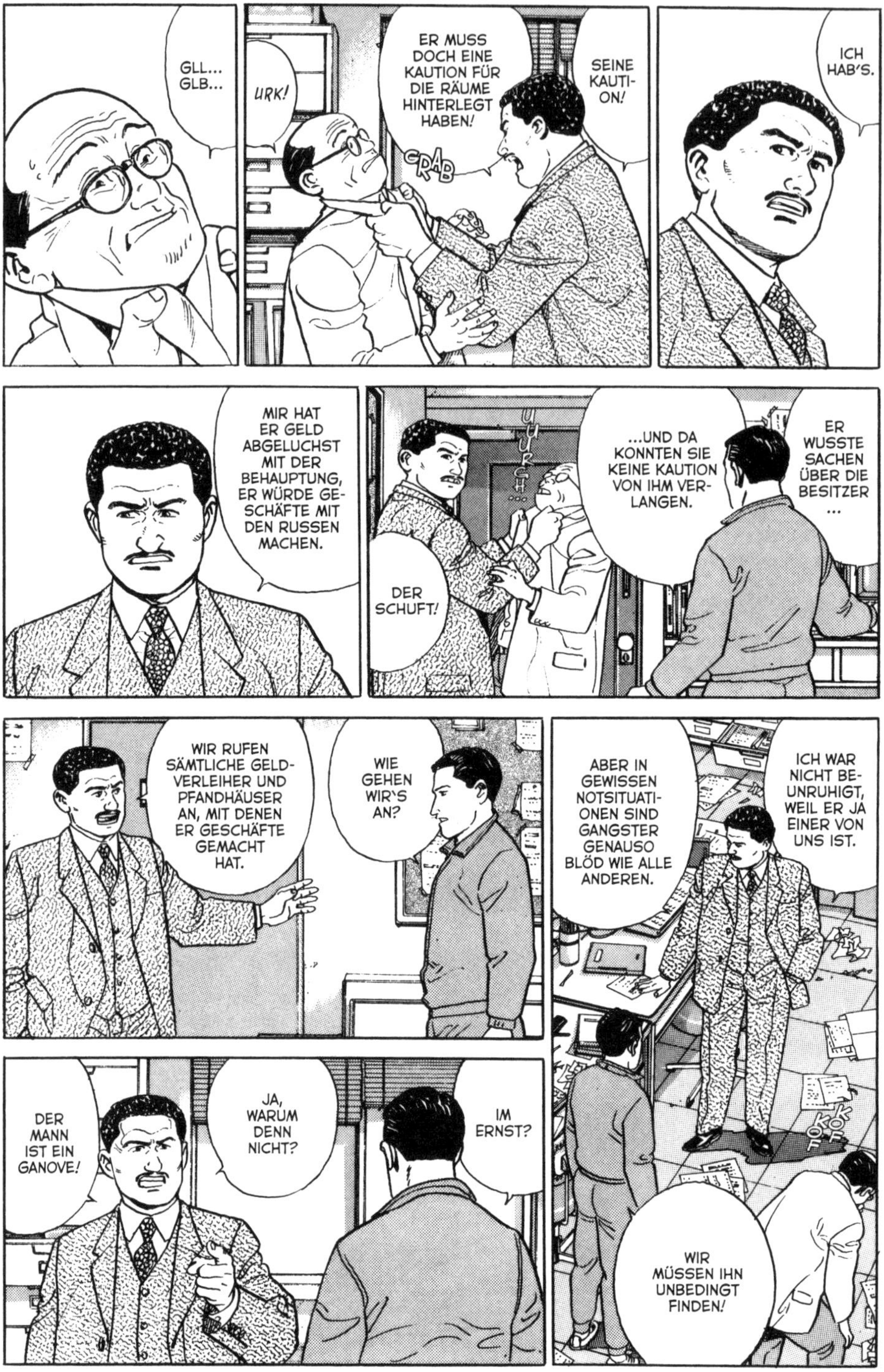
GLL... GLB...
URK!
ER MUSS DOCH EINE KAUTION FÜR DIE RÄUME HINTERLEGT HABEN!
GRAB
SEINE KAUTION!
ICH HAB'S.
MIR HAT ER GELD ABGELUCHST MIT DER BEHAUPTUNG, ER WÜRDE GESCHÄFTE MIT DEN RUSSEN MACHEN.
ER WUSSTE SACHEN ÜBER DIE BESITZER ...
...UND DA KONNTEN SIE KEINE KAUTION VON IHM VERLANGEN.
UHURGH...
DER SCHUFT!
WIR RUFEN SÄMTLICHE GELDVERLEIHER UND PFANDHÄUSER AN, MIT DENEN ER GESCHÄFTE GEMACHT HAT.
WIE GEHEN WIR'S AN?
DER MANN IST EIN GANOVE!
JA, WARUM DENN NICHT?
IM ERNST?
ICH WAR NICHT BEUNRUHIGT, WEIL ER JA EINER VON UNS IST.
ABER IN GEWISSEN NOTSITUATIONEN SIND GANGSTER GENAUSO BLÖD WIE ALLE ANDEREN.
KOF KOF
WIR MÜSSEN IHN UNBEDINGT FINDEN!

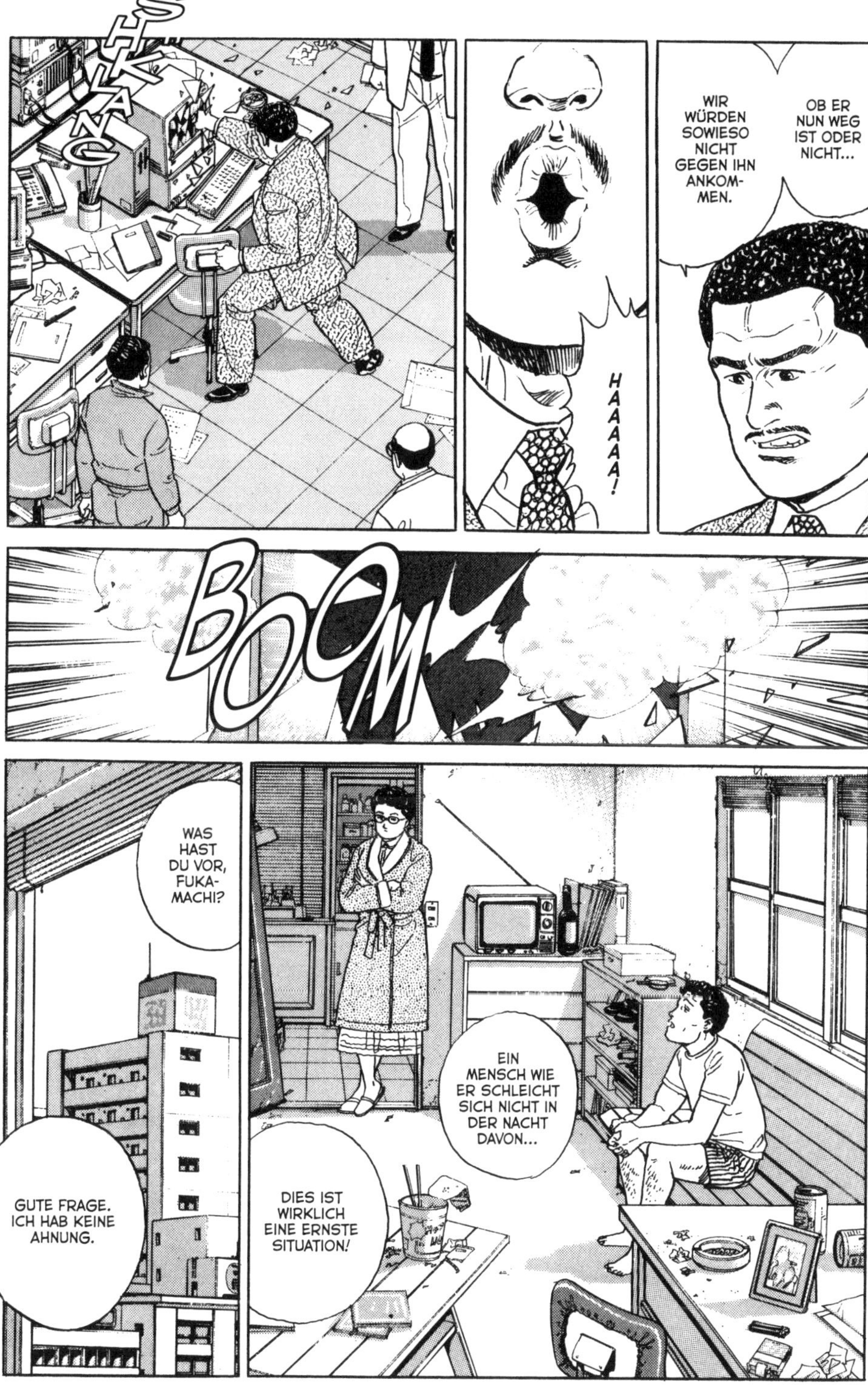
SHKLANG
HAAAAAA!
OB ER NUN WEG IST ODER NICHT...
WIR WÜRDEN SOWIESO NICHT GEGEN IHN ANKOMMEN.
BOOM
WAS HAST DU VOR, FUKAMACHI?
GUTE FRAGE. ICH HAB KEINE AHNUNG.
EIN MENSCH WIE ER SCHLEICHT SICH NICHT IN DER NACHT DAVON...
DIES IST WIRKLICH EINE ERNSTE SITUATION!

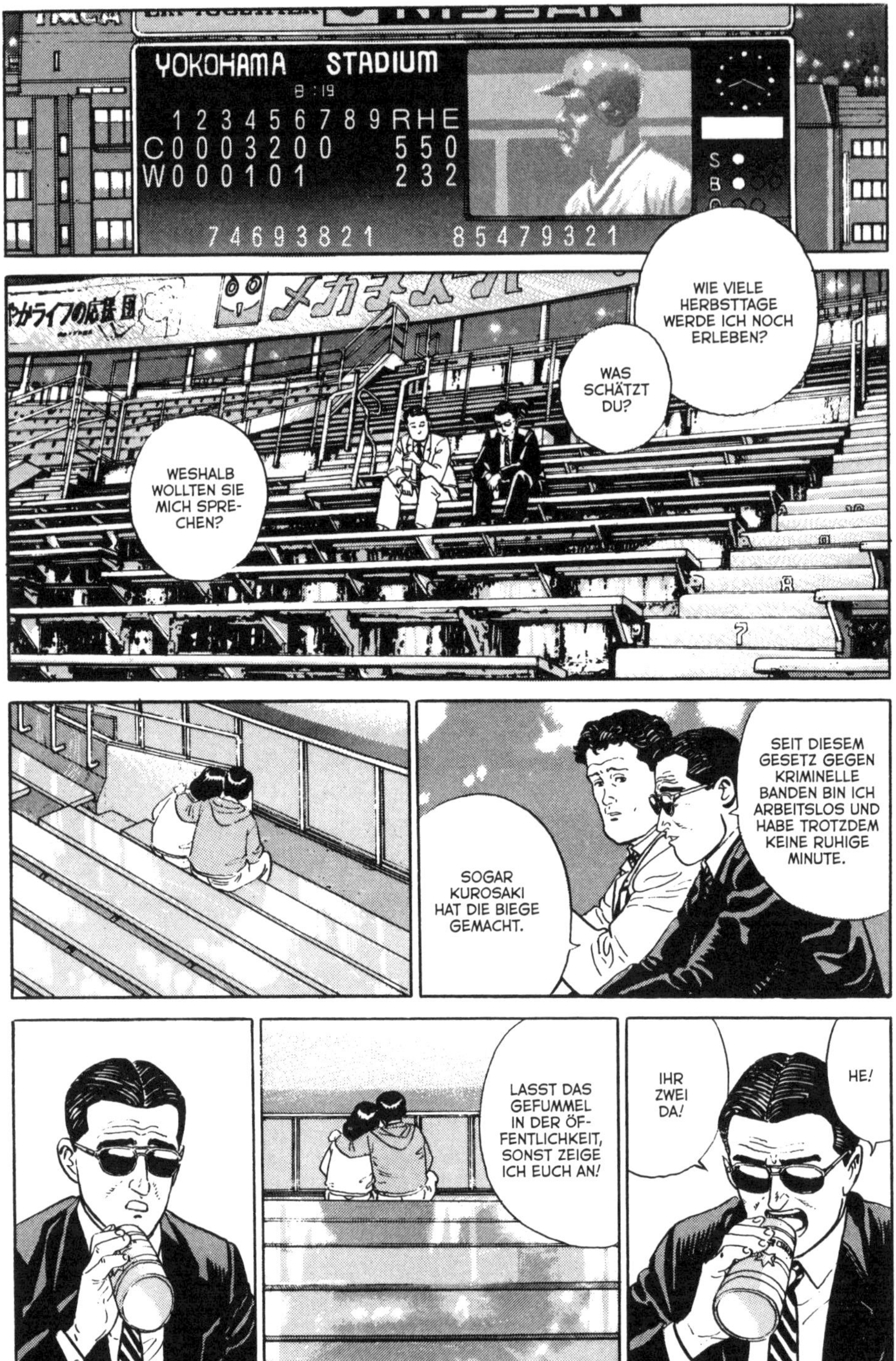
YOKOHAMA STADIUM
WIE VIELE HERBSTTAGE WERDE ICH NOCH ERLEBEN?
WAS SCHÄTZT DU?
WESHALB WOLLTEN SIE MICH SPRE-CHEN?
SEIT DIESEM GESETZ GEGEN KRIMINELLE BANDEN BIN ICH ARBEITSLOS UND HABE TROTZDEM KEINE RUHIGE MINUTE.
SOGAR KUROSAKI HAT DIE BIEGE GEMACHT.
HE!
IHR ZWEI DA!
LASST DAS GEFUMMEL IN DER ÖF-FENTLICHKEIT, SONST ZEIGE ICH EUCH AN!

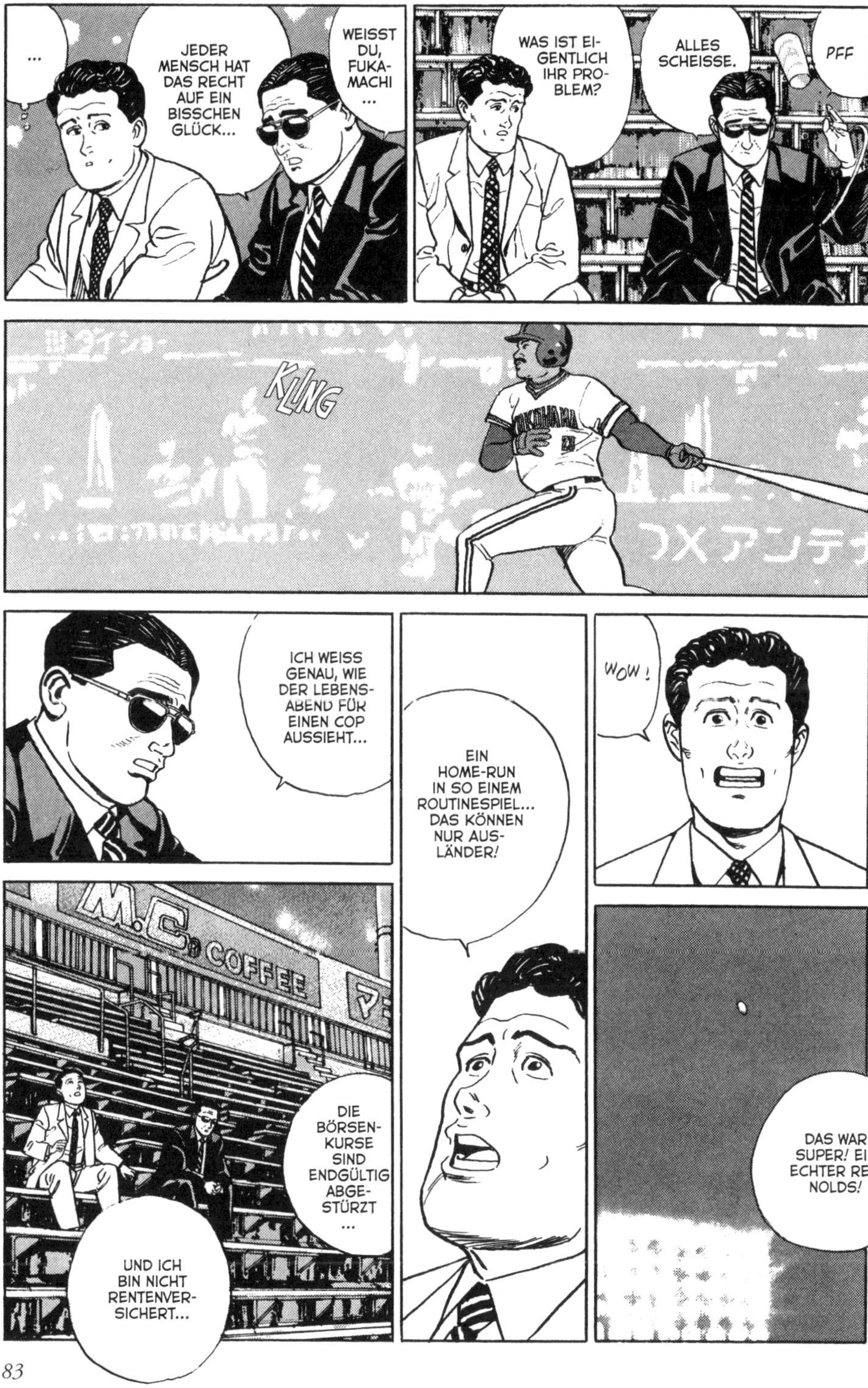
PFF
ALLES SCHEISSE.
WAS IST EIGENTLICH IHR PROBLEM?
WEISST DU, FUKAMACHI ...
JEDER MENSCH HAT DAS RECHT AUF EIN BISSCHEN GLÜCK...
...
KLING
WOW!
EIN HOME-RUN IN SO EINEM ROUTINESPIEL... DAS KÖNNEN NUR AUSLÄNDER!
ICH WEISS GENAU, WIE DER LEBENSABEND FÜR EINEN COP AUSSIEHT...
DIE BÖRSENKURSE SIND ENDGÜLTIG ABGESTÜRZT ...
UND ICH BIN NICHT RENTENVERSICHERT...
DAS WAR SUPER! EIN ECHTER REYNOLDS!

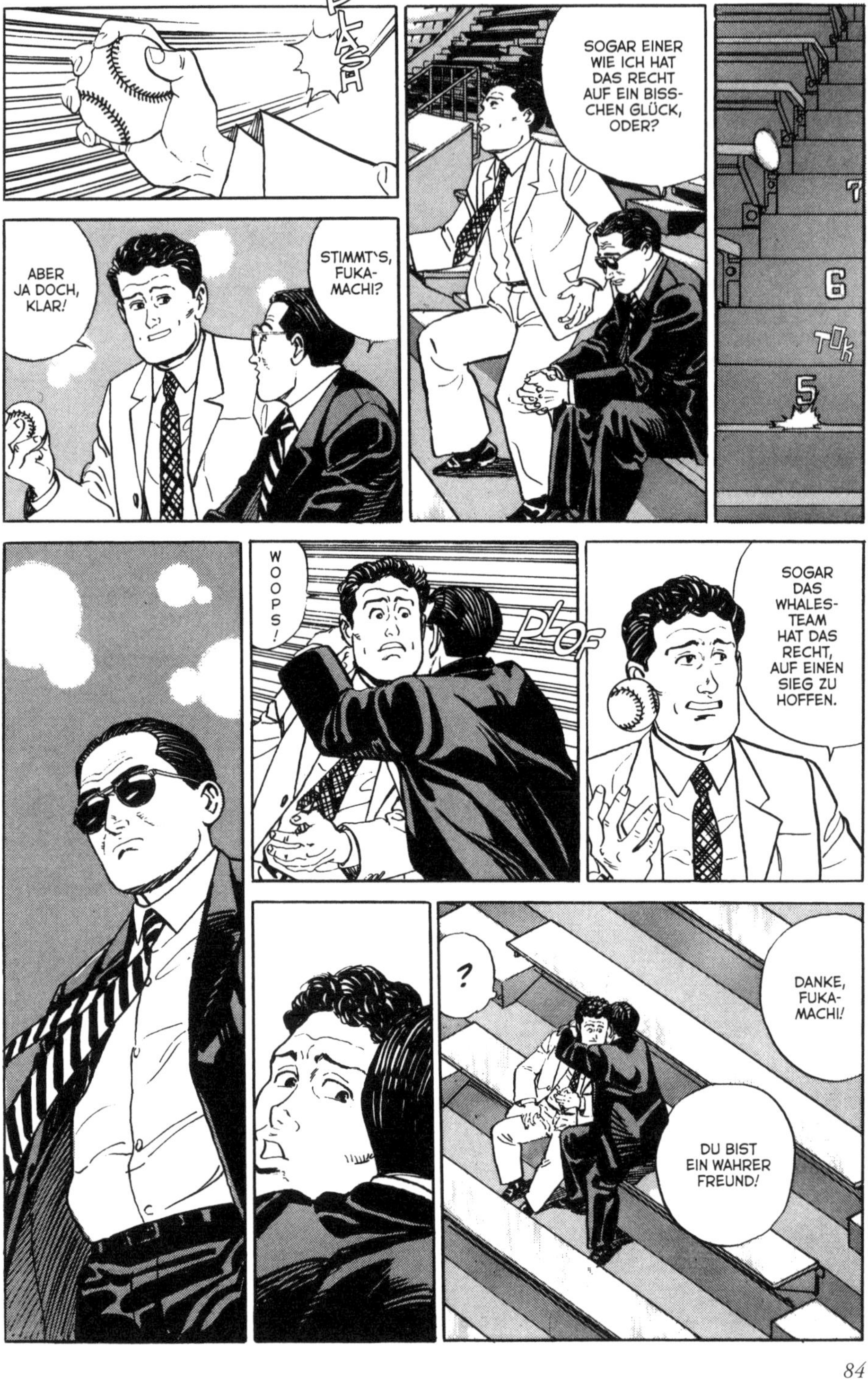
PLASH
SOGAR EINER WIE ICH HAT DAS RECHT AUF EIN BISS-CHEN GLÜCK, ODER?
STIMMT'S, FUKA-MACHI?
ABER JA DOCH, KLAR!
TOK
WOOPS!
PLOF
SOGAR DAS WHALES-TEAM HAT DAS RECHT, AUF EINEN SIEG ZU HOFFEN.
?
DANKE, FUKA-MACHI!
DU BIST EIN WAHRER FREUND!

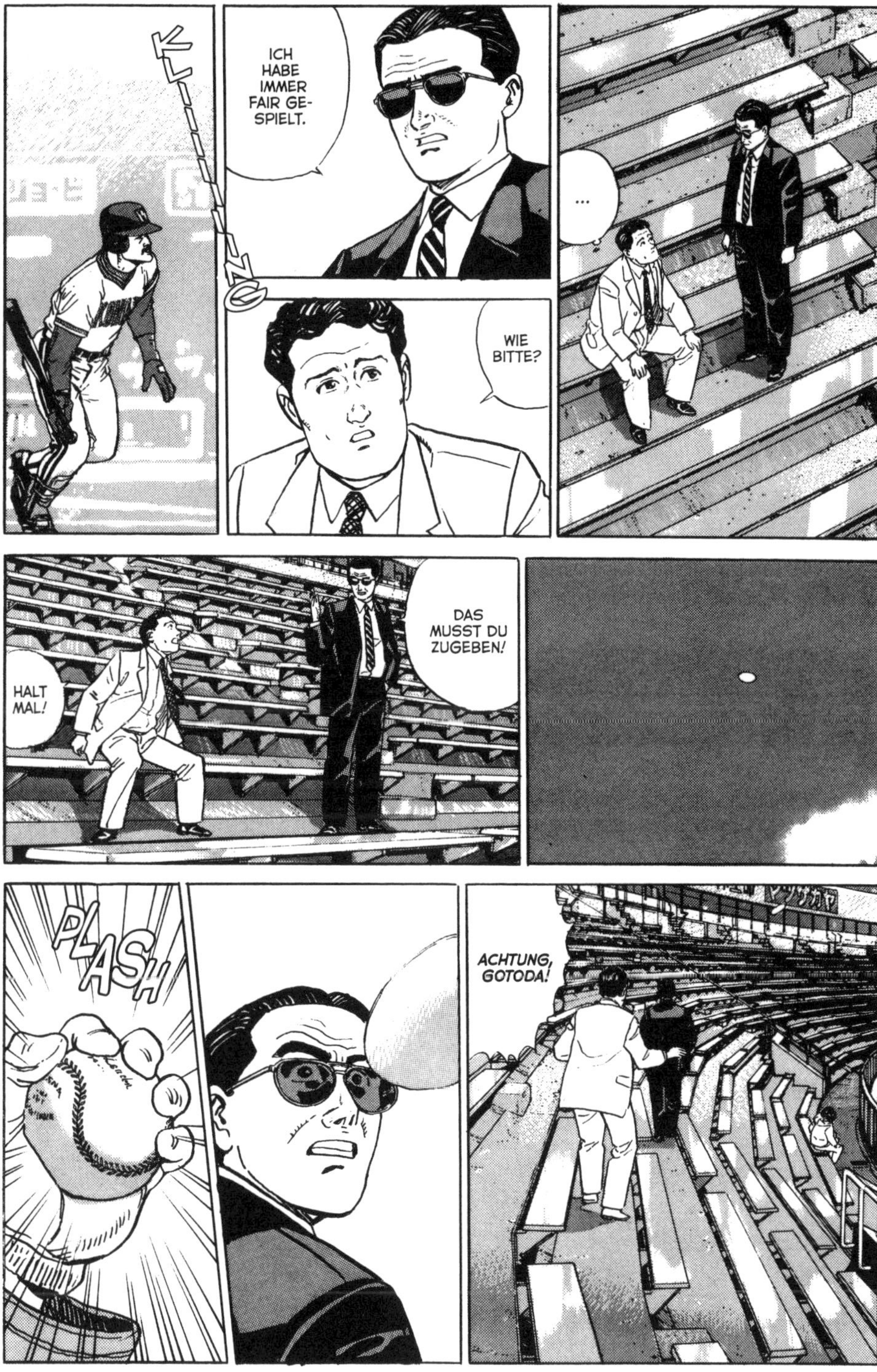
KLIIIIINNG
ICH HABE IMMER FAIR GE-SPIELT.
WIE BITTE?
...
DAS MUSST DU ZUGEBEN!
HALT MAL!
PLASH
ACHTUNG, GOTODA!

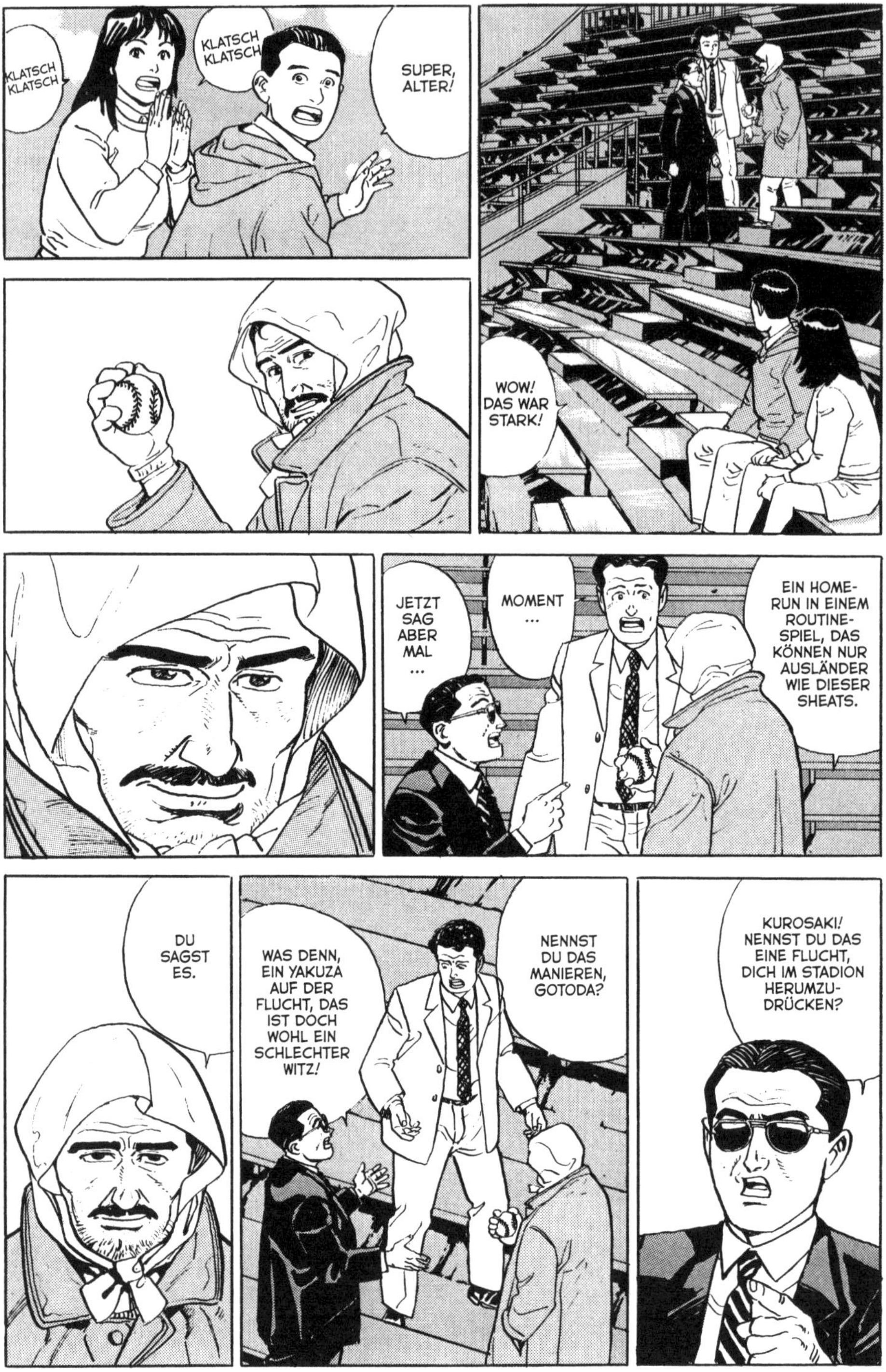
WOW! DAS WAR STARK!
SUPER, ALTER!
KLATSCH KLATSCH
KLATSCH KLATSCH
EIN HOME-RUN IN EINEM ROUTINE-SPIEL, DAS KÖNNEN NUR AUSLÄNDER WIE DIESER SHEATS.
MOMENT …
JETZT SAG ABER MAL …
KUROSAKI! NENNST DU DAS EINE FLUCHT, DICH IM STADION HERUMZU-DRÜCKEN?
NENNST DU DAS MANIEREN, GOTODA?
WAS DENN, EIN YAKUZA AUF DER FLUCHT, DAS IST DOCH WOHL EIN SCHLECHTER WITZ!
DU SAGST ES.

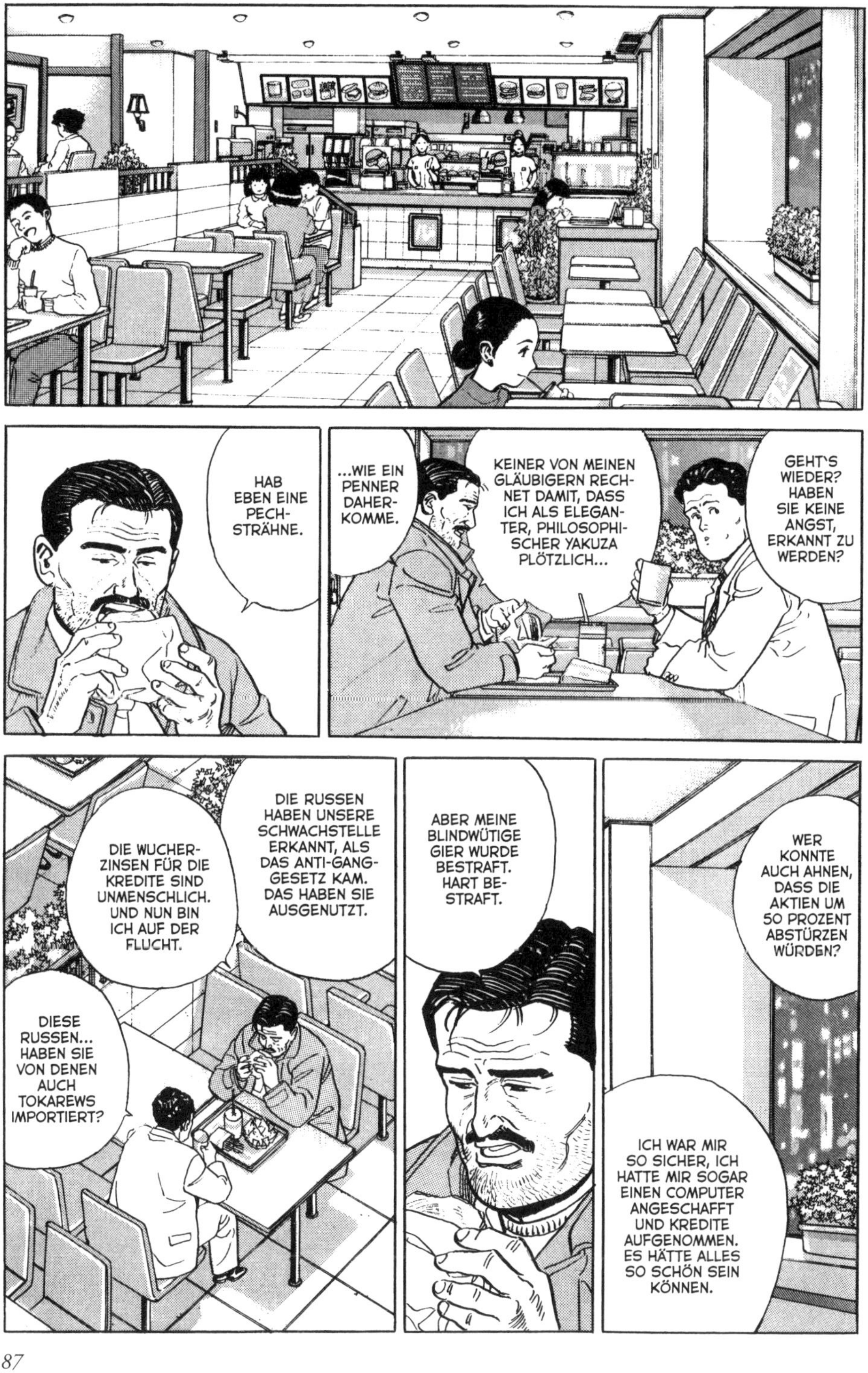
GEHT'S WIEDER? HABEN SIE KEINE ANGST, ERKANNT ZU WERDEN?
KEINER VON MEINEN GLÄUBIGERN RECHNET DAMIT, DASS ICH ALS ELEGANTER, PHILOSOPHISCHER YAKUZA PLÖTZLICH...
...WIE EIN PENNER DAHERKOMME.
HAB EBEN EINE PECHSTRÄHNE.
WER KONNTE AUCH AHNEN, DASS DIE AKTIEN UM 50 PROZENT ABSTÜRZEN WÜRDEN?
ICH WAR MIR SO SICHER, ICH HATTE MIR SOGAR EINEN COMPUTER ANGESCHAFFT UND KREDITE AUFGENOMMEN. ES HÄTTE ALLES SO SCHÖN SEIN KÖNNEN.
ABER MEINE BLINDWÜTIGE GIER WURDE BESTRAFT. HART BESTRAFT.
DIE RUSSEN HABEN UNSERE SCHWACHSTELLE ERKANNT, ALS DAS ANTI-GANG-GESETZ KAM. DAS HABEN SIE AUSGENUTZT.
DIE WUCHERZINSEN FÜR DIE KREDITE SIND UNMENSCHLICH. UND NUN BIN ICH AUF DER FLUCHT.
DIESE RUSSEN... HABEN SIE VON DENEN AUCH TOKAREWS IMPORTIERT?

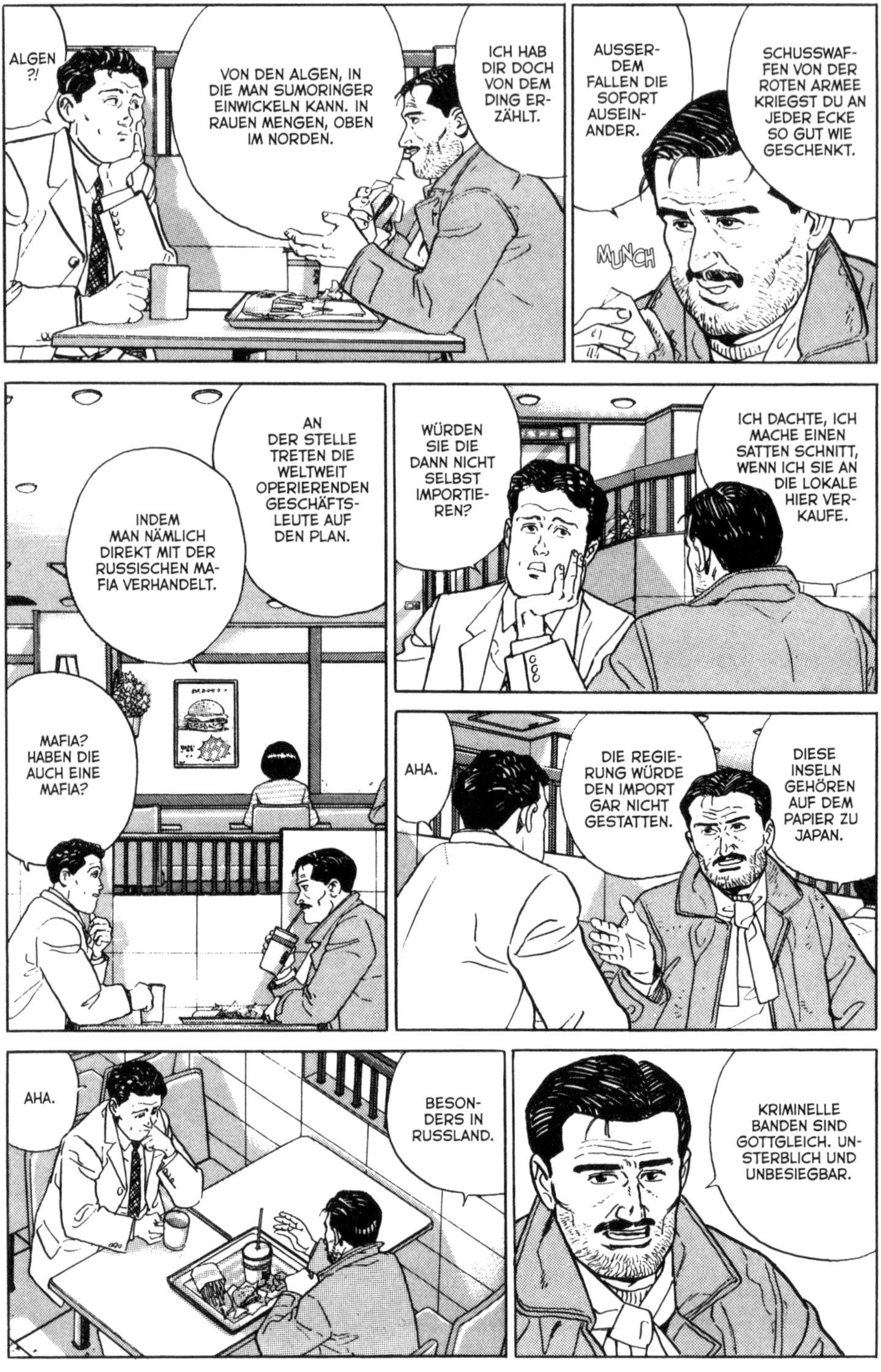
SCHUSSWAFFEN VON DER ROTEN ARMEE KRIEGST DU AN JEDER ECKE SO GUT WIE GESCHENKT.
AUSSERDEM FALLEN DIE SOFORT AUSEINANDER.
MUNCH
ICH HAB DIR DOCH VON DEM DING ERZÄHLT.
VON DEN ALGEN, IN DIE MAN SUMORINGER EINWICKELN KANN. IN RAUEN MENGEN, OBEN IM NORDEN.
ALGEN ?!
ICH DACHTE, ICH MACHE EINEN SATTEN SCHNITT, WENN ICH SIE AN DIE LOKALE HIER VERKAUFE.
WÜRDEN SIE DIE DANN NICHT SELBST IMPORTIEREN?
DIESE INSELN GEHÖREN AUF DEM PAPIER ZU JAPAN.
DIE REGIERUNG WÜRDE DEN IMPORT GAR NICHT GESTATTEN.
AHA.
AN DER STELLE TRETEN DIE WELTWEIT OPERIERENDEN GESCHÄFTSLEUTE AUF DEN PLAN.
INDEM MAN NÄMLICH DIREKT MIT DER RUSSISCHEN MAFIA VERHANDELT.
MAFIA? HABEN DIE AUCH EINE MAFIA?
KRIMINELLE BANDEN SIND GOTTGLEICH. UNSTERBLICH UND UNBESIEGBAR.
BESONDERS IN RUSSLAND.
AHA.

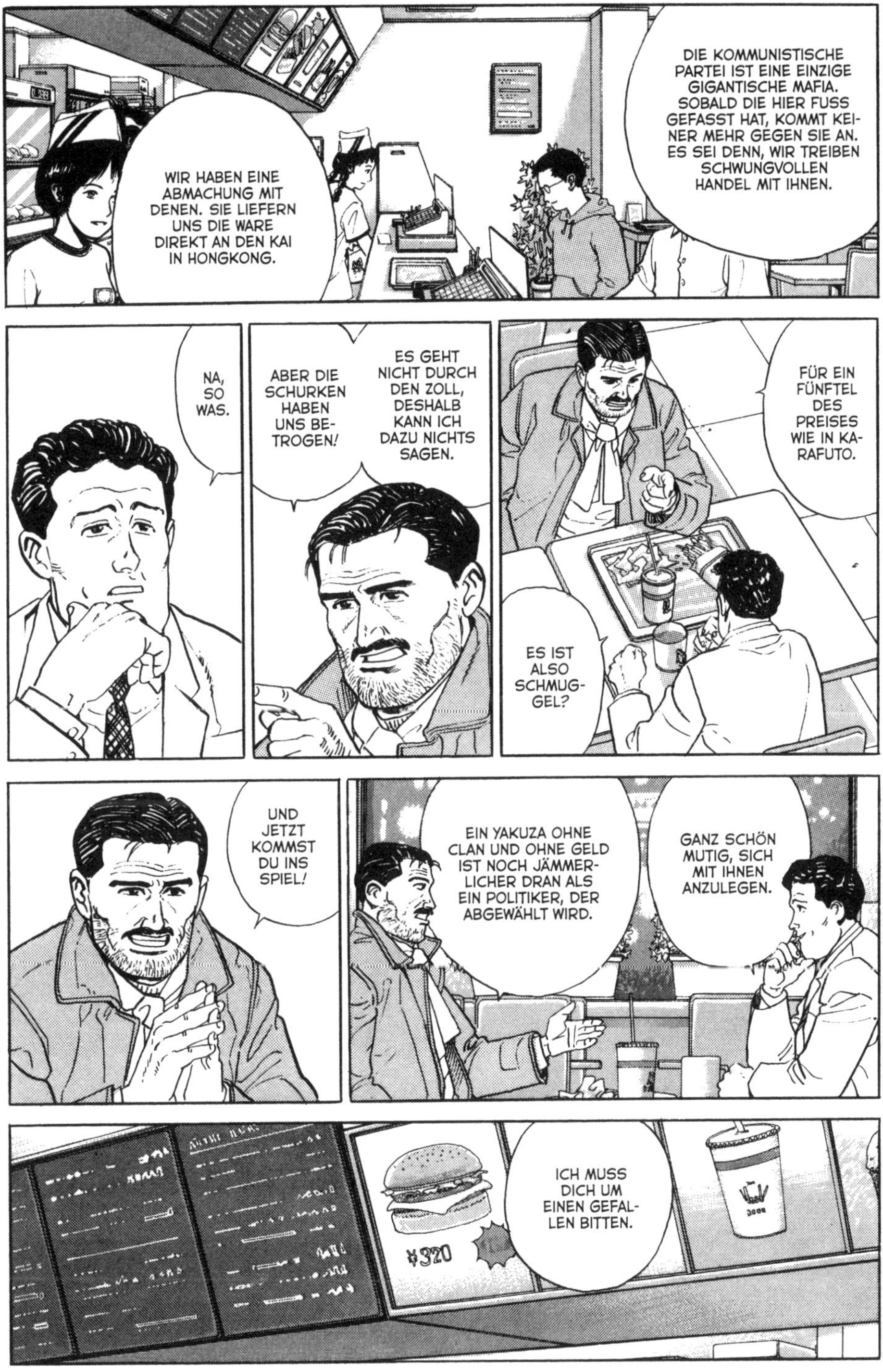
WIR HABEN EINE ABMACHUNG MIT DENEN. SIE LIEFERN UNS DIE WARE DIREKT AN DEN KAI IN HONGKONG.
DIE KOMMUNISTISCHE PARTEI IST EINE EINZIGE GIGANTISCHE MAFIA. SOBALD DIE HIER FUSS GEFASST HAT, KOMMT KEINER MEHR GEGEN SIE AN. ES SEI DENN, WIR TREIBEN SCHWUNGVOLLEN HANDEL MIT IHNEN.
NA, SO WAS.
ABER DIE SCHURKEN HABEN UNS BETROGEN!
ES GEHT NICHT DURCH DEN ZOLL, DESHALB KANN ICH DAZU NICHTS SAGEN.
FÜR EIN FÜNFTEL DES PREISES WIE IN KARAFUTO.
ES IST ALSO SCHMUGGEL?
UND JETZT KOMMST DU INS SPIEL!
EIN YAKUZA OHNE CLAN UND OHNE GELD IST NOCH JÄMMERLICHER DRAN ALS EIN POLITIKER, DER ABGEWÄHLT WIRD.
GANZ SCHÖN MUTIG, SICH MIT IHNEN ANZULEGEN.
¥320
ICH MUSS DICH UM EINEN GEFALLEN BITTEN.

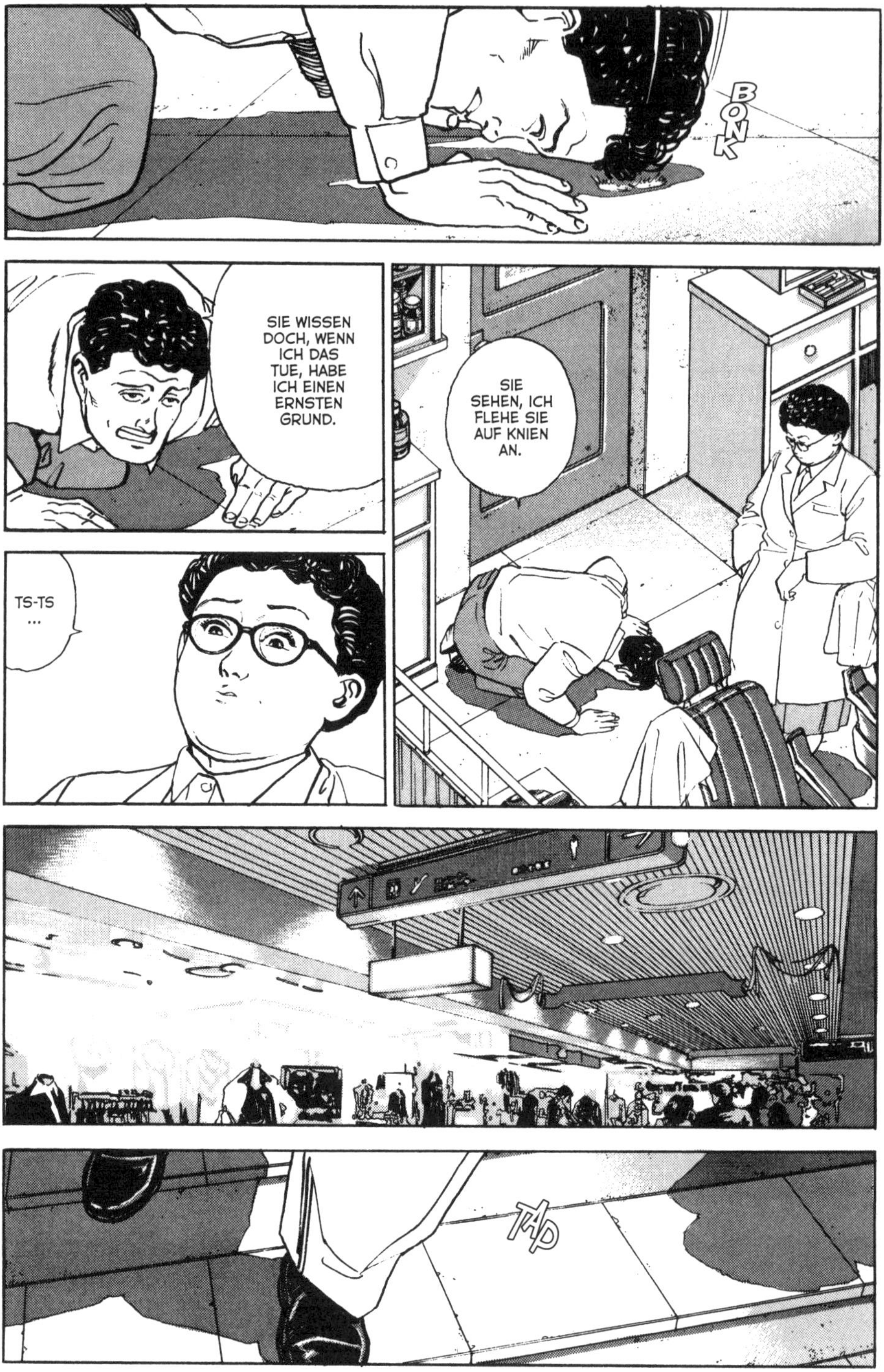
BONK
SIE SEHEN, ICH FLEHE SIE AUF KNIEN AN.
SIE WISSEN DOCH, WENN ICH DAS TUE, HABE ICH EINEN ERNSTEN GRUND.
TS-TS ...
TAP

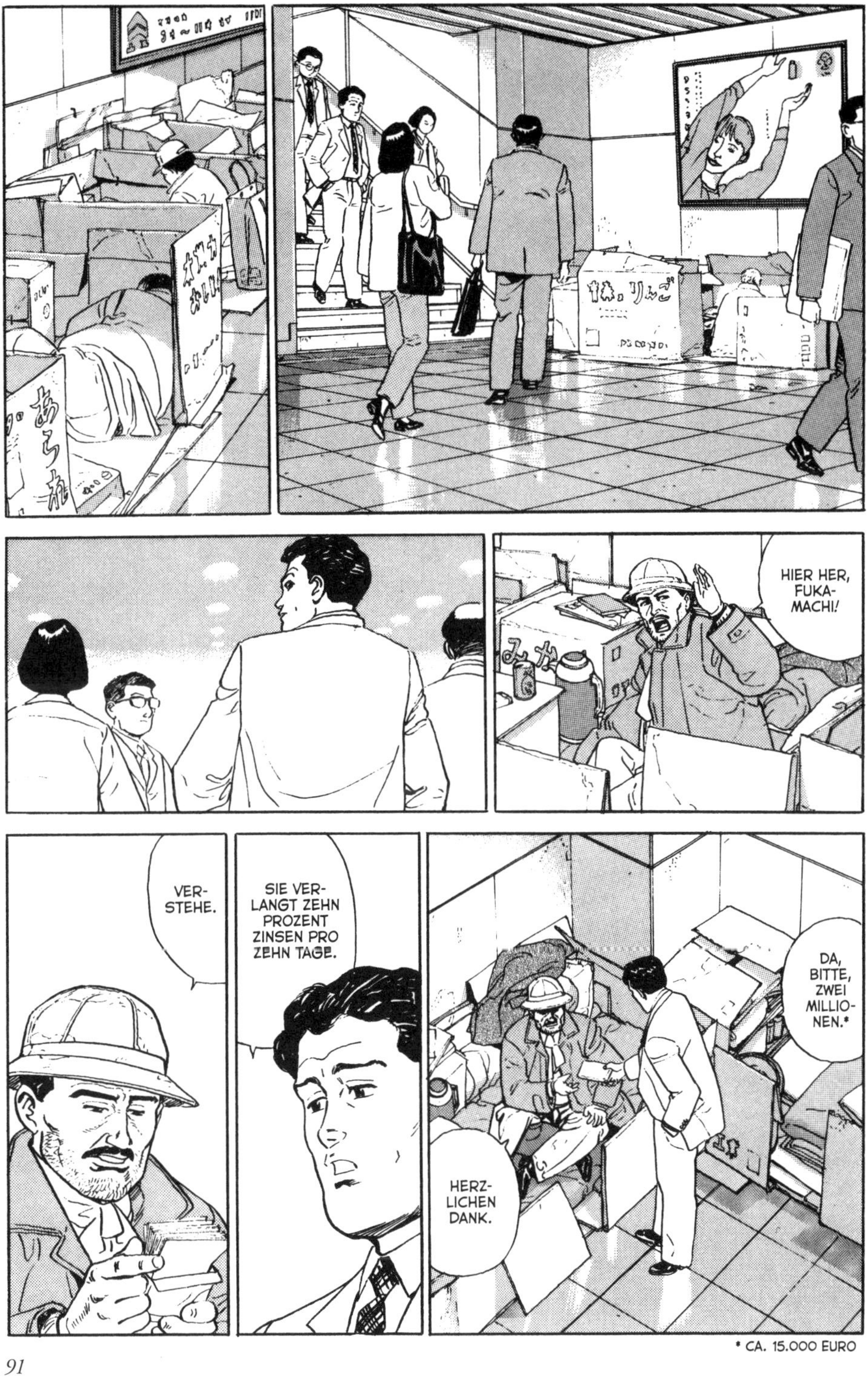


* CA. 15.000 EURO

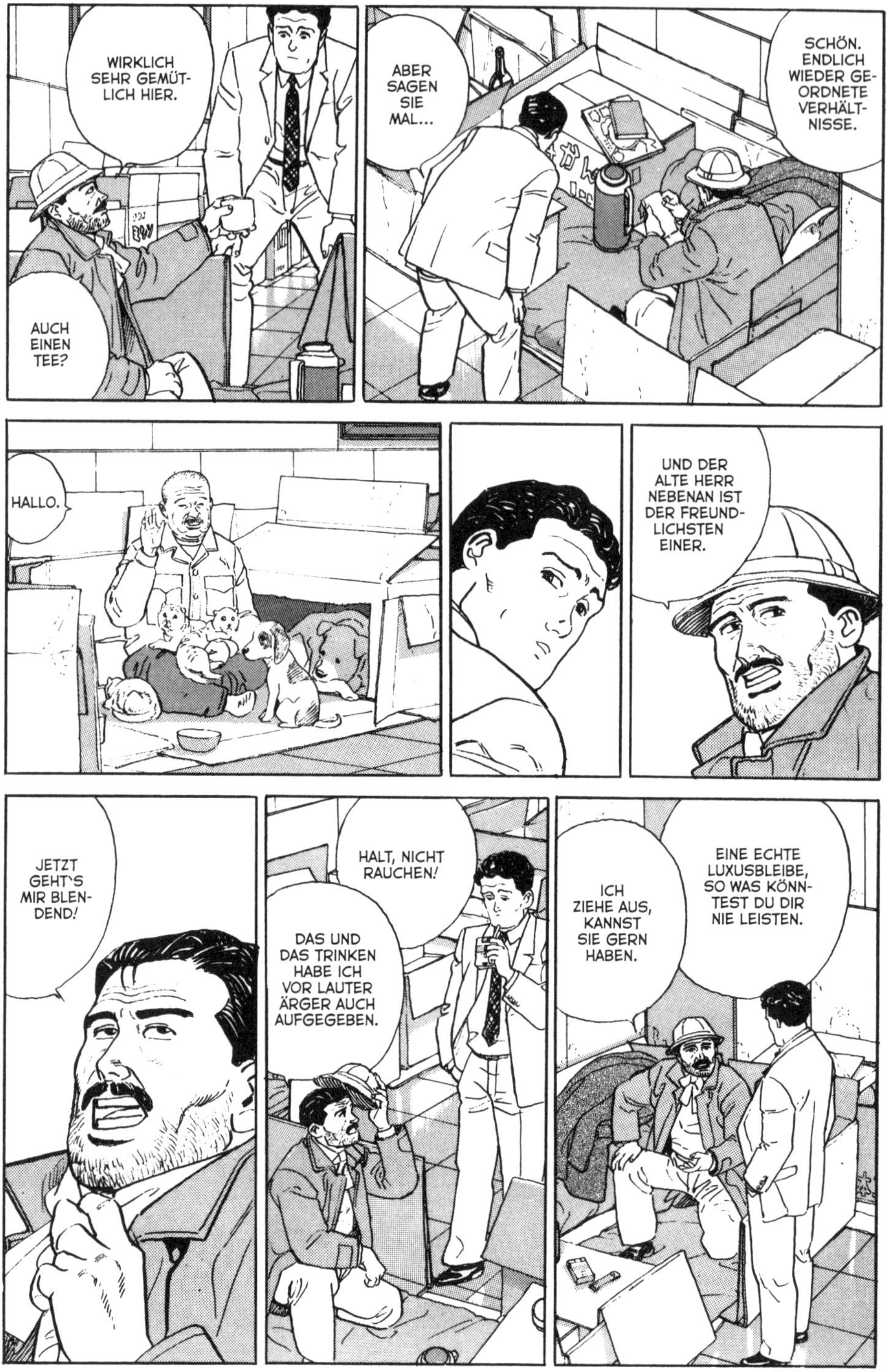
WIRKLICH SEHR GEMÜT-LICH HIER.
AUCH EINEN TEE?
ABER SAGEN SIE MAL…
SCHÖN. ENDLICH WIEDER GE-ORDNETE VERHÄLT-NISSE.
HALLO.
UND DER ALTE HERR NEBENAN IST DER FREUND-LICHSTEN EINER.
JETZT GEHT`S MIR BLEN-DEND!
HALT, NICHT RAUCHEN!
DAS UND DAS TRINKEN HABE ICH VOR LAUTER ÄRGER AUCH AUFGEGEBEN.
EINE ECHTE LUXUSBLEIBE, SO WAS KÖNN-TEST DU DIR NIE LEISTEN.
ICH ZIEHE AUS, KANNST SIE GERN HABEN.

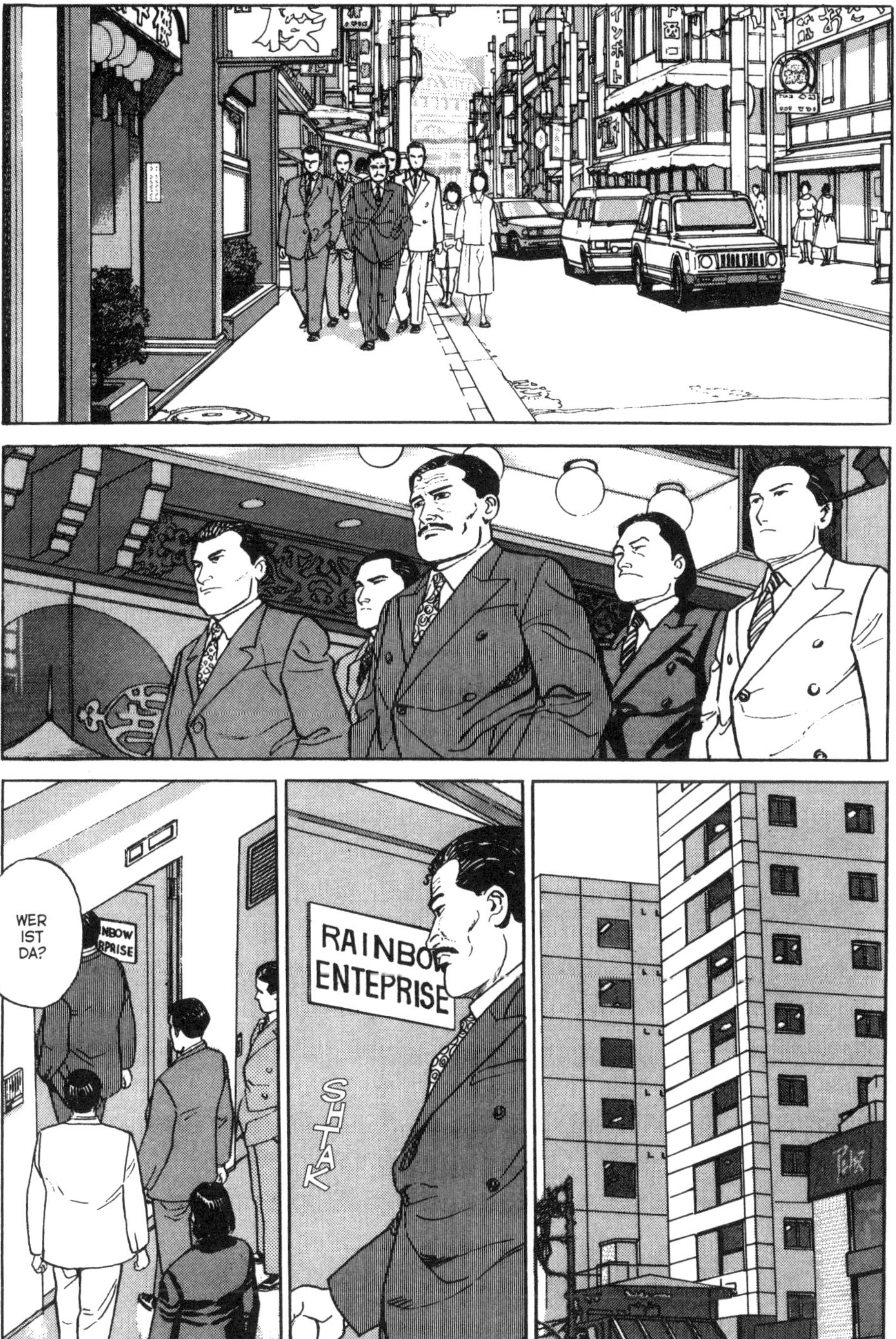
WER IST DA?
RAINBO
ENTEPRISE
SHTAK

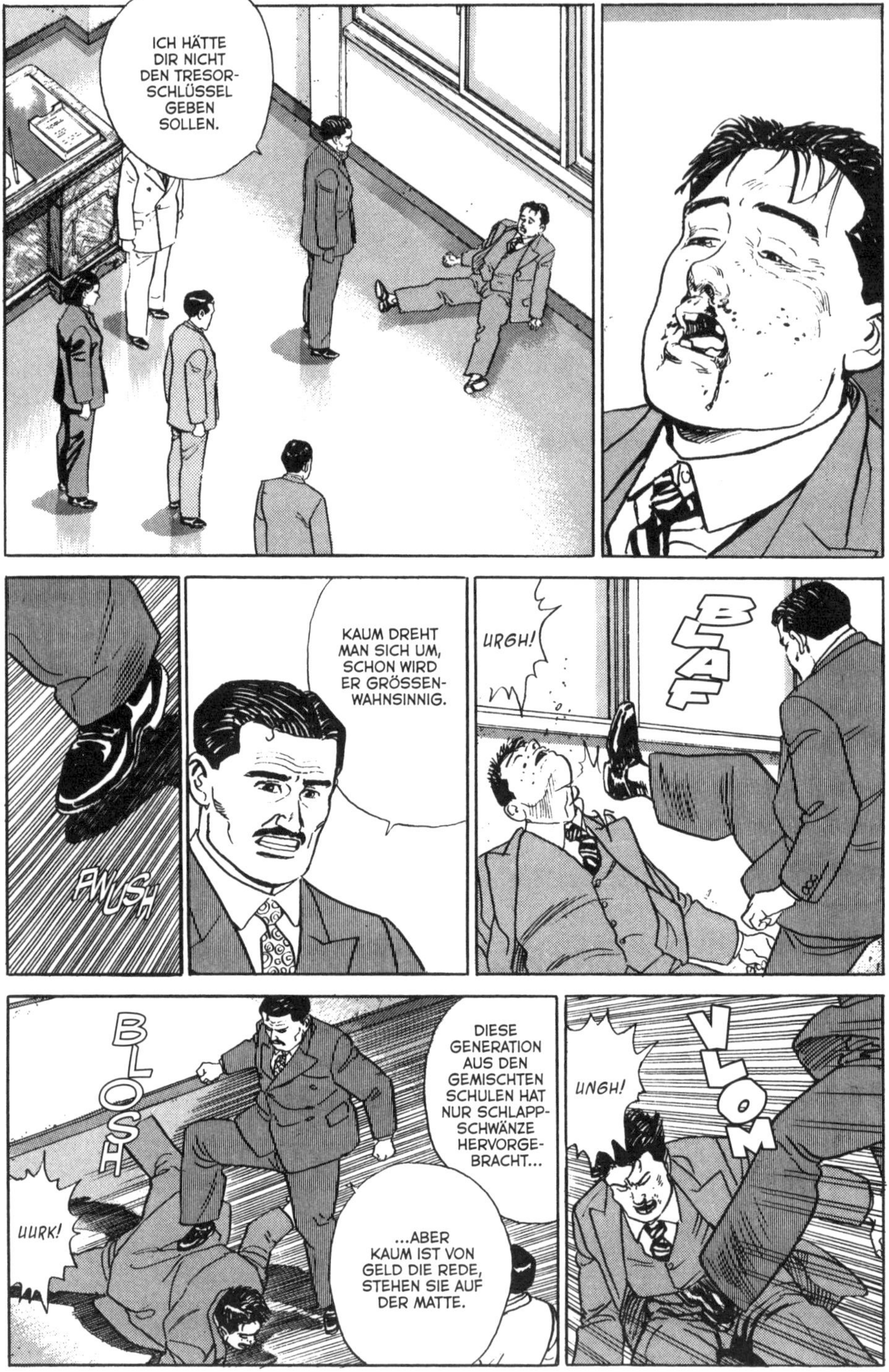
ICH HÄTTE DIR NICHT DEN TRESOR-SCHLÜSSEL GEBEN SOLLEN.
PWUSH
KAUM DREHT MAN SICH UM, SCHON WIRD ER GRÖSSEN-WAHNSINNIG.
URGH!
BLAF
BLOSH
DIESE GENERATION AUS DEN GEMISCHTEN SCHULEN HAT NUR SCHLAPP-SCHWÄNZE HERVORGE-BRACHT...
UURK!
...ABER KAUM IST VON GELD DIE REDE, STEHEN SIE AUF DER MATTE.
UNGH!
VLOM

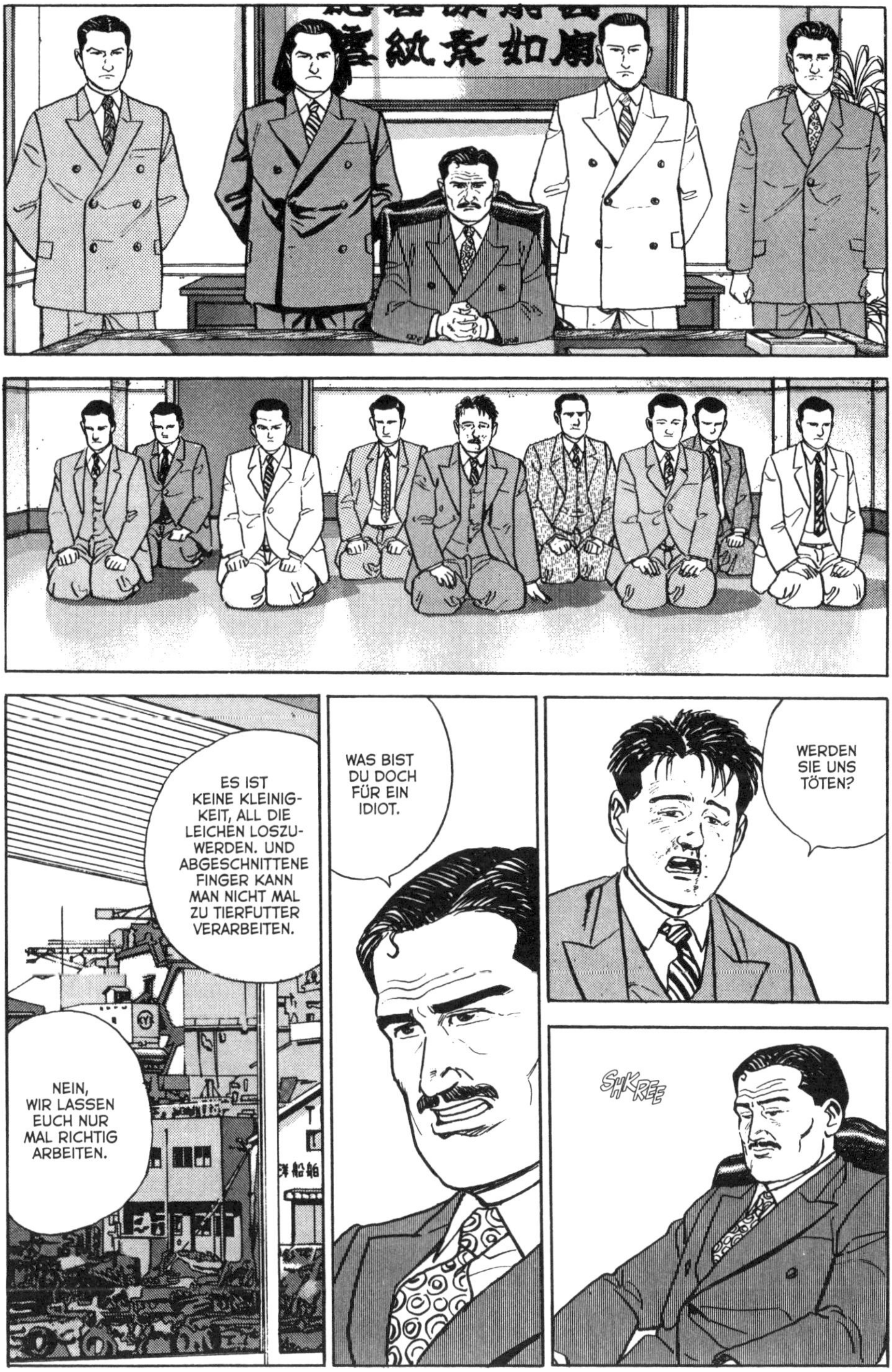
WERDEN SIE UNS TÖTEN?
SHKREE
WAS BIST DU DOCH FÜR EIN IDIOT.
ES IST KEINE KLEINIGKEIT, ALL DIE LEICHEN LOSZUWERDEN. UND ABGESCHNITTENE FINGER KANN MAN NICHT MAL ZU TIERFUTTER VERARBEITEN.
NEIN, WIR LASSEN EUCH NUR MAL RICHTIG ARBEITEN.

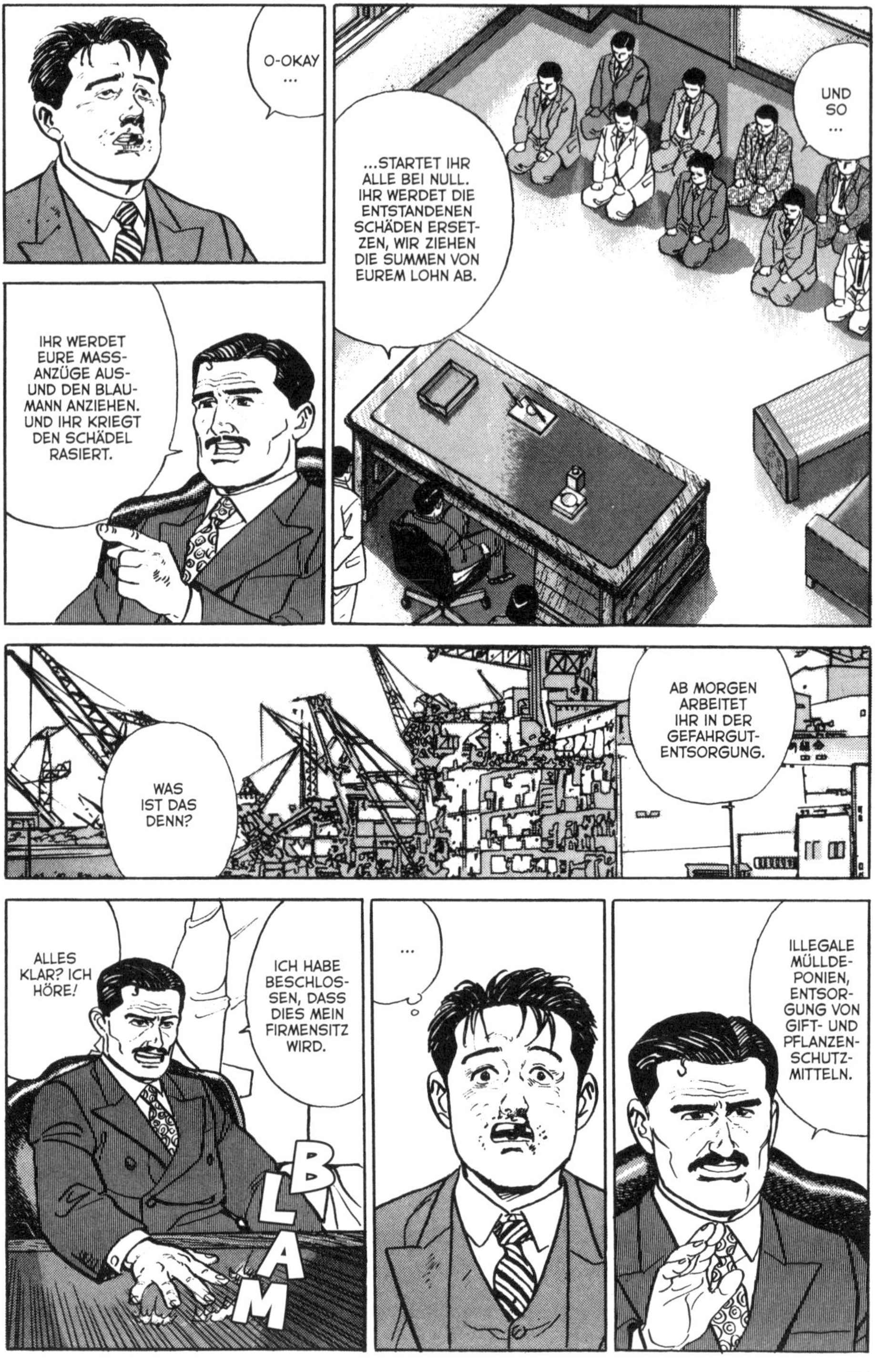
UND SO ...
...STARTET IHR ALLE BEI NULL. IHR WERDET DIE ENTSTANDENEN SCHÄDEN ERSETZEN, WIR ZIEHEN DIE SUMMEN VON EUREM LOHN AB.
IHR WERDET EURE MASSANZÜGE AUSUND DEN BLAUMANN ANZIEHEN. UND IHR KRIEGT DEN SCHÄDEL RASIERT.
O-OKAY ...
AB MORGEN ARBEITET IHR IN DER GEFAHRGUTENTSORGUNG.
WAS IST DAS DENN?
ILLEGALE MÜLLDEPONIEN, ENTSORGUNG VON GIFT- UND PFLANZENSCHUTZMITTELN.
...
ICH HABE BESCHLOSSEN, DASS DIES MEIN FIRMENSITZ WIRD.
ALLES KLAR? ICH HÖRE!
BLAM

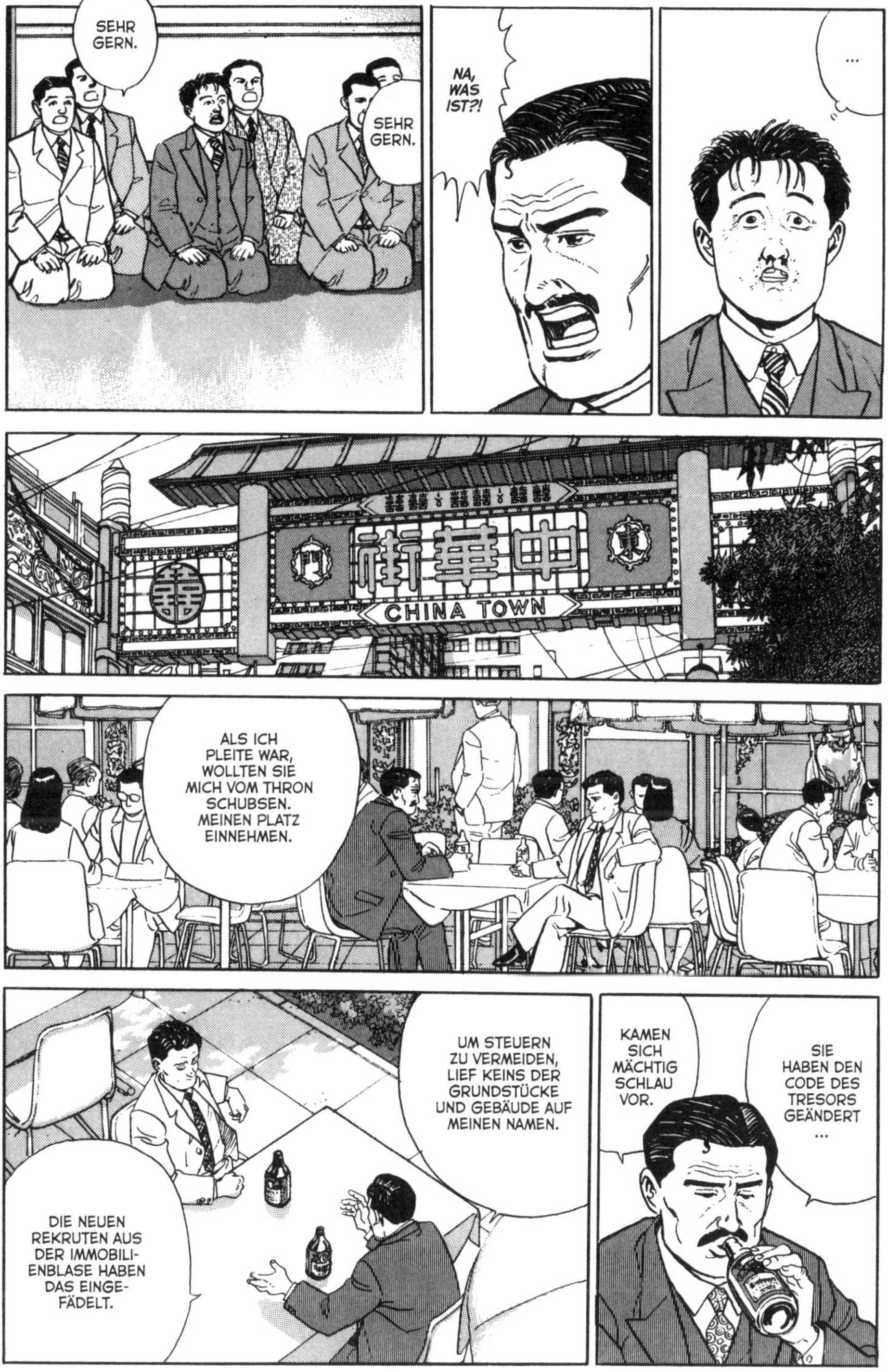
...
NA, WAS IST?!
SEHR GERN.
SEHR GERN.
CHINA TOWN
ALS ICH PLEITE WAR, WOLLTEN SIE MICH VOM THRON SCHUBSEN. MEINEN PLATZ EINNEHMEN.
SIE HABEN DEN CODE DES TRESORS GEÄNDERT ...
KAMEN SICH MÄCHTIG SCHLAU VOR.
UM STEUERN ZU VERMEIDEN, LIEF KEINS DER GRUNDSTÜCKE UND GEBÄUDE AUF MEINEN NAMEN.
DIE NEUEN REKRUTEN AUS DER IMMOBILIENBLASE HABEN DAS EINGEFÄDELT.

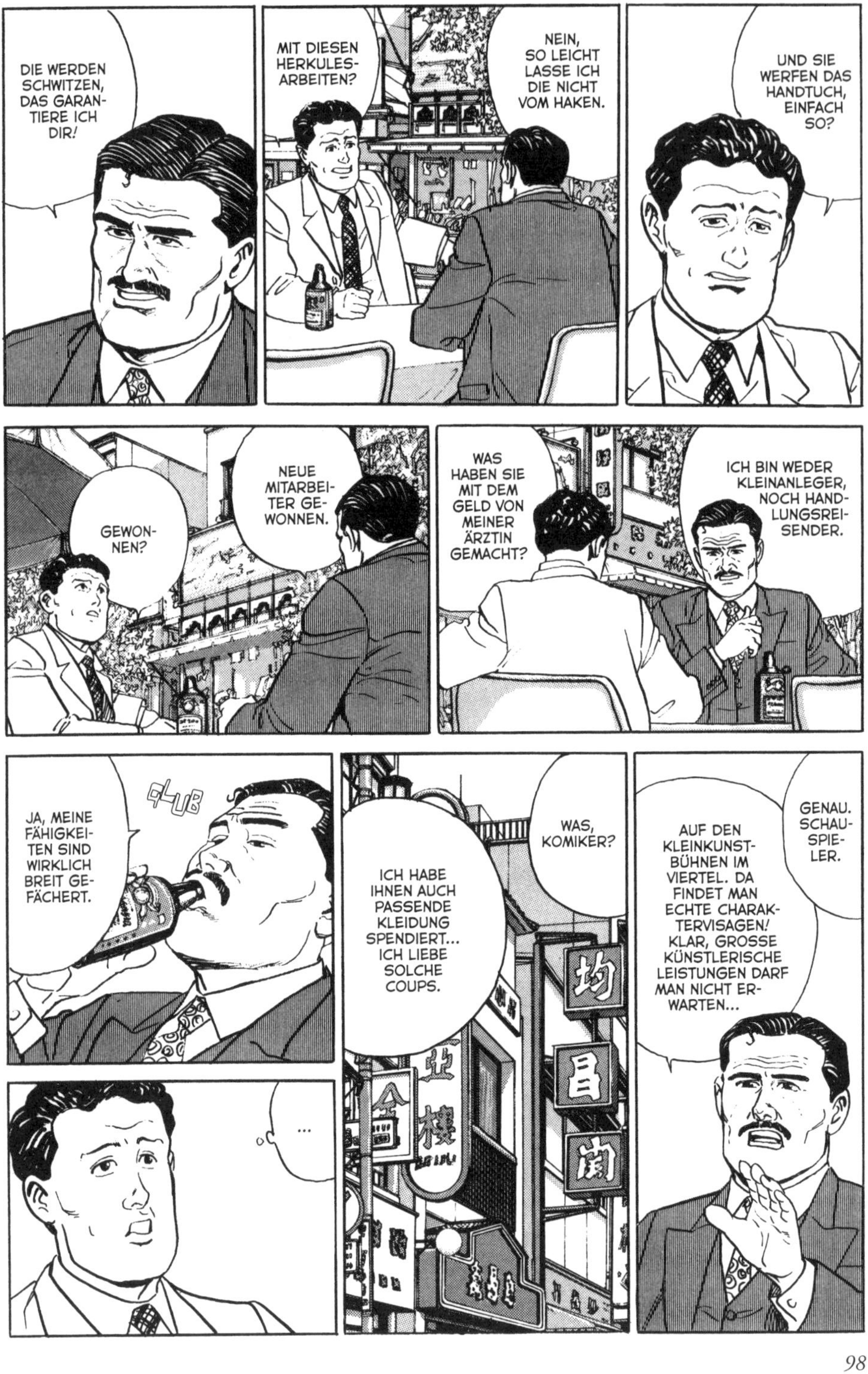
DIE WERDEN SCHWITZEN, DAS GARANTIERE ICH DIR!
MIT DIESEN HERKULES-ARBEITEN?
NEIN, SO LEICHT LASSE ICH DIE NICHT VOM HAKEN.
UND SIE WERFEN DAS HANDTUCH, EINFACH SO?
NEUE MITARBEITER GEWONNEN.
GEWONNEN?
ICH BIN WEDER KLEINANLEGER, NOCH HANDLUNGSREISENDER.
WAS HABEN SIE MIT DEM GELD VON MEINER ÄRZTIN GEMACHT?
GLUB
JA, MEINE FÄHIGKEITEN SIND WIRKLICH BREIT GEFÄCHERT.
WAS, KOMIKER?
ICH HABE IHNEN AUCH PASSENDE KLEIDUNG SPENDIERT... ICH LIEBE SOLCHE COUPS.
GENAU. SCHAUSPIELER.
AUF DEN KLEINKUNSTBÜHNEN IM VIERTEL. DA FINDET MAN ECHTE CHARAKTERVISAGEN! KLAR, GROSSE KÜNSTLERISCHE LEISTUNGEN DARF MAN NICHT ERWARTEN...
...

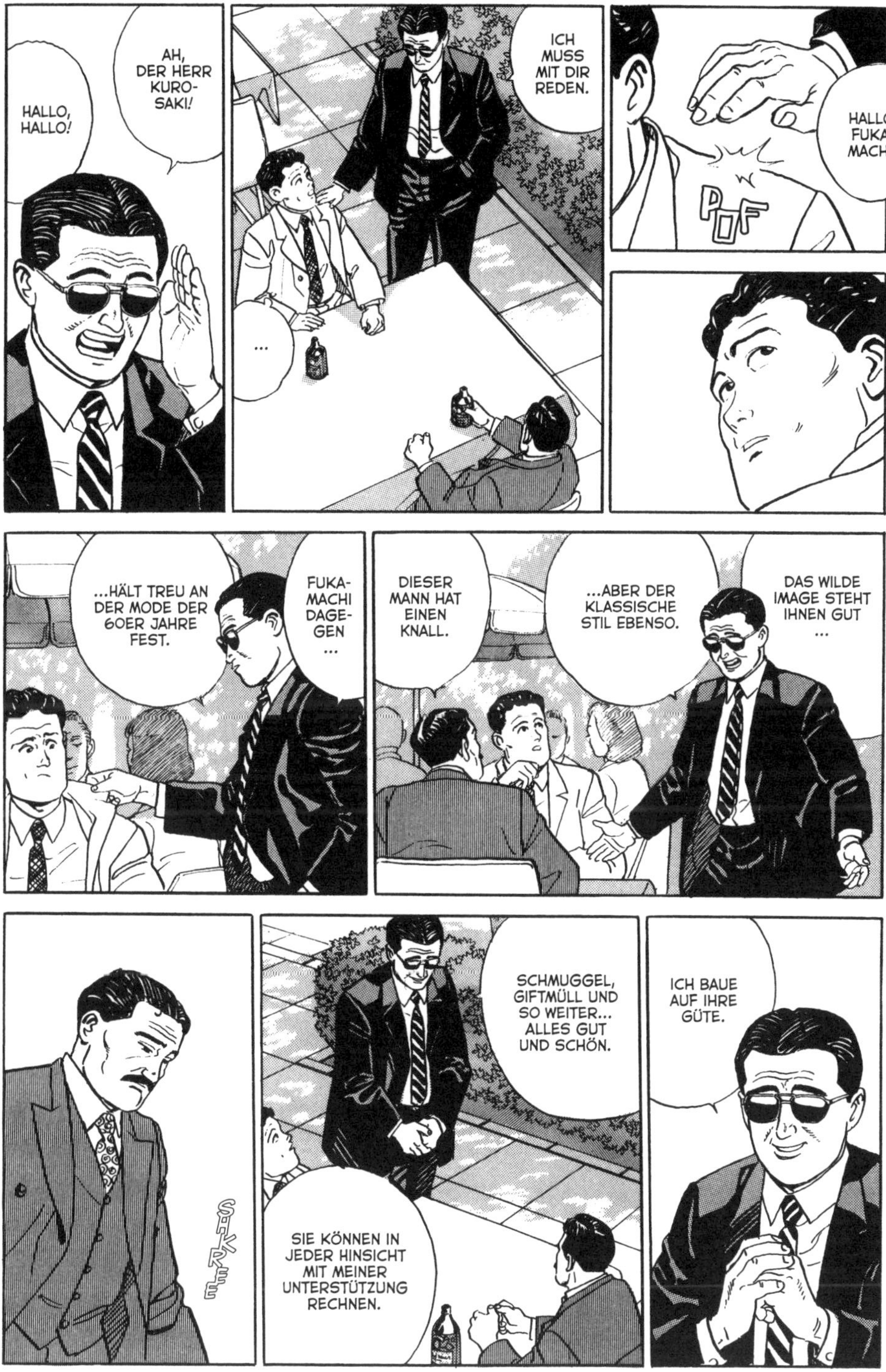
HALLO, HALLO!
AH, DER HERR KURO-SAKI!
ICH MUSS MIT DIR REDEN.
...
HALLO, FUKA-MACHI!
POF
...HÄLT TREU AN DER MODE DER 60ER JAHRE FEST.
FUKA-MACHI DAGE-GEN ...
DIESER MANN HAT EINEN KNALL.
...ABER DER KLASSISCHE STIL EBENSO.
DAS WILDE IMAGE STEHT IHNEN GUT ...
SHKREE
SCHMUGGEL, GIFTMÜLL UND SO WEITER... ALLES GUT UND SCHÖN.
SIE KÖNNEN IN JEDER HINSICHT MIT MEINER UNTERSTÜTZUNG RECHNEN.
ICH BAUE AUF IHRE GÜTE.

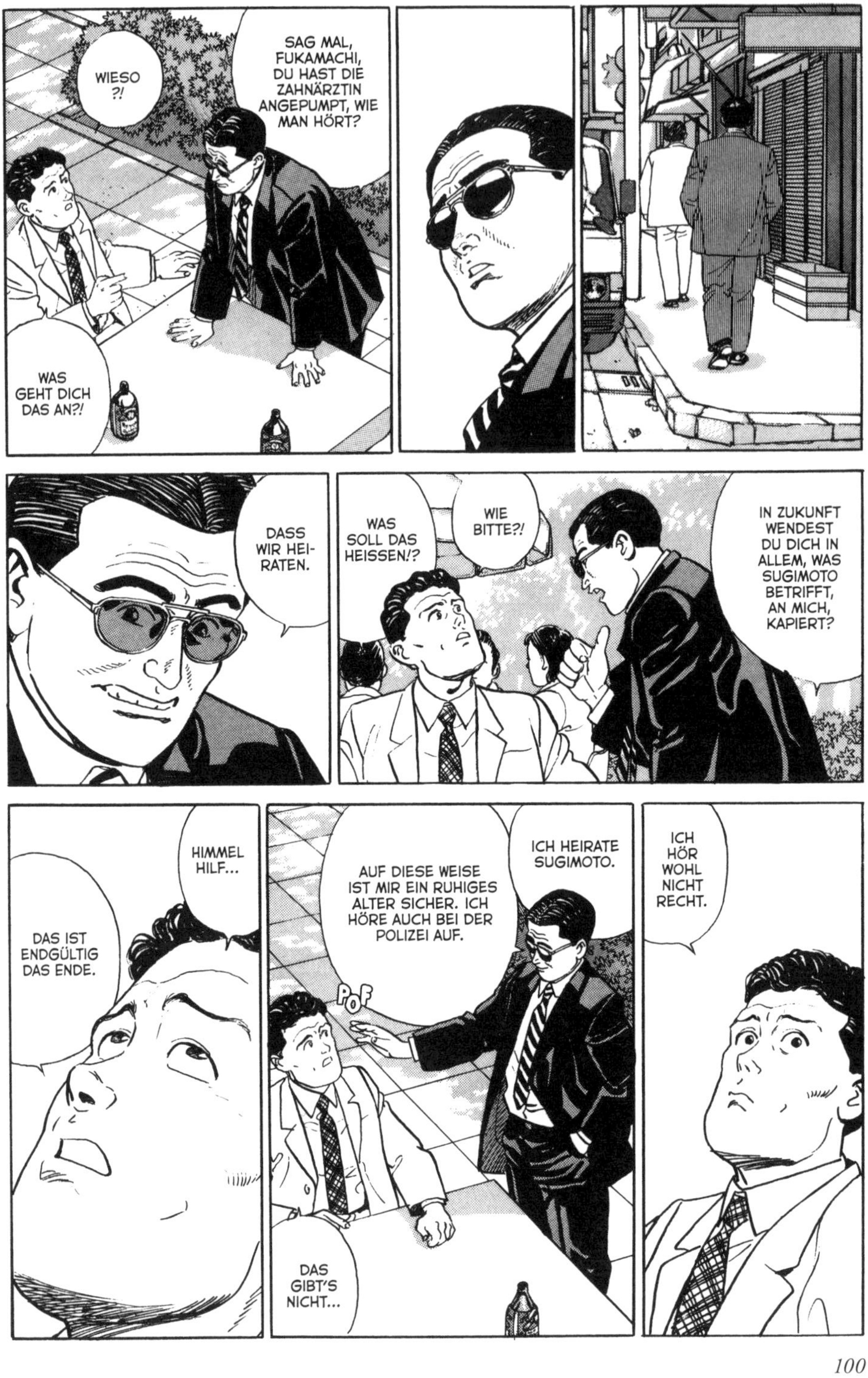
SAG MAL, FUKAMACHI, DU HAST DIE ZAHNÄRZTIN ANGEPUMPT, WIE MAN HÖRT?
WIESO ?!
WAS GEHT DICH DAS AN?!
IN ZUKUNFT WENDEST DU DICH IN ALLEM, WAS SUGIMOTO BETRIFFT, AN MICH, KAPIERT?
WIE BITTE?!
WAS SOLL DAS HEISSEN!?
DASS WIR HEI-RATEN.
ICH HÖR WOHL NICHT RECHT.
ICH HEIRATE SUGIMOTO.
AUF DIESE WEISE IST MIR EIN RUHIGES ALTER SICHER. ICH HÖRE AUCH BEI DER POLIZEI AUF.
PoF
DAS GIBT'S NICHT...
HIMMEL HILF...
DAS IST ENDGÜLTIG DAS ENDE.

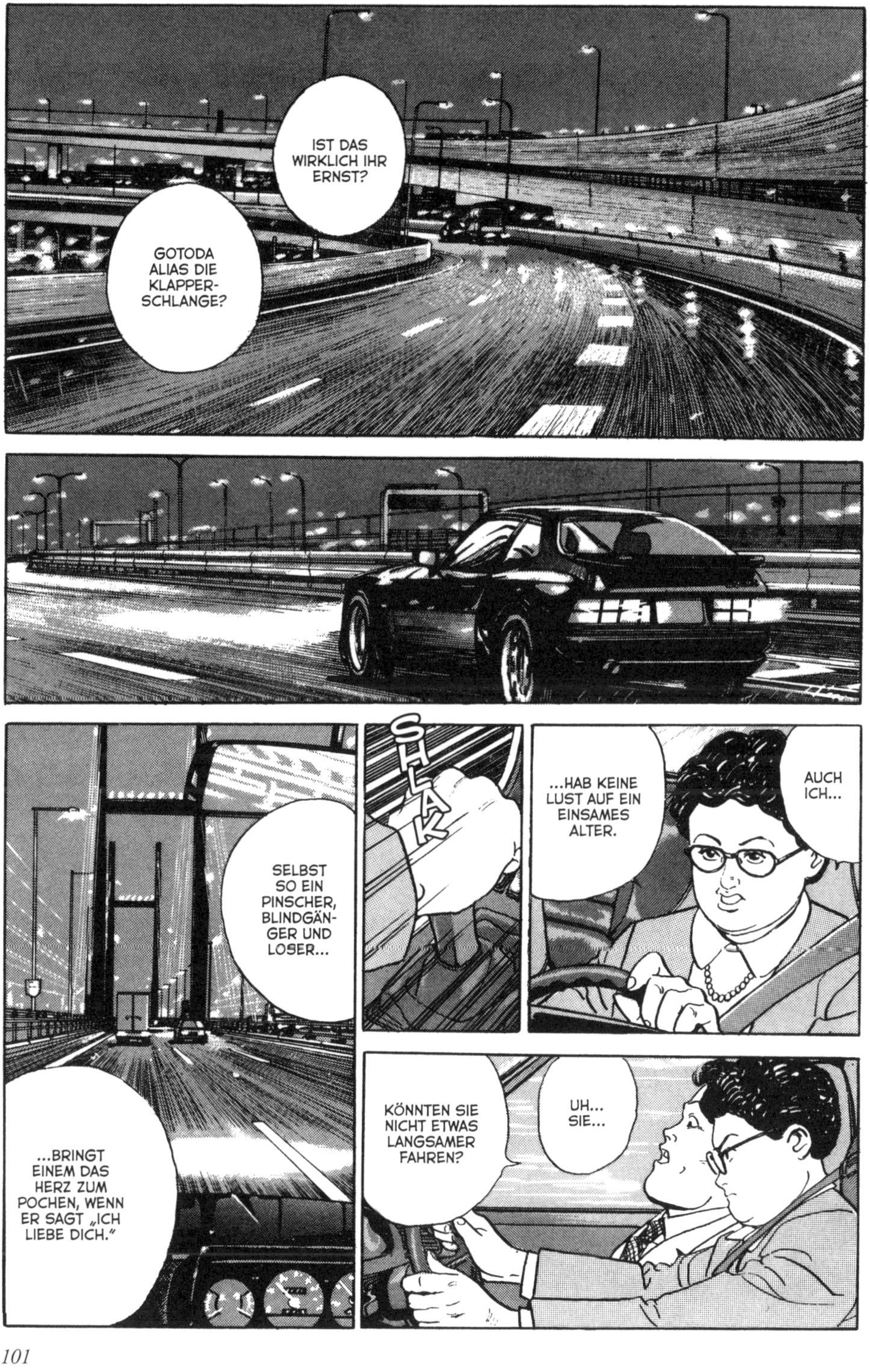
IST DAS WIRKLICH IHR ERNST?
GOTODA ALIAS DIE KLAPPER-SCHLANGE?
AUCH ICH...
...HAB KEINE LUST AUF EIN EINSAMES ALTER.
SHLAK
SELBST SO EIN PINSCHER, BLINDGÄN-GER UND LOSER...
...BRINGT EINEM DAS HERZ ZUM POCHEN, WENN ER SAGT „ICH LIEBE DICH."
UH... SIE...
KÖNNTEN SIE NICHT ETWAS LANGSAMER FAHREN?

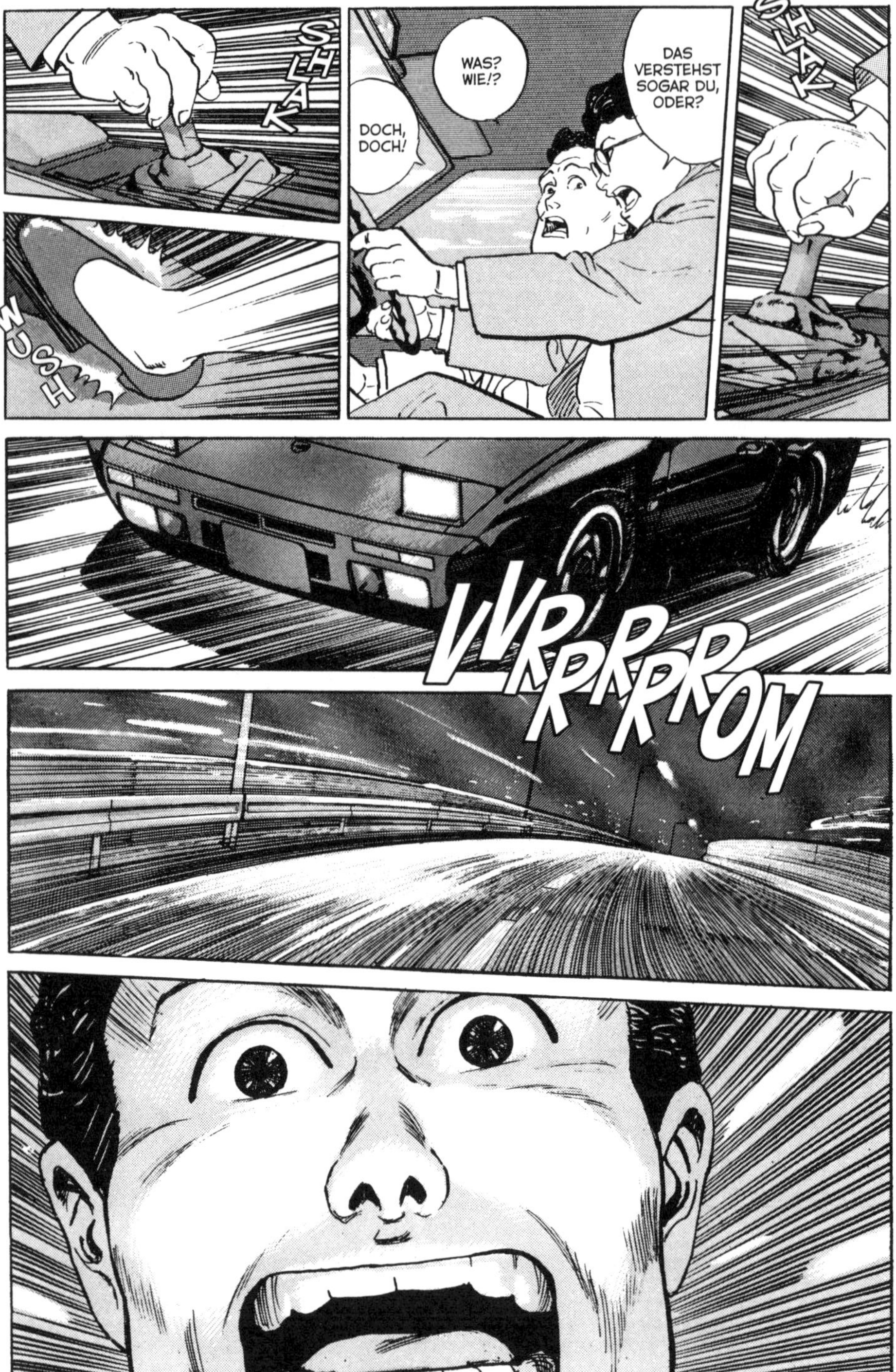
SHAK
DAS VERSTEHST SOGAR DU, ODER?
WAS? WIE!?
DOCH, DOCH!
SHLAK
WUSH
VVRRRRRROM

## Kapitel 41
# Wie die Zeit rast

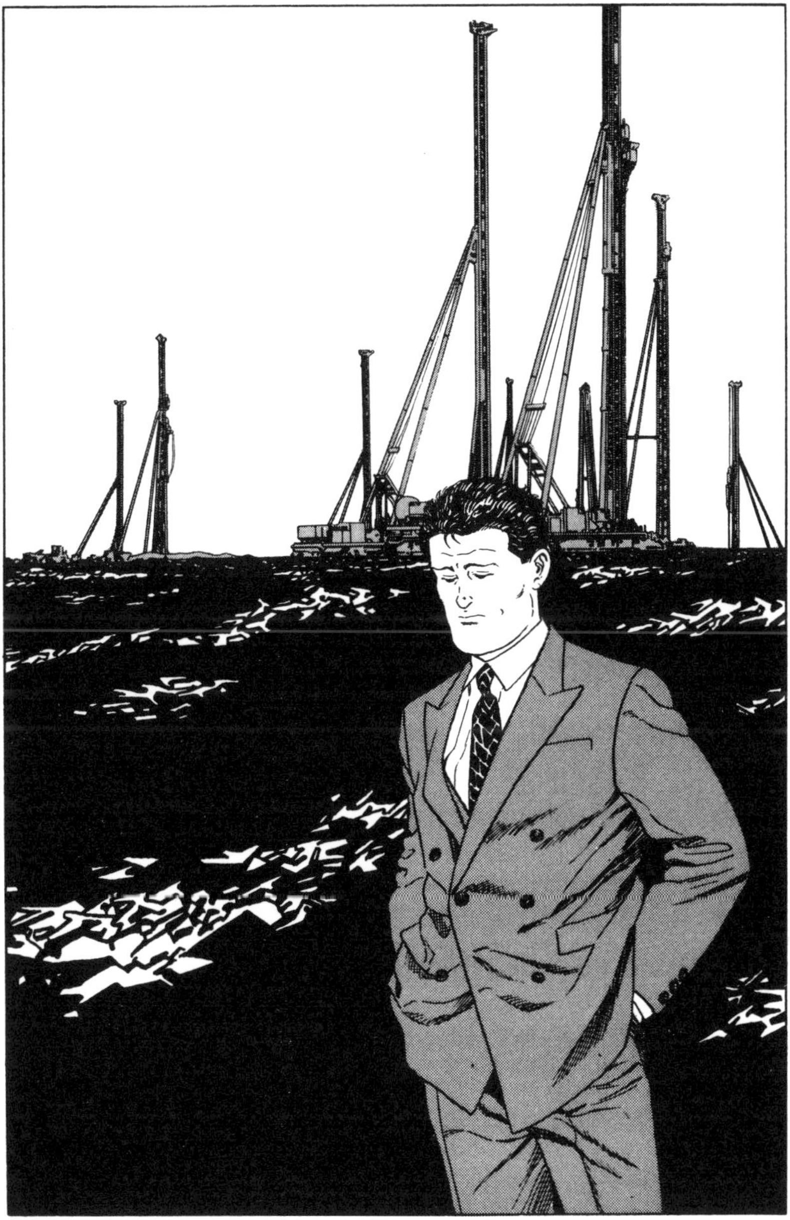

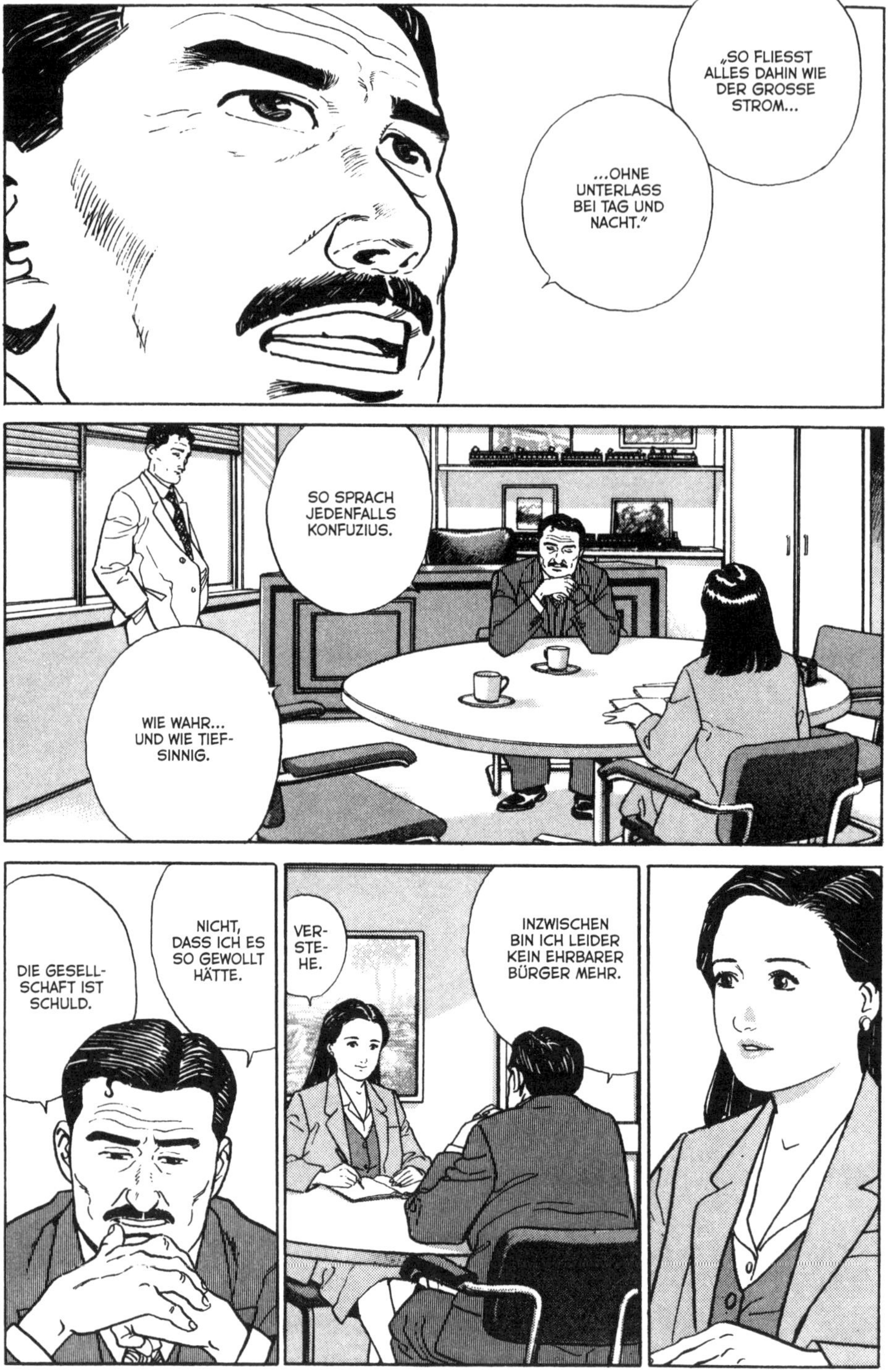
„SO FLIESST ALLES DAHIN WIE DER GROSSE STROM...
...OHNE UNTERLASS BEI TAG UND NACHT."
SO SPRACH JEDENFALLS KONFUZIUS.
WIE WAHR... UND WIE TIEF-SINNIG.
NICHT, DASS ICH ES SO GEWOLLT HÄTTE.
DIE GESELL-SCHAFT IST SCHULD.
INZWISCHEN BIN ICH LEIDER KEIN EHRBARER BÜRGER MEHR.
VER-STE-HE.

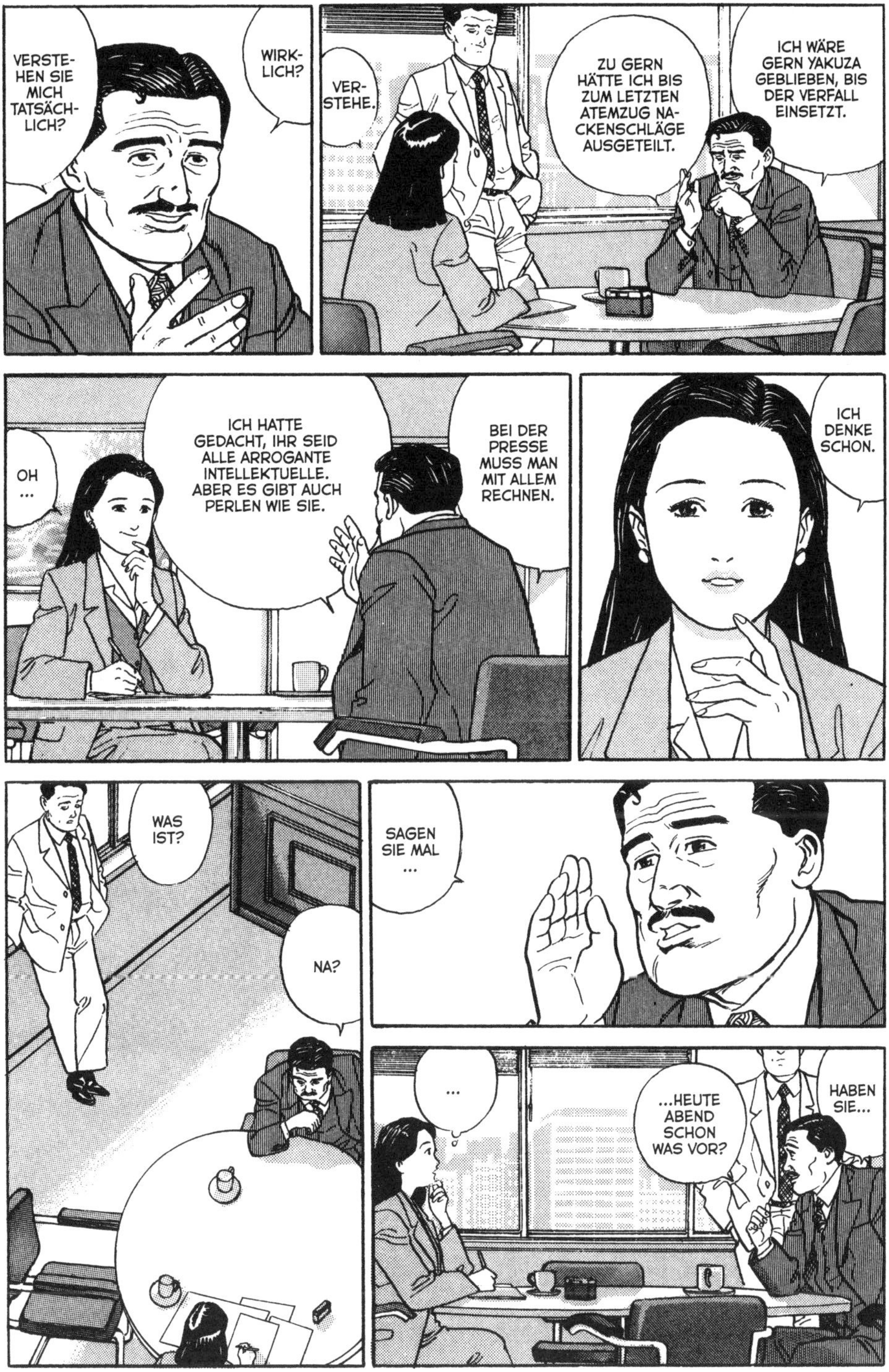
ICH WÄRE GERN YAKUZA GEBLIEBEN, BIS DER VERFALL EINSETZT.
ZU GERN HÄTTE ICH BIS ZUM LETZTEN ATEMZUG NACKENSCHLÄGE AUSGETEILT.
VERSTEHE.
WIRKLICH?
VERSTEHEN SIE MICH TATSÄCHLICH?
ICH DENKE SCHON.
BEI DER PRESSE MUSS MAN MIT ALLEM RECHNEN.
ICH HATTE GEDACHT, IHR SEID ALLE ARROGANTE INTELLEKTUELLE. ABER ES GIBT AUCH PERLEN WIE SIE.
OH ...
SAGEN SIE MAL ...
WAS IST?
NA?
HABEN SIE...
...HEUTE ABEND SCHON WAS VOR?
...

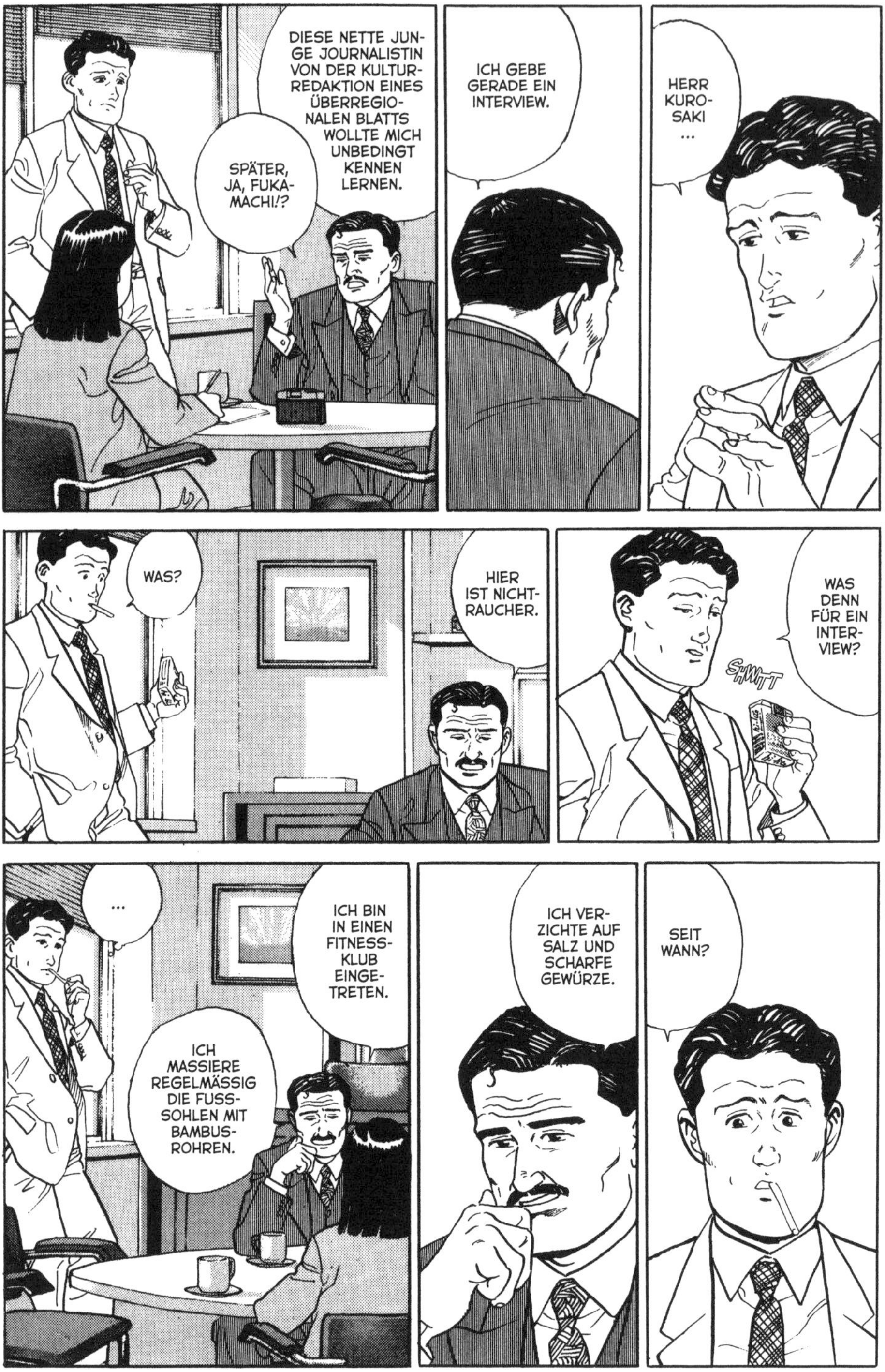
DIESE NETTE JUNGE JOURNALISTIN VON DER KULTURREDAKTION EINES ÜBERREGIONALEN BLATTS WOLLTE MICH UNBEDINGT KENNEN LERNEN.
SPÄTER, JA, FUKAMACHI!?
ICH GEBE GERADE EIN INTERVIEW.
HERR KUROSAKI ...
WAS?
HIER IST NICHTRAUCHER.
WAS DENN FÜR EIN INTERVIEW?
SHWITT
...
ICH BIN IN EINEN FITNESSKLUB EINGETRETEN.
ICH MASSIERE REGELMÄSSIG DIE FUSSSOHLEN MIT BAMBUSROHREN.
ICH VERZICHTE AUF SALZ UND SCHARFE GEWÜRZE.
SEIT WANN?

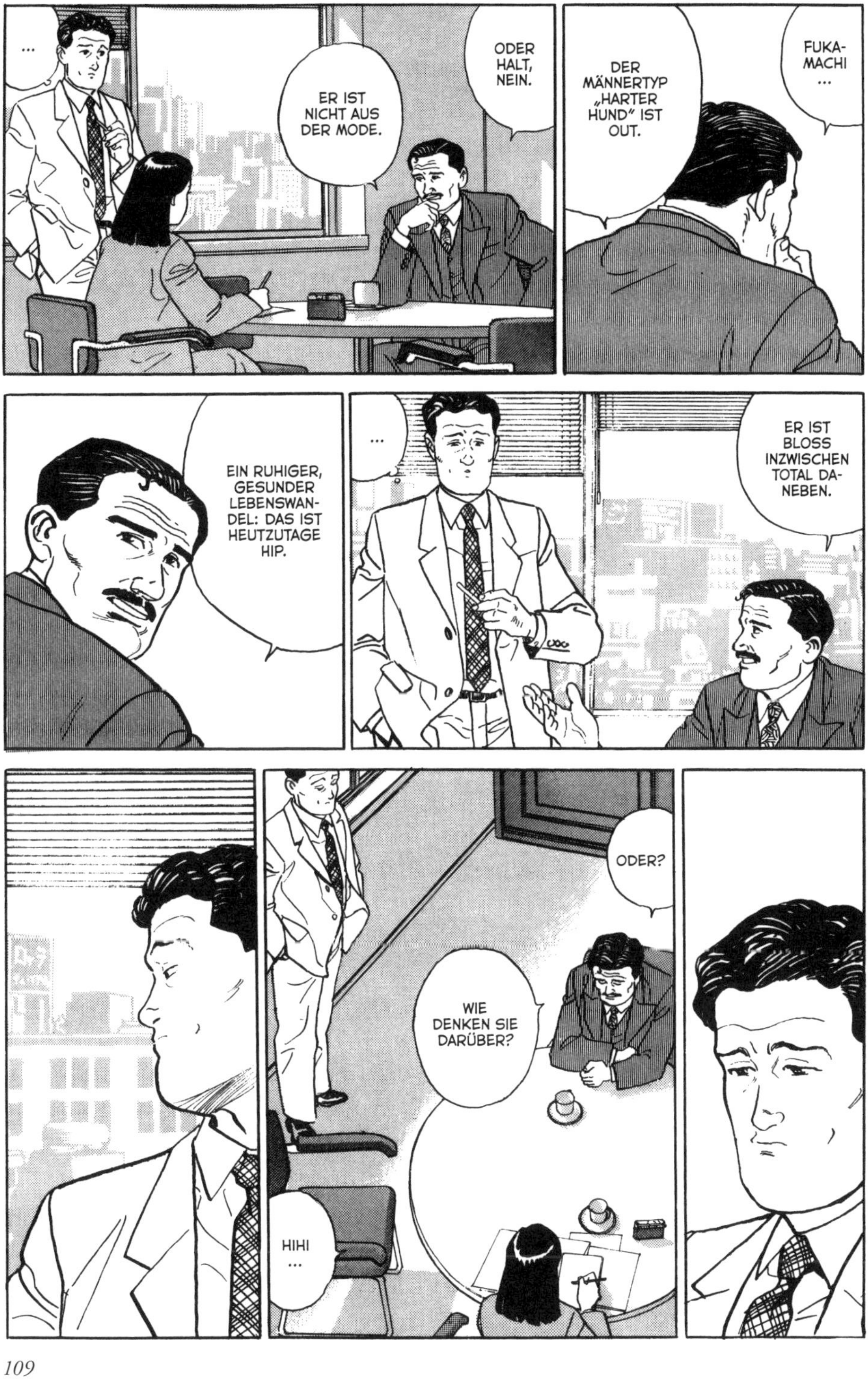
FUKA-MACHI ...
DER MÄNNERTYP „HARTER HUND" IST OUT.
ODER HALT, NEIN.
ER IST NICHT AUS DER MODE.
...
ER IST BLOSS INZWISCHEN TOTAL DA-NEBEN.
...
EIN RUHIGER, GESUNDER LEBENSWAN-DEL: DAS IST HEUTZUTAGE HIP.
ODER?
WIE DENKEN SIE DARÜBER?
HIHI ...

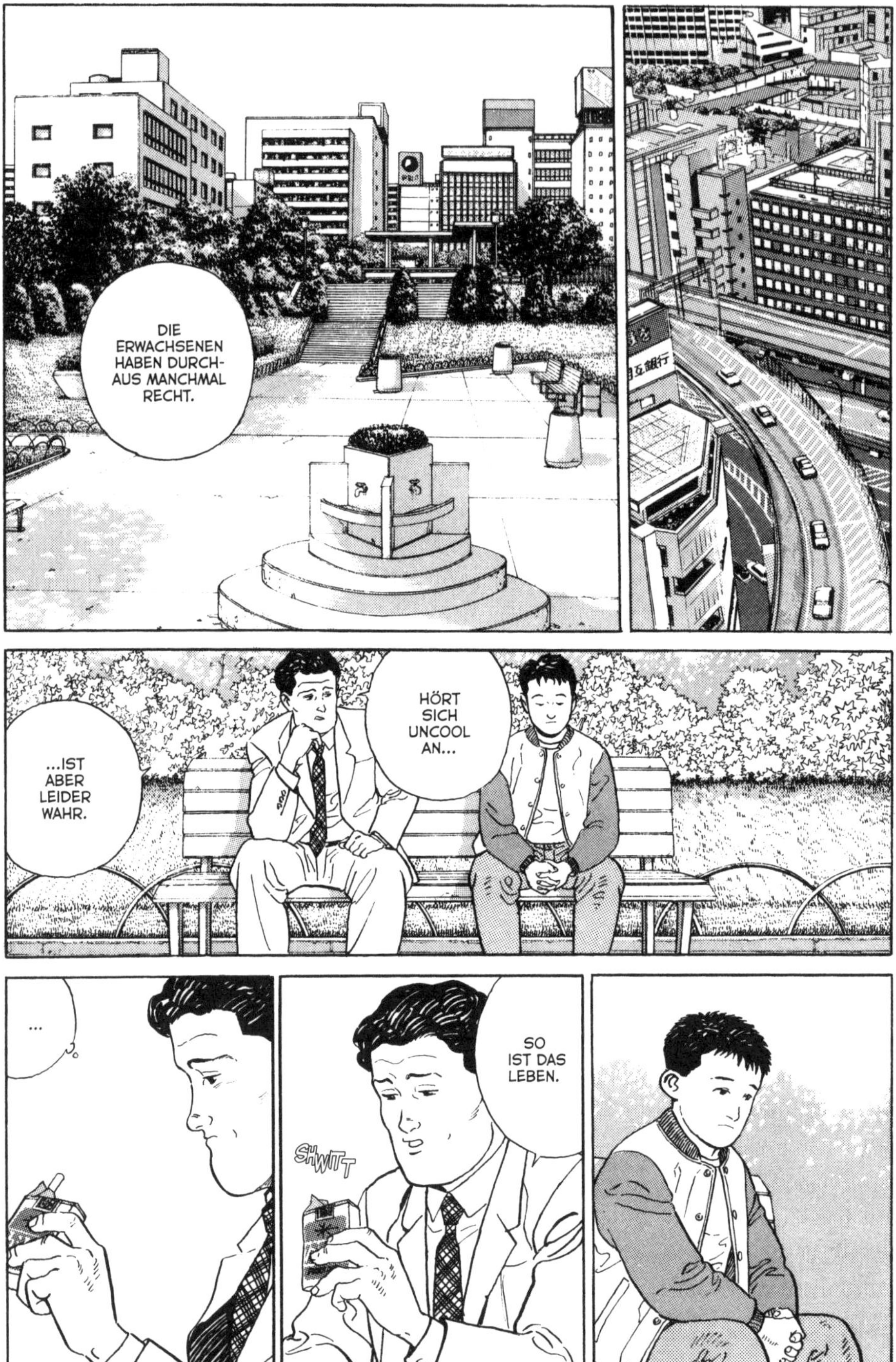
DIE ERWACHSENEN HABEN DURCH-AUS MANCHMAL RECHT.
HÖRT SICH UNCOOL AN...
...IST ABER LEIDER WAHR.
...
SHWITT
SO IST DAS LEBEN.

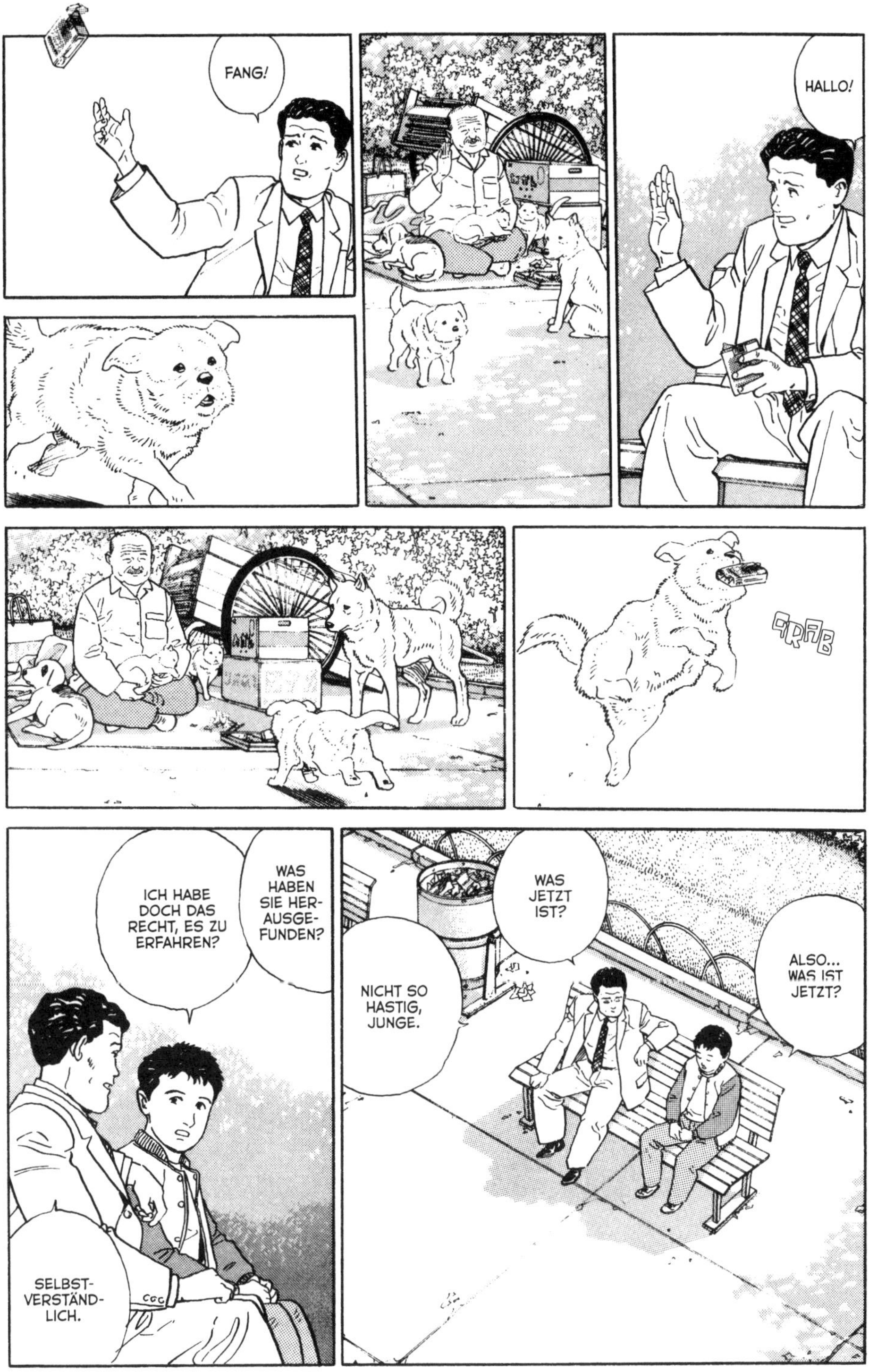
HALLO!
FANG!
GRAB
ALSO... WAS IST JETZT?
NICHT SO HASTIG, JUNGE.
WAS JETZT IST?
WAS HABEN SIE HERAUSGEFUNDEN?
ICH HABE DOCH DAS RECHT, ES ZU ERFAHREN?
SELBSTVERSTÄNDLICH.

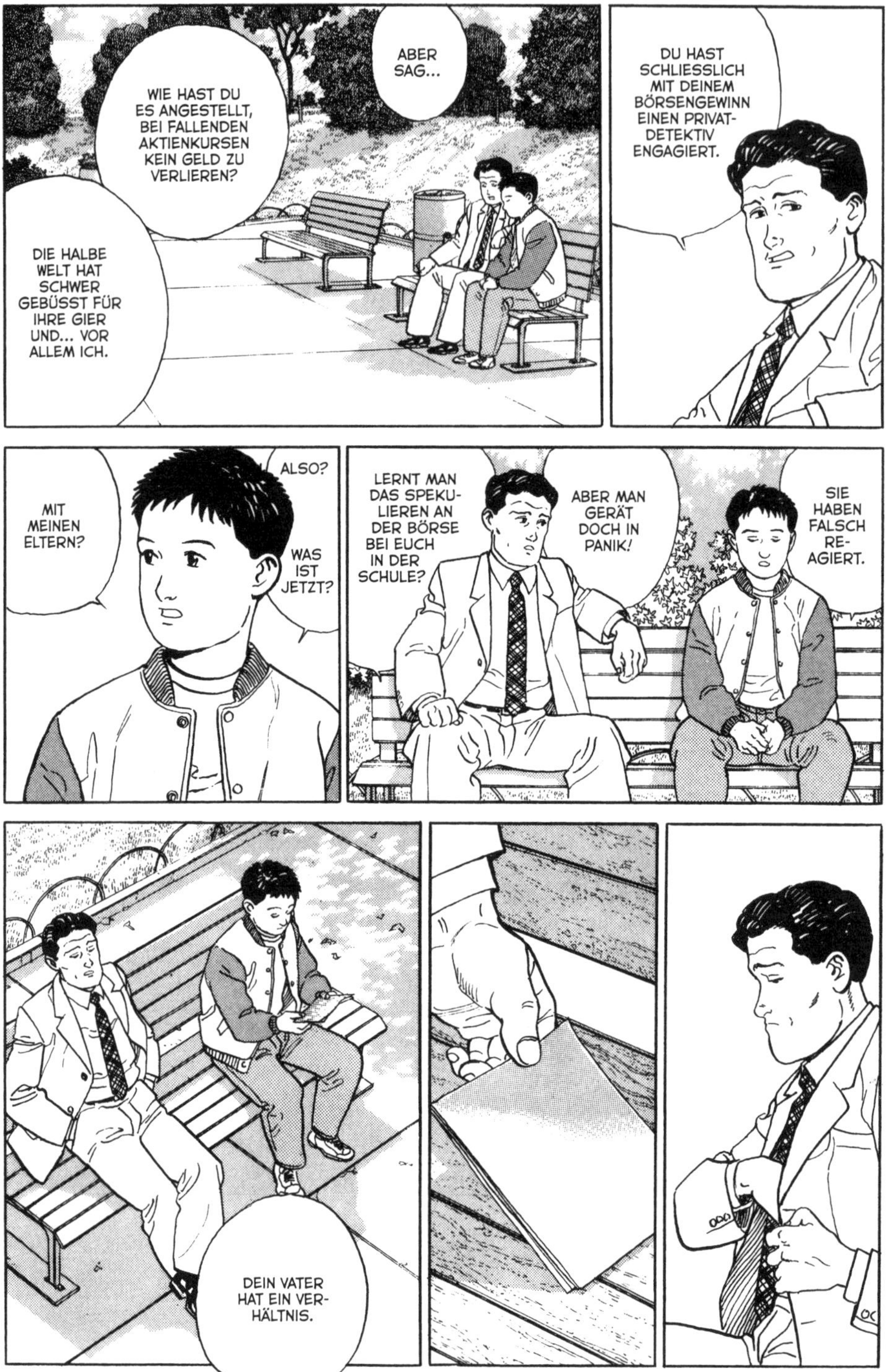
DU HAST SCHLIESSLICH MIT DEINEM BÖRSENGEWINN EINEN PRIVAT-DETEKTIV ENGAGIERT.
ABER SAG...
WIE HAST DU ES ANGESTELLT, BEI FALLENDEN AKTIENKURSEN KEIN GELD ZU VERLIEREN?
DIE HALBE WELT HAT SCHWER GEBÜSST FÜR IHRE GIER UND... VOR ALLEM ICH.
SIE HABEN FALSCH RE-AGIERT.
ABER MAN GERÄT DOCH IN PANIK!
LERNT MAN DAS SPEKU-LIEREN AN DER BÖRSE BEI EUCH IN DER SCHULE?
ALSO?
WAS IST JETZT?
MIT MEINEN ELTERN?
DEIN VATER HAT EIN VER-HÄLTNIS.

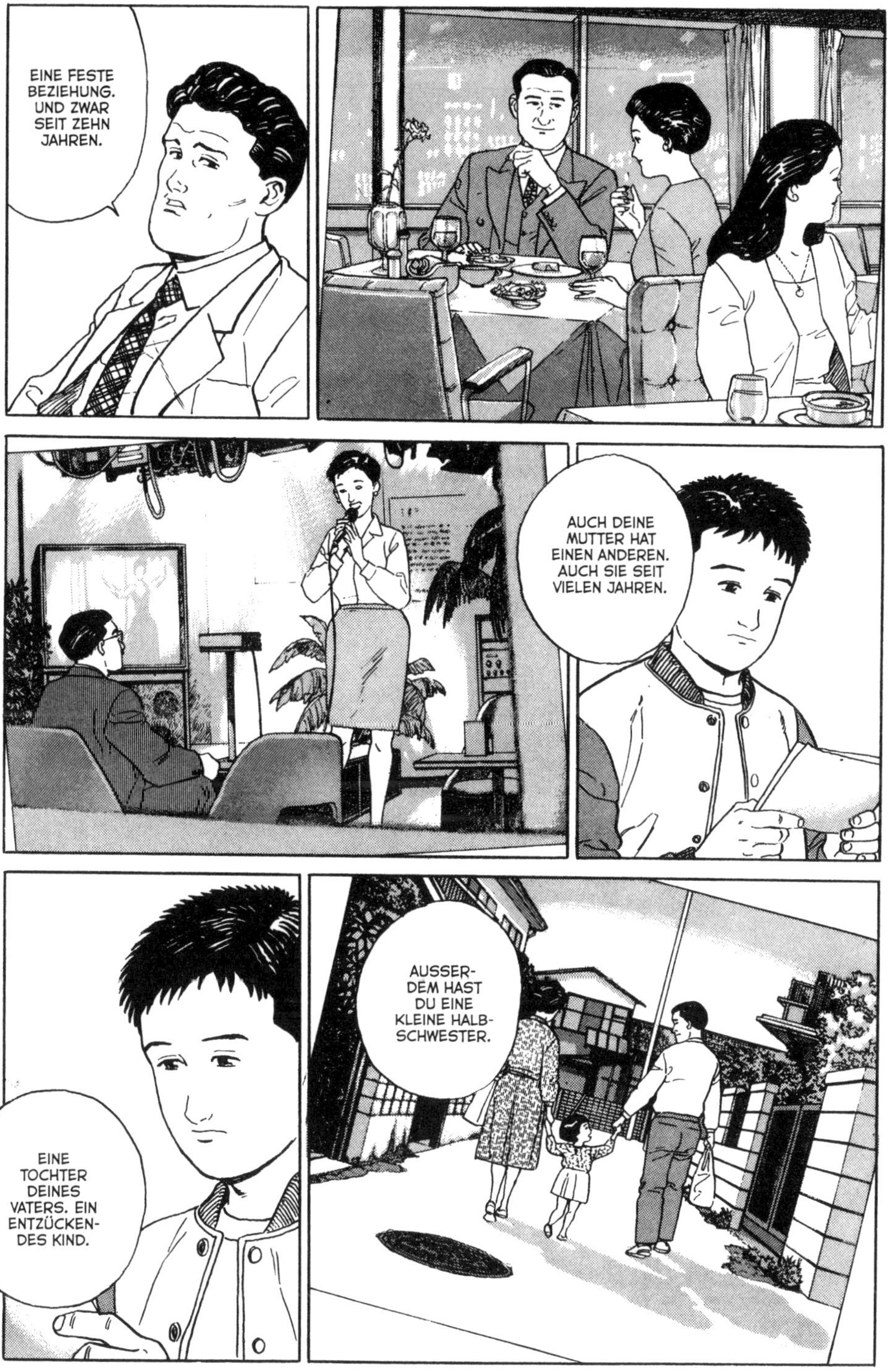
EINE FESTE BEZIEHUNG. UND ZWAR SEIT ZEHN JAHREN.
AUCH DEINE MUTTER HAT EINEN ANDEREN. AUCH SIE SEIT VIELEN JAHREN.
AUSSER-DEM HAST DU EINE KLEINE HALB-SCHWESTER.
EINE TOCHTER DEINES VATERS. EIN ENTZÜCKEN-DES KIND.

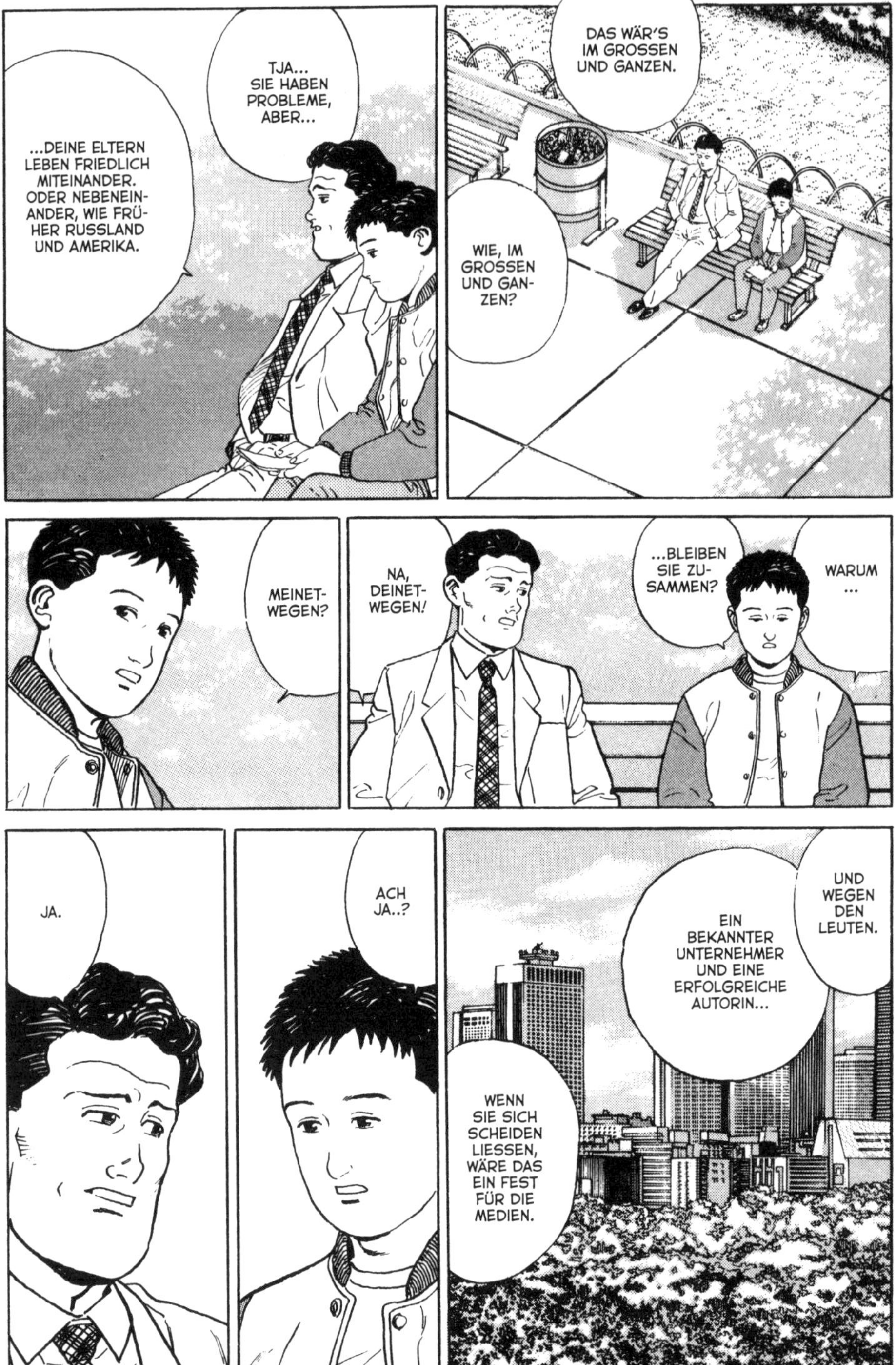
TJA... SIE HABEN PROBLEME, ABER...
...DEINE ELTERN LEBEN FRIEDLICH MITEINANDER. ODER NEBENEINANDER, WIE FRÜHER RUSSLAND UND AMERIKA.
DAS WÄR'S IM GROSSEN UND GANZEN.
WIE, IM GROSSEN UND GANZEN?
WARUM ...
...BLEIBEN SIE ZUSAMMEN?
NA, DEINETWEGEN!
MEINETWEGEN?
UND WEGEN DEN LEUTEN.
EIN BEKANNTER UNTERNEHMER UND EINE ERFOLGREICHE AUTORIN...
WENN SIE SICH SCHEIDEN LIESSEN, WÄRE DAS EIN FEST FÜR DIE MEDIEN.
ACH JA..?
JA.

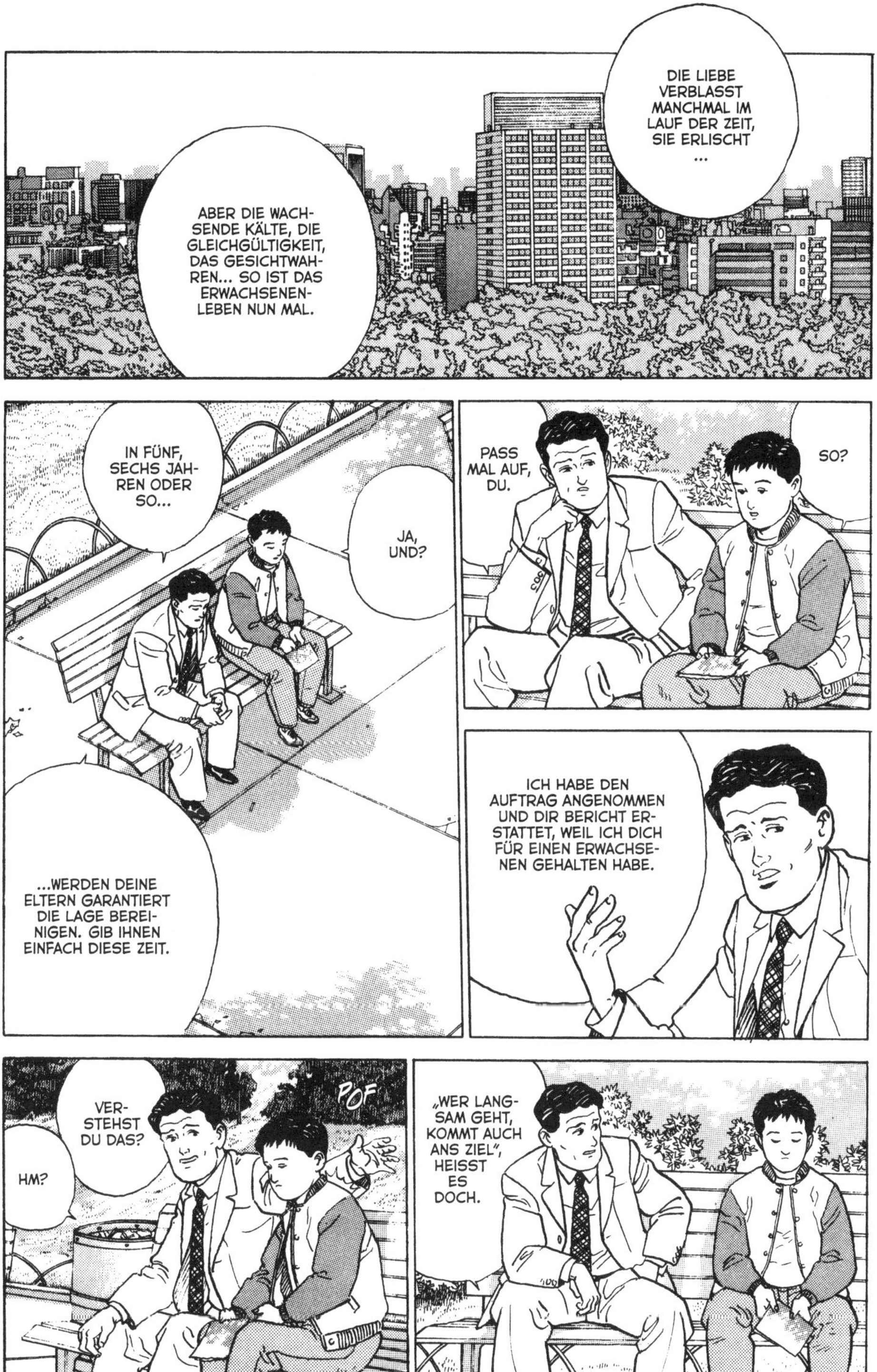
DIE LIEBE VERBLASST MANCHMAL IM LAUF DER ZEIT, SIE ERLISCHT ...
ABER DIE WACHSENDE KÄLTE, DIE GLEICHGÜLTIGKEIT, DAS GESICHTWAHREN... SO IST DAS ERWACHSENENLEBEN NUN MAL.
PASS MAL AUF, DU.
SO?
ICH HABE DEN AUFTRAG ANGENOMMEN UND DIR BERICHT ERSTATTET, WEIL ICH DICH FÜR EINEN ERWACHSENEN GEHALTEN HABE.
IN FÜNF, SECHS JAHREN ODER SO...
JA, UND?
...WERDEN DEINE ELTERN GARANTIERT DIE LAGE BEREINIGEN. GIB IHNEN EINFACH DIESE ZEIT.
„WER LANGSAM GEHT, KOMMT AUCH ANS ZIEL", HEISST ES DOCH.
POF
VERSTEHST DU DAS?
HM?

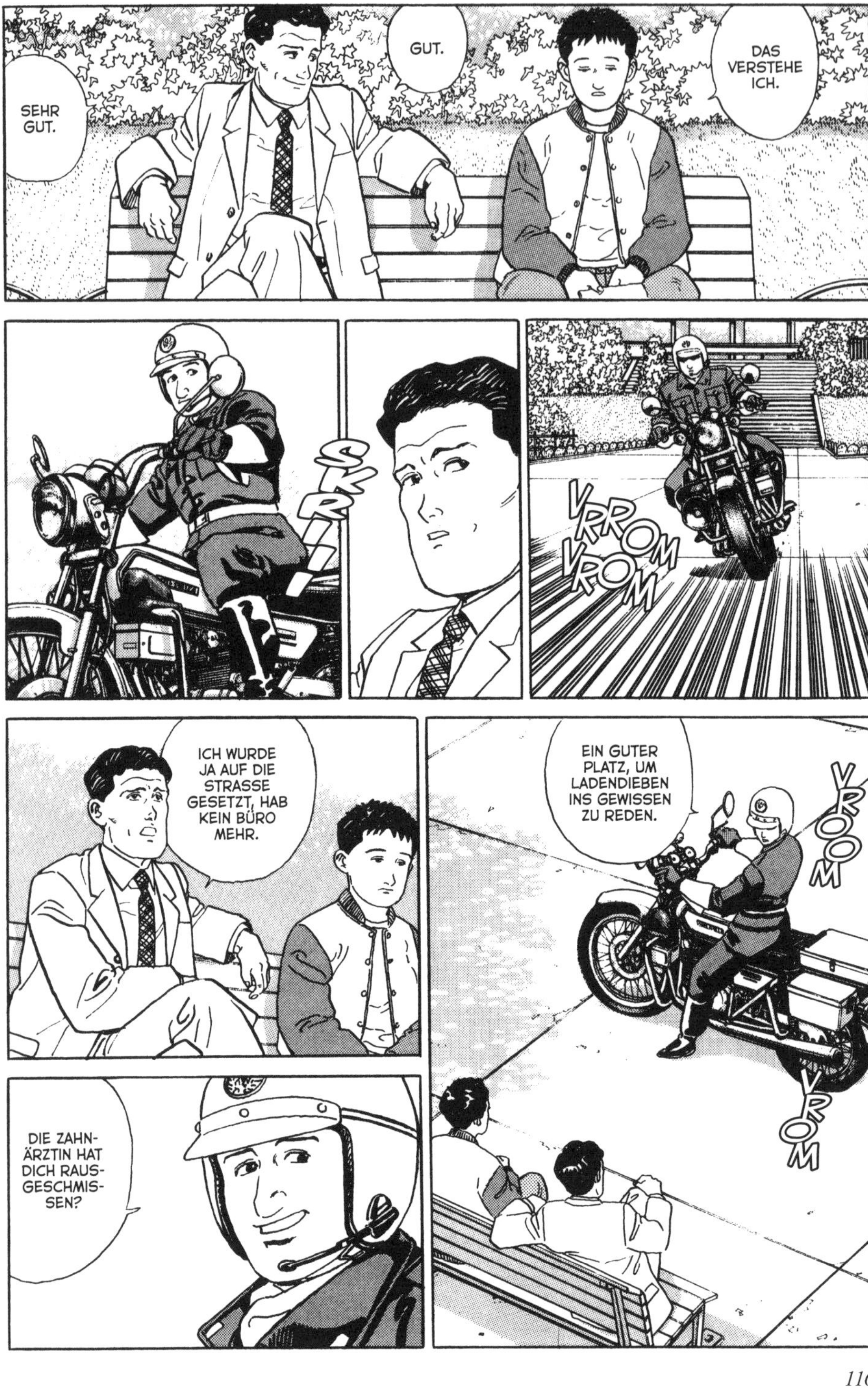
DAS VERSTEHE ICH.
GUT.
SEHR GUT.
VRROM VROM
SKRI
EIN GUTER PLATZ, UM LADENDIEBEN INS GEWISSEN ZU REDEN.
VROOM
VROM
ICH WURDE JA AUF DIE STRASSE GESETZT, HAB KEIN BÜRO MEHR.
DIE ZAHNÄRZTIN HAT DICH RAUSGESCHMISSEN?

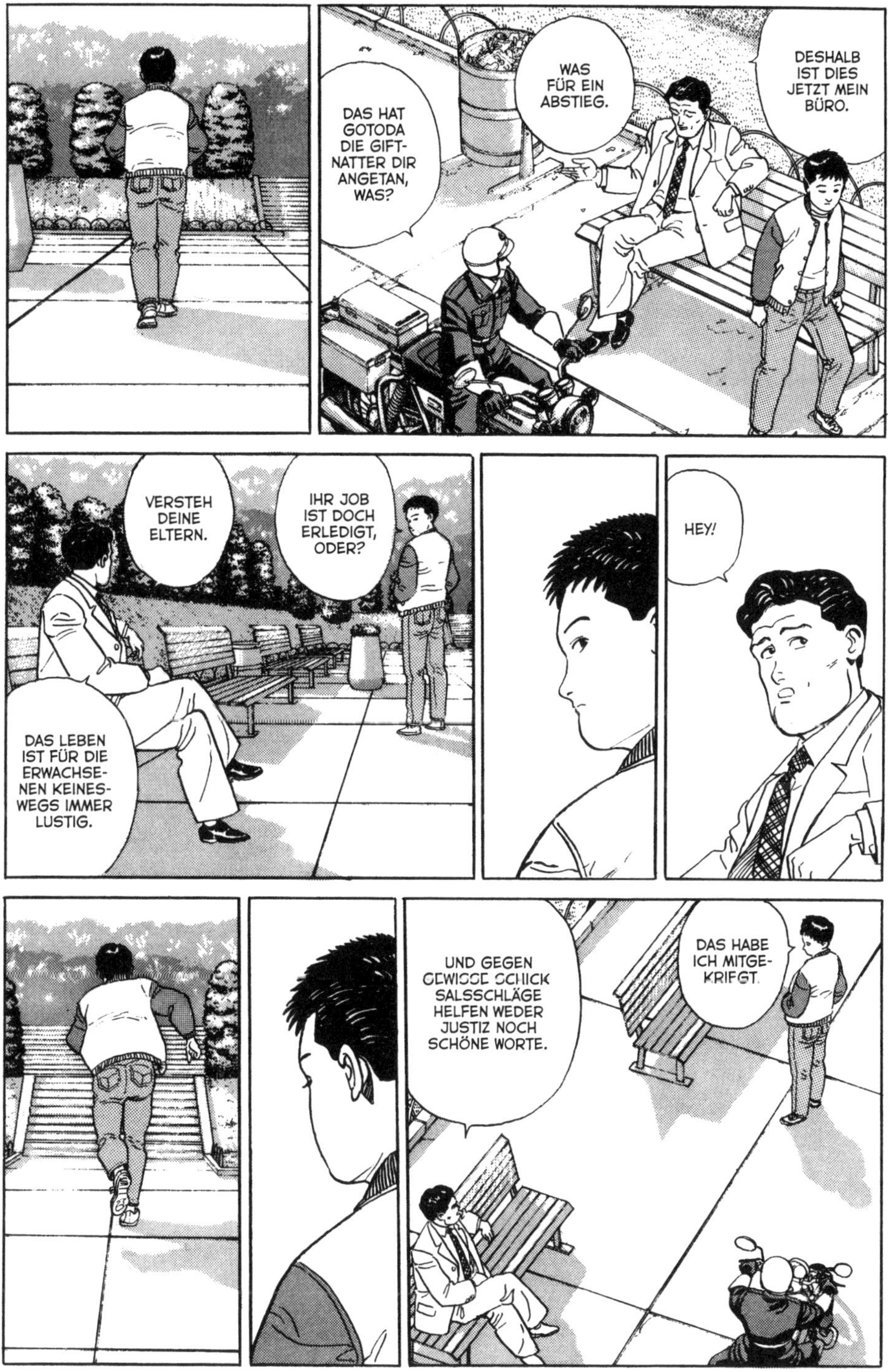
DAS HAT GOTODA DIE GIFT-NATTER DIR ANGETAN, WAS?
WAS FÜR EIN ABSTIEG.
DESHALB IST DIES JETZT MEIN BÜRO.
VERSTEH DEINE ELTERN.
IHR JOB IST DOCH ERLEDIGT, ODER?
DAS LEBEN IST FÜR DIE ERWACHSE-NEN KEINES-WEGS IMMER LUSTIG.
HEY!
UND GEGEN GEWISSE SCHICKSALSSCHLÄGE HELFEN WEDER JUSTIZ NOCH SCHÖNE WORTE.
DAS HABE ICH MITGE-KRIEGT.

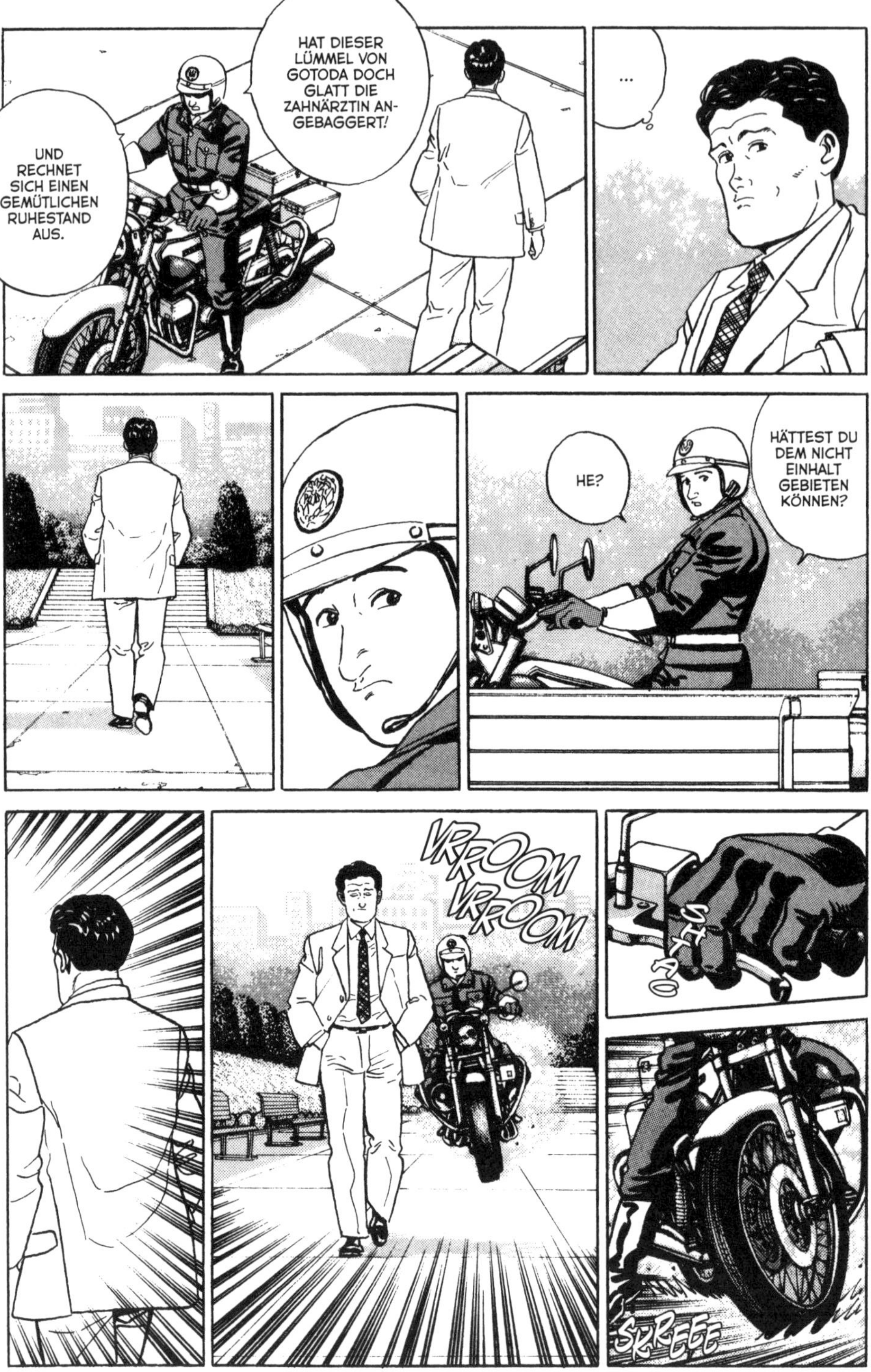
HAT DIESER LÜMMEL VON GOTODA DOCH GLATT DIE ZAHNÄRZTIN ANGEBAGGERT!
UND RECHNET SICH EINEN GEMÜTLICHEN RUHESTAND AUS.
...
HÄTTEST DU DEM NICHT EINHALT GEBIETEN KÖNNEN?
HE?
VRROOM VRROOM
SHTAO
SKREEE

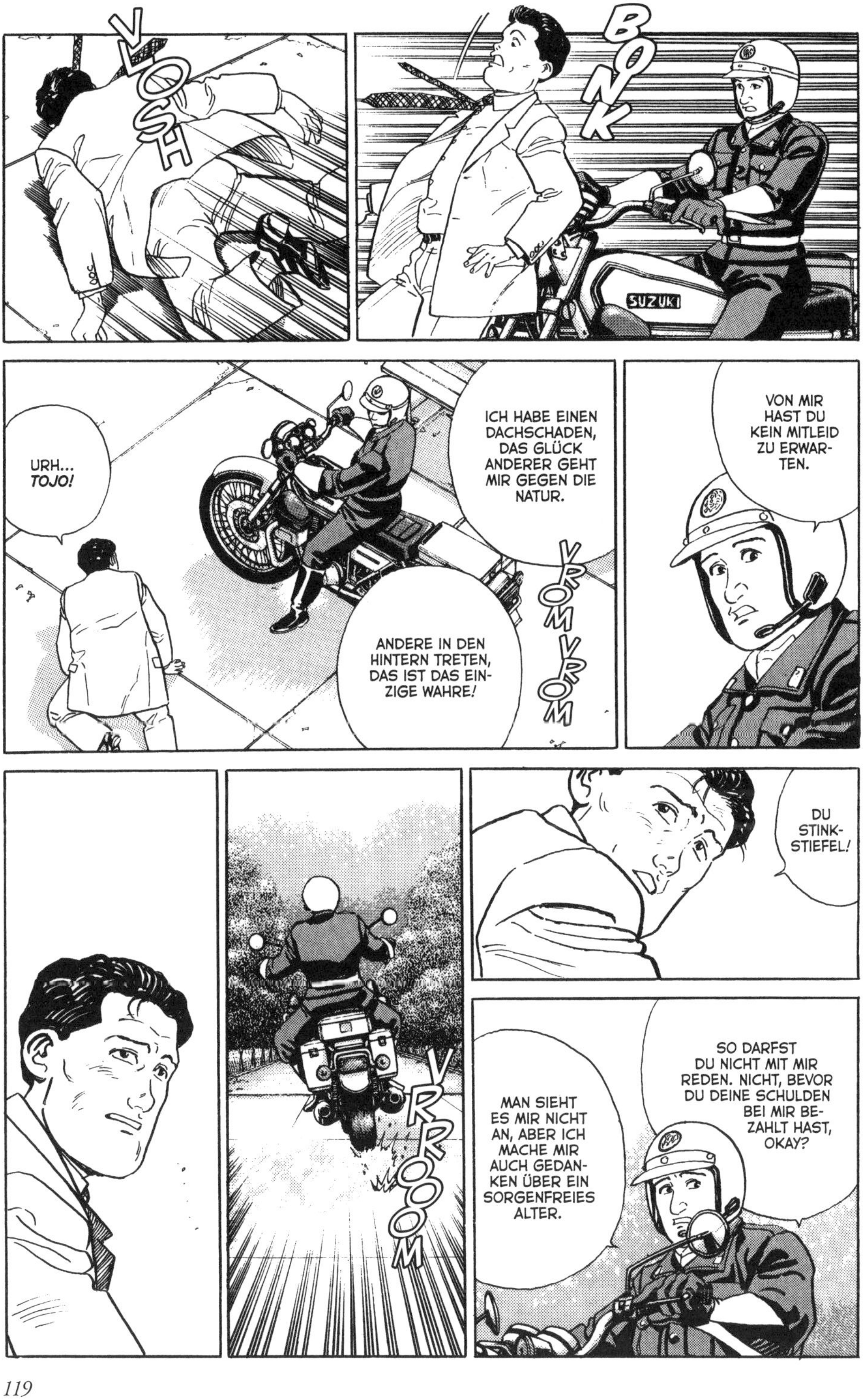
VOSH
BONK
URH... TOJO!
ICH HABE EINEN DACHSCHADEN, DAS GLÜCK ANDERER GEHT MIR GEGEN DIE NATUR.
ANDERE IN DEN HINTERN TRETEN, DAS IST DAS EINZIGE WAHRE!
VROMVROM
VON MIR HAST DU KEIN MITLEID ZU ERWARTEN.
DU STINKSTIEFEL!
SO DARFST DU NICHT MIT MIR REDEN. NICHT, BEVOR DU DEINE SCHULDEN BEI MIR BEZAHLT HAST, OKAY?
MAN SIEHT ES MIR NICHT AN, ABER ICH MACHE MIR AUCH GEDANKEN ÜBER EIN SORGENFREIES ALTER.
VRROOOM

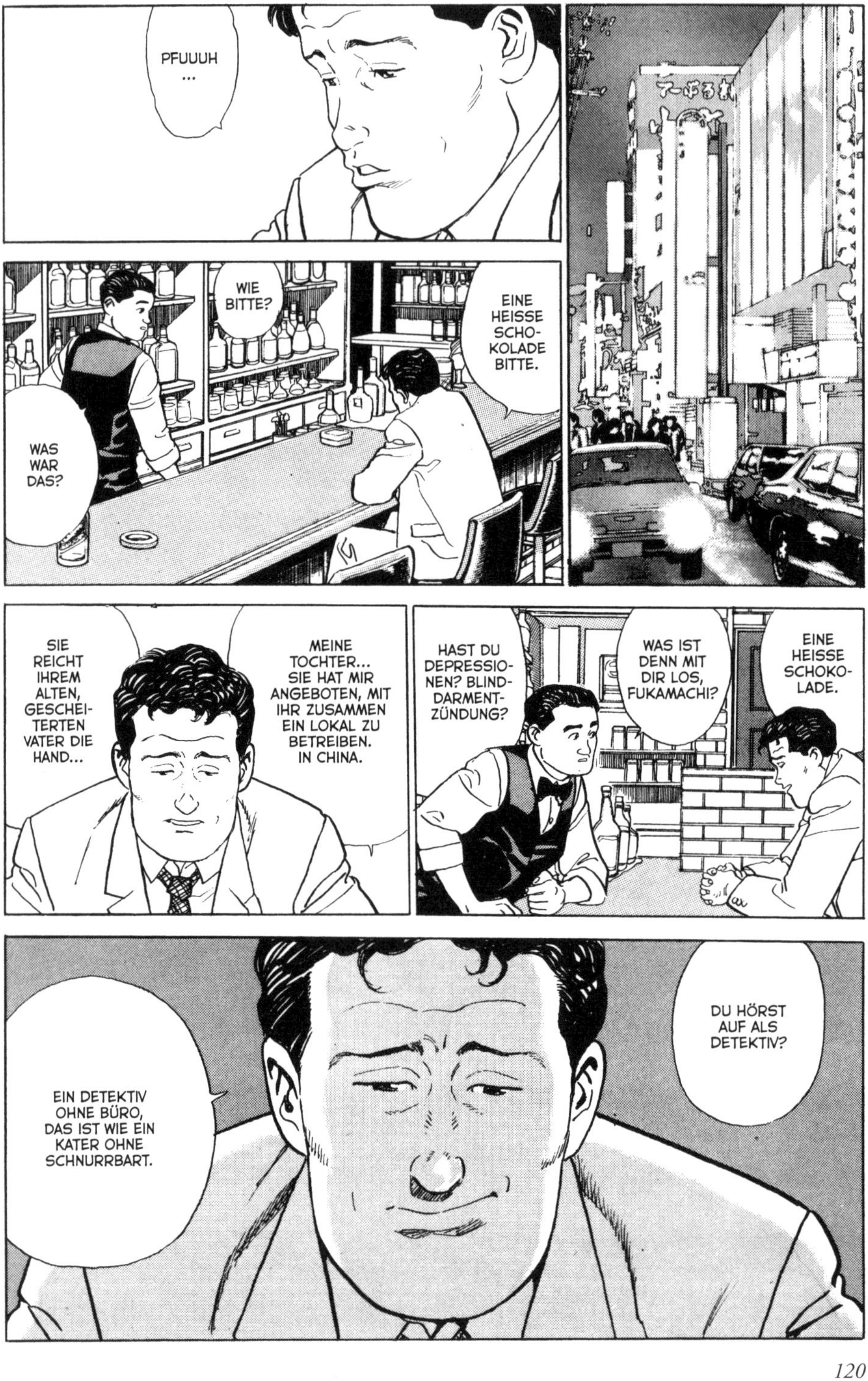
PFUUUH ...
EINE HEISSE SCHOKOLADE BITTE.
WIE BITTE?
WAS WAR DAS?
EINE HEISSE SCHOKOLADE.
WAS IST DENN MIT DIR LOS, FUKAMACHI?
HAST DU DEPRESSIONEN? BLINDDARMENTZÜNDUNG?
MEINE TOCHTER... SIE HAT MIR ANGEBOTEN, MIT IHR ZUSAMMEN EIN LOKAL ZU BETREIBEN. IN CHINA.
SIE REICHT IHREM ALTEN, GESCHEITERTEN VATER DIE HAND...
DU HÖRST AUF ALS DETEKTIV?
EIN DETEKTIV OHNE BÜRO, DAS IST WIE EIN KATER OHNE SCHNURRBART.

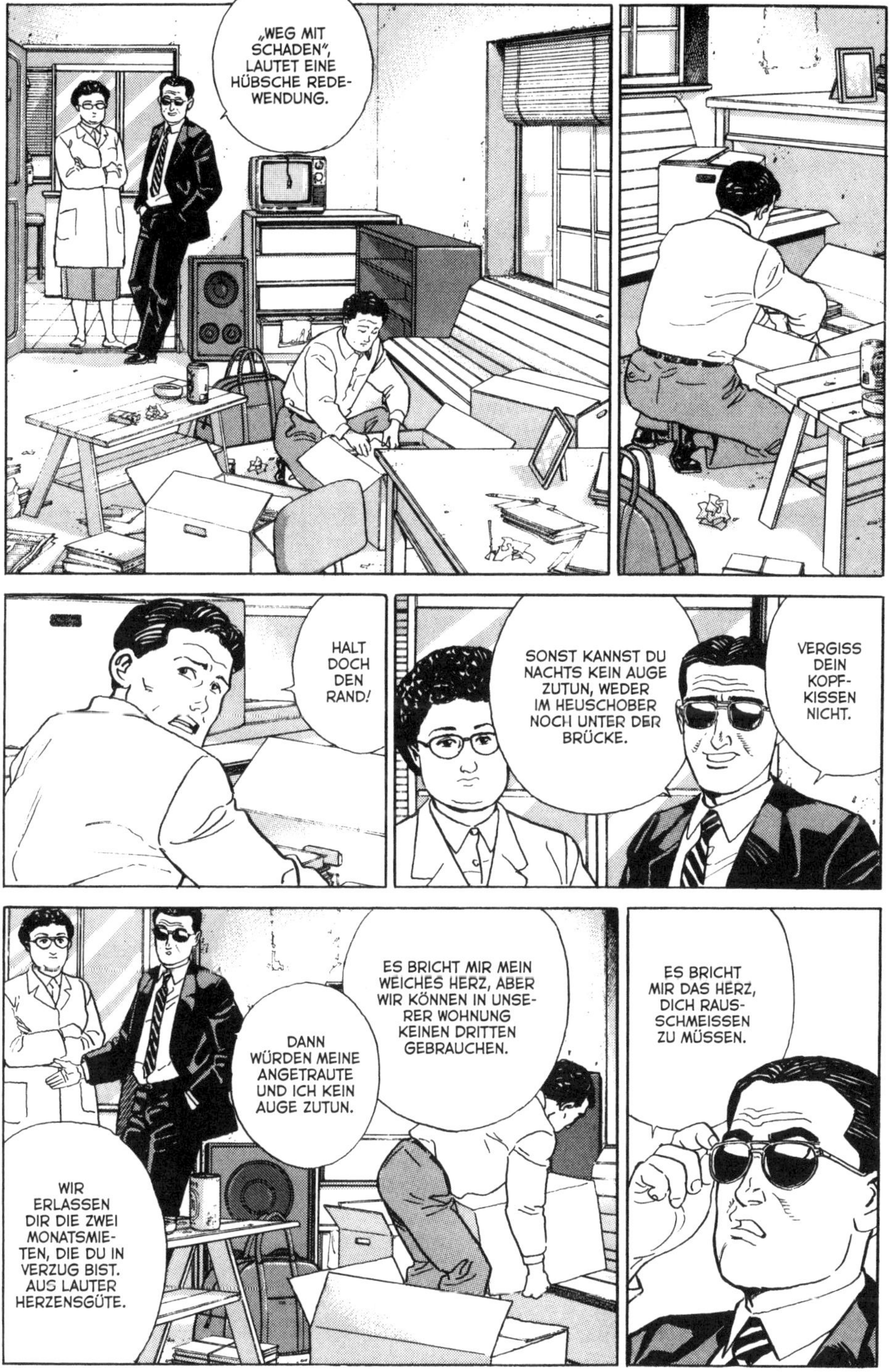
„WEG MIT SCHADEN“, LAUTET EINE HÜBSCHE REDE-WENDUNG.
VERGISS DEIN KOPF-KISSEN NICHT.
SONST KANNST DU NACHTS KEIN AUGE ZUTUN, WEDER IM HEUSCHOBER NOCH UNTER DER BRÜCKE.
HALT DOCH DEN RAND!
ES BRICHT MIR DAS HERZ, DICH RAUS-SCHMEISSEN ZU MÜSSEN.
ES BRICHT MIR MEIN WEICHES HERZ, ABER WIR KÖNNEN IN UNSE-RER WOHNUNG KEINEN DRITTEN GEBRAUCHEN.
DANN WÜRDEN MEINE ANGETRAUTE UND ICH KEIN AUGE ZUTUN.
WIR ERLASSEN DIR DIE ZWEI MONATSMIE-TEN, DIE DU IN VERZUG BIST. AUS LAUTER HERZENSGÜTE.

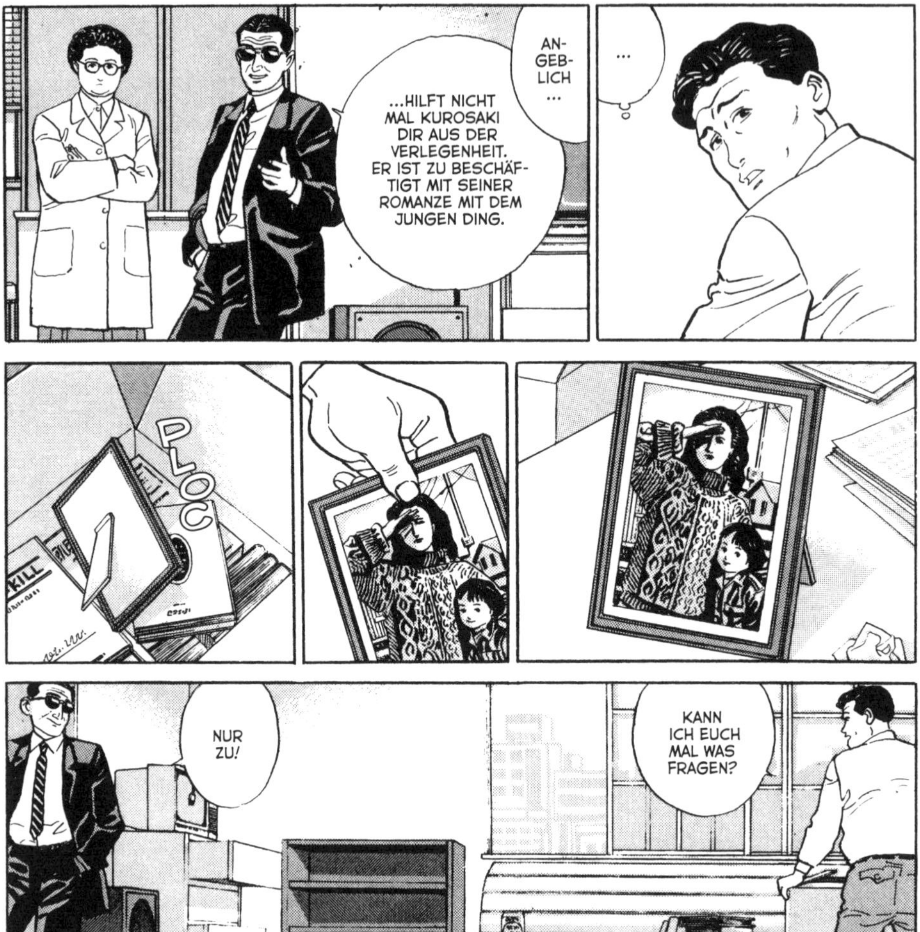
...HILFT NICHT MAL KUROSAKI DIR AUS DER VERLEGENHEIT. ER IST ZU BESCHÄFTIGT MIT SEINER ROMANZE MIT DEM JUNGEN DING.
ANGEBLICH ...
...
PLOC
KANN ICH EUCH MAL WAS FRAGEN?
NUR ZU!
...WIE SAGT MAN GLEICH...
HABT IHR SCHON ...
...DIE EHE VOLLZOGEN?
WIE, MEINST DU...
ICH UND SIE?

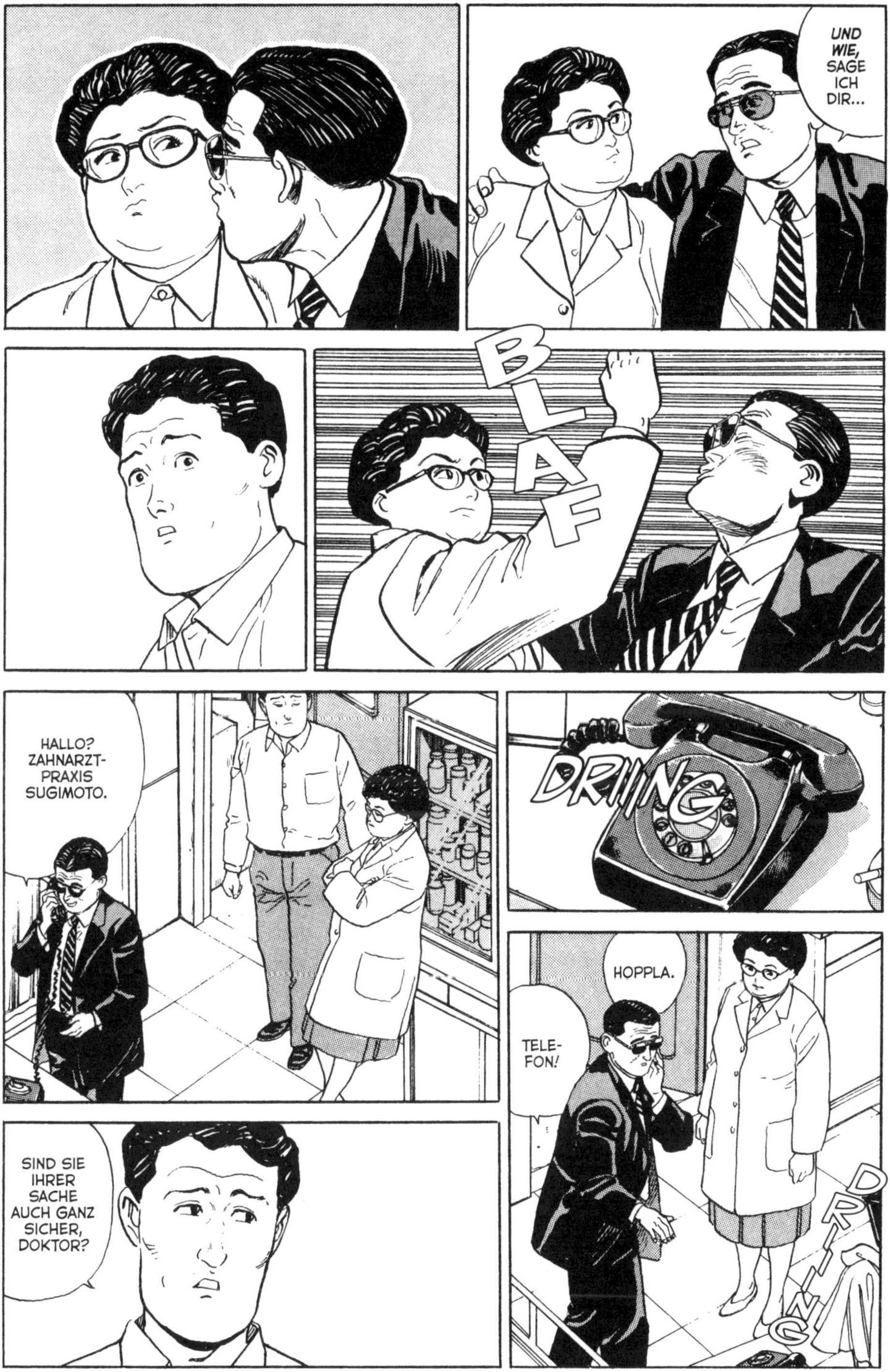
UND WIE, SAGE ICH DIR...
BLAF
HALLO? ZAHNARZT-PRAXIS SUGIMOTO.
DRIIING
HOPPLA.
TELE-FON!
SIND SIE IHRER SACHE AUCH GANZ SICHER, DOKTOR?
DRIIING

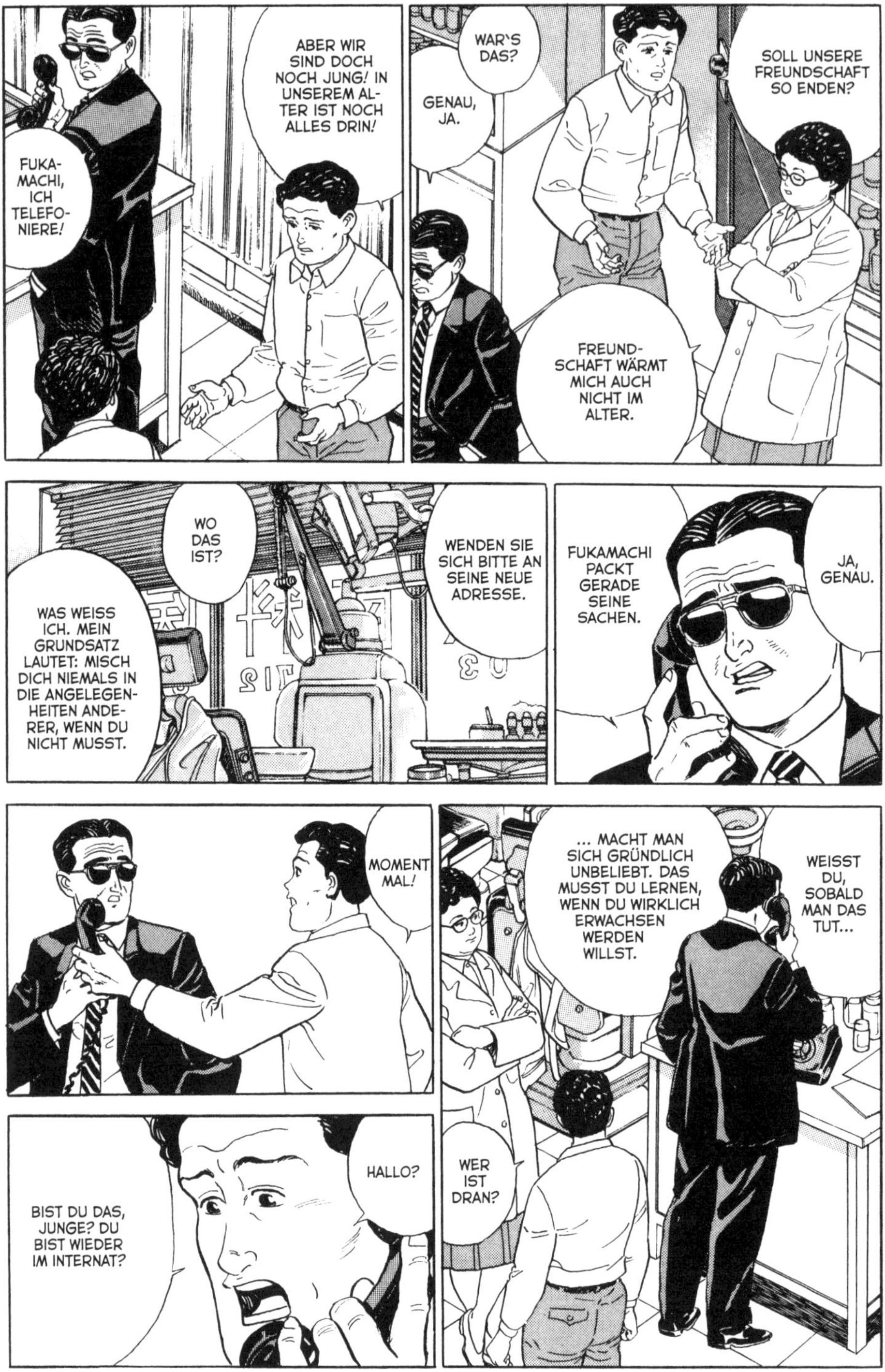
FUKAMACHI, ICH TELEFONIERE!
ABER WIR SIND DOCH NOCH JUNG! IN UNSEREM ALTER IST NOCH ALLES DRIN!
WAR'S DAS?
GENAU, JA.
SOLL UNSERE FREUNDSCHAFT SO ENDEN?
FREUNDSCHAFT WÄRMT MICH AUCH NICHT IM ALTER.
WO DAS IST?
WAS WEISS ICH. MEIN GRUNDSATZ LAUTET: MISCH DICH NIEMALS IN DIE ANGELEGENHEITEN ANDERER, WENN DU NICHT MUSST.
WENDEN SIE SICH BITTE AN SEINE NEUE ADRESSE.
FUKAMACHI PACKT GERADE SEINE SACHEN.
JA, GENAU.
MOMENT MAL!
HALLO?
BIST DU DAS, JUNGE? DU BIST WIEDER IM INTERNAT?
WEISST DU, SOBALD MAN DAS TUT...
... MACHT MAN SICH GRÜNDLICH UNBELIEBT. DAS MUSST DU LERNEN, WENN DU WIRKLICH ERWACHSEN WERDEN WILLST.
WER IST DRAN?

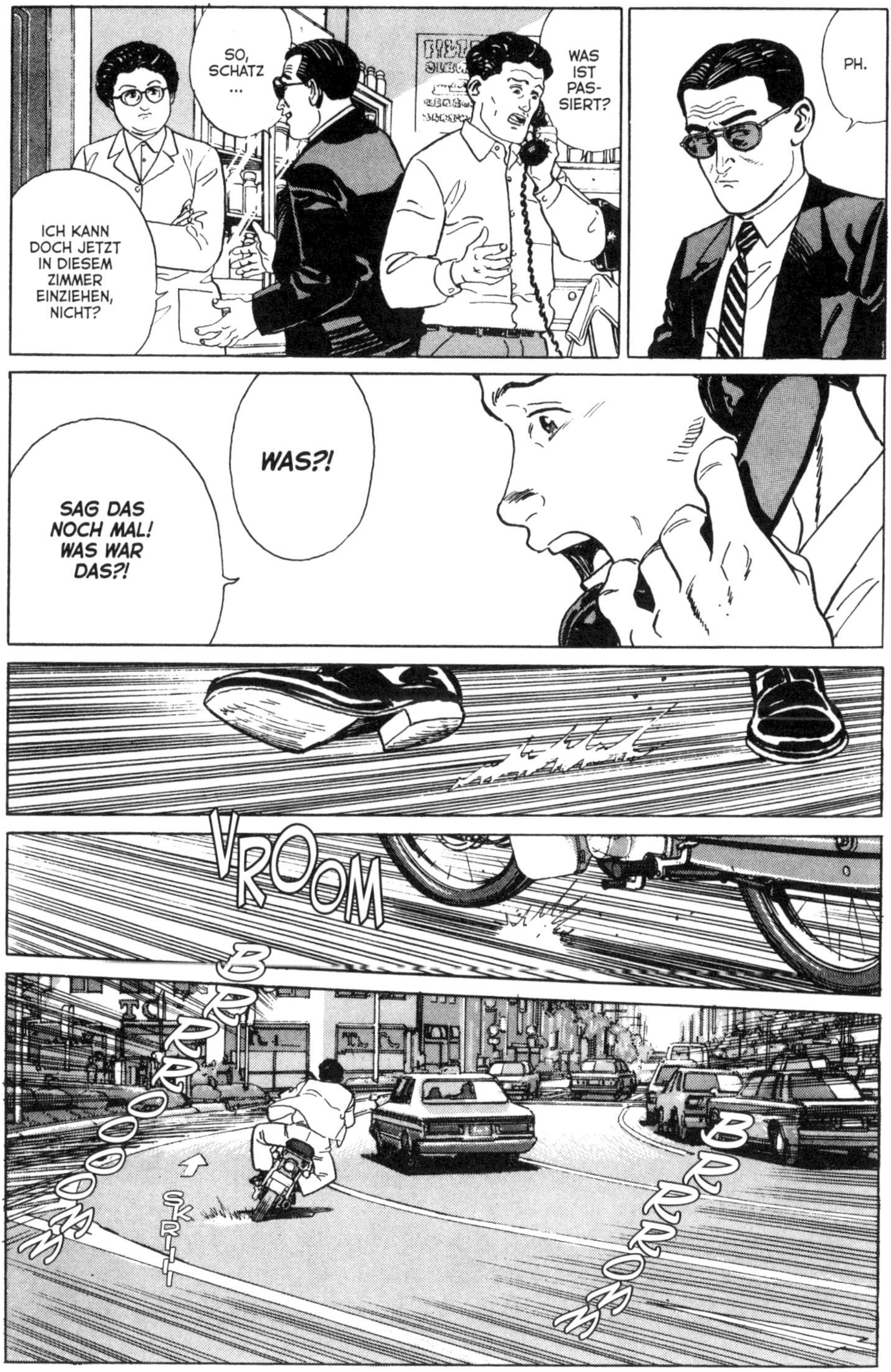
PH.
WAS IST PASSIERT?
SO, SCHATZ ...
ICH KANN DOCH JETZT IN DIESEM ZIMMER EINZIEHEN, NICHT?
WAS?!
SAG DAS NOCH MAL! WAS WAR DAS?!
VROOM
BRRROOM
BRRROOOOOM
SKRII

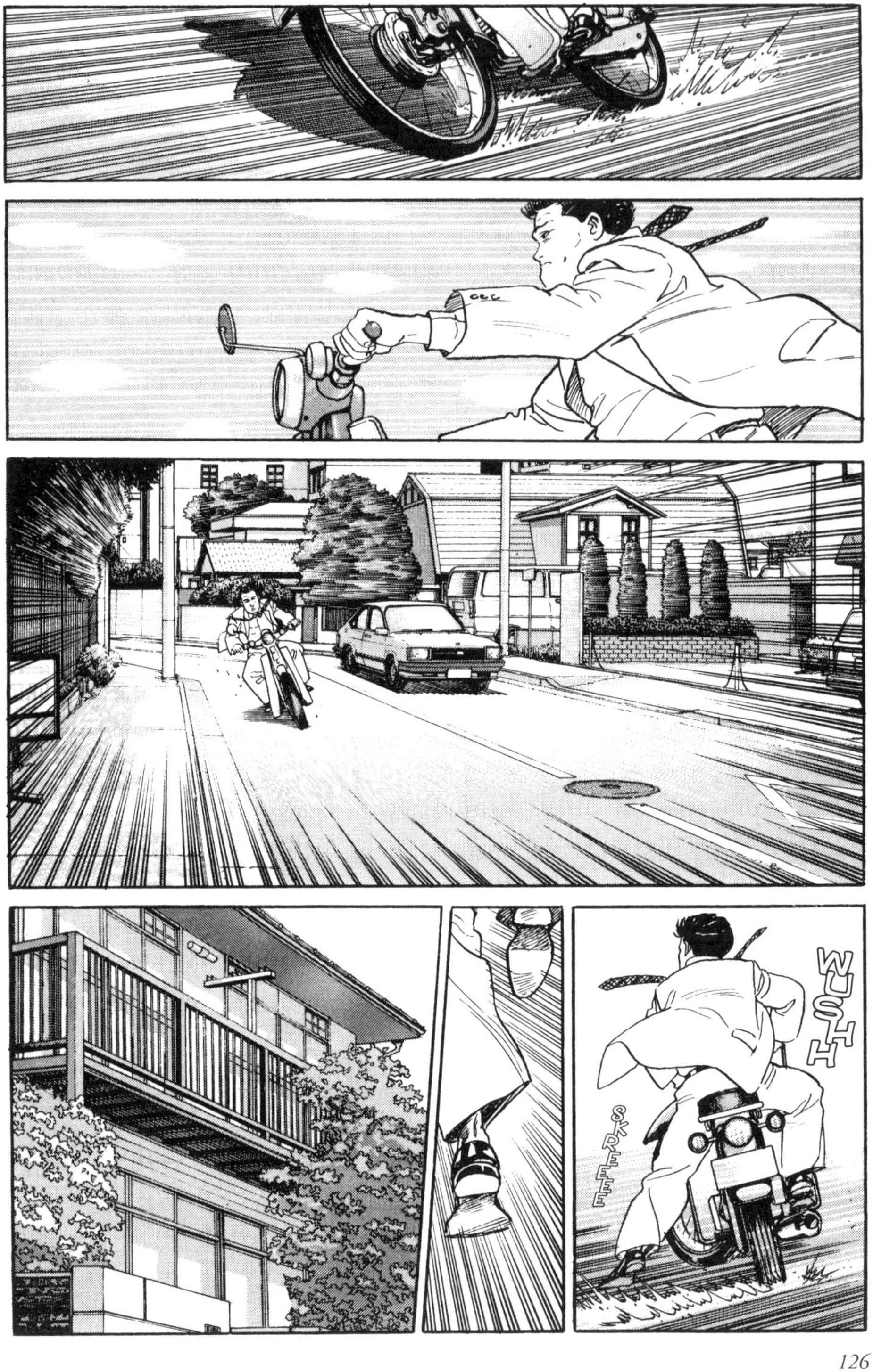
WUSH
SKREEEE

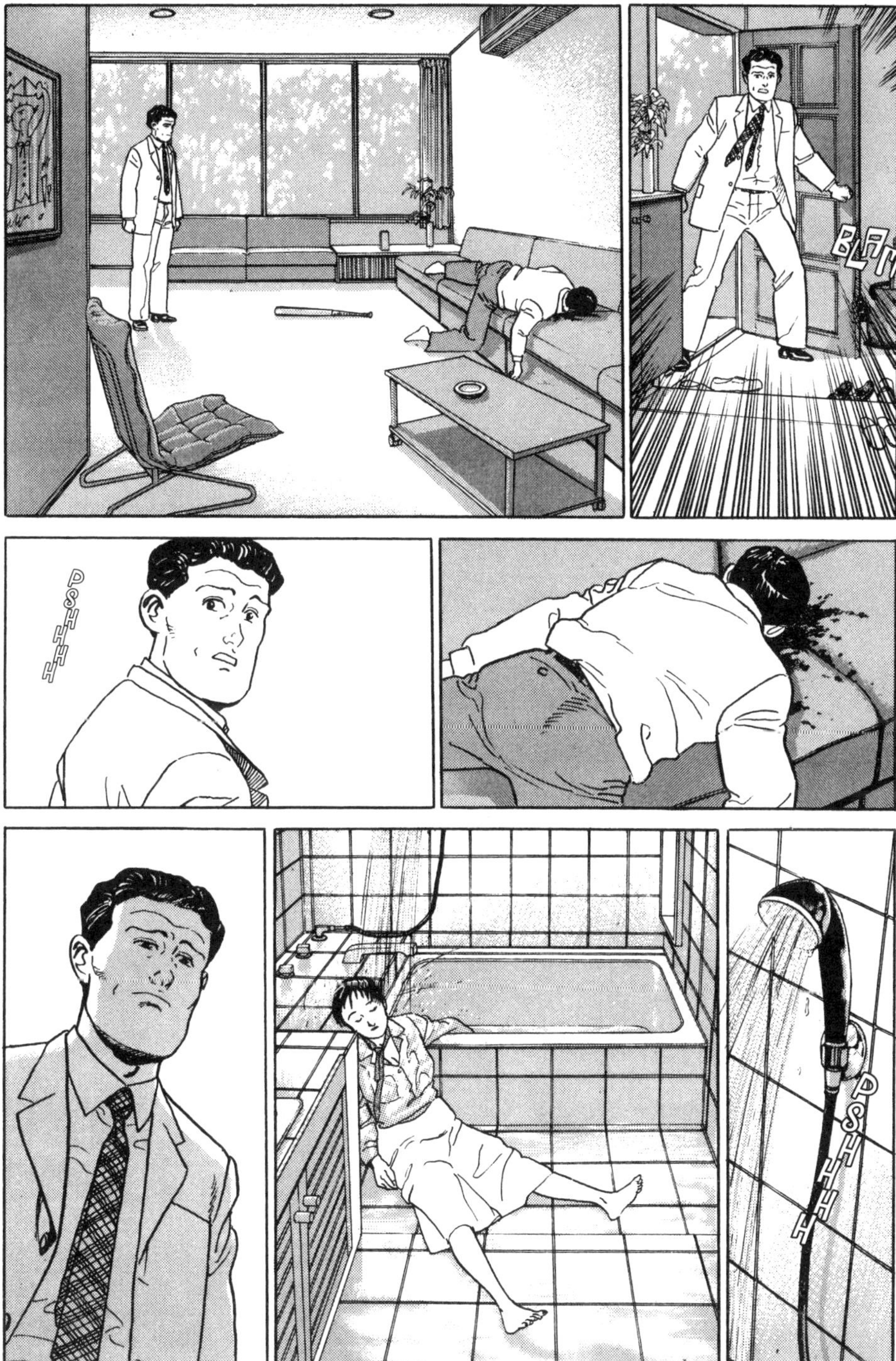

BLAM
PSHHHHH
PSHHHHH

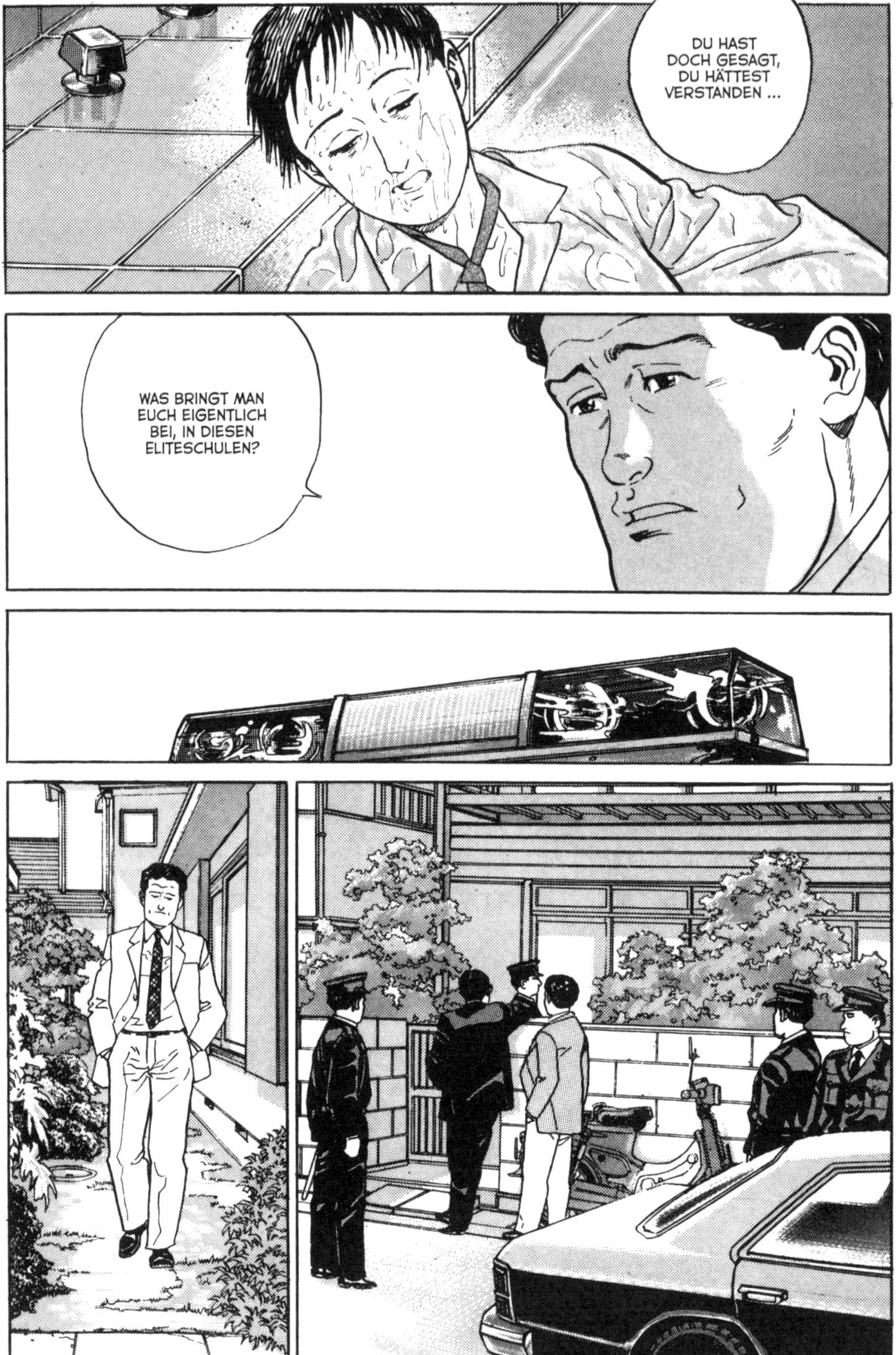
DU HAST DOCH GESAGT, DU HÄTTEST VERSTANDEN ...
WAS BRINGT MAN EUCH EIGENTLICH BEI, IN DIESEN ELITESCHULEN?

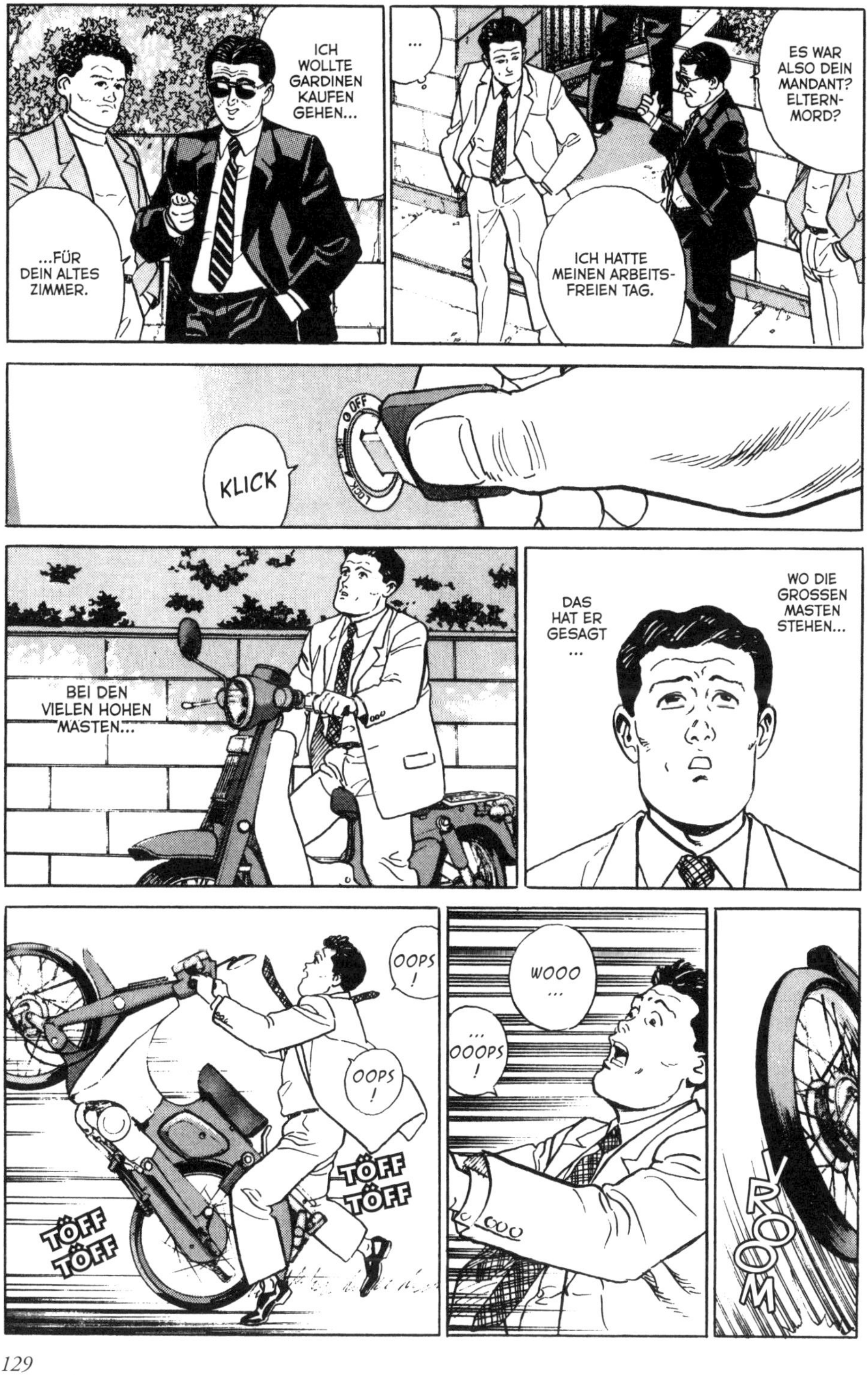
ICH WOLLTE GARDINEN KAUFEN GEHEN...
...FÜR DEIN ALTES ZIMMER.
...
ES WAR ALSO DEIN MANDANT? ELTERN-MORD?
ICH HATTE MEINEN ARBEITS-FREIEN TAG.
KLICK
BEI DEN VIELEN HOHEN MASTEN...
WO DIE GROSSEN MASTEN STEHEN...
DAS HAT ER GESAGT ...
OOPS !
OOPS !
TÖFF TÖFF
TÖFF TÖFF
WOOO ...
... OOOPS !
VROOM

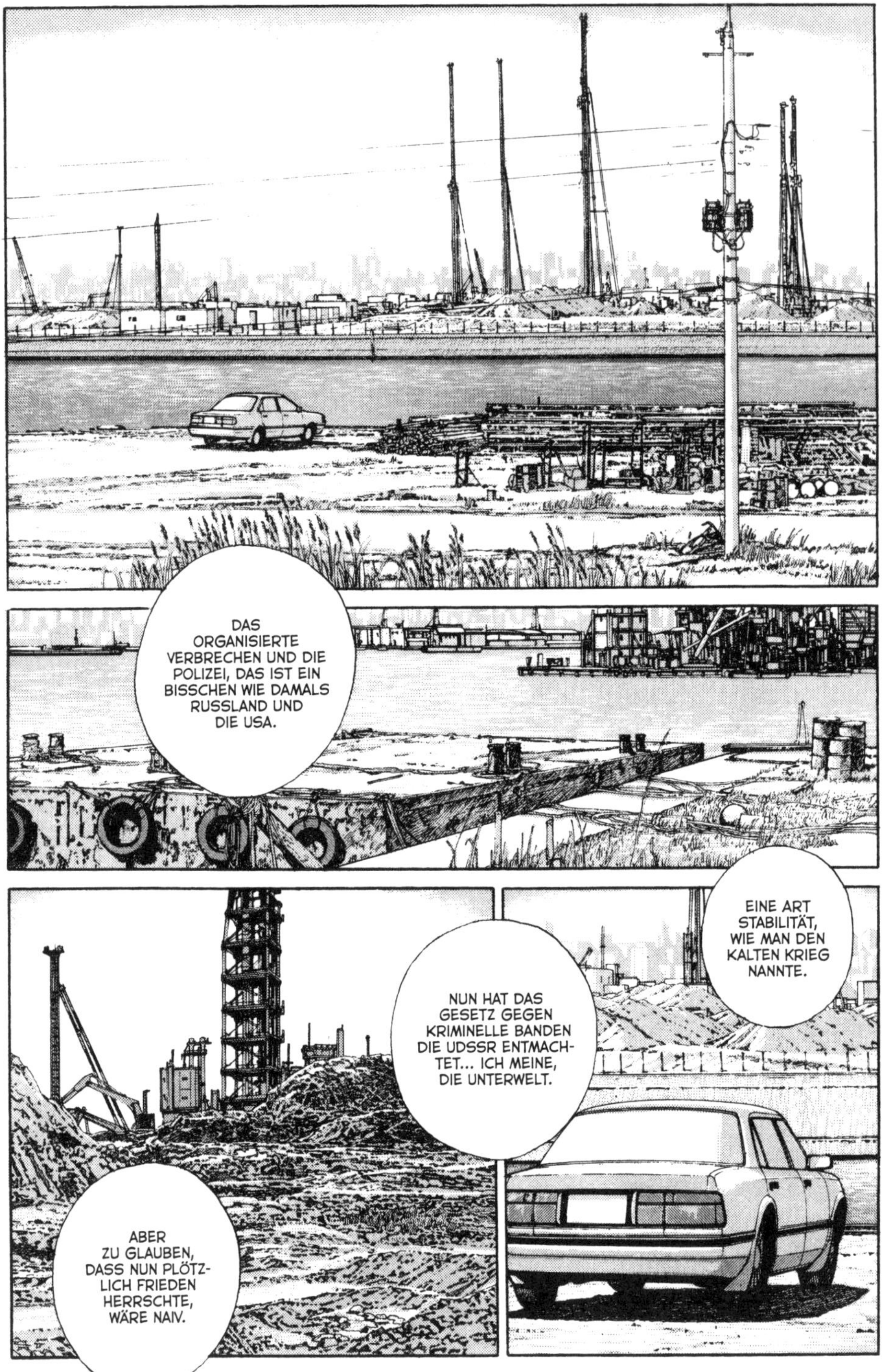
DAS ORGANISIERTE VERBRECHEN UND DIE POLIZEI, DAS IST EIN BISSCHEN WIE DAMALS RUSSLAND UND DIE USA.
EINE ART STABILITÄT, WIE MAN DEN KALTEN KRIEG NANNTE.
NUN HAT DAS GESETZ GEGEN KRIMINELLE BANDEN DIE UDSSR ENTMACHTET... ICH MEINE, DIE UNTERWELT.
ABER ZU GLAUBEN, DASS NUN PLÖTZLICH FRIEDEN HERRSCHTE, WÄRE NAIV.

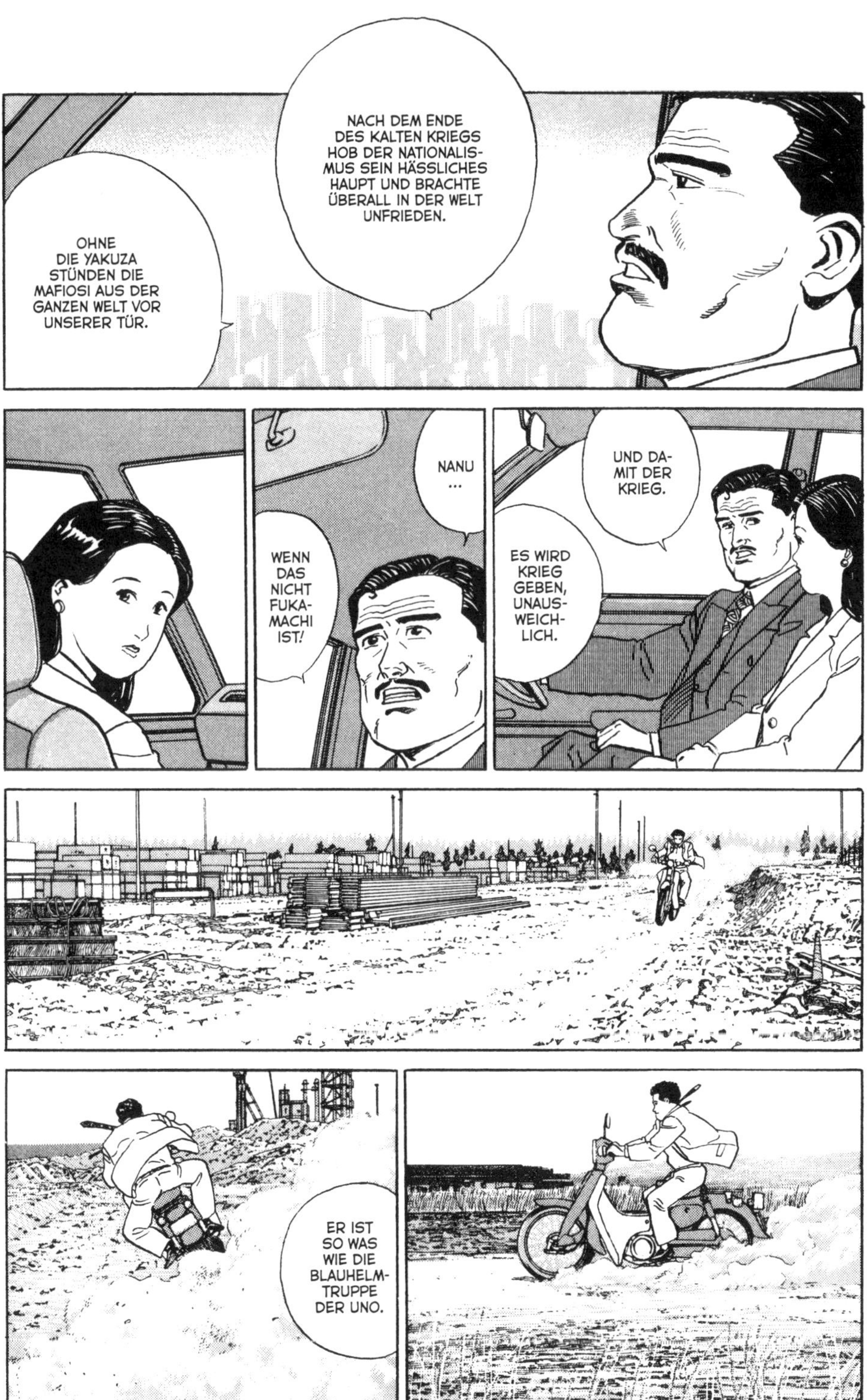
NACH DEM ENDE DES KALTEN KRIEGS HOB DER NATIONALISMUS SEIN HÄSSLICHES HAUPT UND BRACHTE ÜBERALL IN DER WELT UNFRIEDEN.
OHNE DIE YAKUZA STÜNDEN DIE MAFIOSI AUS DER GANZEN WELT VOR UNSERER TÜR.
UND DAMIT DER KRIEG.
ES WIRD KRIEG GEBEN, UNAUSWEICHLICH.
NANU ...
WENN DAS NICHT FUKAMACHI IST!
ER IST SO WAS WIE DIE BLAUHELMTRUPPE DER UNO.

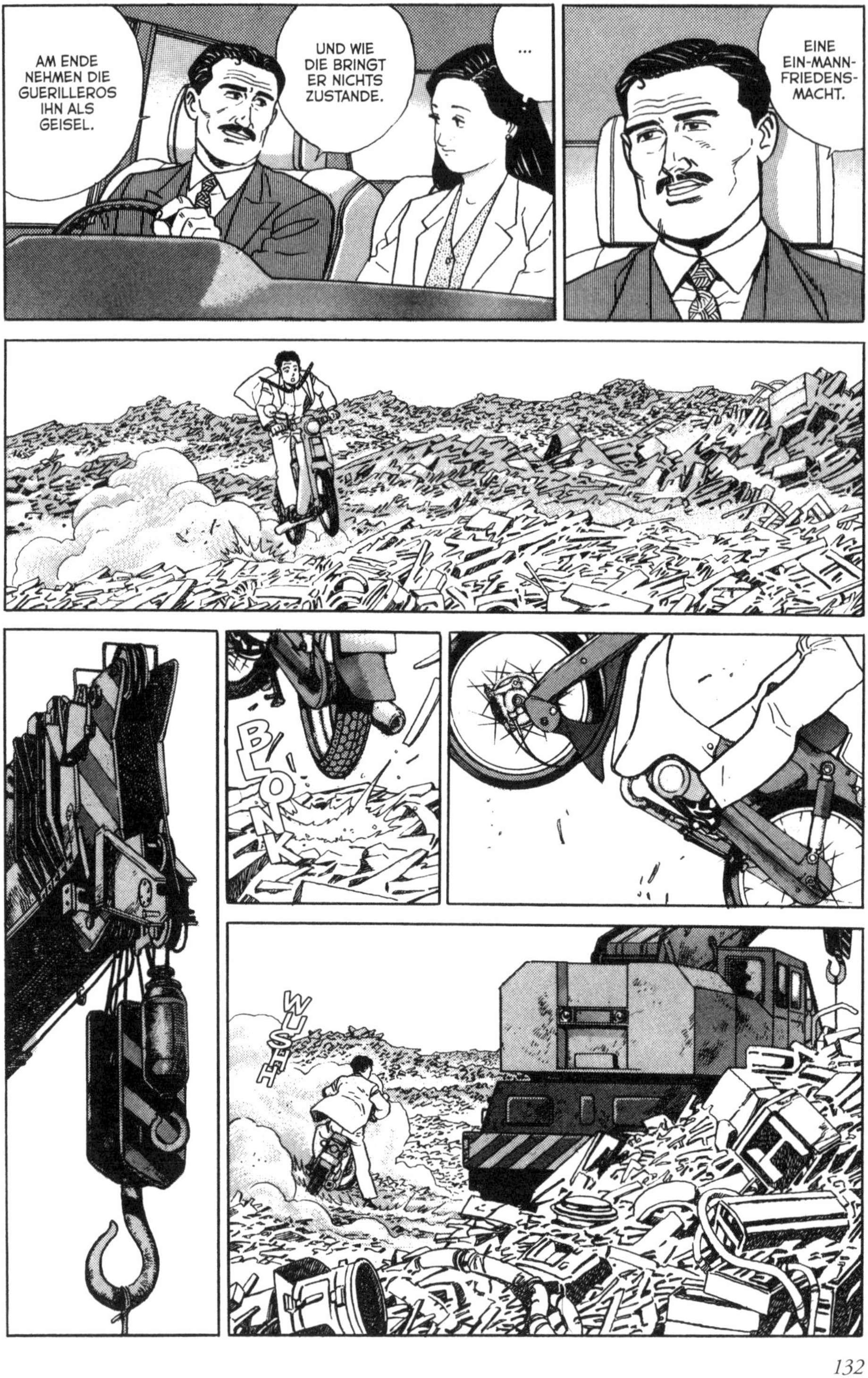
AM ENDE NEHMEN DIE GUERILLEROS IHN ALS GEISEL.
UND WIE DIE BRINGT ER NICHTS ZUSTANDE.
...
EINE EIN-MANN-FRIEDENS-MACHT.
BLONK
WUSHH

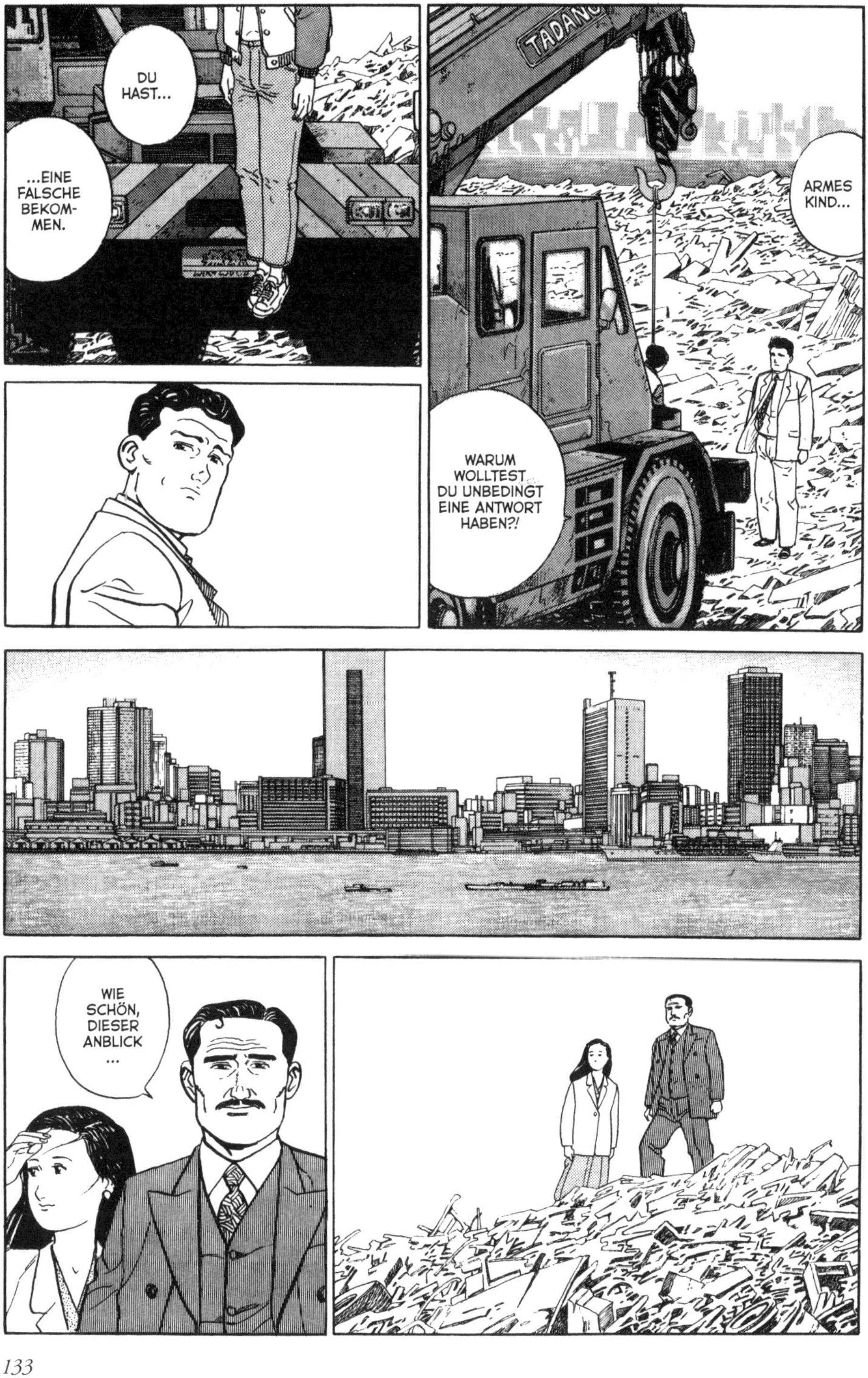
DU HAST...
...EINE FALSCHE BEKOM-MEN.
ARMES KIND...
WARUM WOLLTEST DU UNBEDINGT EINE ANTWORT HABEN?!
WIE SCHÖN, DIESER ANBLICK ...

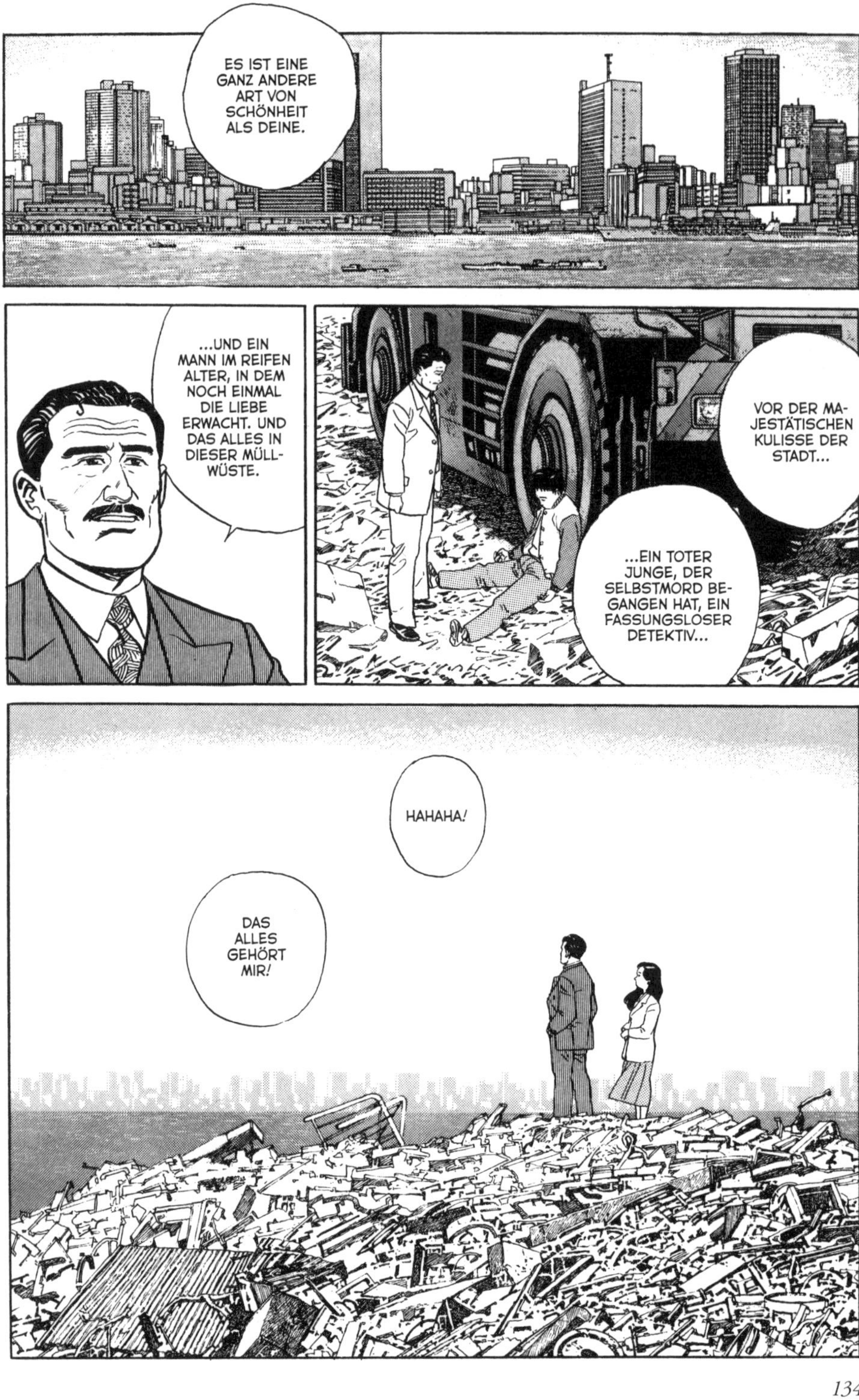

ES IST EINE GANZ ANDERE ART VON SCHÖNHEIT ALS DEINE.
VOR DER MAJESTÄTISCHEN KULISSE DER STADT...
...EIN TOTER JUNGE, DER SELBSTMORD BEGANGEN HAT, EIN FASSUNGSLOSER DETEKTIV...
...UND EIN MANN IM REIFEN ALTER, IN DEM NOCH EINMAL DIE LIEBE ERWACHT. UND DAS ALLES IN DIESER MÜLLWÜSTE.
HAHAHA!
DAS ALLES GEHÖRT MIR!

## Kapitel 42
# Der schönste Tag im Leben

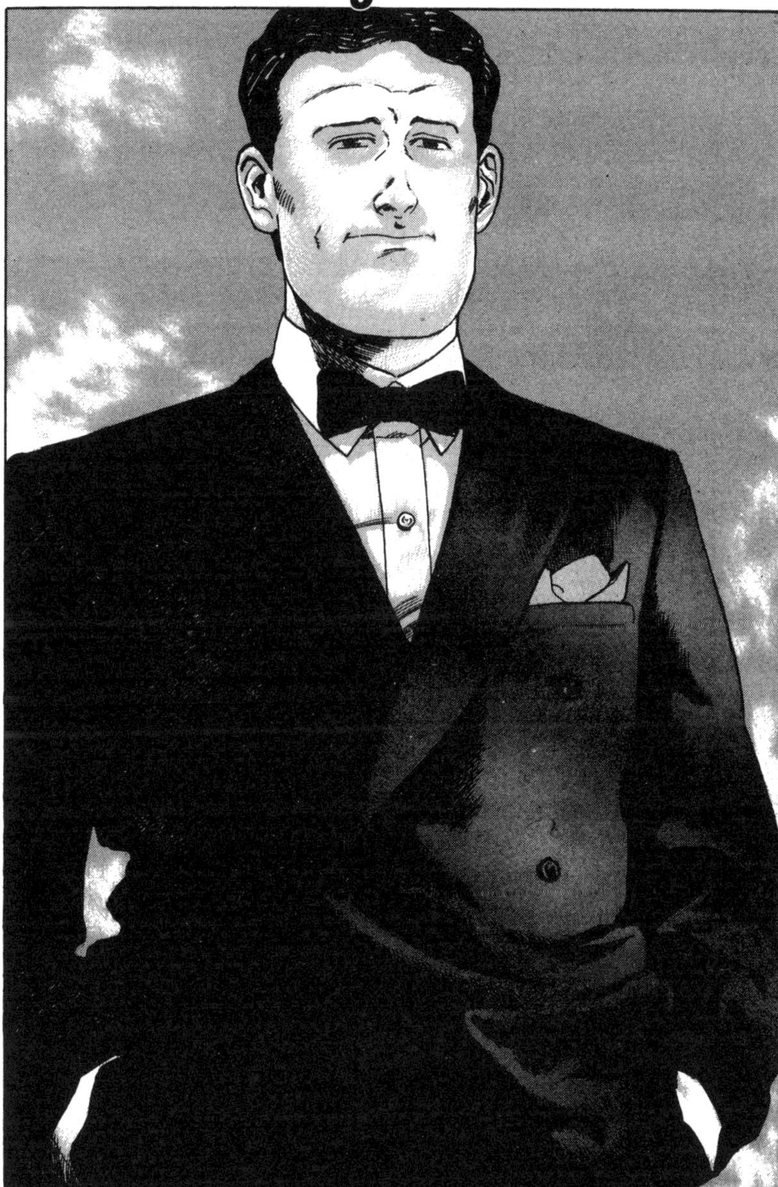

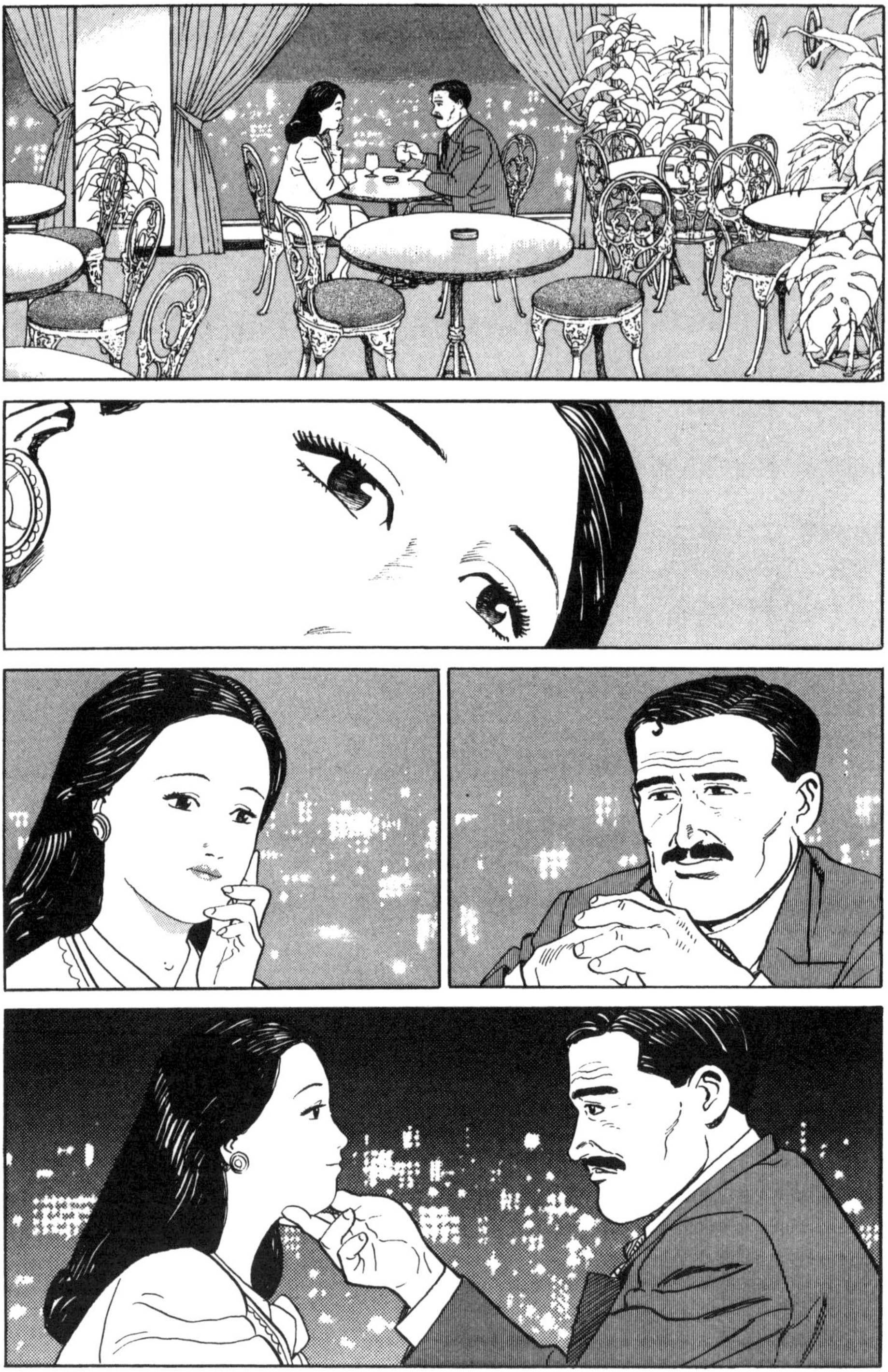

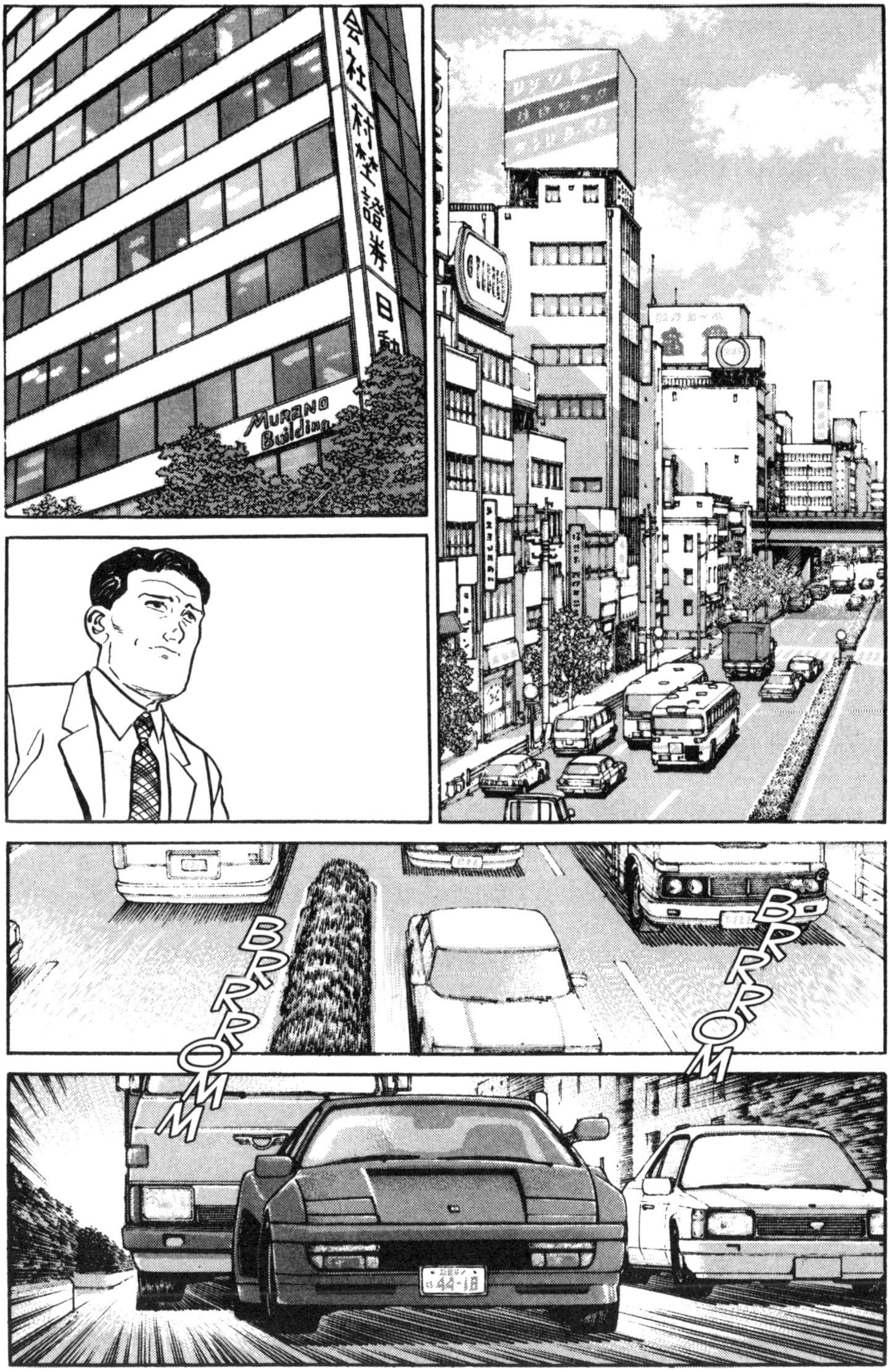
MURANO Building
BRRROMM
BRRROM

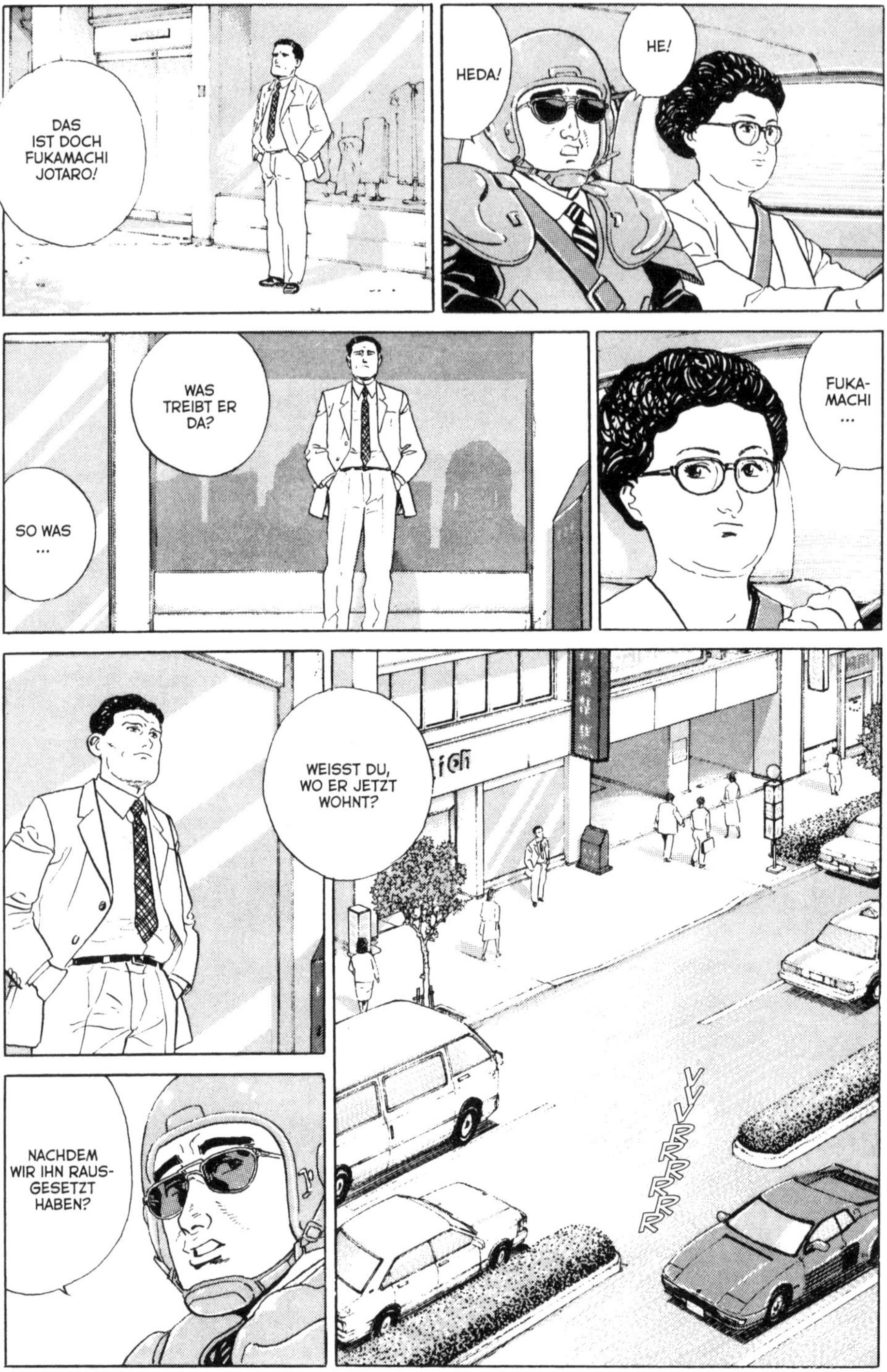
DAS IST DOCH FUKAMACHI JOTARO!
HEDA!
HE!
WAS TREIBT ER DA?
SO WAS ...
FUKAMACHI ...
WEISST DU, WO ER JETZT WOHNT?
NACHDEM WIR IHN RAUSGESETZT HABEN?
VVVRRRRRR

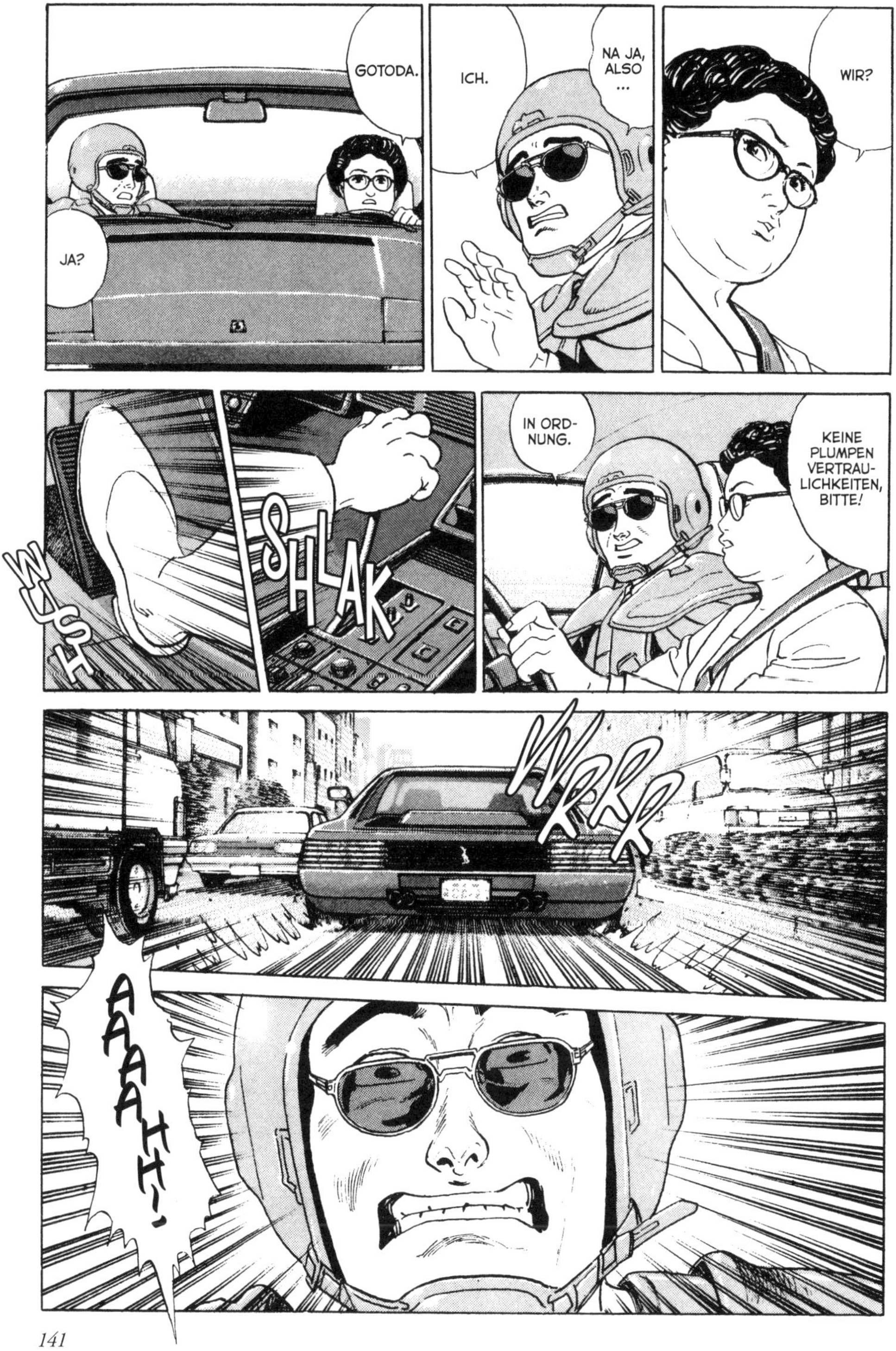
GOTODA.
JA?
NA JA, ALSO ...
ICH.
WIR?
WUSH
SHLAK
IN ORD-NUNG.
KEINE PLUMPEN VERTRAU-LICHKEITEN, BITTE!
WRRR
AAAAHH!

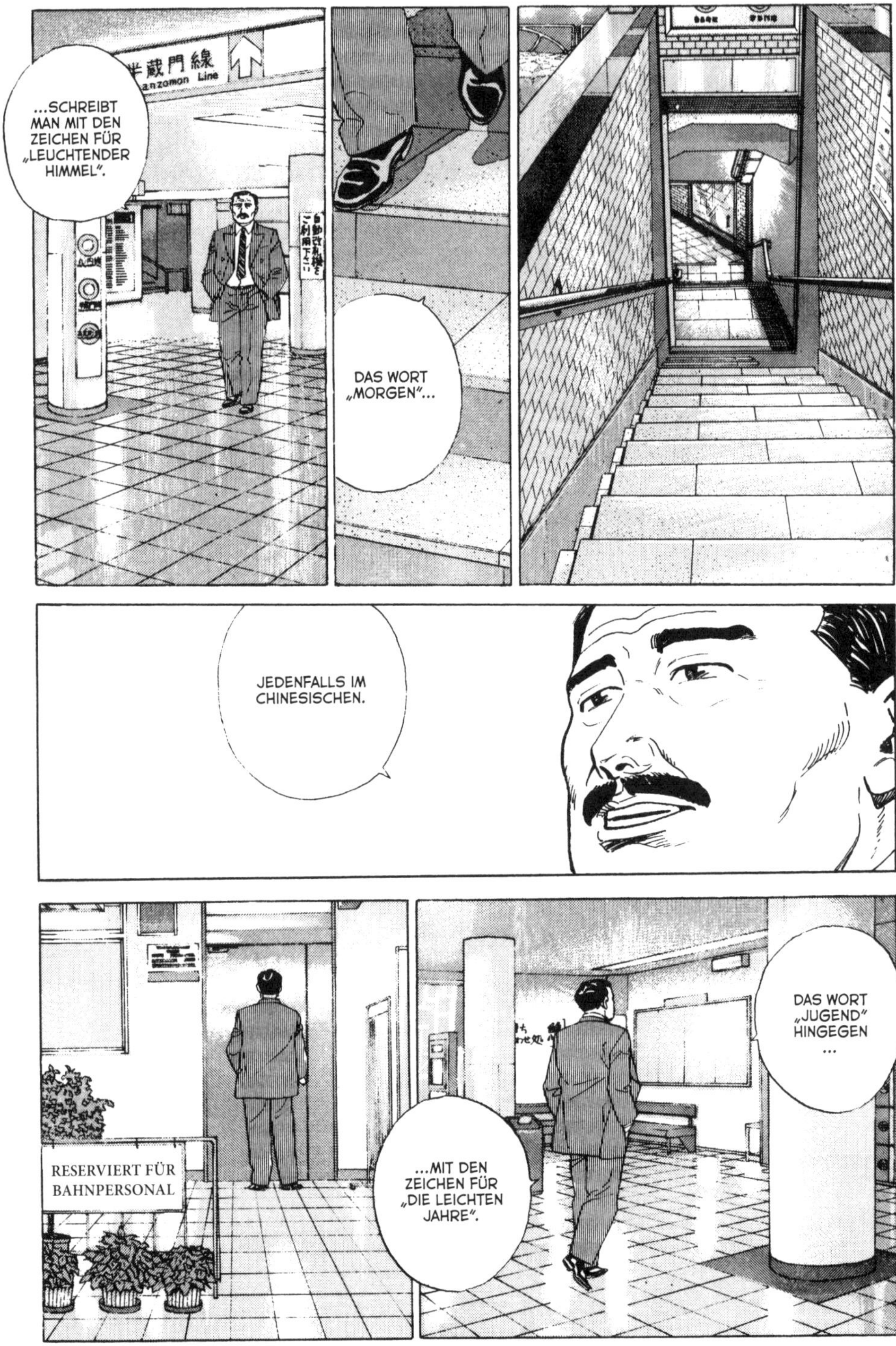
DAS WORT „MORGEN"...
...SCHREIBT MAN MIT DEN ZEICHEN FÜR „LEUCHTENDER HIMMEL".
JEDENFALLS IM CHINESISCHEN.
DAS WORT „JUGEND" HINGEGEN ...
...MIT DEN ZEICHEN FÜR „DIE LEICHTEN JAHRE".
RESERVIERT FÜR BAHNPERSONAL

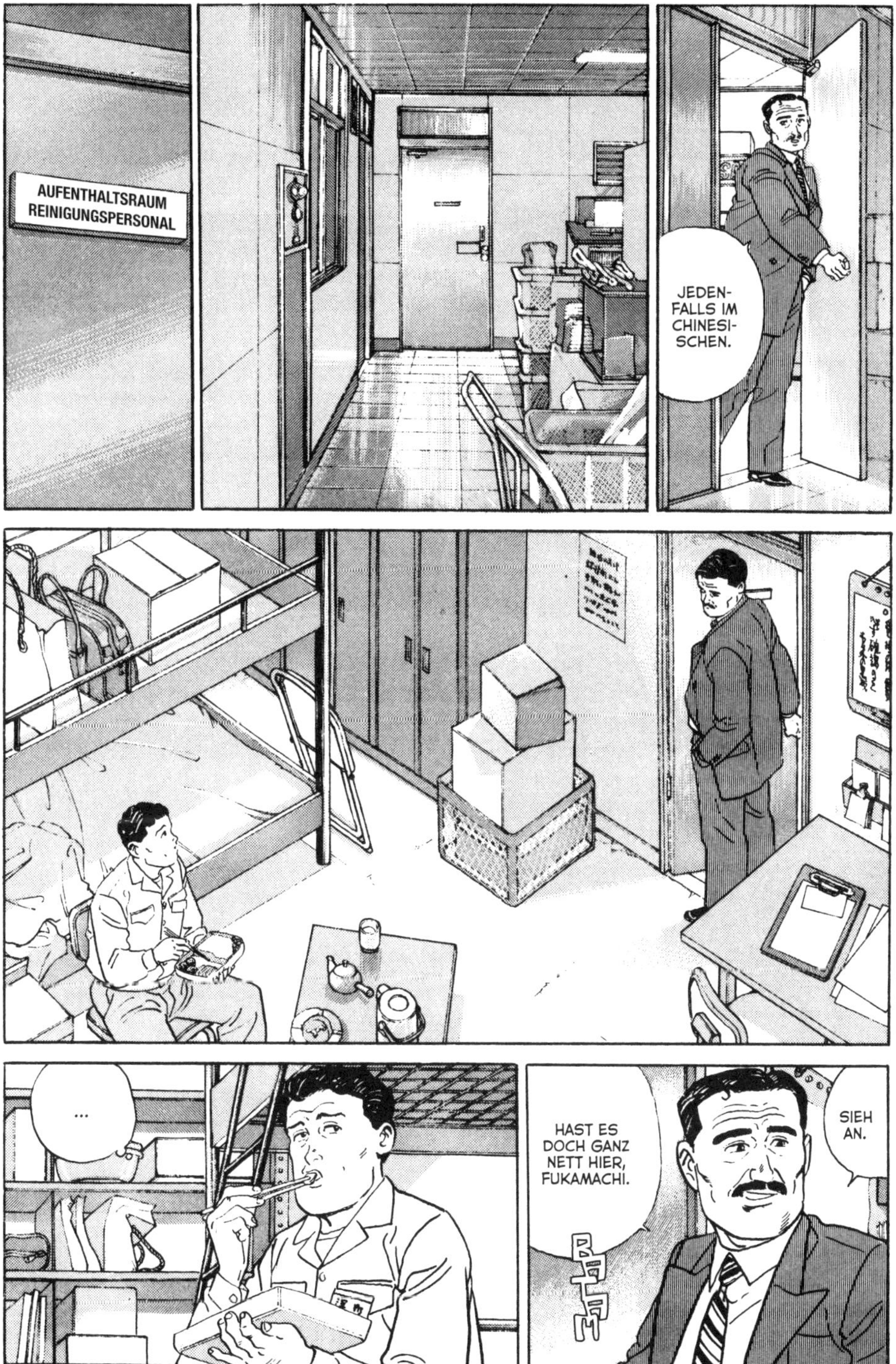
JEDEN-
FALLS IM
CHINESI-
SCHEN.
AUFENTHALTSRAUM
REINIGUNGSPERSONAL
SIEH
AN.
HAST ES
DOCH GANZ
NETT HIER,
FUKAMACHI.
...

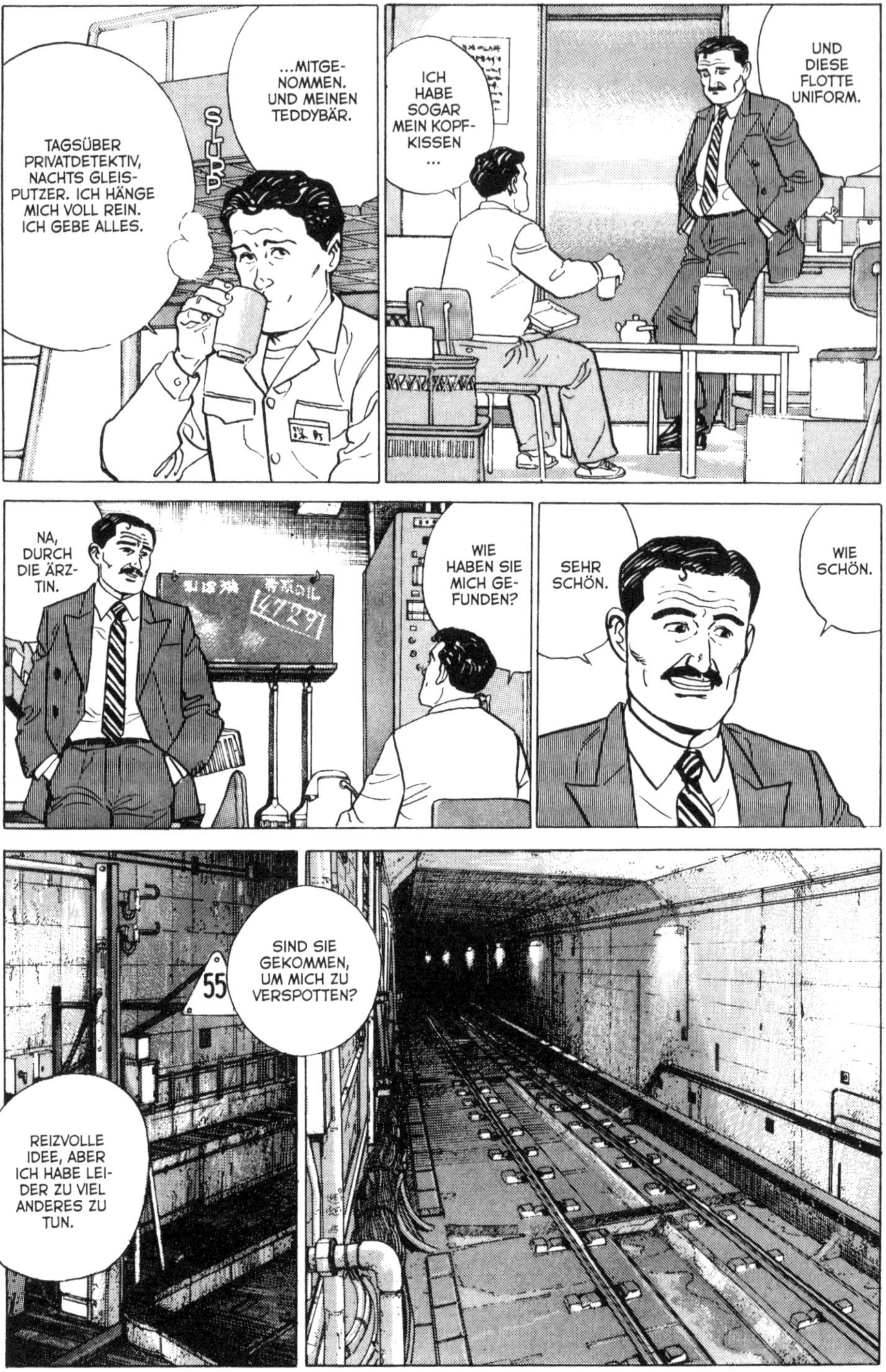
UND DIESE FLOTTE UNIFORM.
ICH HABE SOGAR MEIN KOPF-KISSEN ...
...MITGE-NOMMEN. UND MEINEN TEDDYBÄR.
SLURP
TAGSÜBER PRIVATDETEKTIV, NACHTS GLEIS-PUTZER. ICH HÄNGE MICH VOLL REIN. ICH GEBE ALLES.
WIE SCHÖN.
SEHR SCHÖN.
WIE HABEN SIE MICH GE-FUNDEN?
NA, DURCH DIE ÄRZ-TIN.
SIND SIE GEKOMMEN, UM MICH ZU VERSPOTTEN?
55
REIZVOLLE IDEE, ABER ICH HABE LEI-DER ZU VIEL ANDERES ZU TUN.

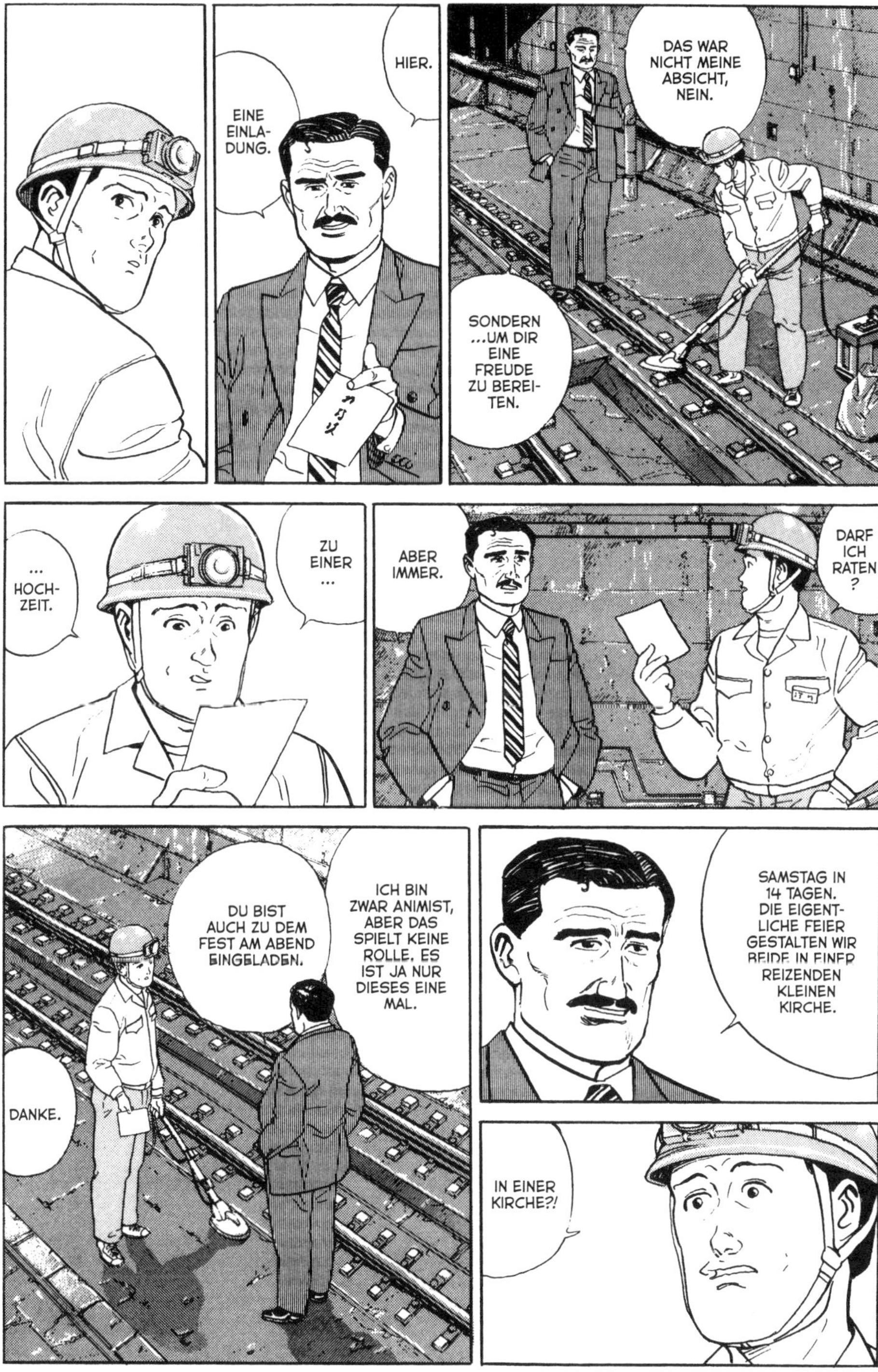
DAS WAR NICHT MEINE ABSICHT, NEIN.
SONDERN ...UM DIR EINE FREUDE ZU BEREITEN.
HIER.
EINE EINLADUNG.
DARF ICH RATEN?
ABER IMMER.
ZU EINER ...
... HOCHZEIT.
SAMSTAG IN 14 TAGEN. DIE EIGENTLICHE FEIER GESTALTEN WIR BEIDE IN EINER REIZENDEN KLEINEN KIRCHE.
IN EINER KIRCHE?!
ICH BIN ZWAR ANIMIST, ABER DAS SPIELT KEINE ROLLE. ES IST JA NUR DIESES EINE MAL.
DU BIST AUCH ZU DEM FEST AM ABEND EINGELADEN.
DANKE.

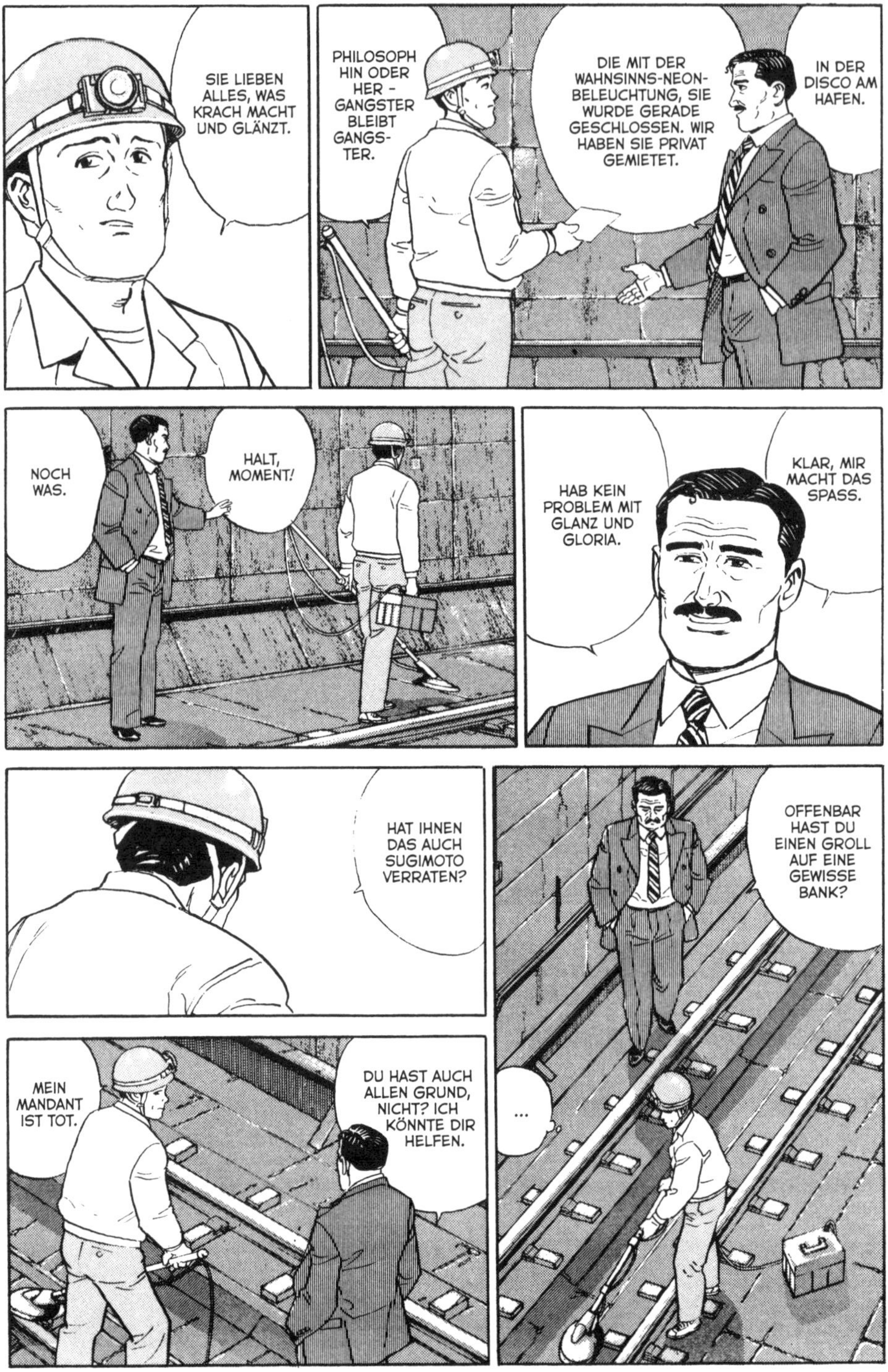
SIE LIEBEN ALLES, WAS KRACH MACHT UND GLÄNZT.
PHILOSOPH HIN ODER HER - GANGSTER BLEIBT GANGSTER.
DIE MIT DER WAHNSINNS-NEON-BELEUCHTUNG, SIE WURDE GERADE GESCHLOSSEN. WIR HABEN SIE PRIVAT GEMIETET.
IN DER DISCO AM HAFEN.
NOCH WAS.
HALT, MOMENT!
HAB KEIN PROBLEM MIT GLANZ UND GLORIA.
KLAR, MIR MACHT DAS SPASS.
HAT IHNEN DAS AUCH SUGIMOTO VERRATEN?
OFFENBAR HAST DU EINEN GROLL AUF EINE GEWISSE BANK?
MEIN MANDANT IST TOT.
DU HAST AUCH ALLEN GRUND, NICHT? ICH KÖNNTE DIR HELFEN.
...

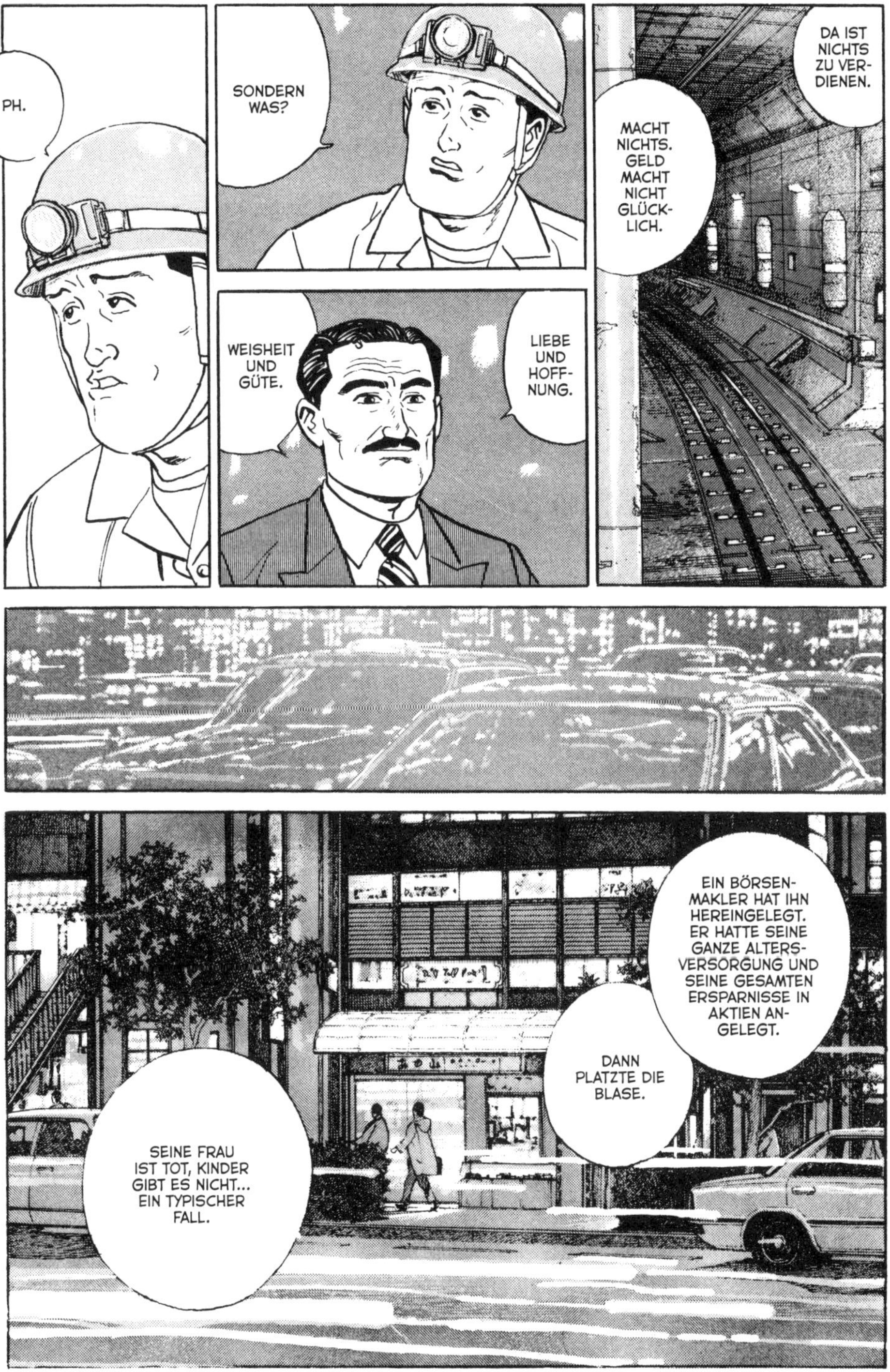
DA IST NICHTS ZU VERDIENEN.
MACHT NICHTS. GELD MACHT NICHT GLÜCKLICH.
SONDERN WAS?
LIEBE UND HOFFNUNG.
WEISHEIT UND GÜTE.
PH.
EIN BÖRSENMAKLER HAT IHN HEREINGELEGT. ER HATTE SEINE GANZE ALTERSVERSORGUNG UND SEINE GESAMTEN ERSPARNISSE IN AKTIEN ANGELEGT.
DANN PLATZTE DIE BLASE.
SEINE FRAU IST TOT, KINDER GIBT ES NICHT... EIN TYPISCHER FALL.

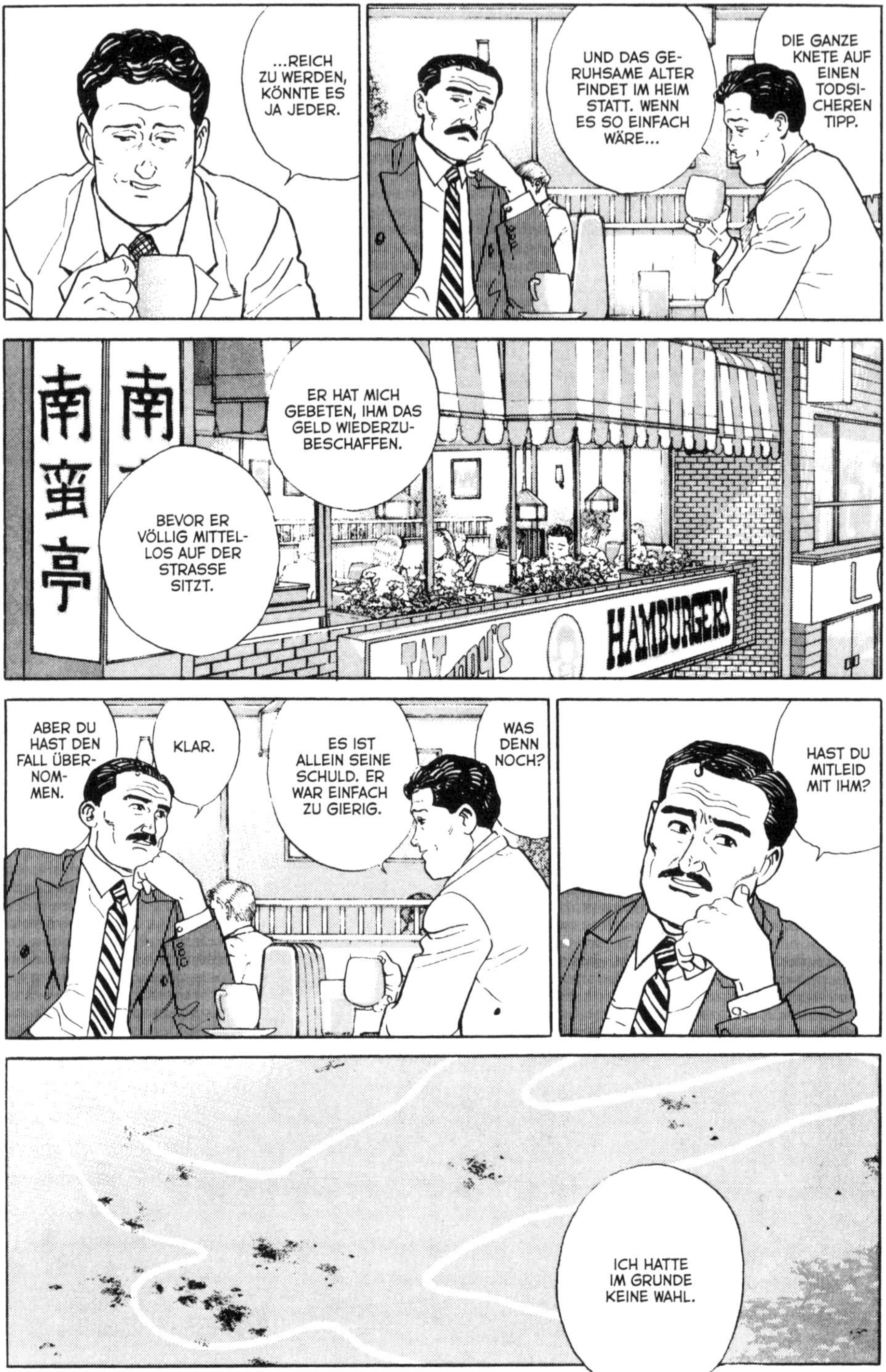
DIE GANZE KNETE AUF EINEN TODSICHEREN TIPP.
UND DAS GERUHSAME ALTER FINDET IM HEIM STATT. WENN ES SO EINFACH WÄRE...
...REICH ZU WERDEN, KÖNNTE ES JA JEDER.
南蛮亭
HAMBURGERS
ER HAT MICH GEBETEN, IHM DAS GELD WIEDERZUBESCHAFFEN.
BEVOR ER VÖLLIG MITTELLOS AUF DER STRASSE SITZT.
HAST DU MITLEID MIT IHM?
WAS DENN NOCH?
ES IST ALLEIN SEINE SCHULD. ER WAR EINFACH ZU GIERIG.
KLAR.
ABER DU HAST DEN FALL ÜBERNOMMEN.
ICH HATTE IM GRUNDE KEINE WAHL.

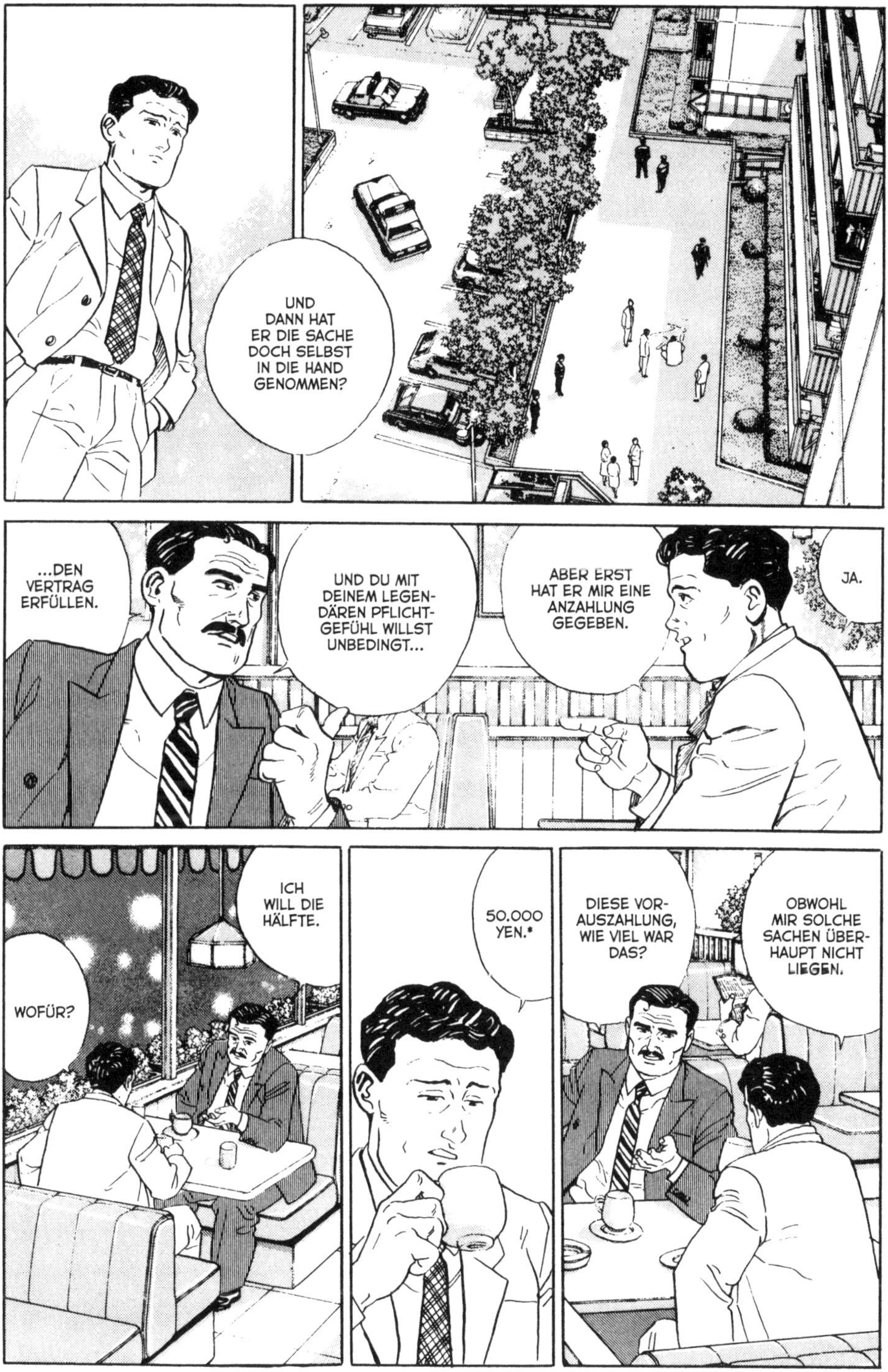
UND DANN HAT ER DIE SACHE DOCH SELBST IN DIE HAND GENOMMEN?
JA.
ABER ERST HAT ER MIR EINE ANZAHLUNG GEGEBEN.
UND DU MIT DEINEM LEGENDÄREN PFLICHTGEFÜHL WILLST UNBEDINGT...
...DEN VERTRAG ERFÜLLEN.
OBWOHL MIR SOLCHE SACHEN ÜBERHAUPT NICHT LIEGEN.
DIESE VORAUSZAHLUNG, WIE VIEL WAR DAS?
50.000 YEN.*
ICH WILL DIE HÄLFTE.
WOFÜR?

*CA. 400 EURO

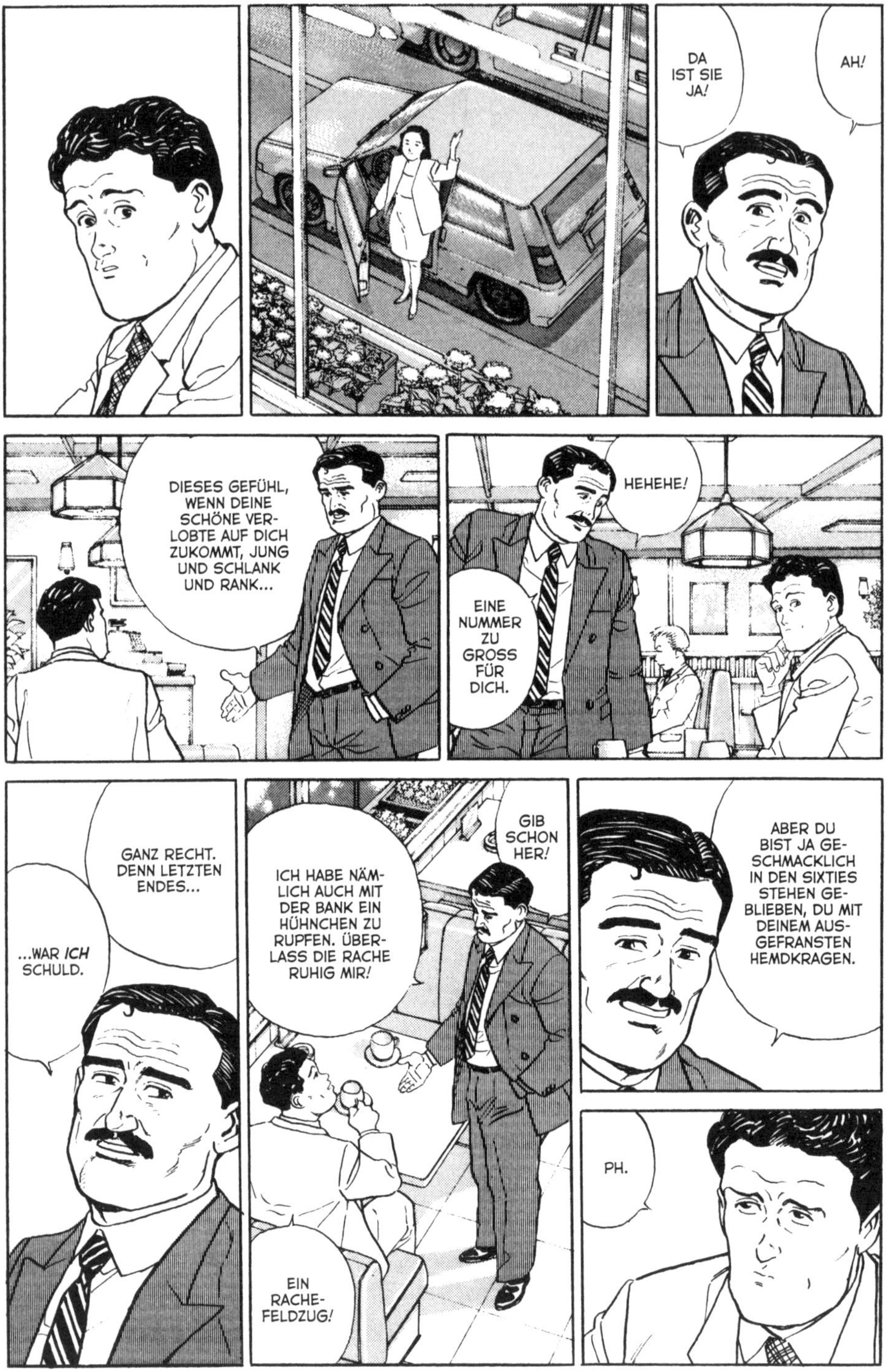

DA IST SIE JA!
AH!
DIESES GEFÜHL, WENN DEINE SCHÖNE VERLOBTE AUF DICH ZUKOMMT, JUNG UND SCHLANK UND RANK...
HEHEHE!
EINE NUMMER ZU GROSS FÜR DICH.
ABER DU BIST JA GESCHMACKLICH IN DEN SIXTIES STEHEN GEBLIEBEN, DU MIT DEINEM AUSGEFRANSTEN HEMDKRAGEN.
PH.
GIB SCHON HER!
ICH HABE NÄMLICH AUCH MIT DER BANK EIN HÜHNCHEN ZU RUPFEN. ÜBERLASS DIE RACHE RUHIG MIR!
EIN RACHEFELDZUG!
GANZ RECHT. DENN LETZTEN ENDES...
...WAR *ICH* SCHULD.

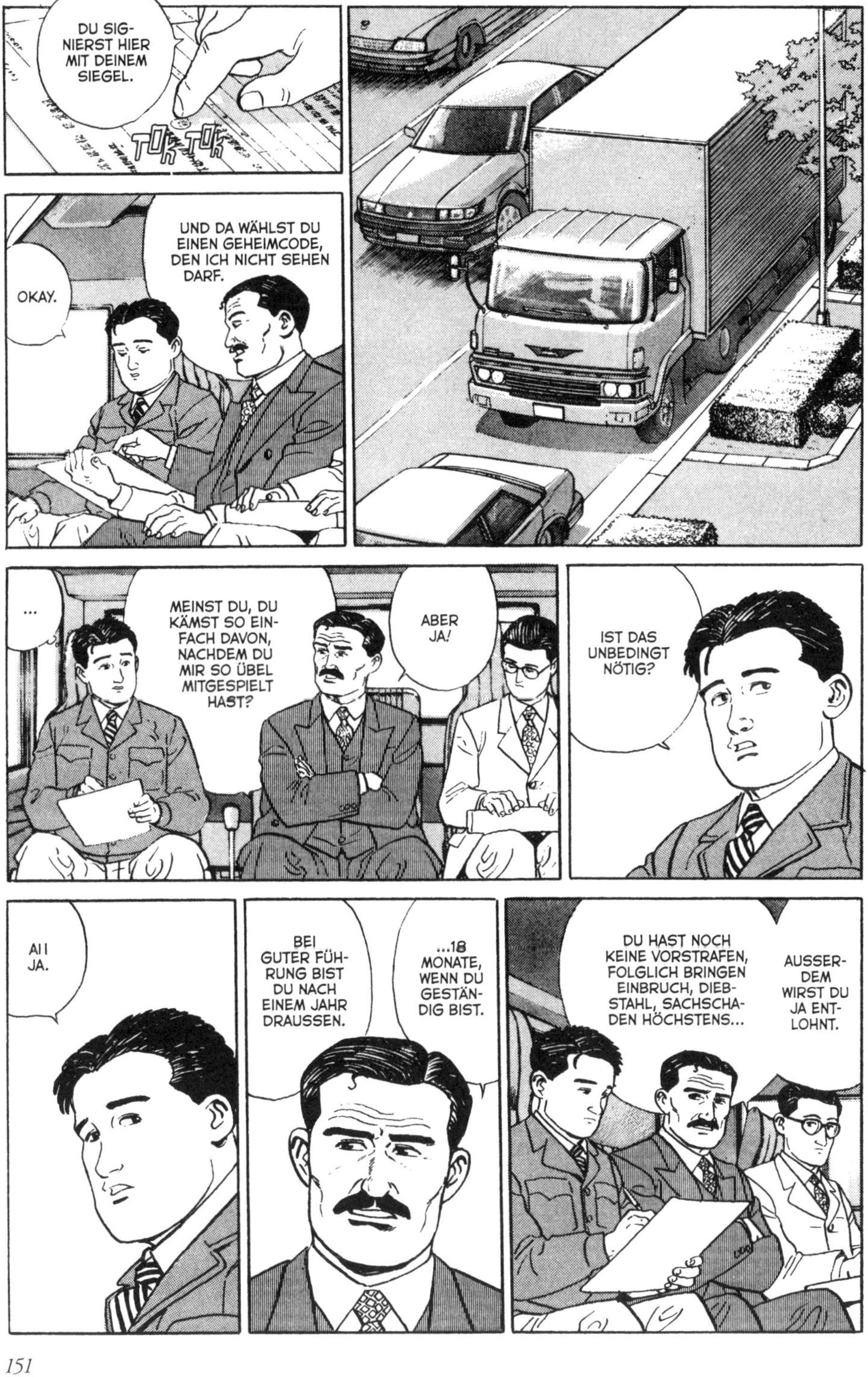
DU SIGNIERST HIER MIT DEINEM SIEGEL.
TOK TOK
UND DA WÄHLST DU EINEN GEHEIMCODE, DEN ICH NICHT SEHEN DARF.
OKAY.
...
MEINST DU, DU KÄMST SO EINFACH DAVON, NACHDEM DU MIR SO ÜBEL MITGESPIELT HAST?
ABER JA!
IST DAS UNBEDINGT NÖTIG?
AH JA.
BEI GUTER FÜHRUNG BIST DU NACH EINEM JAHR DRAUSSEN.
...18 MONATE, WENN DU GESTÄNDIG BIST.
DU HAST NOCH KEINE VORSTRAFEN, FOLGLICH BRINGEN EINBRUCH, DIEBSTAHL, SACHSCHADEN HÖCHSTENS...
AUSSERDEM WIRST DU JA ENTLOHNT.

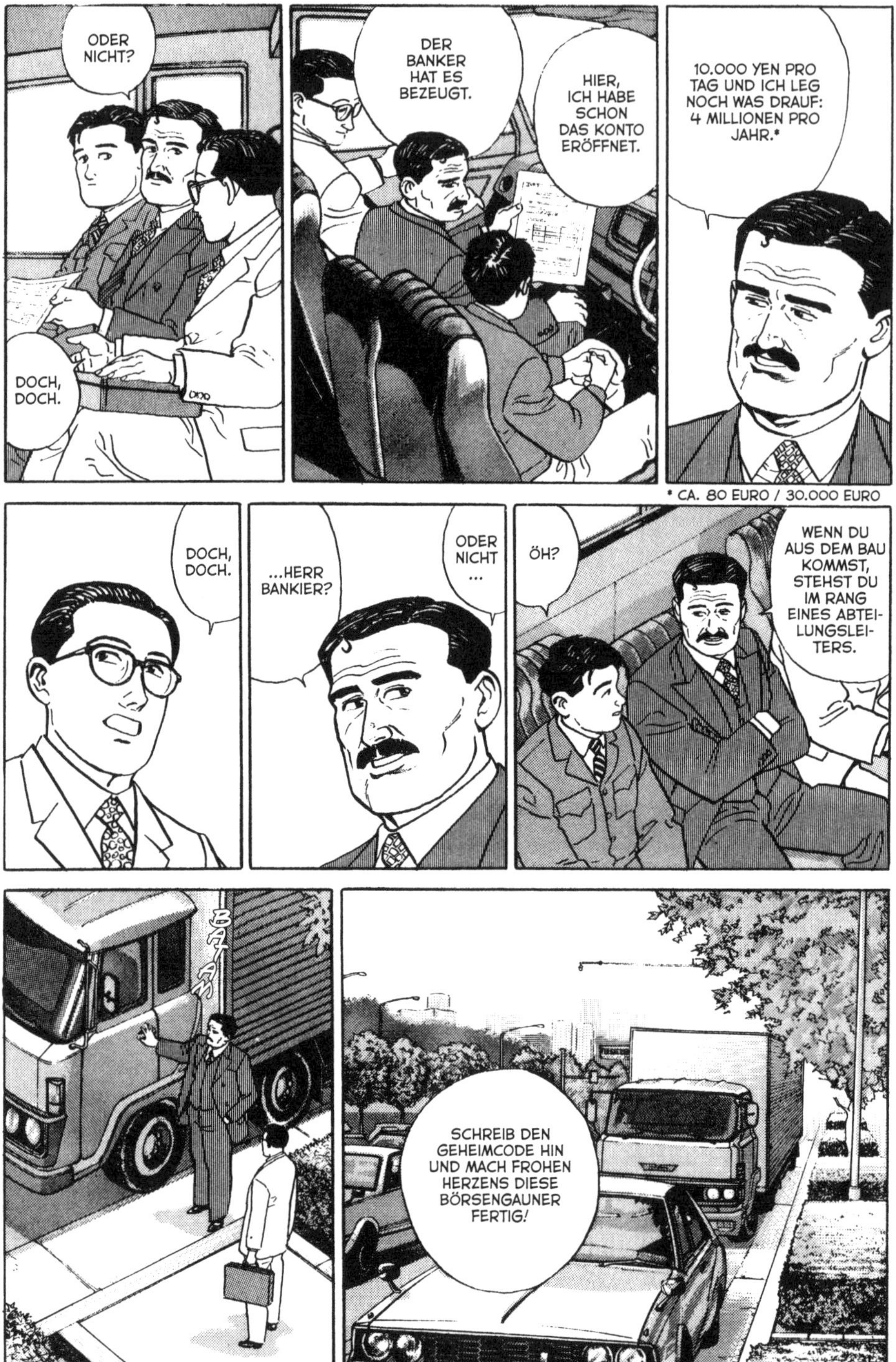
10.000 YEN PRO TAG UND ICH LEG NOCH WAS DRAUF: 4 MILLIONEN PRO JAHR.*
HIER, ICH HABE SCHON DAS KONTO ERÖFFNET.
DER BANKER HAT ES BEZEUGT.
ODER NICHT?
DOCH, DOCH.
* CA. 80 EURO / 30.000 EURO
WENN DU AUS DEM BAU KOMMST, STEHST DU IM RANG EINES ABTEI-LUNGSLEI-TERS.
ÖH?
ODER NICHT ...
...HERR BANKIER?
DOCH, DOCH.
SCHREIB DEN GEHEIMCODE HIN UND MACH FROHEN HERZENS DIESE BÖRSENGAUNER FERTIG!
BATAM

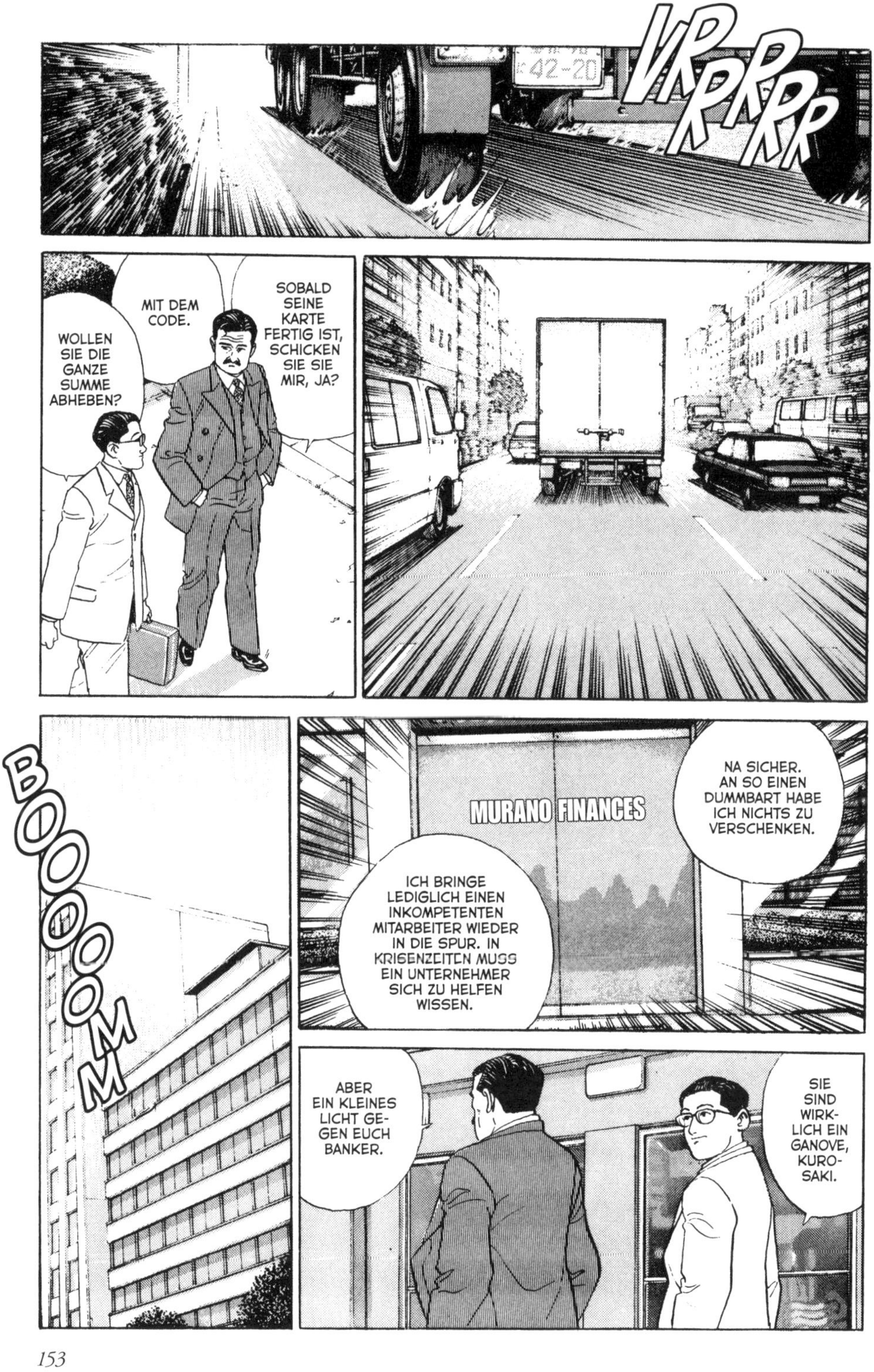

42-20
VRRRRRR
SOBALD SEINE KARTE FERTIG IST, SCHICKEN SIE SIE MIR, JA?
MIT DEM CODE.
WOLLEN SIE DIE GANZE SUMME ABHEBEN?
MURANO FINANCES
NA SICHER. AN SO EINEN DUMMBART HABE ICH NICHTS ZU VERSCHENKEN.
ICH BRINGE LEDIGLICH EINEN INKOMPETENTEN MITARBEITER WIEDER IN DIE SPUR. IN KRISENZEITEN MUSS EIN UNTERNEHMER SICH ZU HELFEN WISSEN.
SIE SIND WIRKLICH EIN GANOVE, KUROSAKI.
ABER EIN KLEINES LICHT GEGEN EUCH BANKER.
BOOOOOOMM

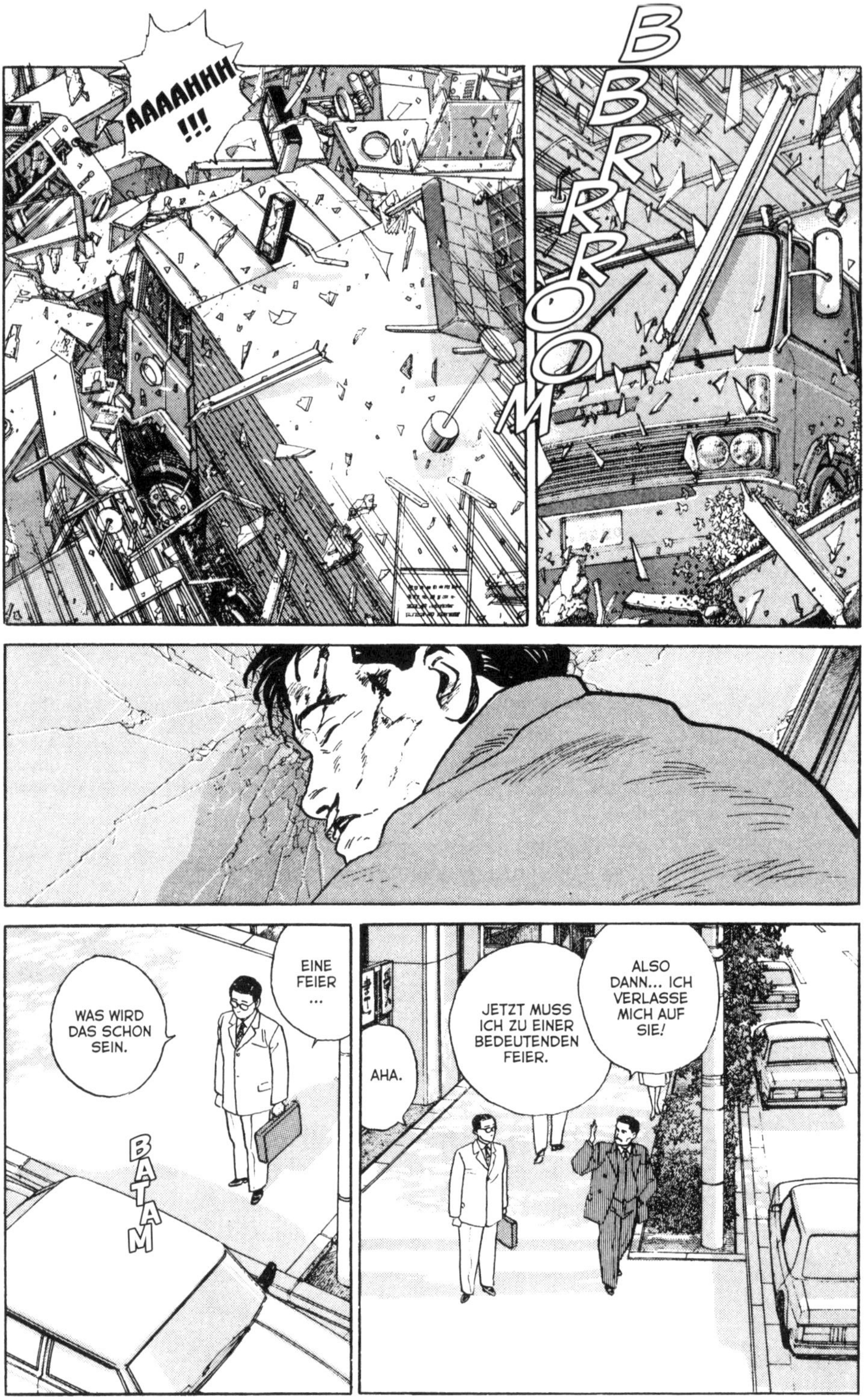
BBRRROOOM
AAAAHHH!!!
ALSO DANN... ICH VERLASSE MICH AUF SIE!
JETZT MUSS ICH ZU EINER BEDEUTENDEN FEIER.
AHA.
EINE FEIER ...
WAS WIRD DAS SCHON SEIN.
BATAM

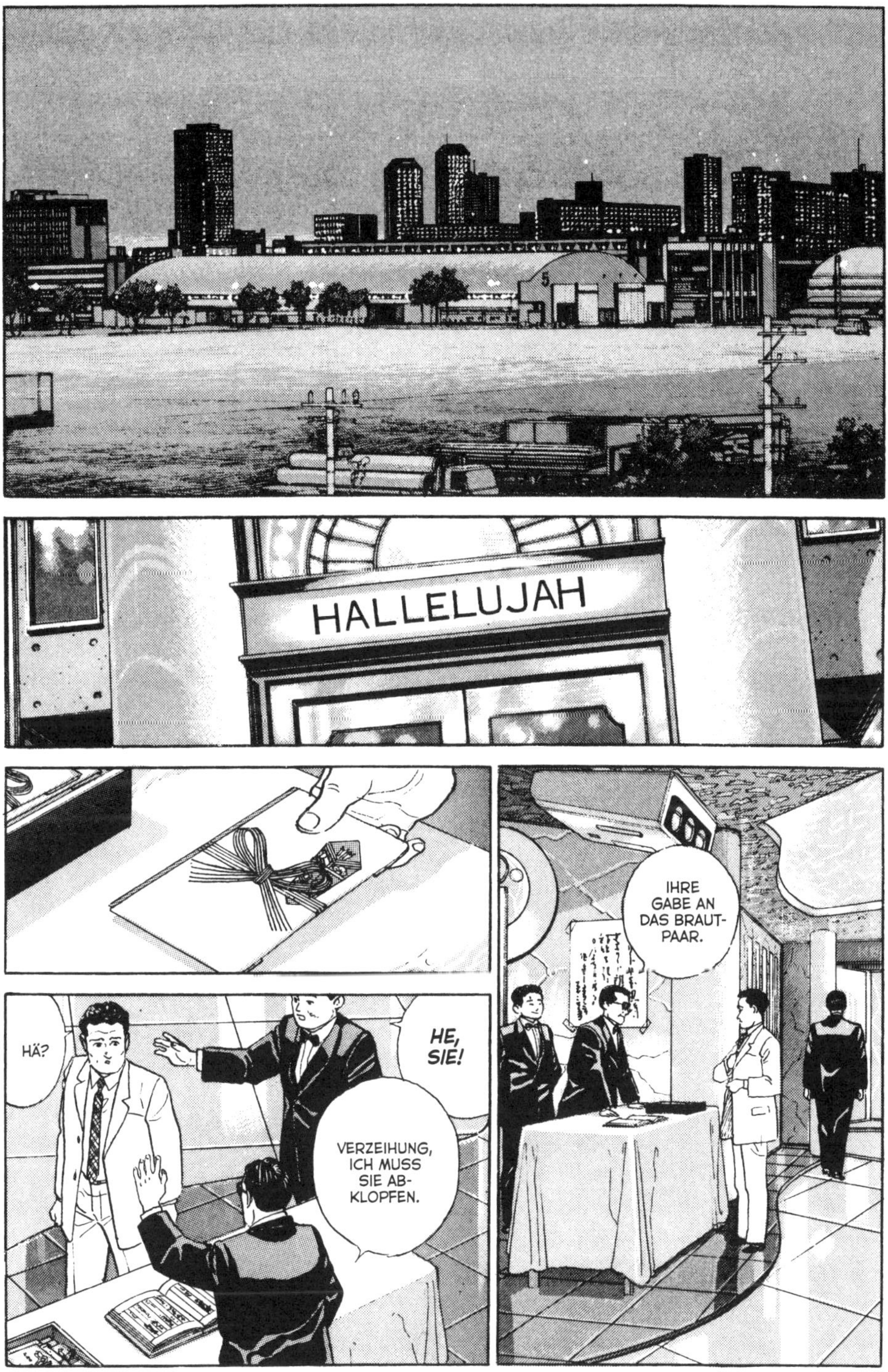
HALLELUJAH
IHRE GABE AN DAS BRAUT-PAAR.
HE, SIE!
HÄ?
VERZEIHUNG, ICH MUSS SIE AB-KLOPFEN.

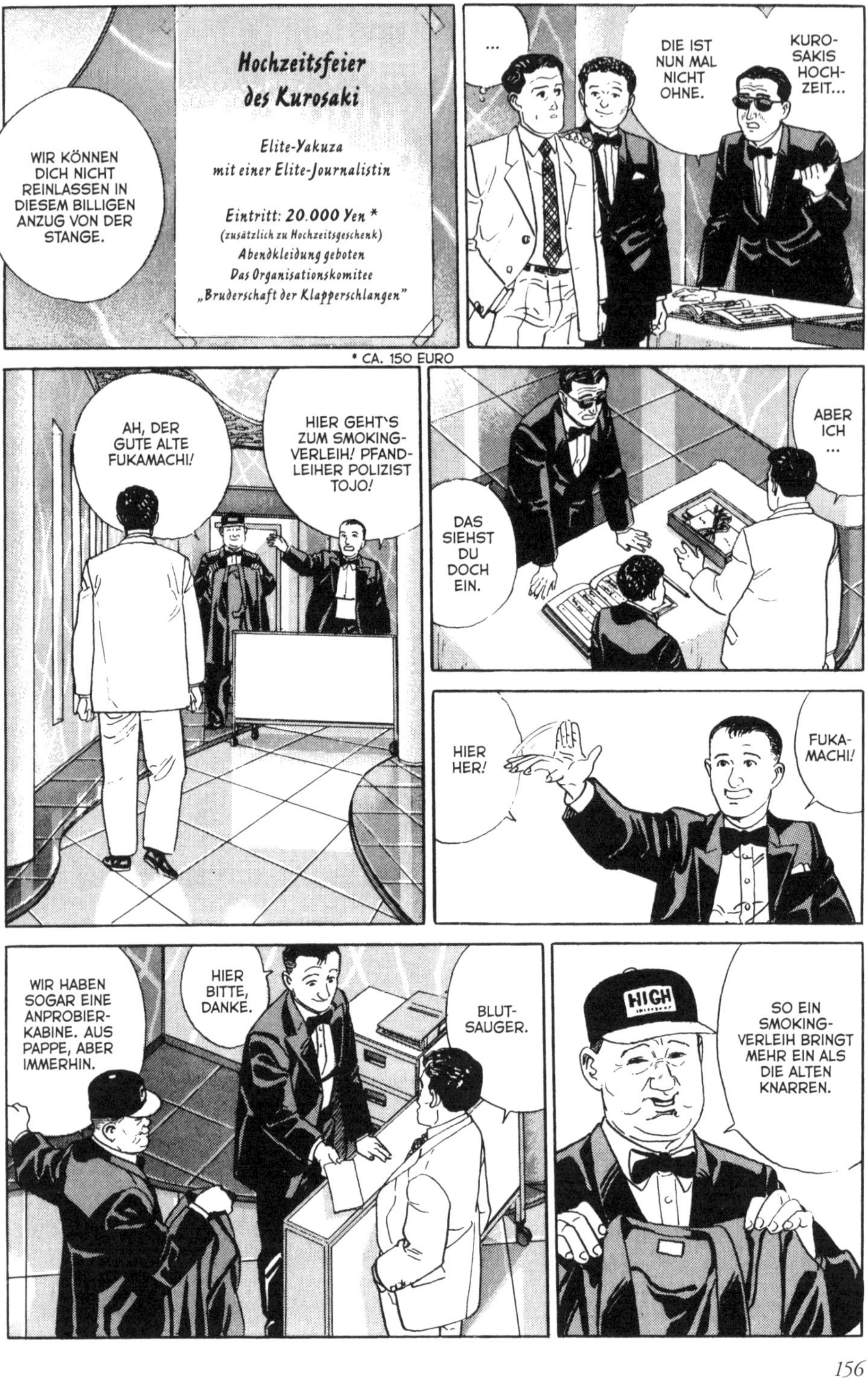
KURO-SAKIS HOCH-ZEIT...
DIE IST NUN MAL NICHT OHNE.
...
Hochzeitsfeier des Kurosaki
Elite-Yakuza mit einer Elite-Journalistin
Eintritt: 20.000 Yen *
(zusätzlich zu Hochzeitsgeschenk)
Abendkleidung geboten
Das Organisationskomitee
„Bruderschaft der Klapperschlangen"
WIR KÖNNEN DICH NICHT REINLASSEN IN DIESEM BILLIGEN ANZUG VON DER STANGE.
* CA. 150 EURO
ABER ICH ...
DAS SIEHST DU DOCH EIN.
FUKA-MACHI!
HIER HER!
HIER GEHT`S ZUM SMOKING-VERLEIH! PFAND-LEIHER POLIZIST TOJO!
AH, DER GUTE ALTE FUKAMACHI!
SO EIN SMOKING-VERLEIH BRINGT MEHR EIN ALS DIE ALTEN KNARREN.
HIGH
BLUT-SAUGER.
HIER BITTE, DANKE.
WIR HABEN SOGAR EINE ANPROBIER-KABINE. AUS PAPPE, ABER IMMERHIN.

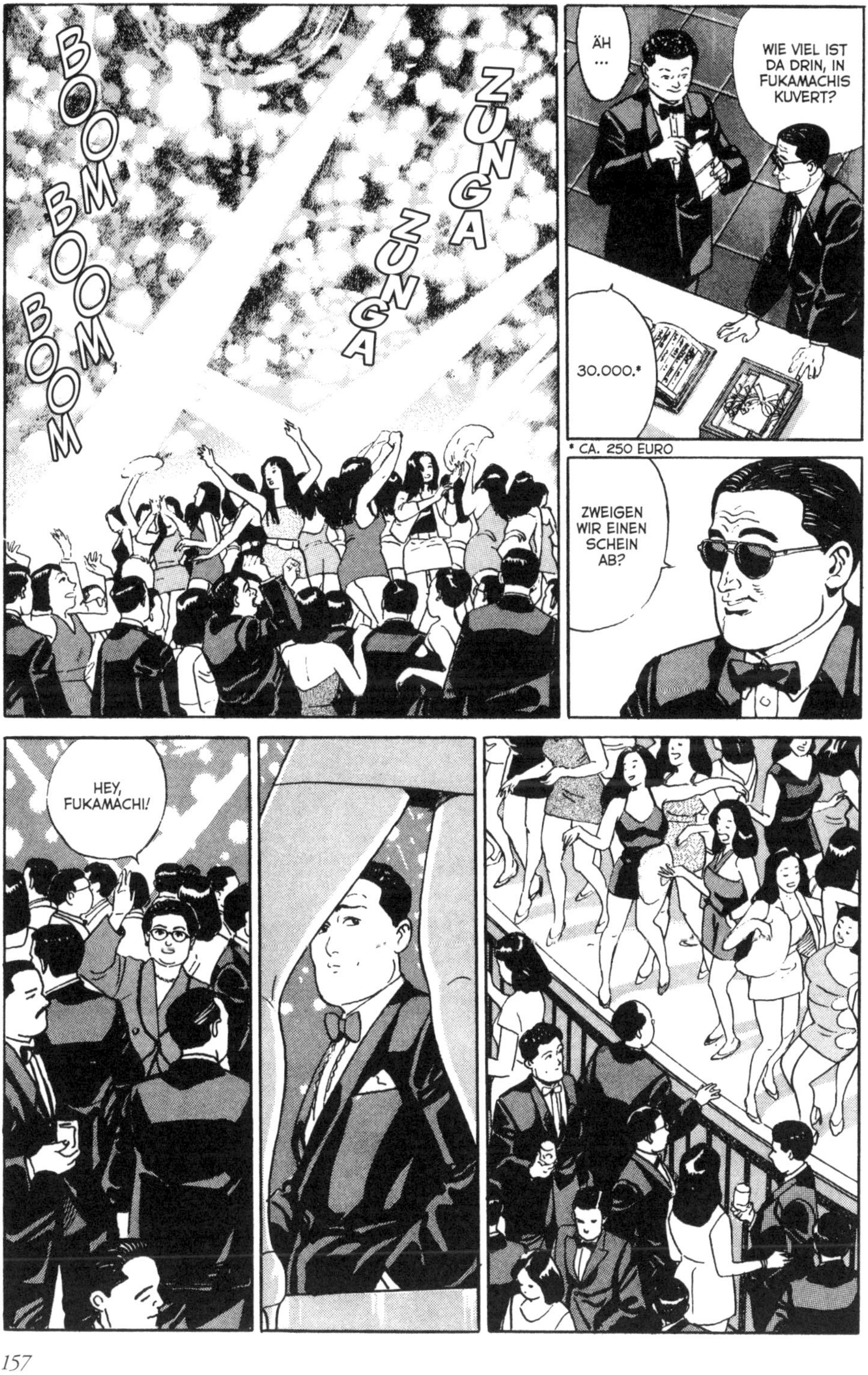
ZUNGA
ZUNGA
BOOM
BOOM
BOOM
BOOM
ÄH ...
WIE VIEL IST DA DRIN, IN FUKAMACHIS KUVERT?
30.000.*
* CA. 250 EURO
ZWEIGEN WIR EINEN SCHEIN AB?
HEY, FUKAMACHI!

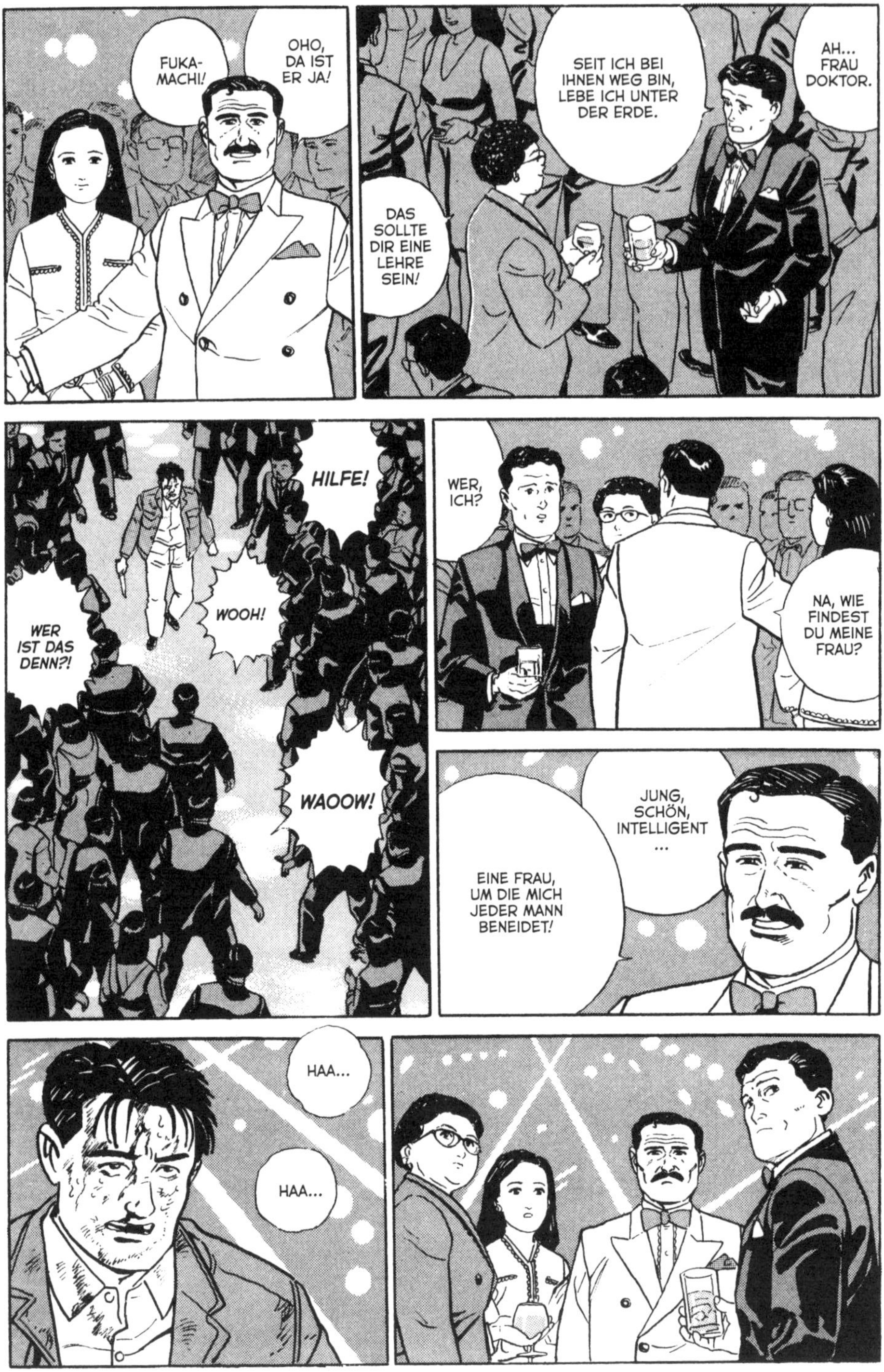
FUKA-
MACHI!
OHO, DA IST ER JA!
AH... FRAU DOKTOR.
SEIT ICH BEI IHNEN WEG BIN, LEBE ICH UNTER DER ERDE.
DAS SOLLTE DIR EINE LEHRE SEIN!
HILFE!
WOOH!
WER IST DAS DENN?!
WAOOW!
WER, ICH?
NA, WIE FINDEST DU MEINE FRAU?
JUNG, SCHÖN, INTELLIGENT ...
EINE FRAU, UM DIE MICH JEDER MANN BENEIDET!
HAA...
HAA...

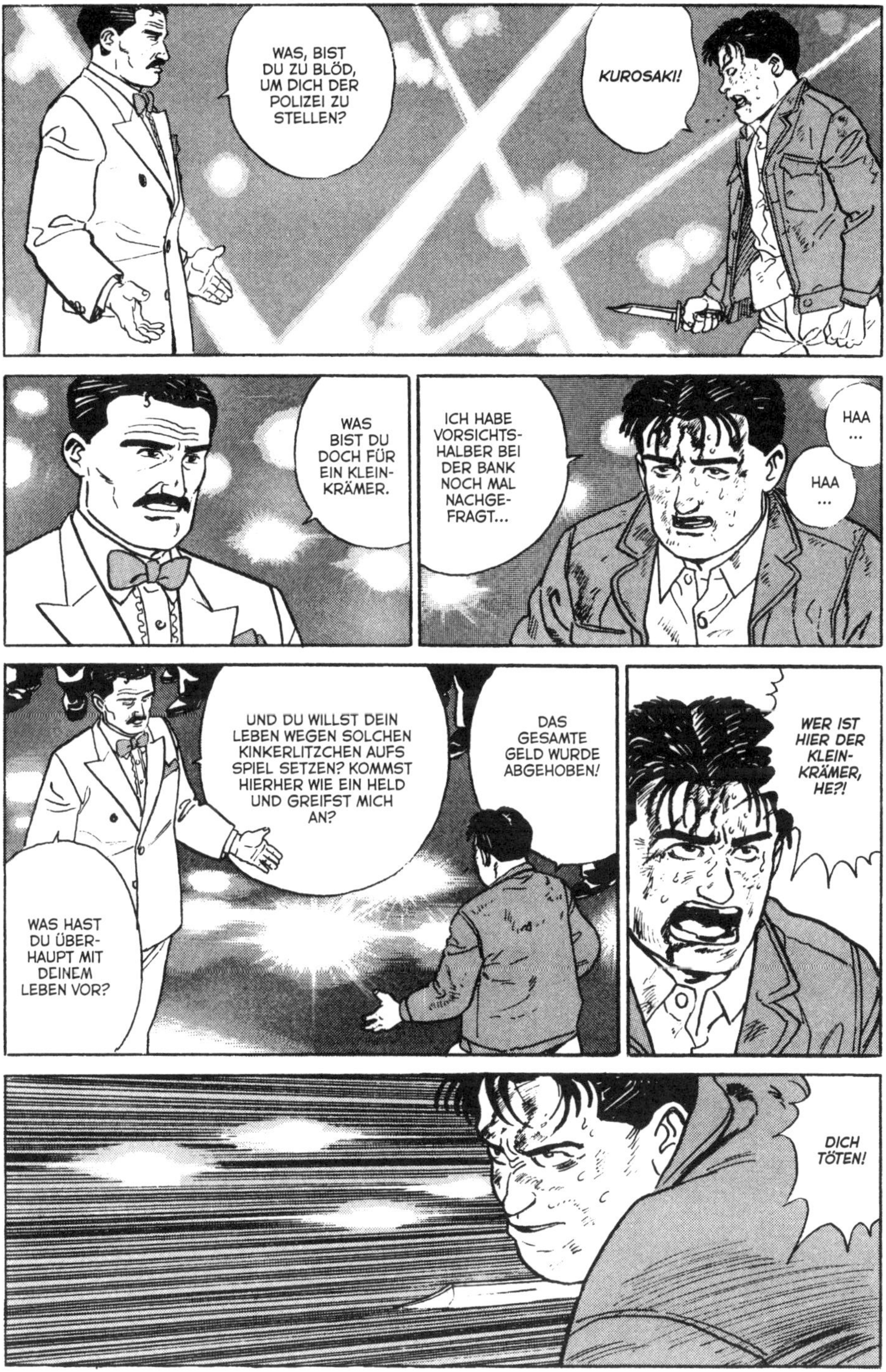
KUROSAKI!
WAS, BIST DU ZU BLÖD, UM DICH DER POLIZEI ZU STELLEN?
HAA ...
HAA ...
ICH HABE VORSICHTSHALBER BEI DER BANK NOCH MAL NACHGEFRAGT...
WAS BIST DU DOCH FÜR EIN KLEINKRÄMER.
WER IST HIER DER KLEINKRÄMER, HE?!
DAS GESAMTE GELD WURDE ABGEHOBEN!
UND DU WILLST DEIN LEBEN WEGEN SOLCHEN KINKERLITZCHEN AUFS SPIEL SETZEN? KOMMST HIERHER WIE EIN HELD UND GREIFST MICH AN?
WAS HAST DU ÜBERHAUPT MIT DEINEM LEBEN VOR?
DICH TÖTEN!

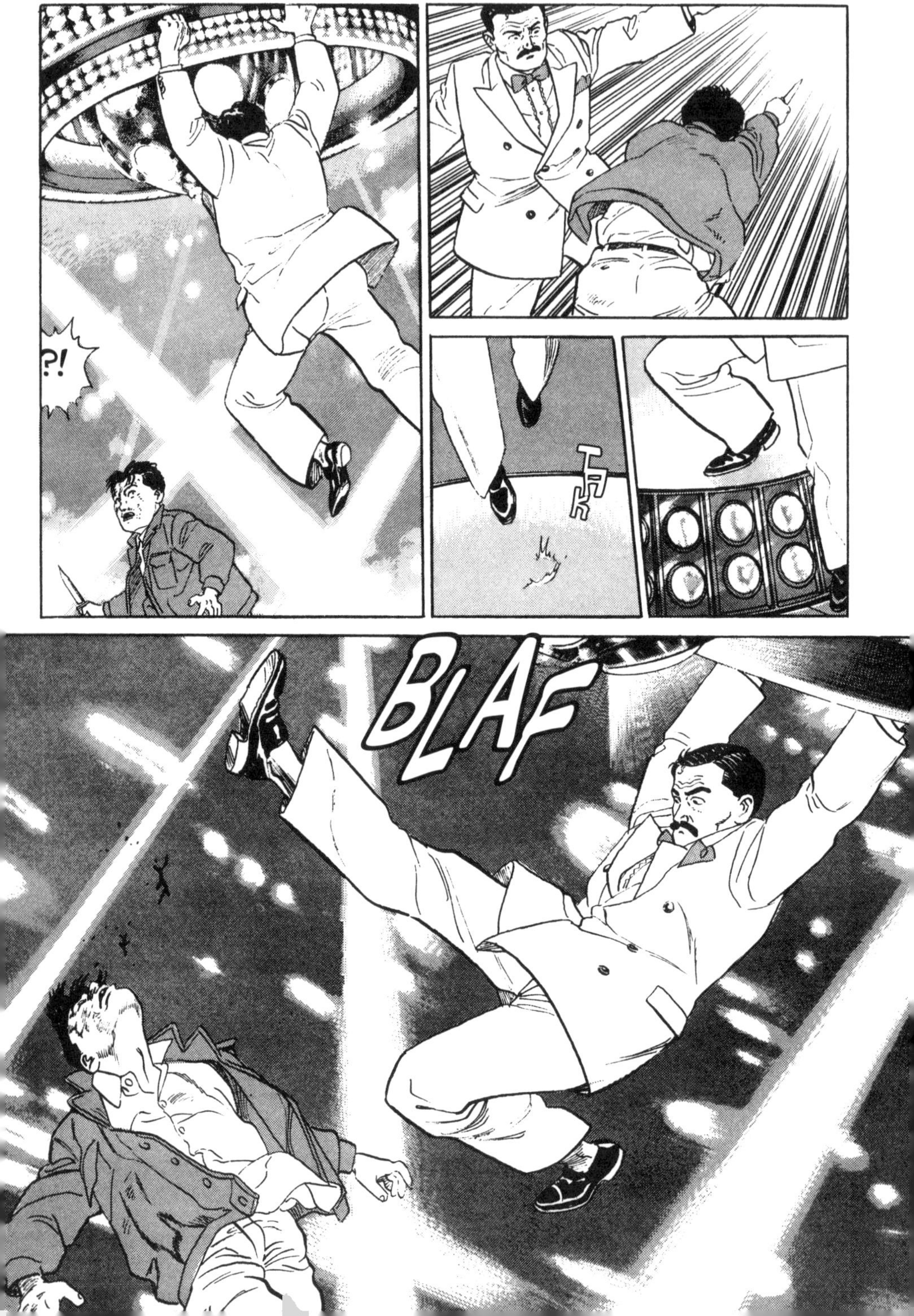
?!
TAK
BLAF

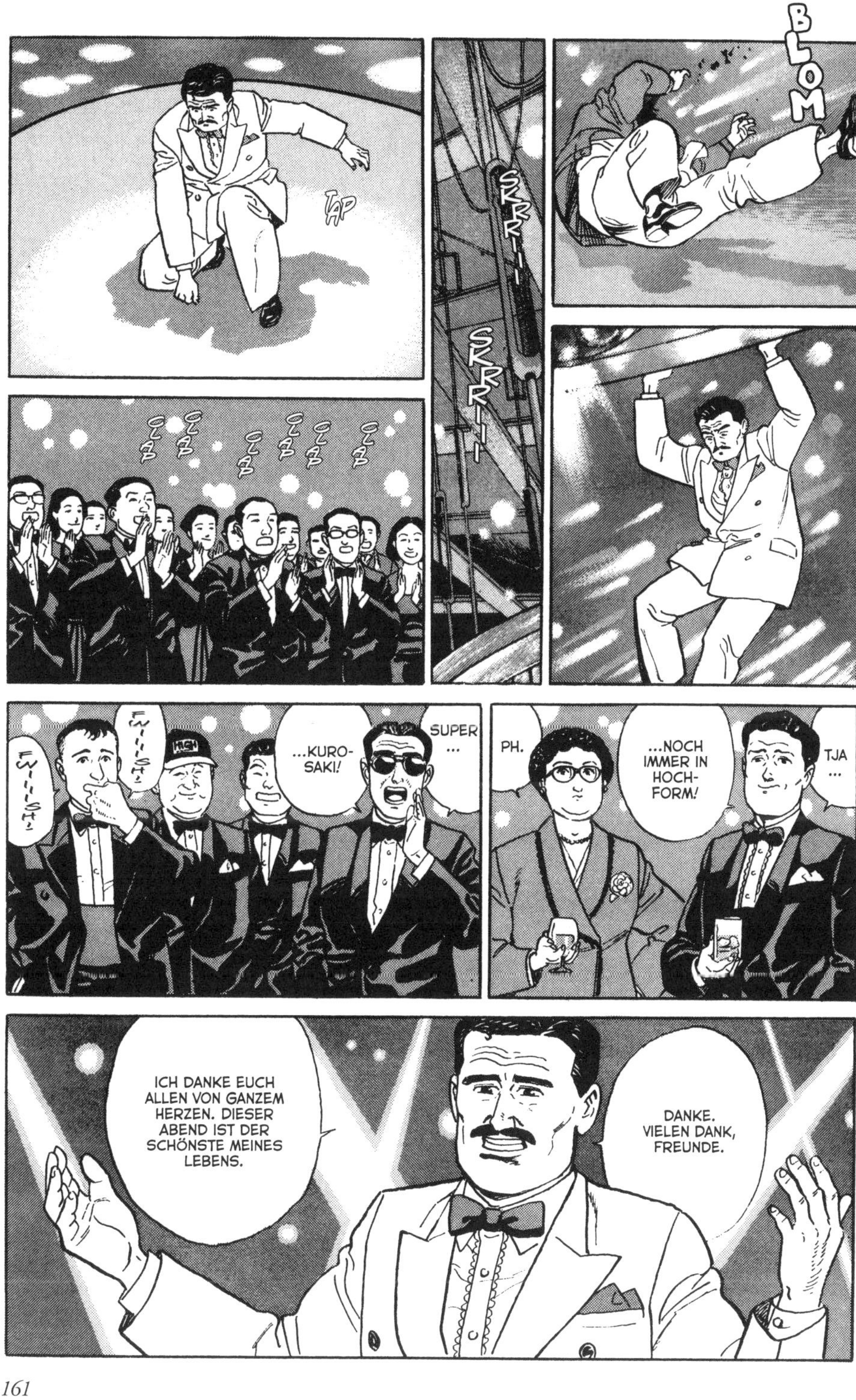
TAP
SKRRIII
SKRRIII
BLOM
CLAP CLAP CLAP CLAP CLAP CLAP
FWIIISH!
FWIIISH!
...KURO-SAKI!
SUPER ...
PH.
...NOCH IMMER IN HOCH-FORM!
TJA ...
ICH DANKE EUCH ALLEN VON GANZEM HERZEN. DIESER ABEND IST DER SCHÖNSTE MEINES LEBENS.
DANKE. VIELEN DANK, FREUNDE.

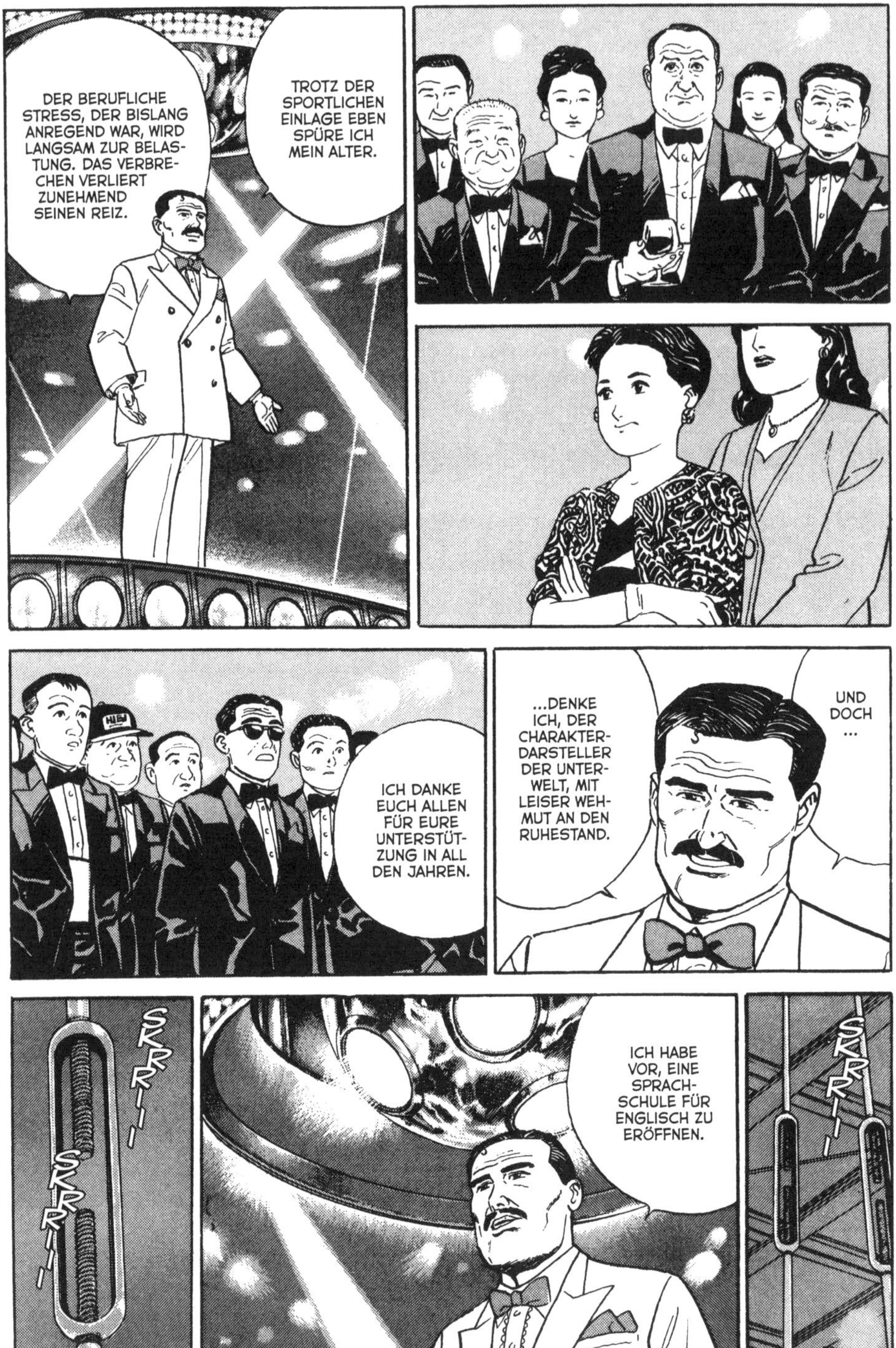

TROTZ DER SPORTLICHEN EINLAGE EBEN SPÜRE ICH MEIN ALTER.
DER BERUFLICHE STRESS, DER BISLANG ANREGEND WAR, WIRD LANGSAM ZUR BELASTUNG. DAS VERBRECHEN VERLIERT ZUNEHMEND SEINEN REIZ.
UND DOCH ...
...DENKE ICH, DER CHARAKTERDARSTELLER DER UNTERWELT, MIT LEISER WEHMUT AN DEN RUHESTAND.
ICH DANKE EUCH ALLEN FÜR EURE UNTERSTÜTZUNG IN ALL DEN JAHREN.
SKRRR-I-I
ICH HABE VOR, EINE SPRACHSCHULE FÜR ENGLISCH ZU ERÖFFNEN.
SKRRR-I-I
SKRRR-I-I

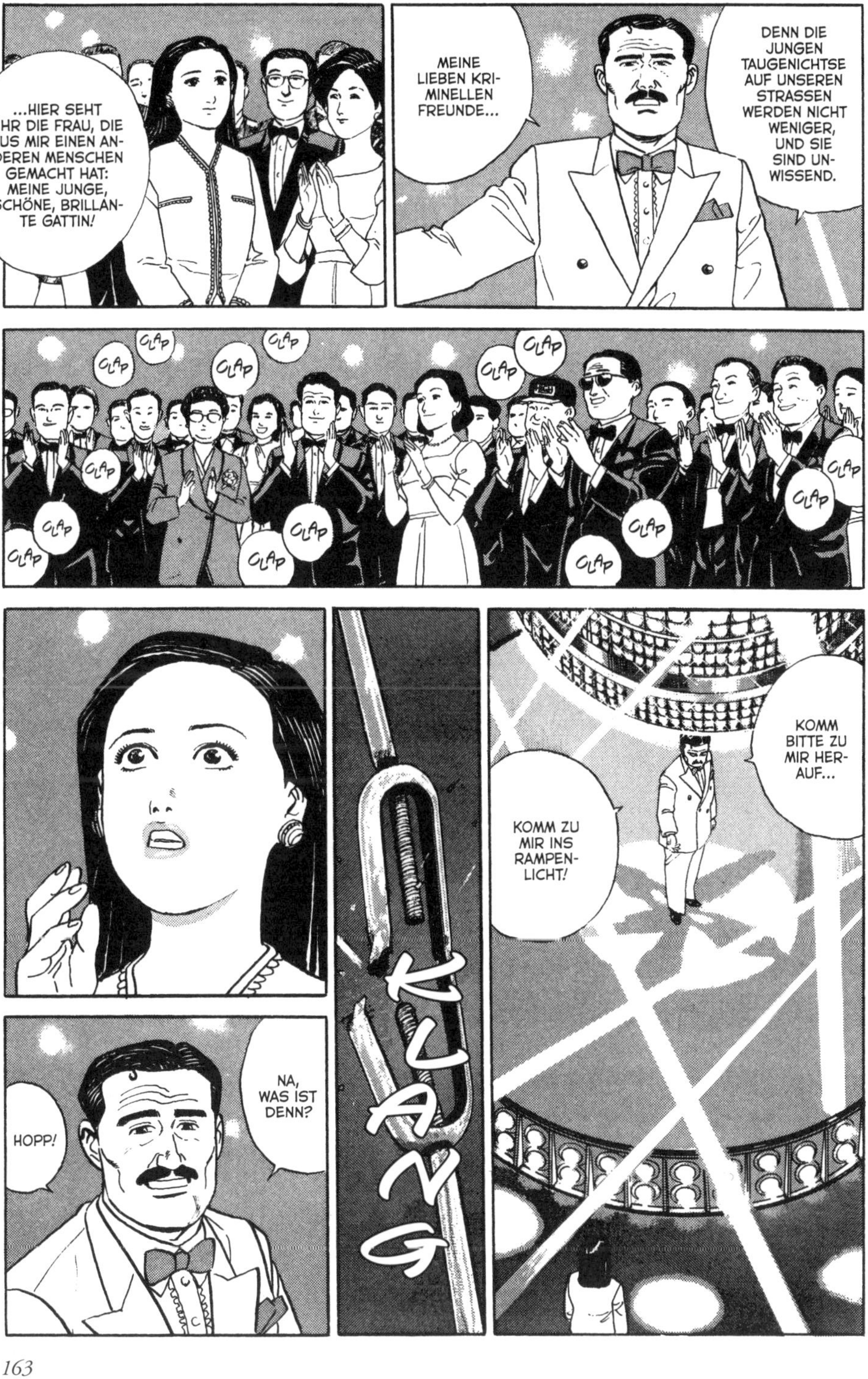
MEINE LIEBEN KRIMINELLEN FREUNDE...
DENN DIE JUNGEN TAUGENICHTSE AUF UNSEREN STRASSEN WERDEN NICHT WENIGER, UND SIE SIND UNWISSEND.
...HIER SEHT IHR DIE FRAU, DIE AUS MIR EINEN ANDEREN MENSCHEN GEMACHT HAT: MEINE JUNGE, SCHÖNE, BRILLANTE GATTIN!
CLAP
CLAP
CLAP
CLAP
CLAP
CLAP
CLAP
CLAP
CLAP
CLAP
CLAP
CLAP
CLAP
CLAP
CLAP
KOMM BITTE ZU MIR HERAUF...
KOMM ZU MIR INS RAMPENLICHT!
KLANG
NA, WAS IST DENN?
HOPP!

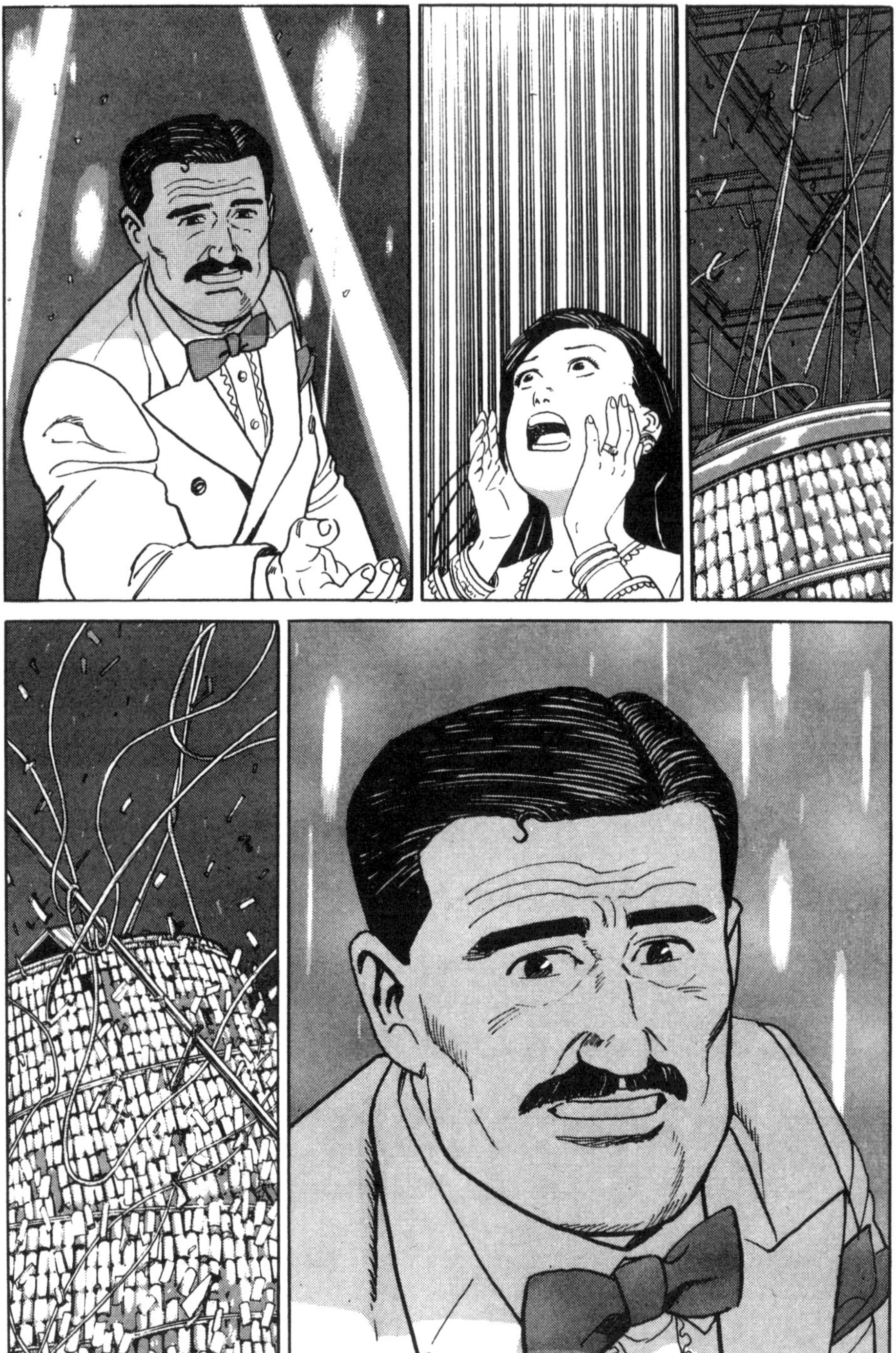

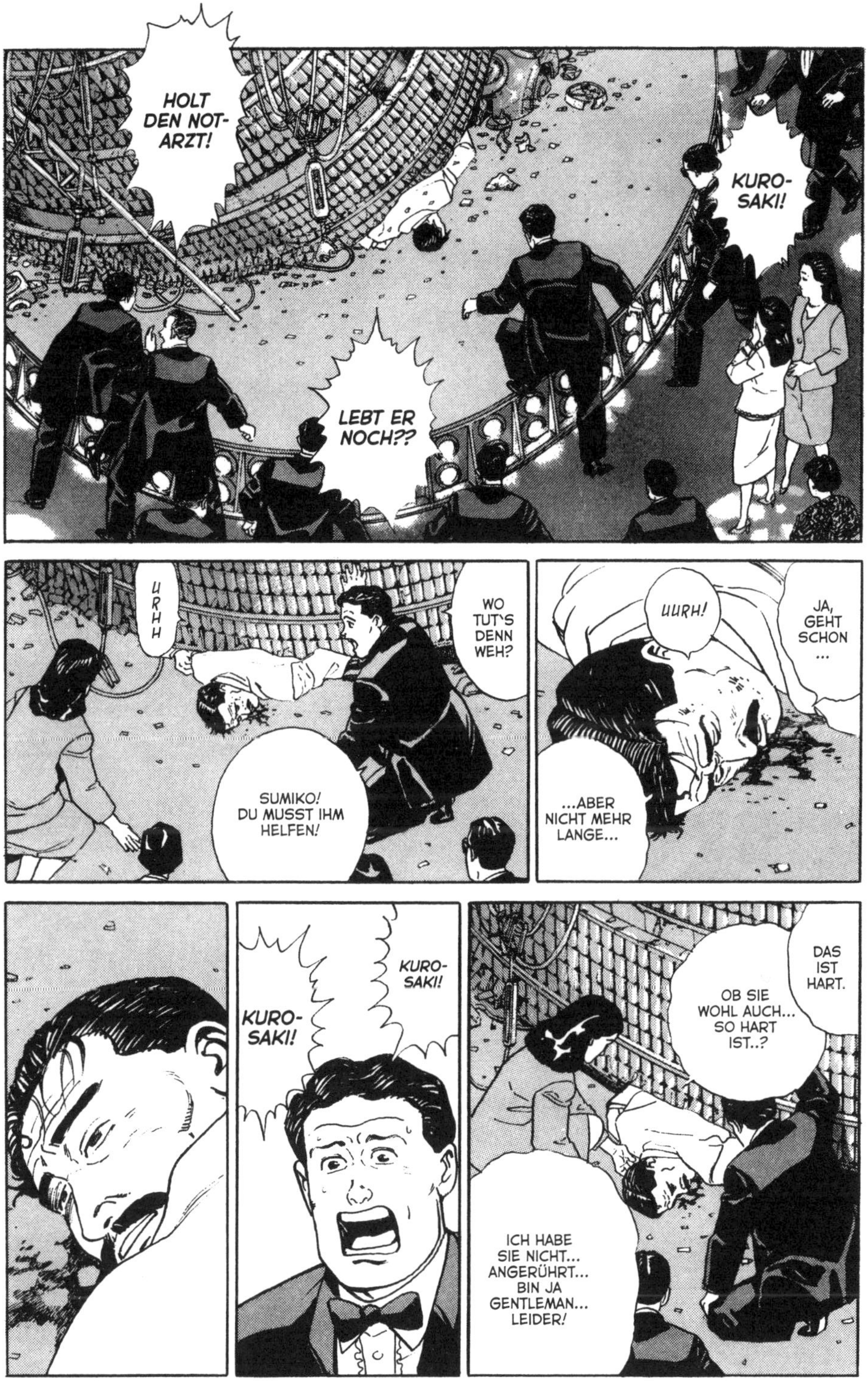
HOLT DEN NOT-ARZT!
LEBT ER NOCH??
KURO-SAKI!
URHH
WO TUT`S DENN WEH?
SUMIKO! DU MUSST IHM HELFEN!
UURH!
JA, GEHT SCHON ...
...ABER NICHT MEHR LANGE...
KURO-SAKI!
KURO-SAKI!
DAS IST HART.
OB SIE WOHL AUCH... SO HART IST..?
ICH HABE SIE NICHT... ANGERÜHRT... BIN JA GENTLEMAN... LEIDER!

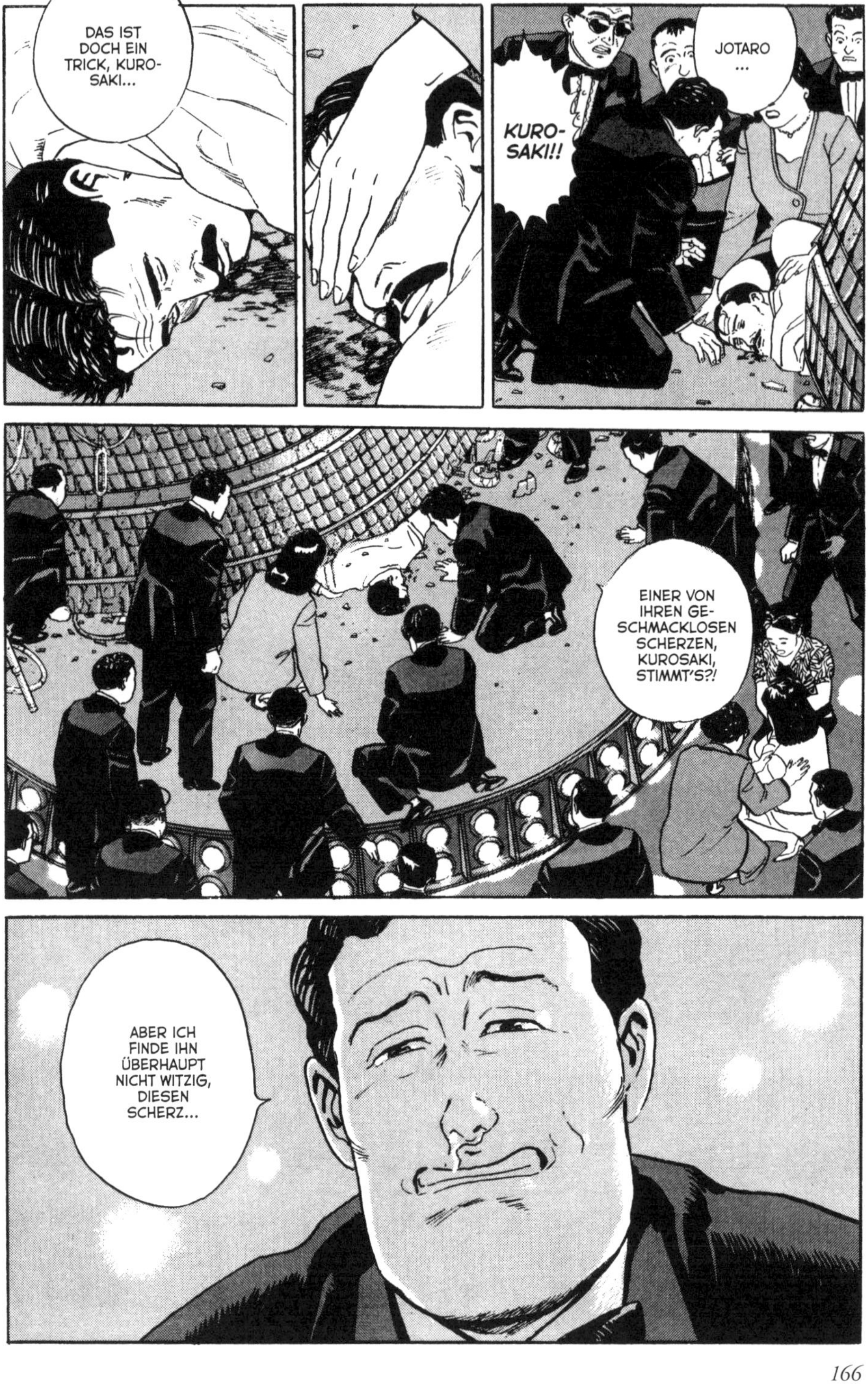
DAS IST DOCH EIN TRICK, KURO-SAKI...
KURO-SAKI!!
JOTARO ...
EINER VON IHREN GE-SCHMACKLOSEN SCHERZEN, KUROSAKI, STIMMT'S?!
ABER ICH FINDE IHN ÜBERHAUPT NICHT WITZIG, DIESEN SCHERZ...

Über den Gründer und Eigentümer von Unternehmen wie Kurosaki Industries und KGB Kurosaki (Kooperation für Gemeinschaft und Brüderlichkeit Kurosaki) sowie den langjährigen Freund von Fukamachi Jotaro, den verstorbenen Kurosaki Junichi, ist nur wenig bekannt, außer, dass es sich bei ihm um einen gewieften „Wirtschaftsgangster" handelte. Ein Grund dafür, dass man so wenig über ihn weiß, dürfte darin begründet sein, dass er nie über sich selbst sprach, getreu seinem Motto: „Ich habe kein Interesse an der Vergangenheit. Und auch nicht an der Zukunft. Das Einzige, was mich antreibt, ist das, was ich direkt vor Augen habe und greifen kann, also das Hier und Jetzt." Will man daher mehr über diesen Mann und seinen Lebensweg erfahren, muss man im Umfeld recherchieren, was folgende biografischen Eckdaten zutage gefördert hat:

Er dürfte 1940 in Tokio geboren sein. Im Alter von fünf Jahren hat er seine Eltern bei den US-Luftangriffen der oberen Bezirke der Stadt im Mai 1945 verloren. Er schließt sich der Horde traumatisierter, umherirrender Waisenkinder an, die die unterirdischen Gänge des Bahnhofs Ueno zu ihrem Versteck gemacht haben.

Im Jahr 1947 wird er von Kikuta Kazuo aufgelesen, dem Leiter eines Waisenhauses, das die Kinder nur als „das Haus mit der Todesglocke beim großen Hügel" nannten. Dort, am Fuße des Berges Akagi im Bezirk Gunma im Landesinneren, hält er rund fünf Jahre durch, schafft es jedoch 1952 irgendwie zu fliehen. Es folgt eine Überfahrt über das Meer auf die koreanische Halbinsel, die sich damals im Krieg befindet. Mit viel Glück überzeugt er eine MASH-Einheit (Mobile Army Surgical Hospital) der US-Streitkräfte, die ihr chirurgisches Feldlazarett in Wonju in der Provinz Gangwon aufgestellt hat, ihn als Laufkurier zu beschäftigen. Am Ende des Koreakrieges (1950-1953) bietet ihm der Oberstarzt D. Sutherland an, ihn zu adoptieren und in die Vereinigten Staaten mitzunehmen; aber nach reiflicher Überlegung weigert er sich, in die USA mitzugehen, in das Land, das seine Eltern ermordet hat.

Trotz diesem Entschluss trägt man jedoch noch Sorge dafür, dass er eine Rückfahrt nach Japan bekommt, wo er sich als Assistent eines Börsenmaklers in Kabutocho, dem Bezirk Tokios, der traditionell als Finanzplatz der Stadt gilt, über Wasser hält. Ab 1957 erhält er schließlich die Chance, eine Berufsoberschule in Yotsuya zu besuchen, wo er Abendkurse belegt. In dieser Zeit macht er auch Bekanntschaft mit verschiedenen Schlägerbanden; schon bald mischt er selbst bei einer mit und übernimmt sogar ihre Führung. Das heißt aber nicht, dass er seine akademische Ausbildung aus den Augen verliert, im Gegenteil, er hängt sich voll rein und schließt 1961 im Alter von 21 Jahren erfolgreich sein Studium ab. In der Folge gründet er ein Unternehmen, das unter dem Namen „Studienkreis für eine risikofreie Wirtschaft" firmiert, im Grunde aber nichts anderes ist als eine Kreditagentur, die vor fragwürdigen Methoden nicht zurückschreckt.

Das Geschäft floriert und da Kurosaki und seine Mitstreiter ihre Ziele konsequent verfolgen, steigt er ab 1963 auch ins illegale Wettgeschäft ein. Besonders die Radrennen auf der Keirin-Rennstrecke im Korakuen-Distrikt animieren zum Wetten, doch seine Umtriebigkeit bringt unweigerlich die japanische Unterwelt auf den Plan, und nachdem im September 1964 der Streit eskaliert und sogar zum Tod zweier seiner Männer führt, muss er sich geschlagen geben. Man erlaubt ihm aber, seine Aktivitäten fortzusetzen, sofern er sich völlig dem Kommando von Karasawa Kaku (Karasawa Atsuo) unterwirft, welcher das Verbrechersyndikat von Yokohama anführt. Er willigt ein und weiß sich in der Folge in seiner üblichen Manier als Stratege und Vordenker zu etablieren (so weit, dass es auf seinen Vorschlag hin sogar zur Gründung des „Kreises für Freundschaft und Fürsorge in Ostasien" kommt, über deren wahre Ziele sich jeder selbst eine Meinung bilden kann).

Schnell baut er sich einen Ruf auf als intelligenter, geschäftstüchtiger Kopf, und auch die finanziellen Rücklagen, die zu sammeln er schon früh in Tokio begonnen hatte, verhelfen ihm schließlich dazu, 1970 im Alter von gerade einmal 30 Jahren mit dem Segen Karasawa Atsuos zum Anführer eines eigenen Clans zu werden, und das, obwohl er nicht von der Pike auf zum Syndikat gehörte bzw. zeitweise sogar als dessen Feind galt. Trotzdem genießt er größten Respekt. Schließlich sitzt er 1966 für sechs Monate im Bau (wegen schwerer Körperverletzung), und nachdem er 1971 für achtzehn Monate weggesperrt wird (wegen Erpressung, Verstoßes gegen das Wechselkursgesetz und Steuerhinterziehung), zweifelt keiner mehr an seiner Loyalität; während seiner Zeit im Gefängnis nimmt er an Fernkursen der Keio-Universität in Tokio teil und erwirbt so im Selbstunterricht nebenbei noch Grundkenntnisse in Französisch und Chinesisch.

Nach seiner Entlassung aus dem Gefängnis 1973 findet er schnell in seine alte Position zurück und verfolgt nun mehr denn je den klaren Plan, sich und seine Geschäfte international aufzustellen: Er knüpft Beziehungen ins Ausland, insbesondere zu den Ländern des kommunistischen Blocks, um illegalen Warenhandel zu betreiben, etwa mit Kaviar, Edelmetallen, aber auch Waffen. Nach wie vor interessiert ihn auch weiterhin besonders alles, was mit Wirtschaftskriminalität zu tun hat, etwa die Manipulation von Börsenkursen oder illegale Geschäfte mit Aktien, Anleihen und Krediten.

1988 kommt es innerhalb des „Kreises für Freundschaft und Fürsorge in Ostasien" zu einem Streit um die Nachfolge an der Spitze des Syndikats. Nach dem natürlichen Tod des Gründungspaten Karasawa Atsuo im Jahr 1978 hatte die Organisation ein kollegiales Führungssystem etabliert, um die Macht nicht auf eine Person zu konzentrieren. Das sahen die anderen Syndikate in Tokio, die noch nach altem Führungsmuster operierten, als Schwäche an und ihre Bosse versuchten daher immer wieder, das Syndikat in Yokohama mal offen, mal verdeckt zu übernehmen. Einige Syndikatsführer begannen nun selbst ihr neues Modell infrage zu stellen, insbesondere jener, der zu Karasawa Atsuos Lebzeiten als seine rechte Hand gegolten hatte. Und auch wenn Kurosaki ihn stets für seine direkte Art wertgeschätzt hatte, so erblickte er in ihm nun einen Kriegshetzer, der mit seinen unkontrollierten Wutausbrüchen und seiner blinden Aggressivität die Zukunft der gesamten Organisation gefährden würde, wenn er jetzt im Syndikat die alte Ordnung wiederherstellen wollte. Um das zu verhindern, ließ ihn Kurosaki kurzerhand kaltstellen, während er einen Plan entwickelte, die Angriffe durch die anderen Syndikate dauerhaft abzuwehren. In diesen Tagen wurde die Freundschaft zwischen Fukamachi Jotaro und Kurosaki auf eine harte Probe gestellt, da ersterer zeitweise in einige sehr unangenehme Dinge hineingezogen wurde.

Es wäre zu diesem Zeitpunkt ein Leichtes für Kurosaki gewesen, selbst in die Rolle des Paten zu schlüpfen, aber genau dies lehnt er zutiefst ab, sodass das Führungsgremium schließlich durch sein schnelles Handeln wieder fest im Sattel sitzt und sich gegen Angriffe von außen verteidigen kann. Langsam beginnt auch bei den anderen Syndikaten ein Umdenken und die Tage, da ein Boss die völlige Kontrolle hatte, scheinen gezählt, und genau das ist Kurosakis Ziel. Er hat gelernt, dass Geduld manchmal ausreicht, um einen Sieg davonzutragen.

„Rücksicht gegenüber anderen, sofern sie einen nicht gerade mit Füßen treten."
„Wirf dich ins Leben, um satt zu werden, aber vor eine Kugel wirf dich nur der Liebe wegen."
„Wer immer nur nach den Sternen greift, verliert den Boden aus den Augen, auf dem er steht."
„Wenn Gauner vom Allgemeinwohl sprechen, meinen sie ihr eigenes."

„Yakuza und Staatsdiener sind im Grunde gar nicht so verschieden. Sie bilden eine Struktur mit Hierarchien, pflegen politische und wirtschaftliche Kontakte bisweilen in die ganze Welt, sind an Projekten und Transaktionen beteiligt, die die ganze Gesellschaft betreffen. Und was diese beiden Seiten am meisten verbindet, ist die Tatsache, dass die ganz oben nicht mal ins Schwitzen kommen müssen, sondern nur die anderen dazu motivieren, die Geldflüsse am Laufen zu halten. Denn schließlich ist noch niemand von Arbeit allein reich geworden."

Der Verfasser dieser denkwürdigen Aussprüche stirbt im Dezember 1994 bei einem höchst seltsamen Unfall am Abend seines eigenen Hochzeitstages. Eben noch feiert er mit seiner großen Liebe, der Journalistin Otake Maho, die zu dieser Zeit noch für die Kulturseiten der Tageszeitung „Tonichi" schreibt, schon muss er Abschied nehmen vom vielleicht größten Glück seines Lebens…

Sein Freund Jotaro, dem Kurosaki 1979 erstmals begegnete, pflegt über ihn zu sagen, dass er ein Gauner mit Herz war, jemand, der austeilen, aber auch einstecken konnte, und der etwas von den Schicksalsschlägen des Lebens verstand und was diese mit Menschen anstellen können. Manchmal, sagt Jotaro, sehe er Kurosaki als lachenden Geist neben sich schweben, und ja, er wisse, es gebe keine Geister und das sei alles nur eine Illusion, die ihn überkomme, wenn er schmerzvoll an den Verlust seines guten Freundes denke. Trotzdem würde es ihn nicht wundern, wenn Kurosaki selbst den Tod überlistet hätte, denn wenn er es einem zutrauen würde, dann seinem alten Yakuza-Kumpanen.

Das Grab von Kurosaki Junichi befindet sich auf dem Gelände des Yogenji-Tempels im Kohinata-Distrikt des Tokioter Stadtteils Bunkyo.

*Sekikawa Natsuo, Leitender Ermittler*

# Kapitel 43
# Mächtige Frauen

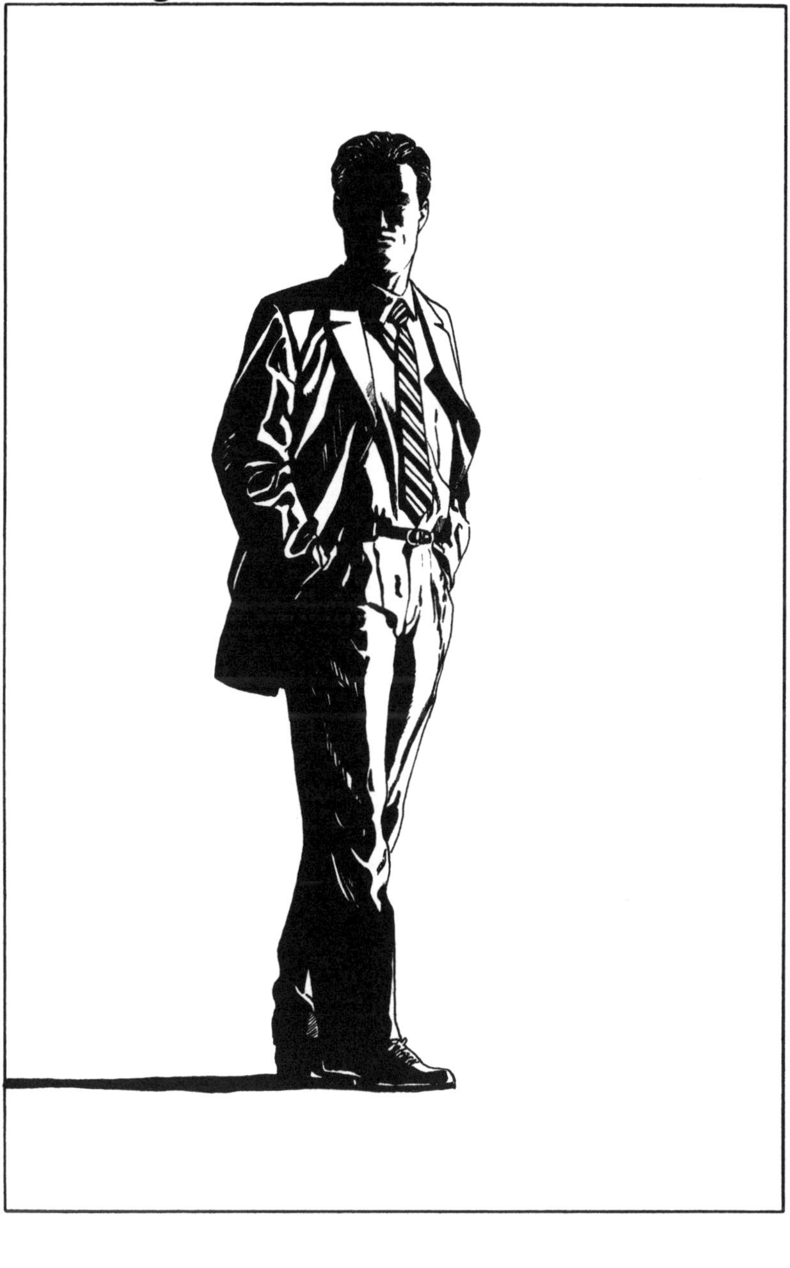

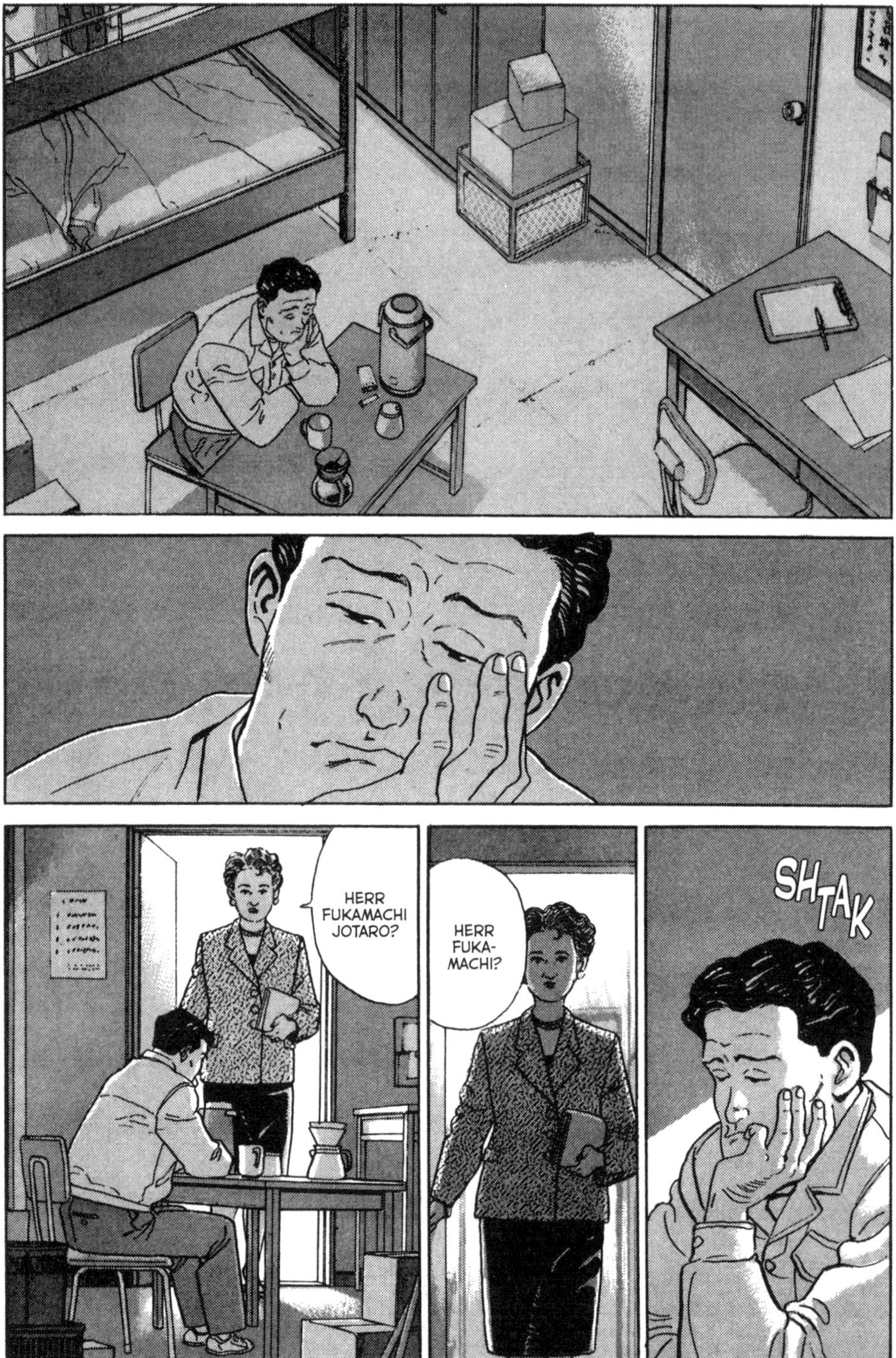
HERR FUKAMACHI JOTARO?
HERR FUKA-MACHI?
SHTAK

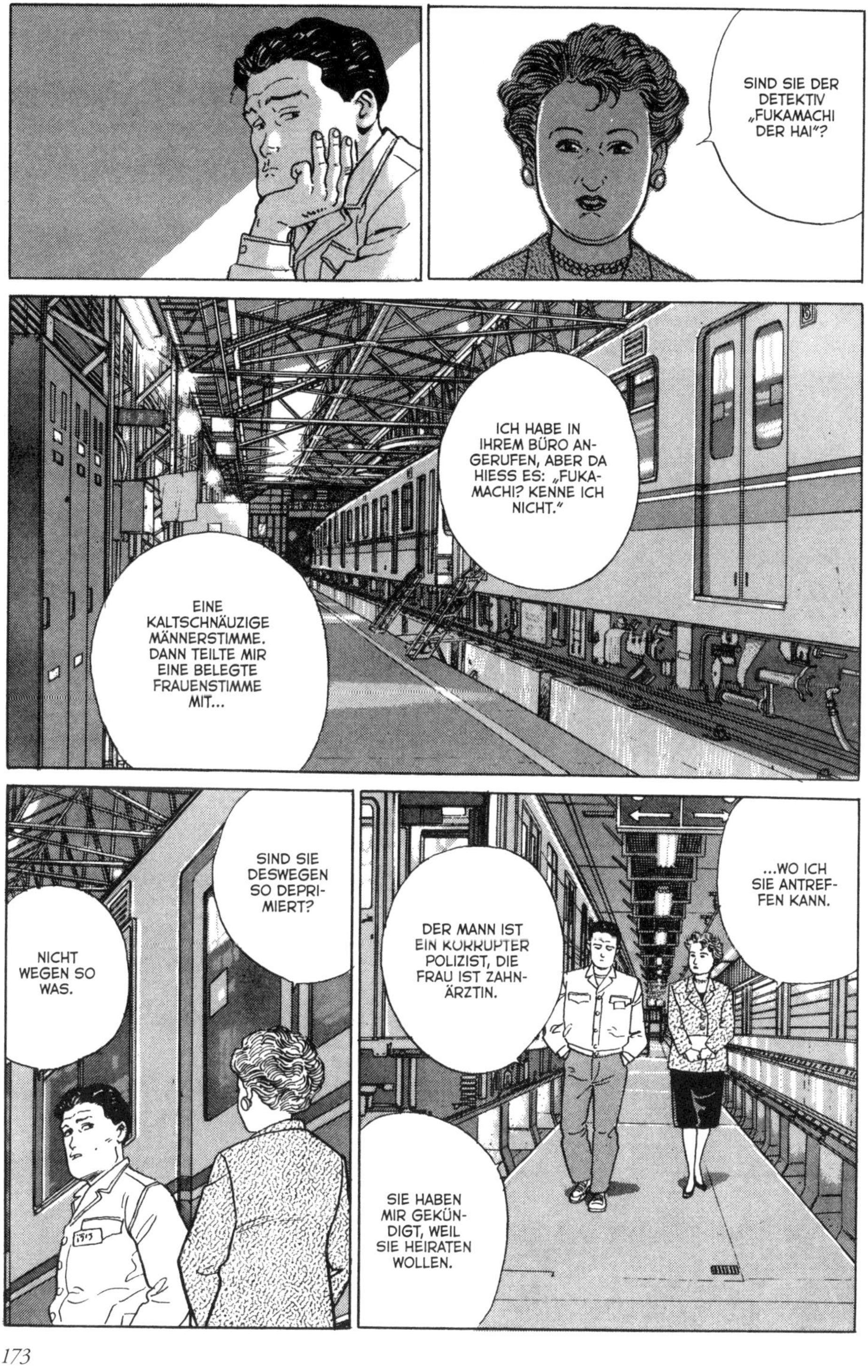
SIND SIE DER DETEKTIV „FUKAMACHI DER HAI"?
ICH HABE IN IHREM BÜRO ANGERUFEN, ABER DA HIESS ES: „FUKAMACHI? KENNE ICH NICHT."
EINE KALTSCHNÄUZIGE MÄNNERSTIMME. DANN TEILTE MIR EINE BELEGTE FRAUENSTIMME MIT...
SIND SIE DESWEGEN SO DEPRIMIERT?
NICHT WEGEN SO WAS.
...WO ICH SIE ANTREFFEN KANN.
DER MANN IST EIN KORRUPTER POLIZIST, DIE FRAU IST ZAHNÄRZTIN.
SIE HABEN MIR GEKÜNDIGT, WEIL SIE HEIRATEN WOLLEN.

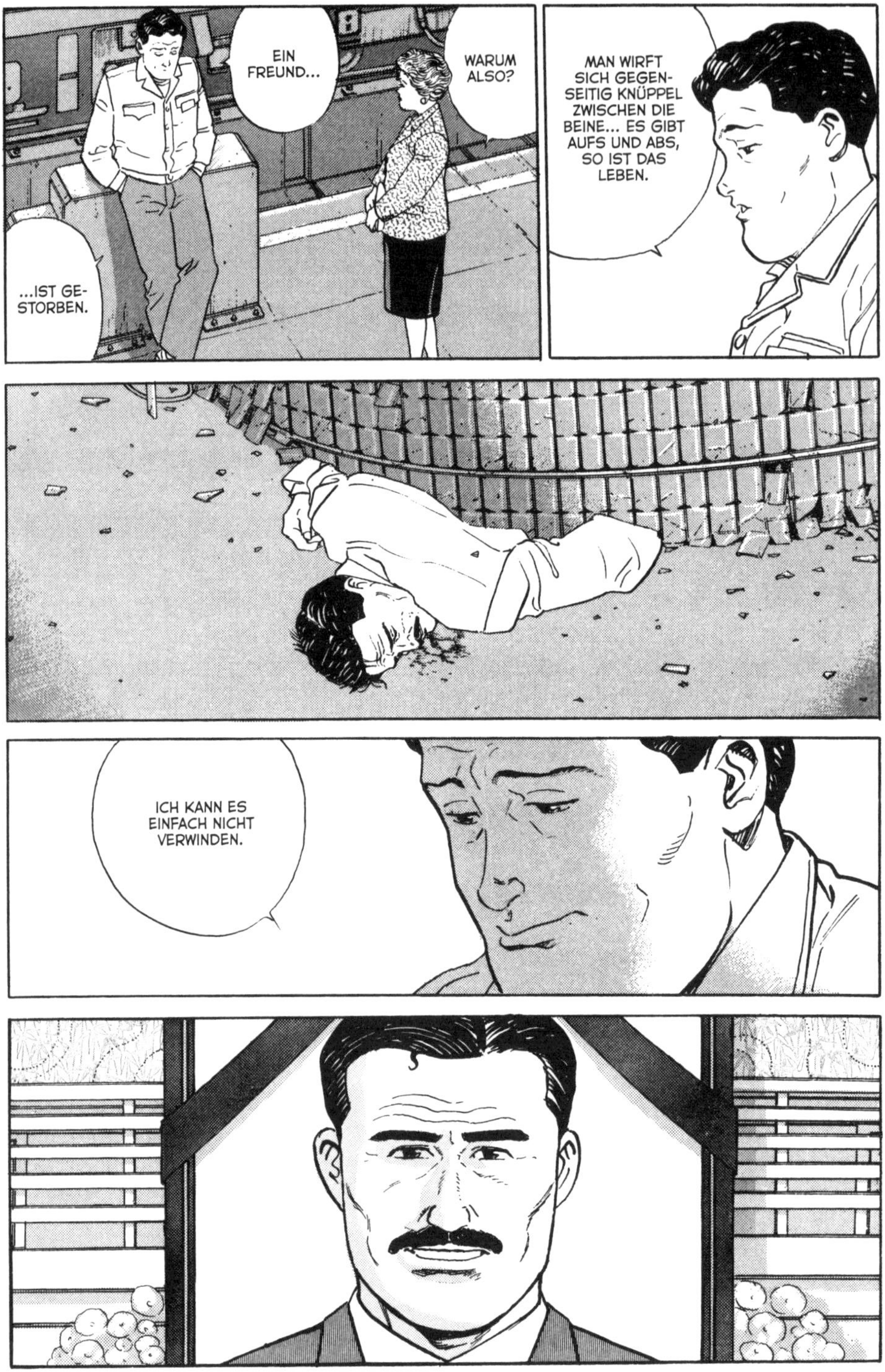
WARUM ALSO?
EIN FREUND...
...IST GESTORBEN.
MAN WIRFT SICH GEGENSEITIG KNÜPPEL ZWISCHEN DIE BEINE... ES GIBT AUFS UND ABS, SO IST DAS LEBEN.
ICH KANN ES EINFACH NICHT VERWINDEN.

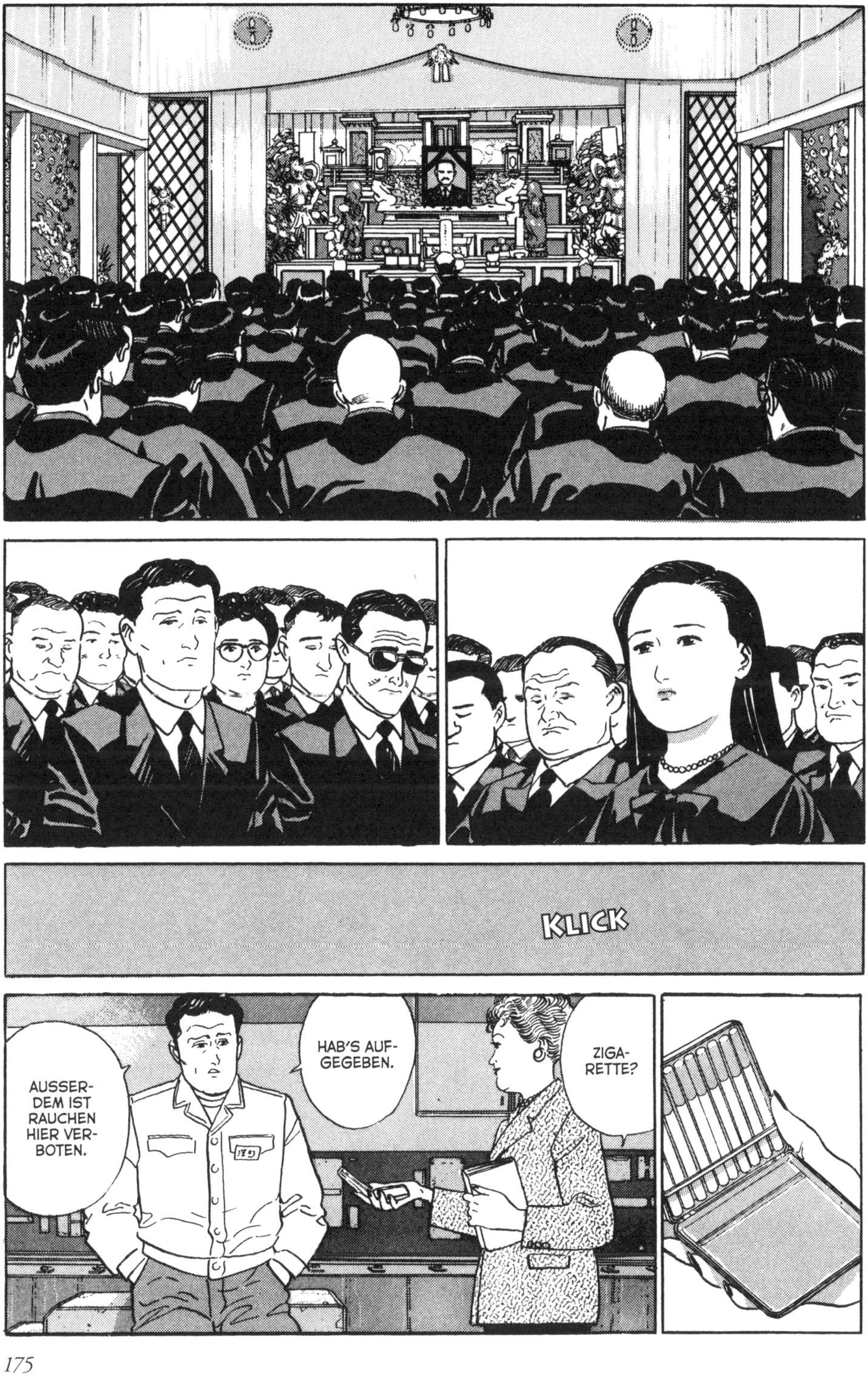
KLICK
ZIGA-RETTE?
HAB'S AUF-GEGEBEN.
AUSSER-DEM IST RAUCHEN HIER VER-BOTEN.

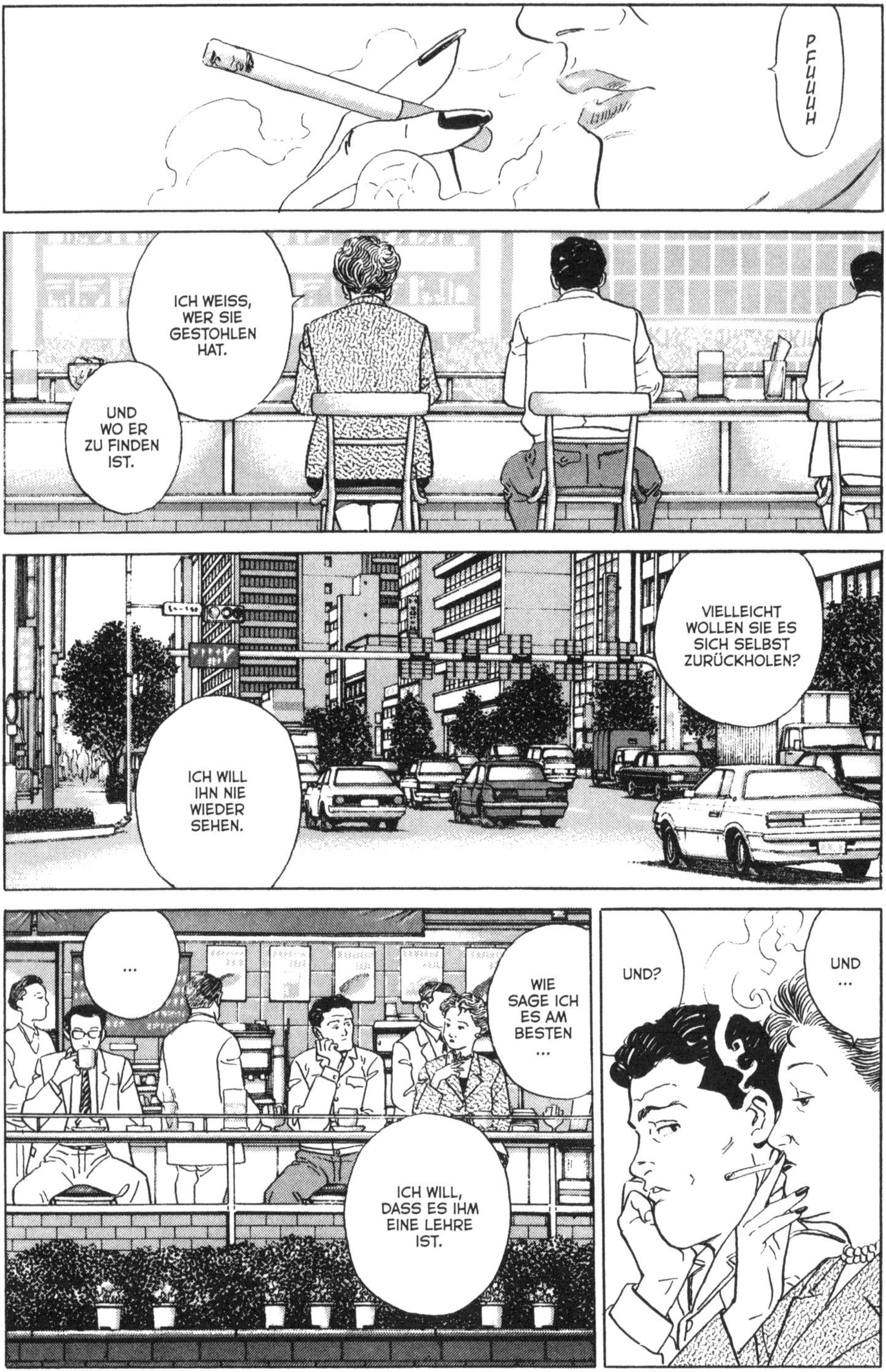
PFUUUH
ICH WEISS, WER SIE GESTOHLEN HAT.
UND WO ER ZU FINDEN IST.
VIELLEICHT WOLLEN SIE ES SICH SELBST ZURÜCKHOLEN?
ICH WILL IHN NIE WIEDER SEHEN.
UND …
UND?
…
WIE SAGE ICH ES AM BESTEN …
ICH WILL, DASS ES IHM EINE LEHRE IST.

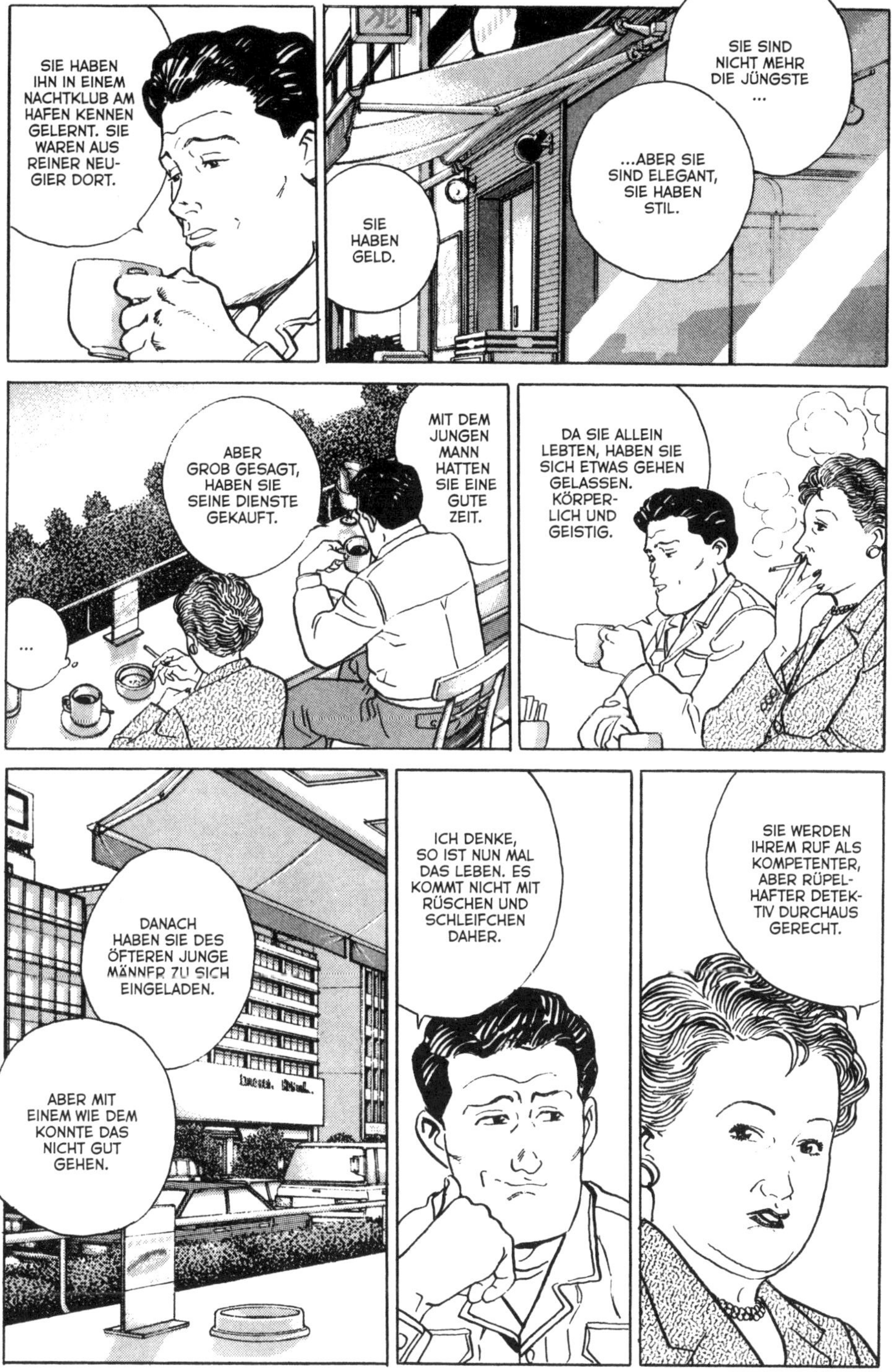
SIE HABEN IHN IN EINEM NACHTKLUB AM HAFEN KENNEN GELERNT. SIE WAREN AUS REINER NEUGIER DORT.
SIE SIND NICHT MEHR DIE JÜNGSTE ...
...ABER SIE SIND ELEGANT, SIE HABEN STIL.
SIE HABEN GELD.
MIT DEM JUNGEN MANN HATTEN SIE EINE GUTE ZEIT.
ABER GROB GESAGT, HABEN SIE SEINE DIENSTE GEKAUFT.
...
DA SIE ALLEIN LEBTEN, HABEN SIE SICH ETWAS GEHEN GELASSEN. KÖRPERLICH UND GEISTIG.
SIE WERDEN IHREM RUF ALS KOMPETENTER, ABER RÜPELHAFTER DETEKTIV DURCHAUS GERECHT.
ICH DENKE, SO IST NUN MAL DAS LEBEN. ES KOMMT NICHT MIT RÜSCHEN UND SCHLEIFCHEN DAHER.
DANACH HABEN SIE DES ÖFTEREN JUNGE MÄNNER ZU SICH EINGELADEN.
ABER MIT EINEM WIE DEM KONNTE DAS NICHT GUT GEHEN.

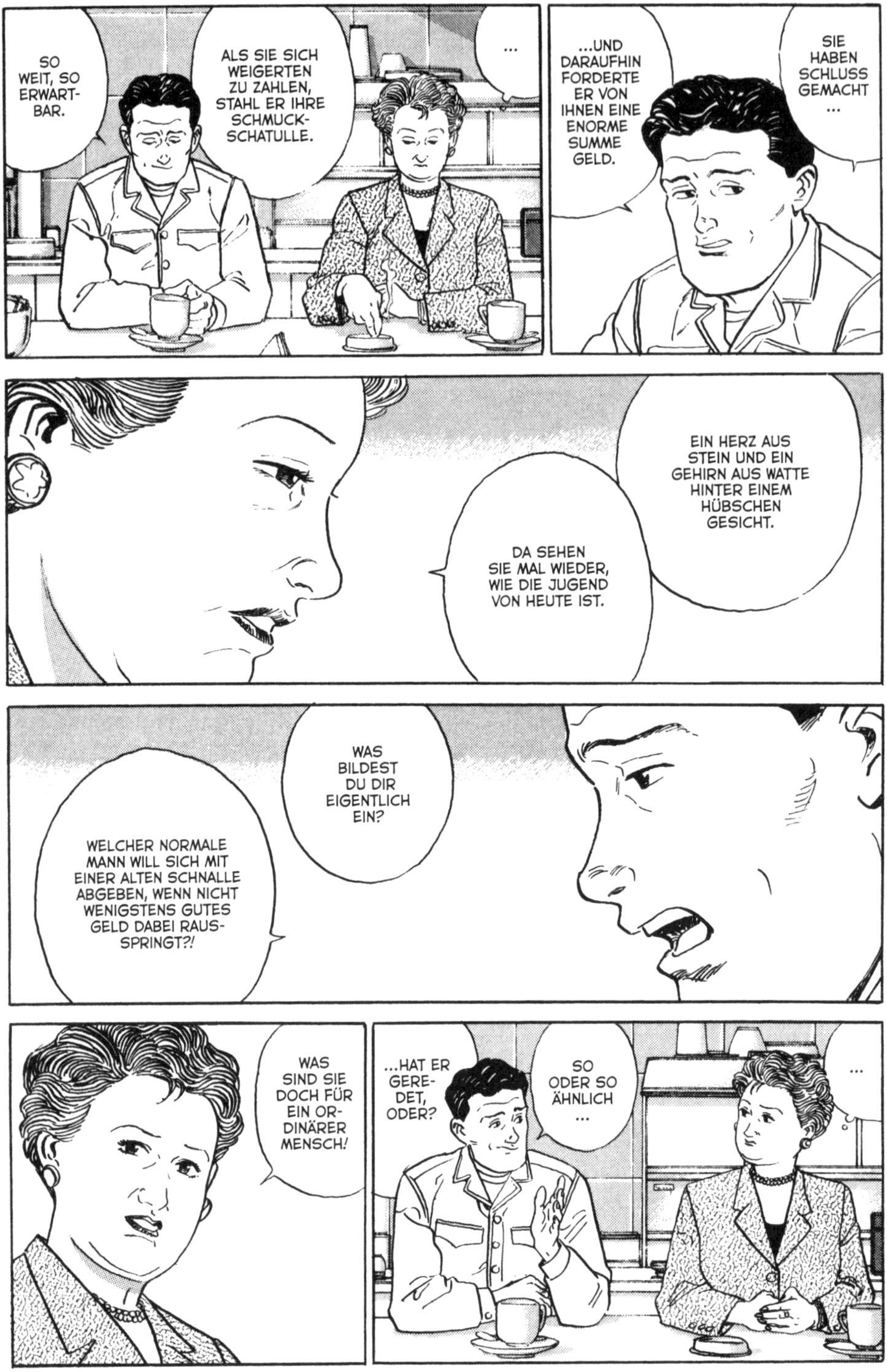

SO WEIT, SO ERWART-BAR.
ALS SIE SICH WEIGERTEN ZU ZAHLEN, STAHL ER IHRE SCHMUCK-SCHATULLE.
...
...UND DARAUFHIN FORDERTE ER VON IHNEN EINE ENORME SUMME GELD.
SIE HABEN SCHLUSS GEMACHT ...
EIN HERZ AUS STEIN UND EIN GEHIRN AUS WATTE HINTER EINEM HÜBSCHEN GESICHT.
DA SEHEN SIE MAL WIEDER, WIE DIE JUGEND VON HEUTE IST.
WAS BILDEST DU DIR EIGENTLICH EIN?
WELCHER NORMALE MANN WILL SICH MIT EINER ALTEN SCHNALLE ABGEBEN, WENN NICHT WENIGSTENS GUTES GELD DABEI RAUS-SPRINGT?!
WAS SIND SIE DOCH FÜR EIN OR-DINÄRER MENSCH!
...HAT ER GERE-DET, ODER?
SO ODER SO ÄHNLICH ...
...

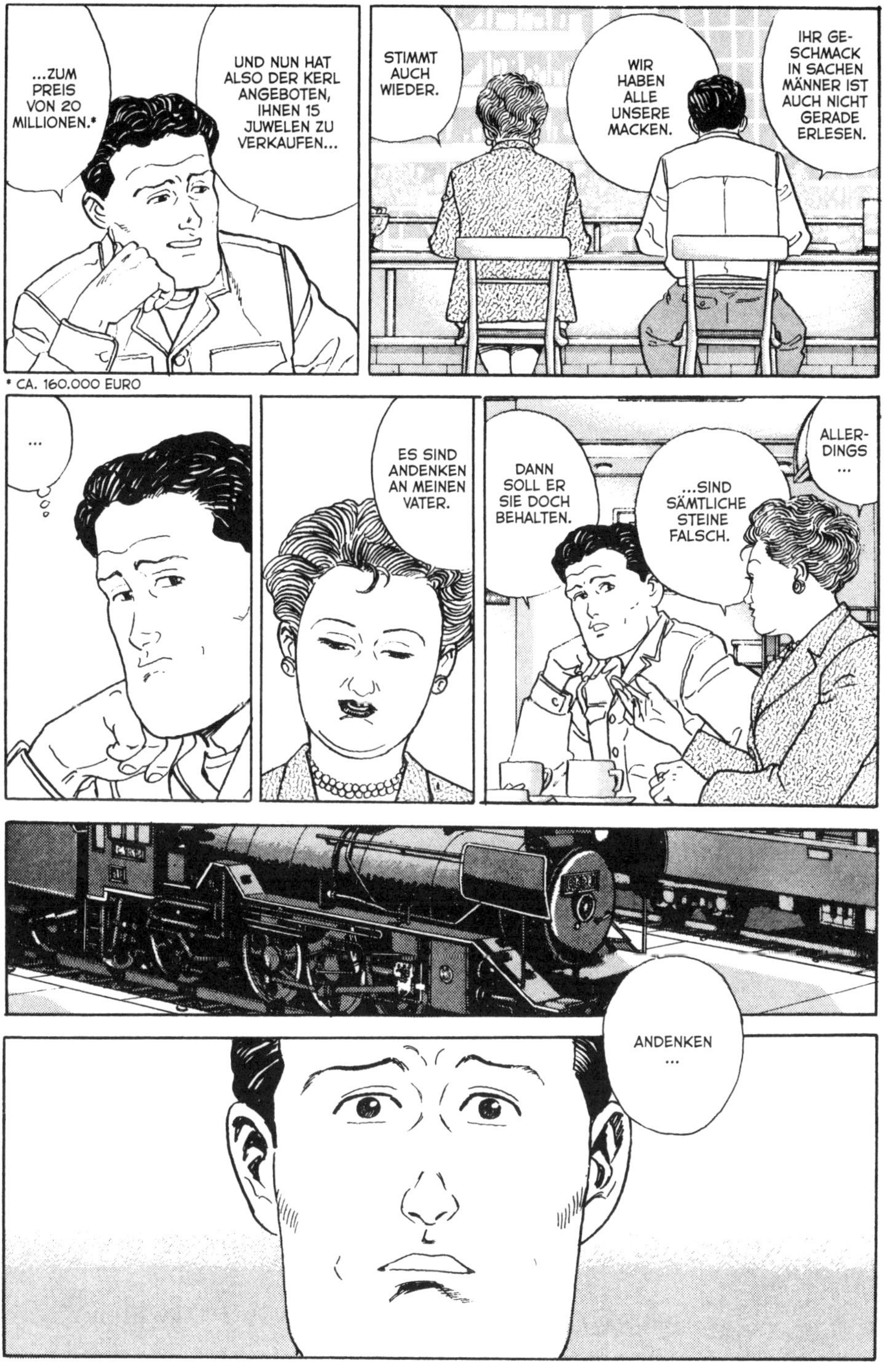


* CA. 160.000 EURO

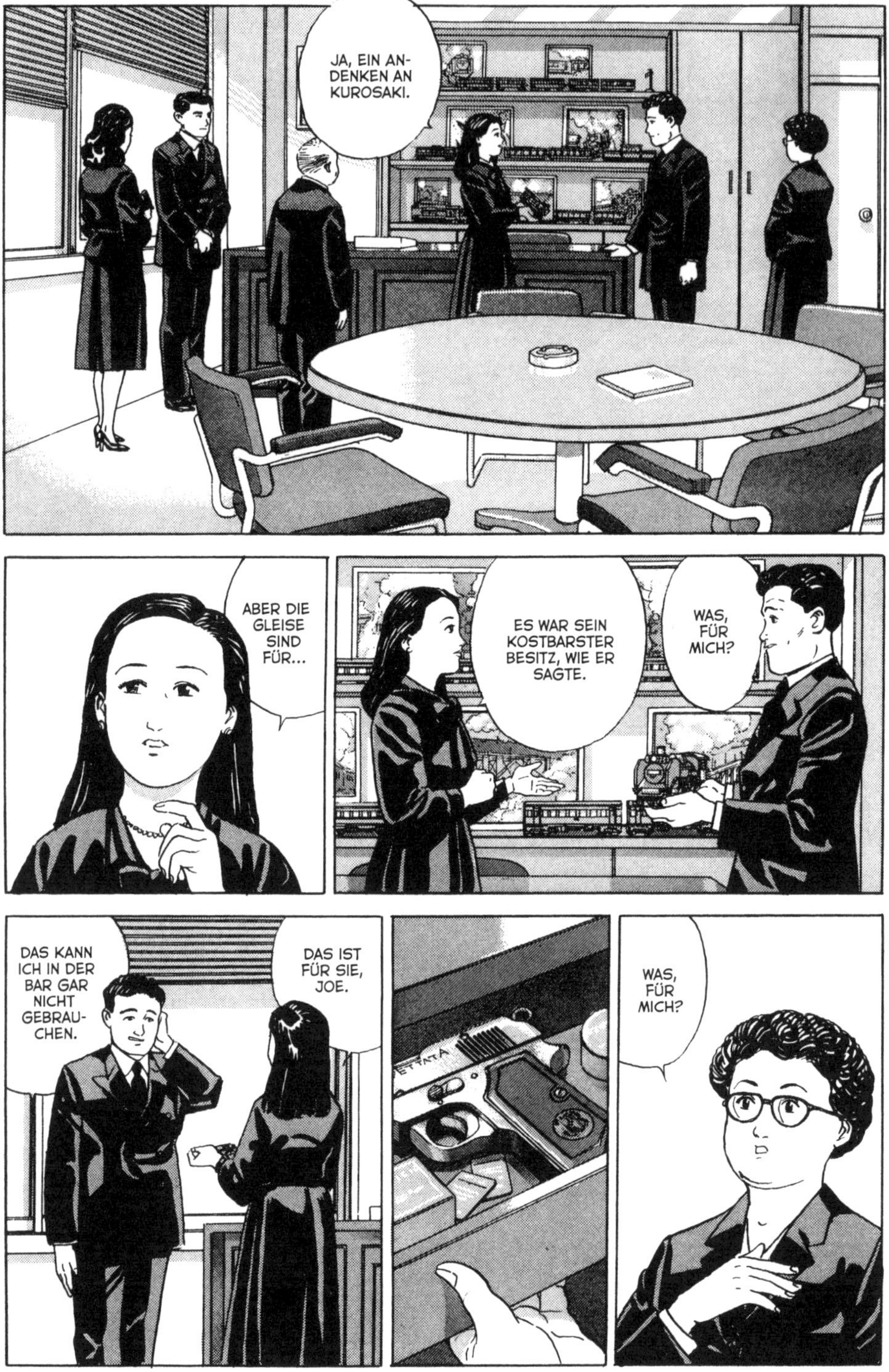
JA, EIN AN-
DENKEN AN
KUROSAKI.
ABER DIE
GLEISE
SIND
FÜR...
ES WAR SEIN
KOSTBARSTER
BESITZ, WIE ER
SAGTE.
WAS,
FÜR
MICH?
DAS KANN
ICH IN DER
BAR GAR
NICHT
GEBRAU-
CHEN.
DAS IST
FÜR SIE,
JOE.
WAS,
FÜR
MICH?

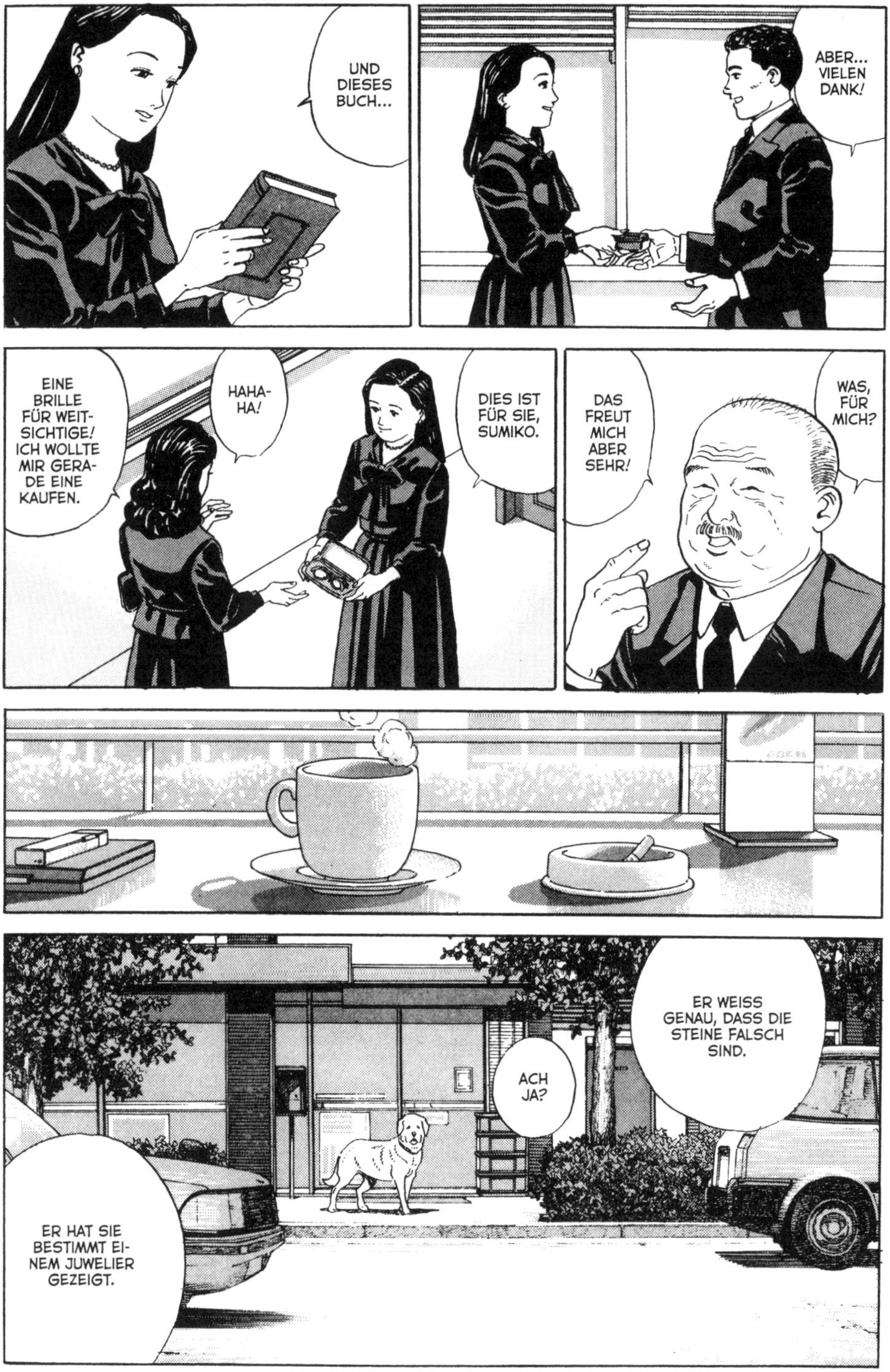
UND DIESES BUCH…
ABER… VIELEN DANK!
WAS, FÜR MICH?
DAS FREUT MICH ABER SEHR!
DIES IST FÜR SIE, SUMIKO.
HAHAHA!
EINE BRILLE FÜR WEITSICHTIGE! ICH WOLLTE MIR GERADE EINE KAUFEN.
ER WEISS GENAU, DASS DIE STEINE FALSCH SIND.
ACH JA?
ER HAT SIE BESTIMMT EINEM JUWELIER GEZEIGT.

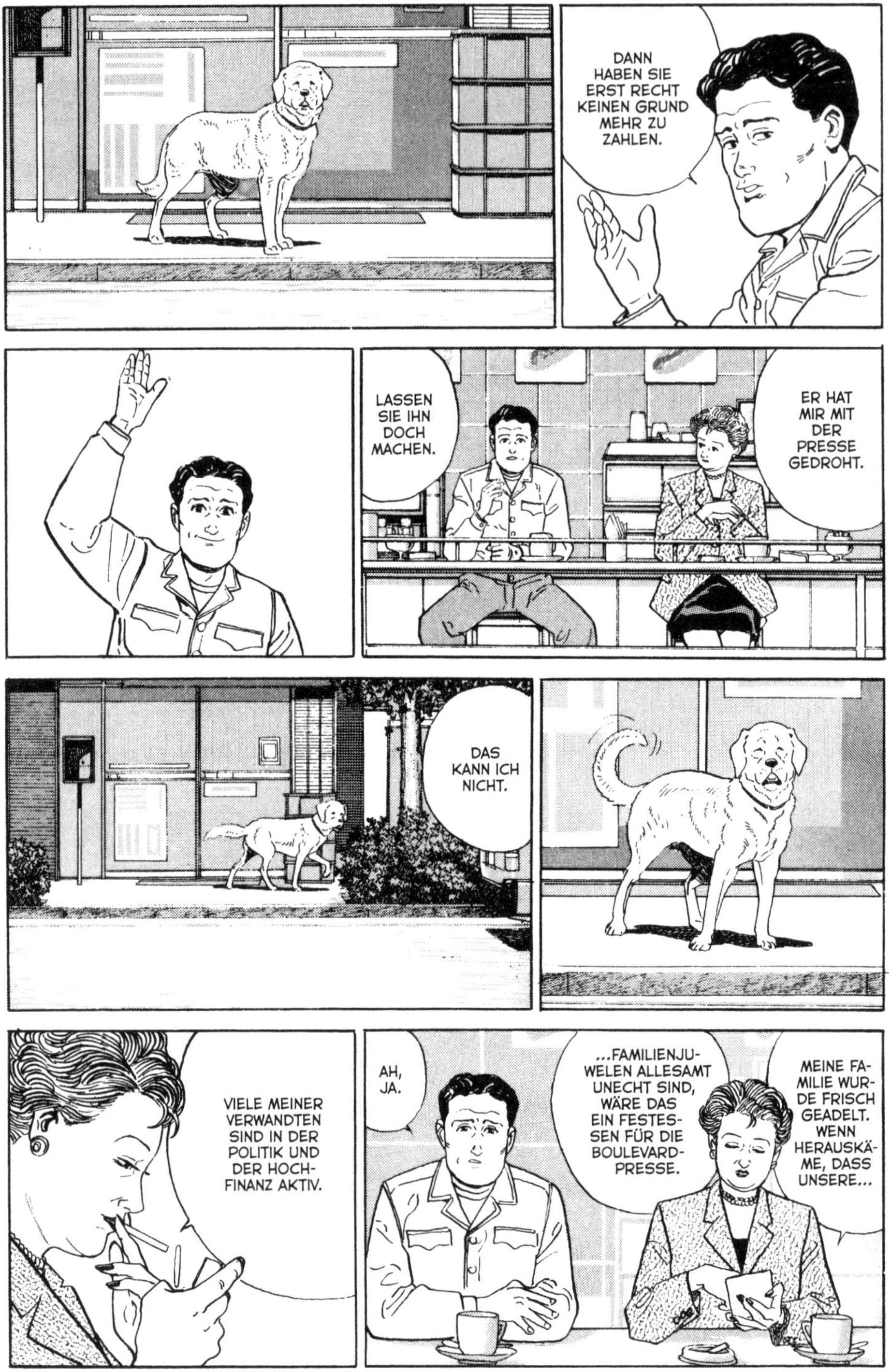
DANN HABEN SIE ERST RECHT KEINEN GRUND MEHR ZU ZAHLEN.
ER HAT MIR MIT DER PRESSE GEDROHT.
LASSEN SIE IHN DOCH MACHEN.
DAS KANN ICH NICHT.
MEINE FAMILIE WURDE FRISCH GEADELT. WENN HERAUSKÄME, DASS UNSERE...
...FAMILIENJUWELEN ALLESAMT UNECHT SIND, WÄRE DAS EIN FESTESSEN FÜR DIE BOULEVARDPRESSE.
AH, JA.
VIELE MEINER VERWANDTEN SIND IN DER POLITIK UND DER HOCHFINANZ AKTIV.

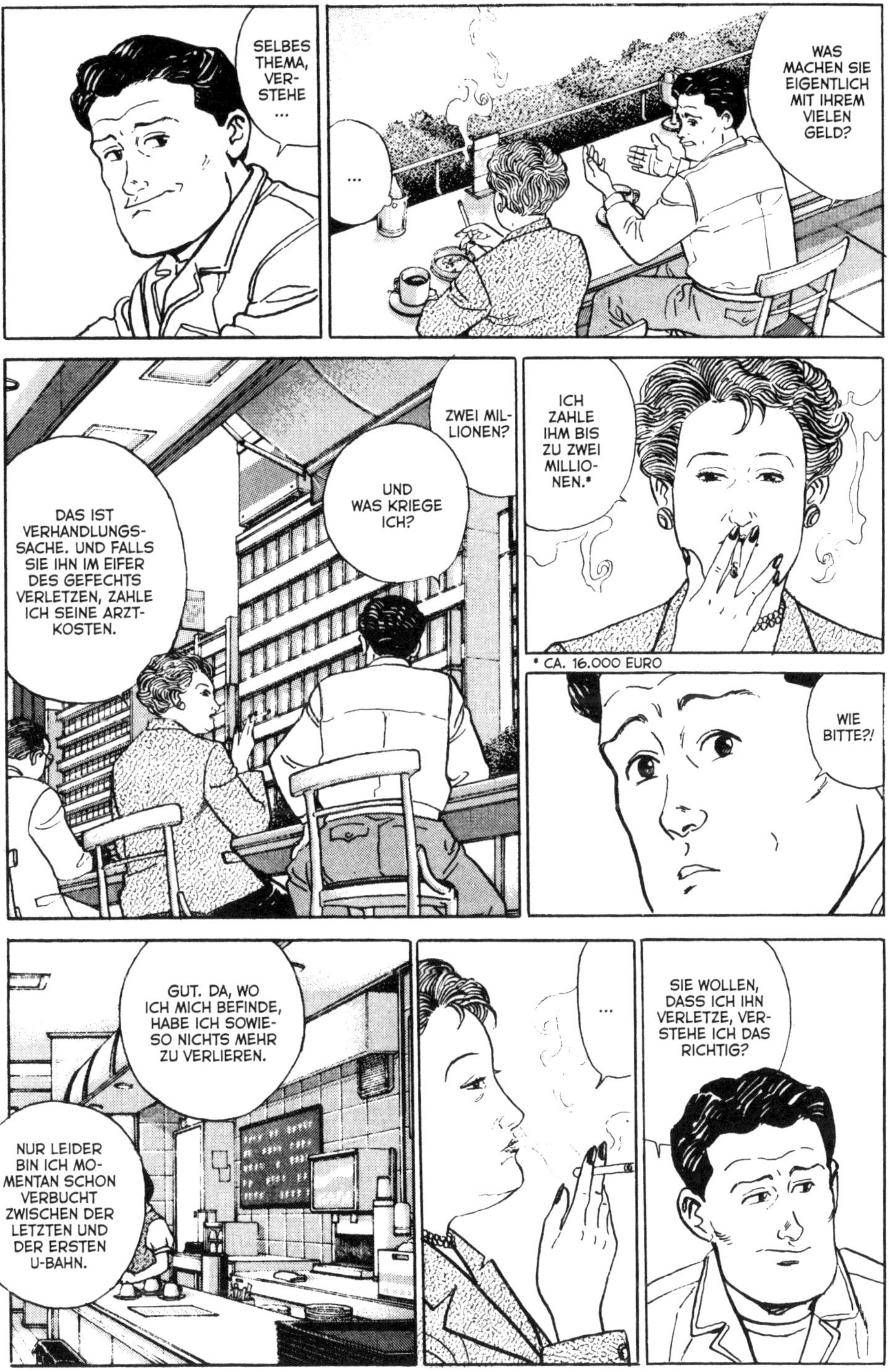
SELBES THEMA, VERSTEHE …
WAS MACHEN SIE EIGENTLICH MIT IHREM VIELEN GELD?
…
ICH ZAHLE IHM BIS ZU ZWEI MILLIONEN.*
ZWEI MILLIONEN?
UND WAS KRIEGE ICH?
DAS IST VERHANDLUNGSSACHE. UND FALLS SIE IHN IM EIFER DES GEFECHTS VERLETZEN, ZAHLE ICH SEINE ARZTKOSTEN.
* CA. 16.000 EURO
WIE BITTE?!
SIE WOLLEN, DASS ICH IHN VERLETZE, VERSTEHE ICH DAS RICHTIG?
…
GUT. DA, WO ICH MICH BEFINDE, HABE ICH SOWIESO NICHTS MEHR ZU VERLIEREN.
NUR LEIDER BIN ICH MOMENTAN SCHON VERBUCHT ZWISCHEN DER LETZTEN UND DER ERSTEN U-BAHN.

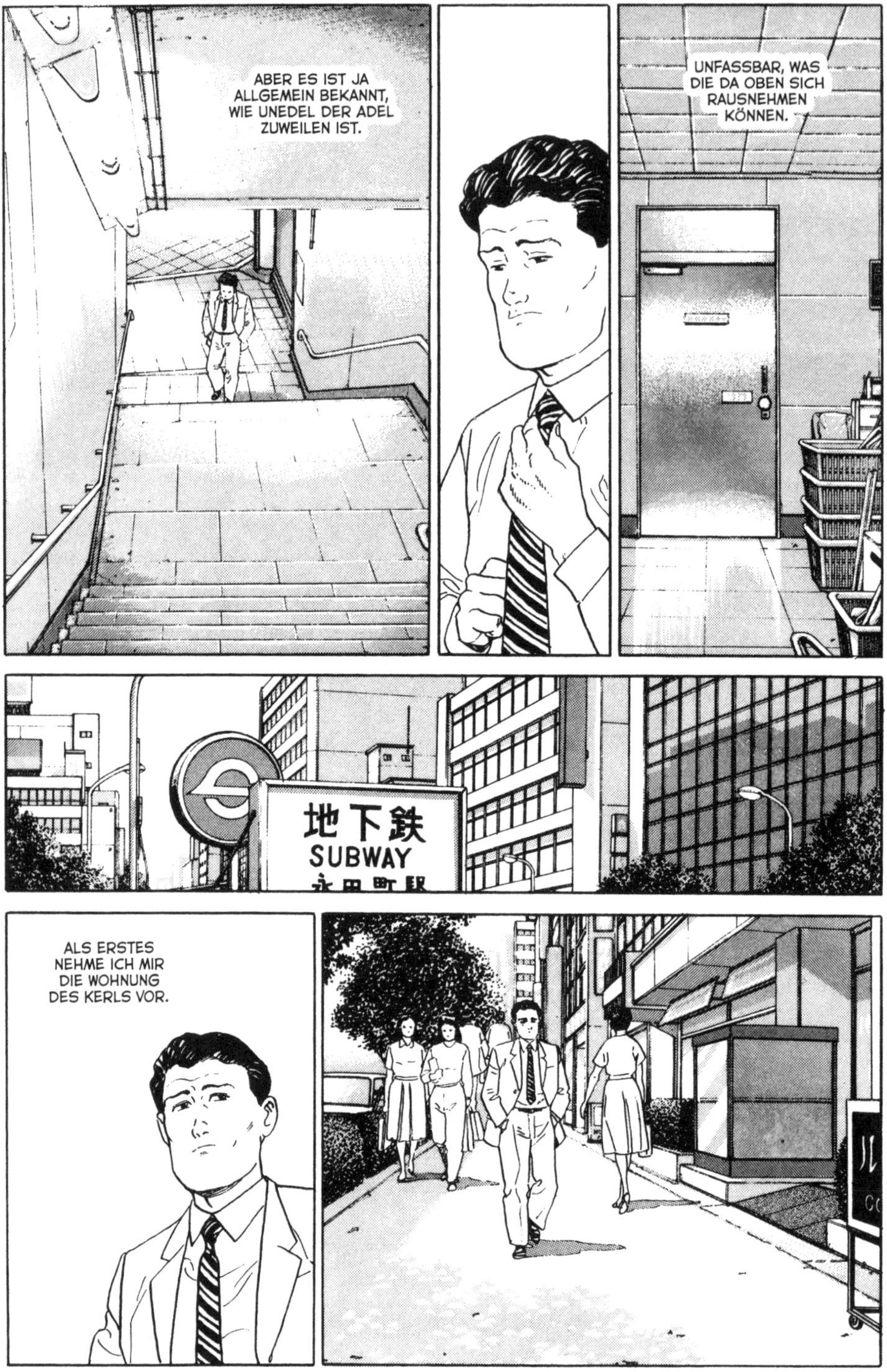
UNFASSBAR, WAS DIE DA OBEN SICH RAUSNEHMEN KÖNNEN.
ABER ES IST JA ALLGEMEIN BEKANNT, WIE UNEDEL DER ADEL ZUWEILEN IST.
地下鉄
SUBWAY
ALS ERSTES NEHME ICH MIR DIE WOHNUNG DES KERLS VOR.

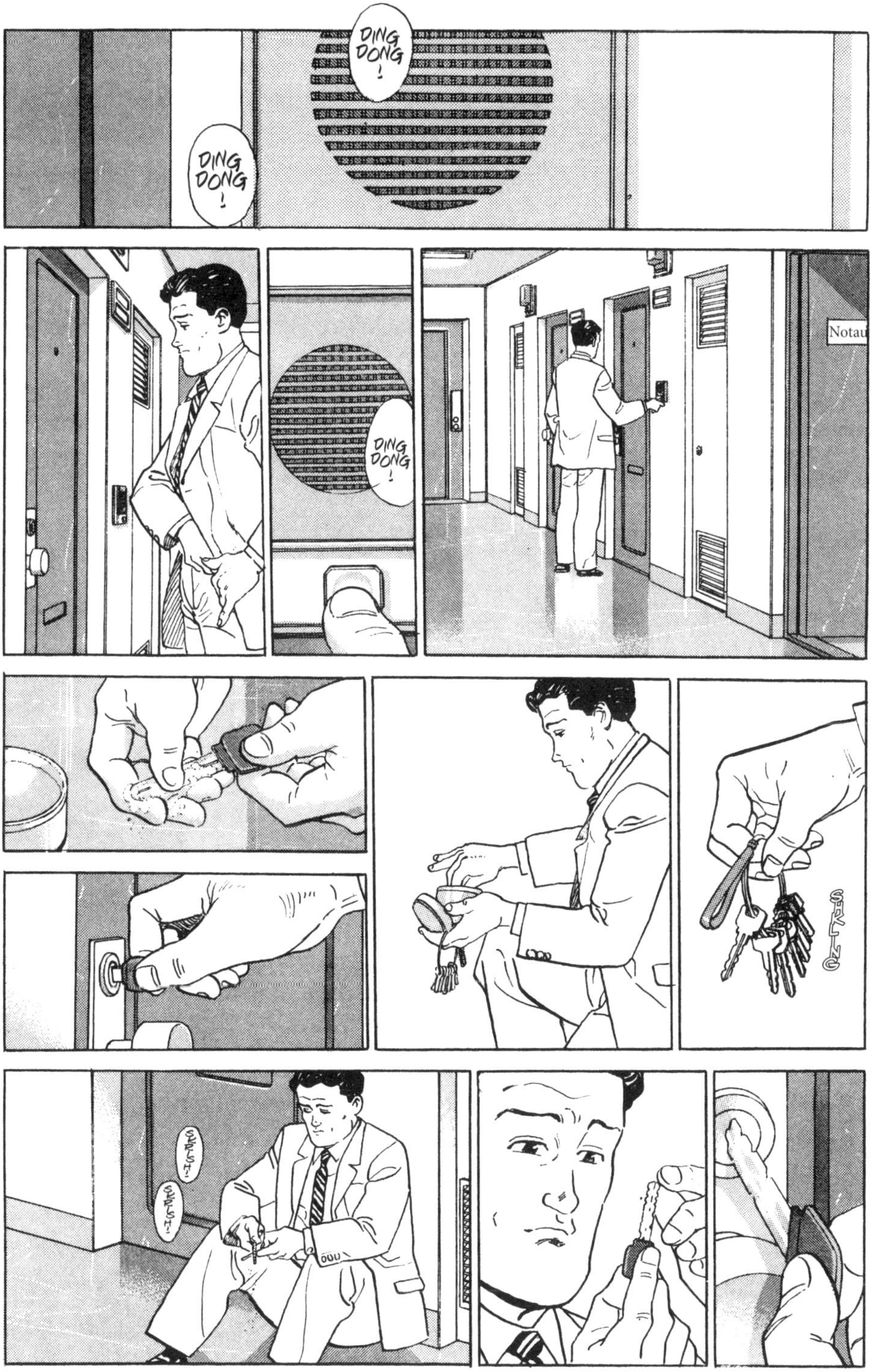
DING DONG!
DING DONG!
DING DONG!
Notau
SHKLING
SKRISH!
SKRISH!

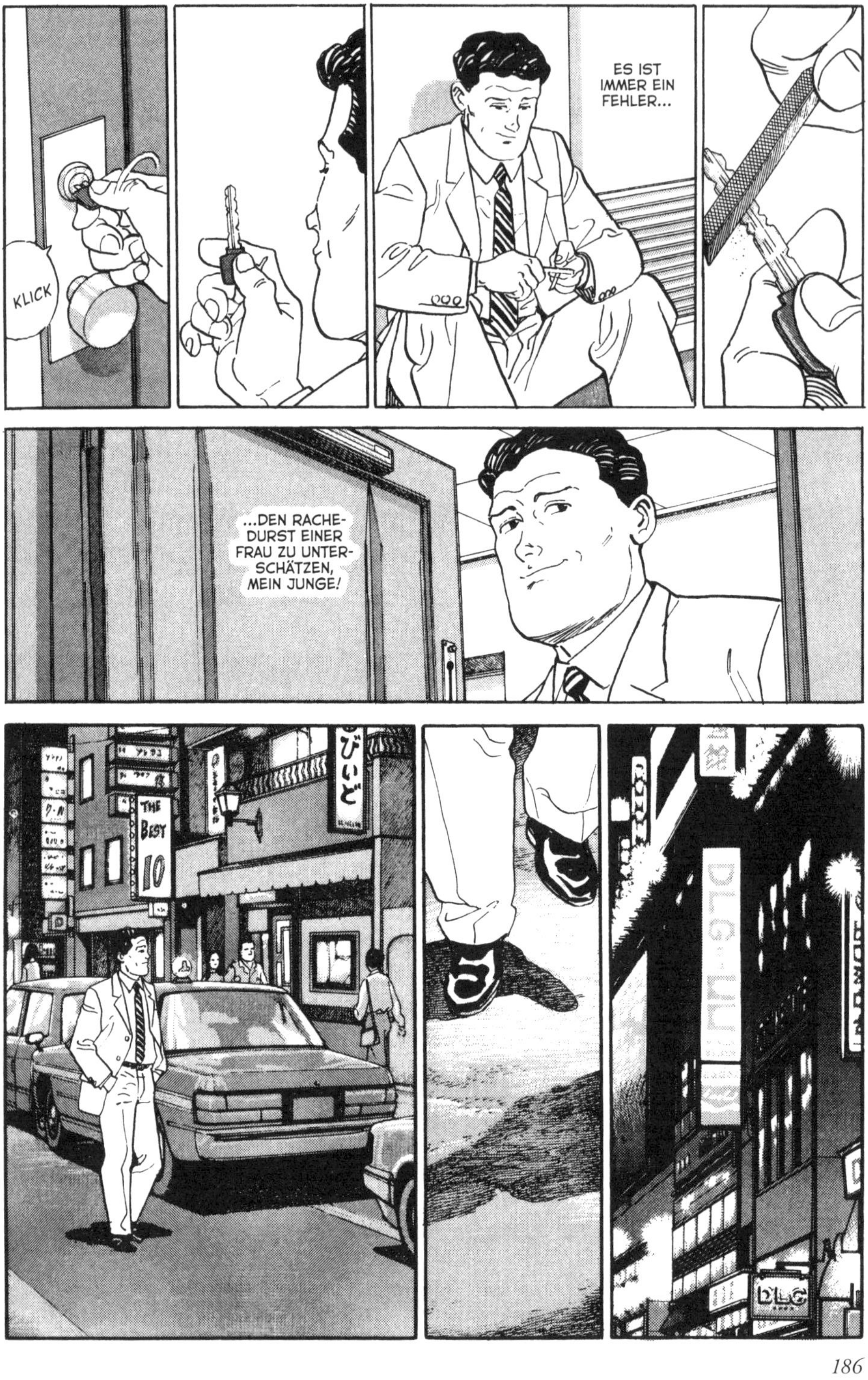
KLICK
ES IST IMMER EIN FEHLER...
...DEN RACHEDURST EINER FRAU ZU UNTERSCHÄTZEN, MEIN JUNGE!
THE BEST 10
DLG

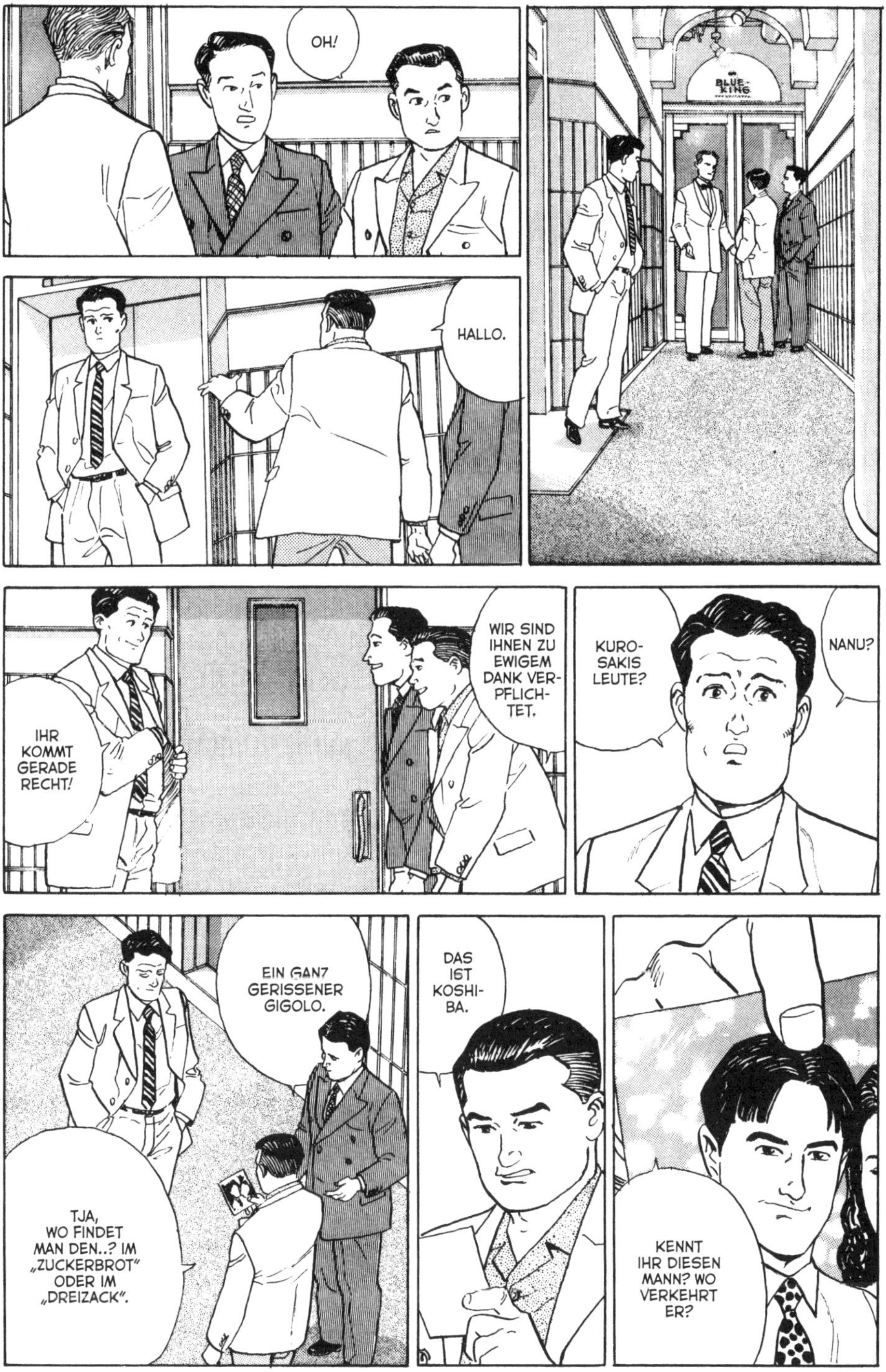
OH!
HALLO.
NANU?
KURO-SAKIS LEUTE?
IHR KOMMT GERADE RECHT!
WIR SIND IHNEN ZU EWIGEM DANK VERPFLICHTET.
KENNT IHR DIESEN MANN? WO VERKEHRT ER?
DAS IST KOSHIBA.
EIN GANZ GERISSENER GIGOLO.
TJA, WO FINDET MAN DEN..? IM „ZUCKERBROT" ODER IM „DREIZACK".

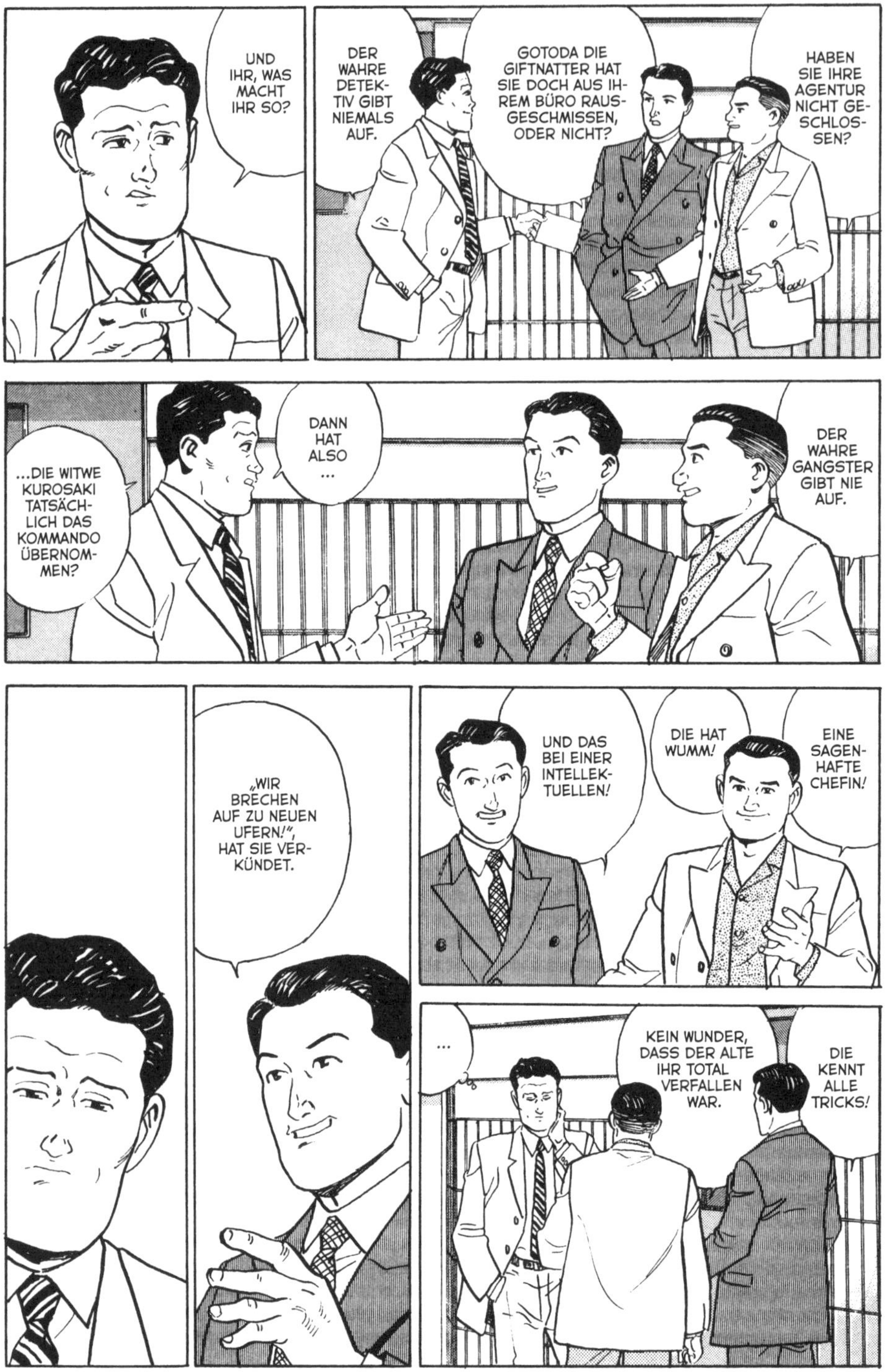
HABEN SIE IHRE AGENTUR NICHT GESCHLOSSEN?
GOTODA DIE GIFTNATTER HAT SIE DOCH AUS IHREM BÜRO RAUSGESCHMISSEN, ODER NICHT?
DER WAHRE DETEKTIV GIBT NIEMALS AUF.
UND IHR, WAS MACHT IHR SO?
DER WAHRE GANGSTER GIBT NIE AUF.
DANN HAT ALSO ...
...DIE WITWE KUROSAKI TATSÄCHLICH DAS KOMMANDO ÜBERNOMMEN?
EINE SAGENHAFTE CHEFIN!
DIE HAT WUMM!
UND DAS BEI EINER INTELLEKTUELLEN!
DIE KENNT ALLE TRICKS!
KEIN WUNDER, DASS DER ALTE IHR TOTAL VERFALLEN WAR.
...
„WIR BRECHEN AUF ZU NEUEN UFERN!", HAT SIE VERKÜNDET.

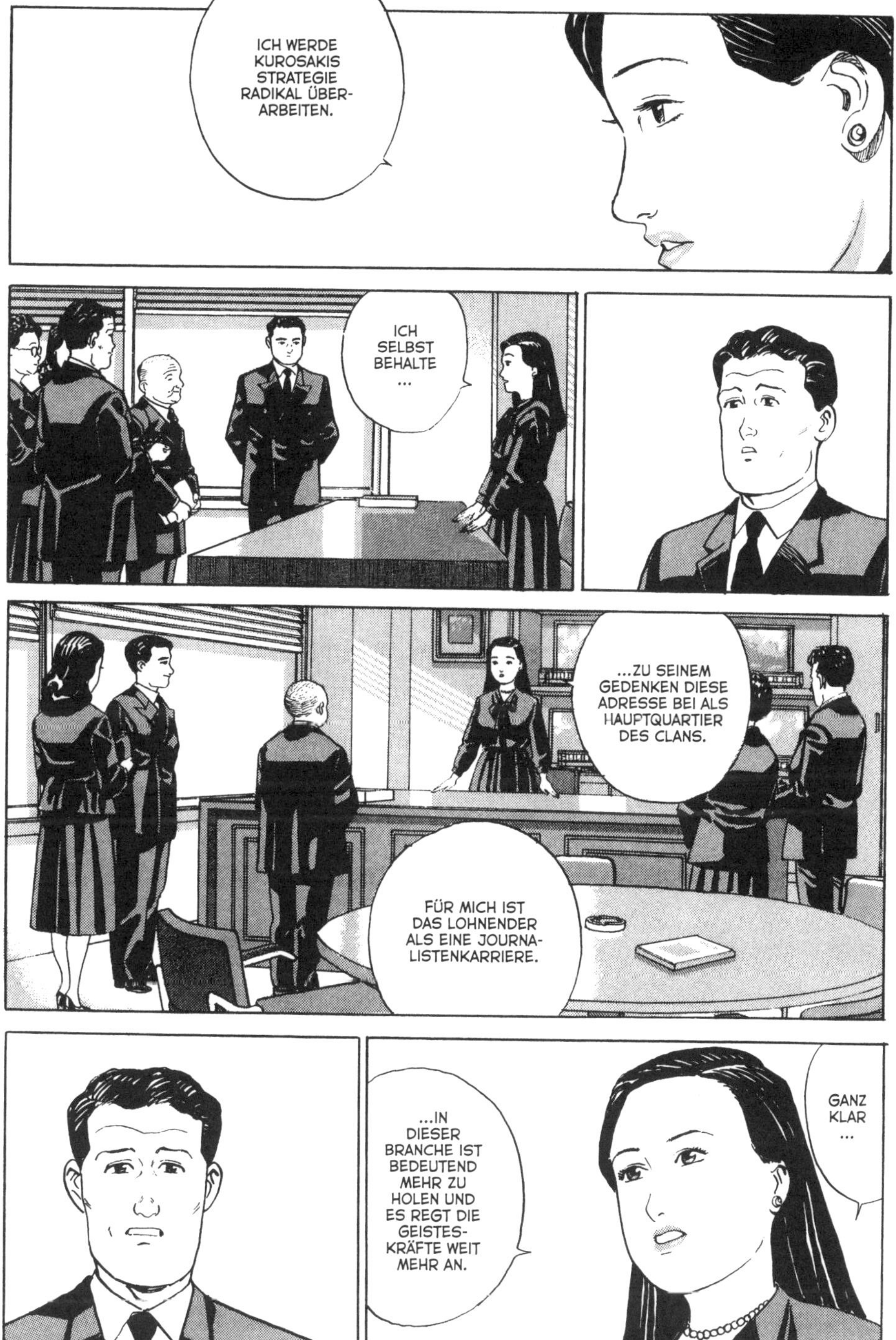
ICH WERDE KUROSAKIS STRATEGIE RADIKAL ÜBER-ARBEITEN.
ICH SELBST BEHALTE ...
...ZU SEINEM GEDENKEN DIESE ADRESSE BEI ALS HAUPTQUARTIER DES CLANS.
FÜR MICH IST DAS LOHNENDER ALS EINE JOURNA-LISTENKARRIERE.
GANZ KLAR ...
...IN DIESER BRANCHE IST BEDEUTEND MEHR ZU HOLEN UND ES REGT DIE GEISTES-KRÄFTE WEIT MEHR AN.

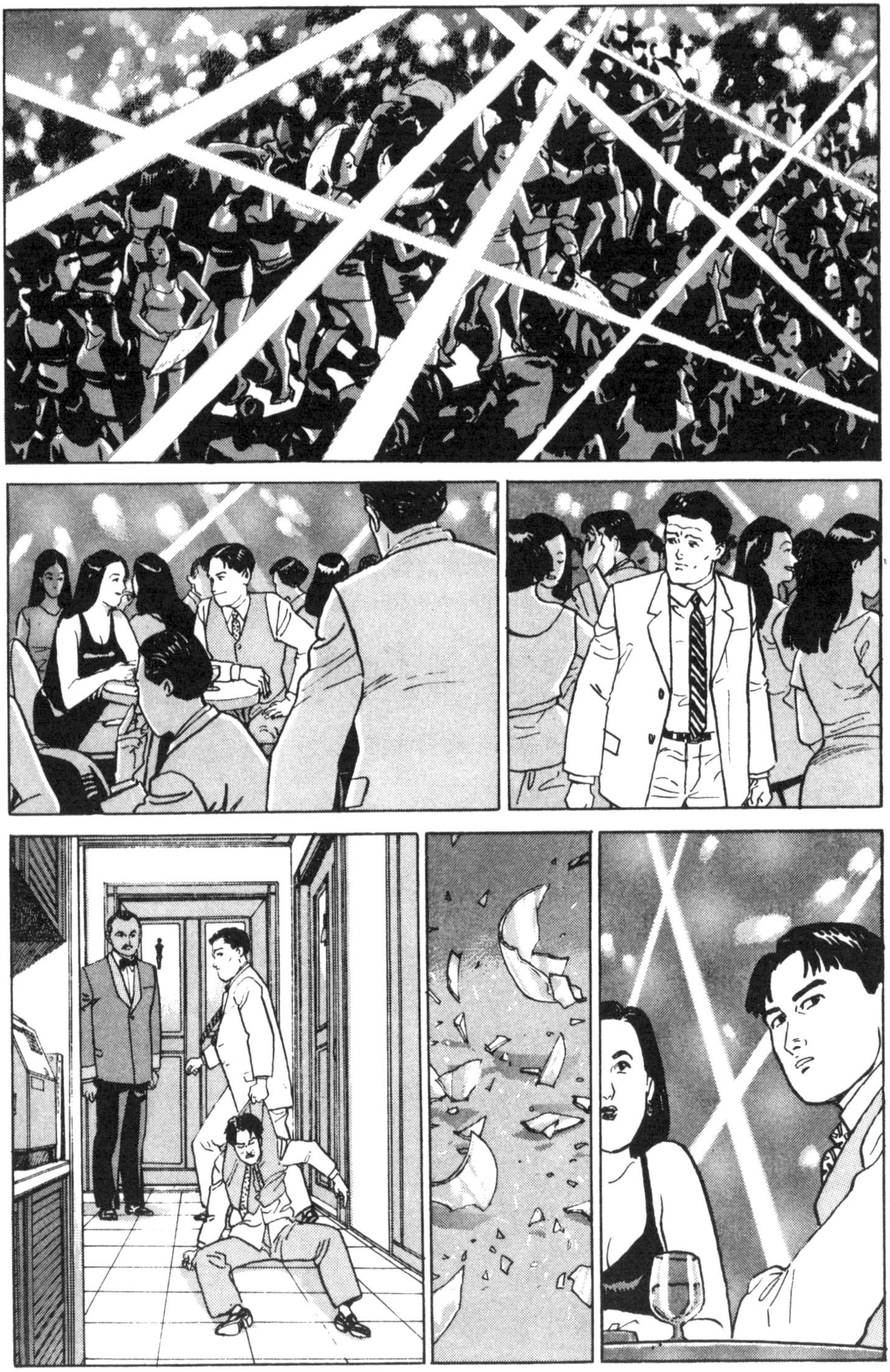

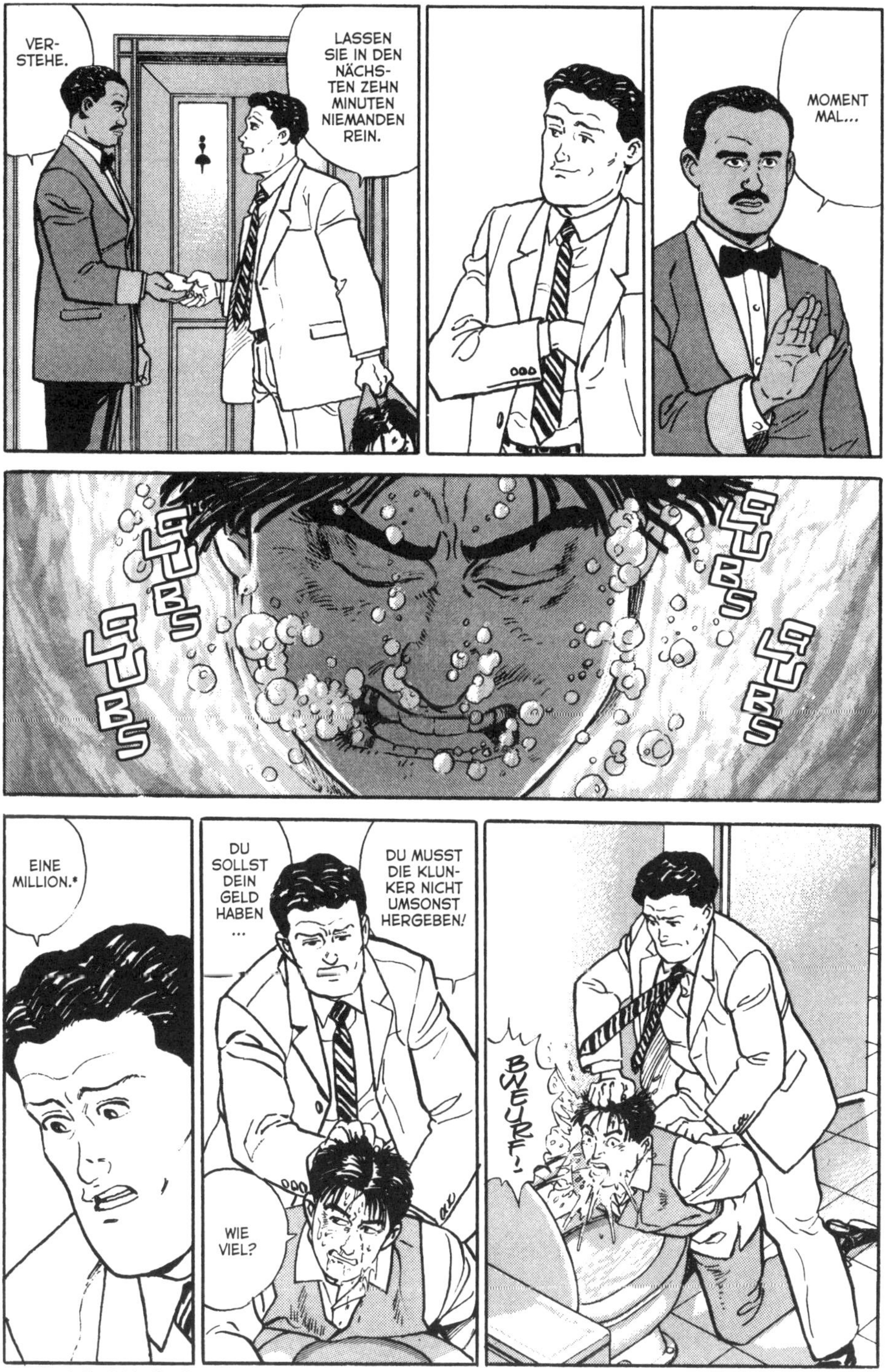
MOMENT MAL...
LASSEN SIE IN DEN NÄCHSTEN ZEHN MINUTEN NIEMANDEN REIN.
VERSTEHE.
GLUBS
GLUBS
GLUBS
GLUBS
BWEURF!
DU MUSST DIE KLUNKER NICHT UMSONST HERGEBEN!
DU SOLLST DEIN GELD HABEN ...
WIE VIEL?
EINE MILLION.*

* CA. 8.000 EURO

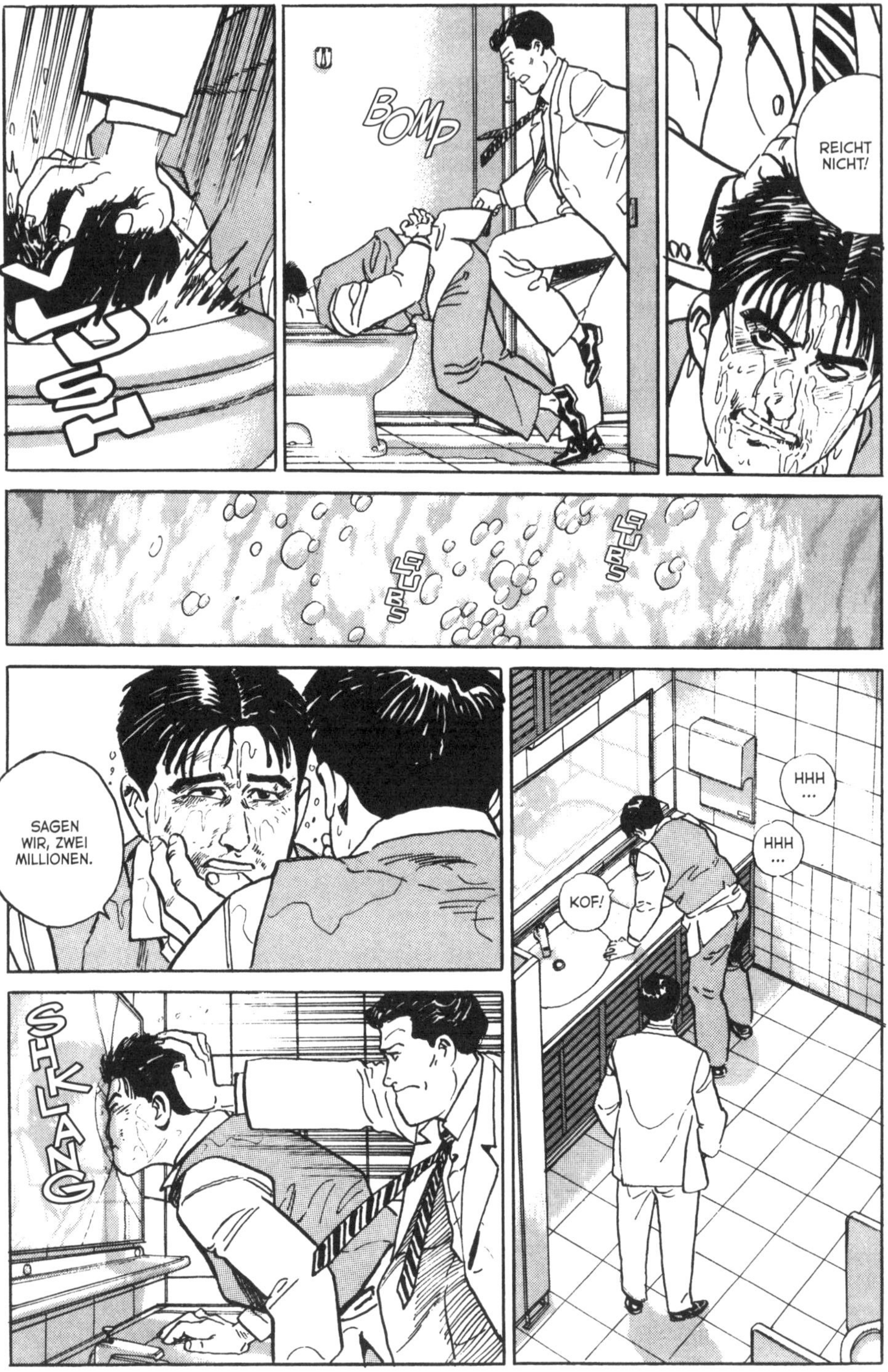

VUSH
BOMP
REICHT NICHT!
GLUBS
GLUBS
HHH ...
HHH ...
KOF!
SAGEN WIR, ZWEI MILLIONEN.
SHKLANG

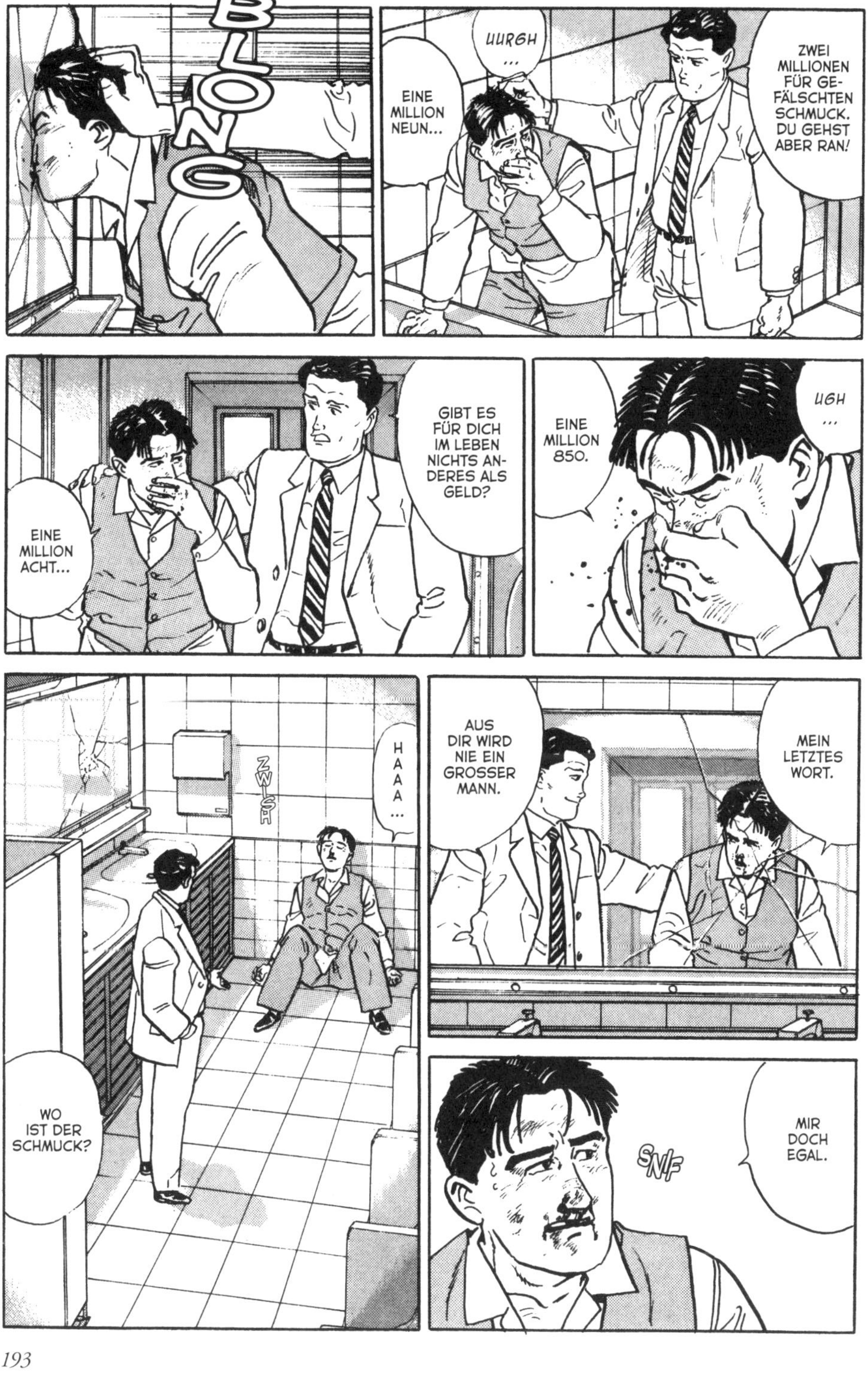
BLONG
UURGH ...
EINE MILLION NEUN...
ZWEI MILLIONEN FÜR GEFÄLSCHTEN SCHMUCK. DU GEHST ABER RAN!
EINE MILLION ACHT...
GIBT ES FÜR DICH IM LEBEN NICHTS ANDERES ALS GELD?
EINE MILLION 850.
UGH ...
ZWISH
HAAAA ...
WO IST DER SCHMUCK?
AUS DIR WIRD NIE EIN GROSSER MANN.
MEIN LETZTES WORT.
SNIF
MIR DOCH EGAL.

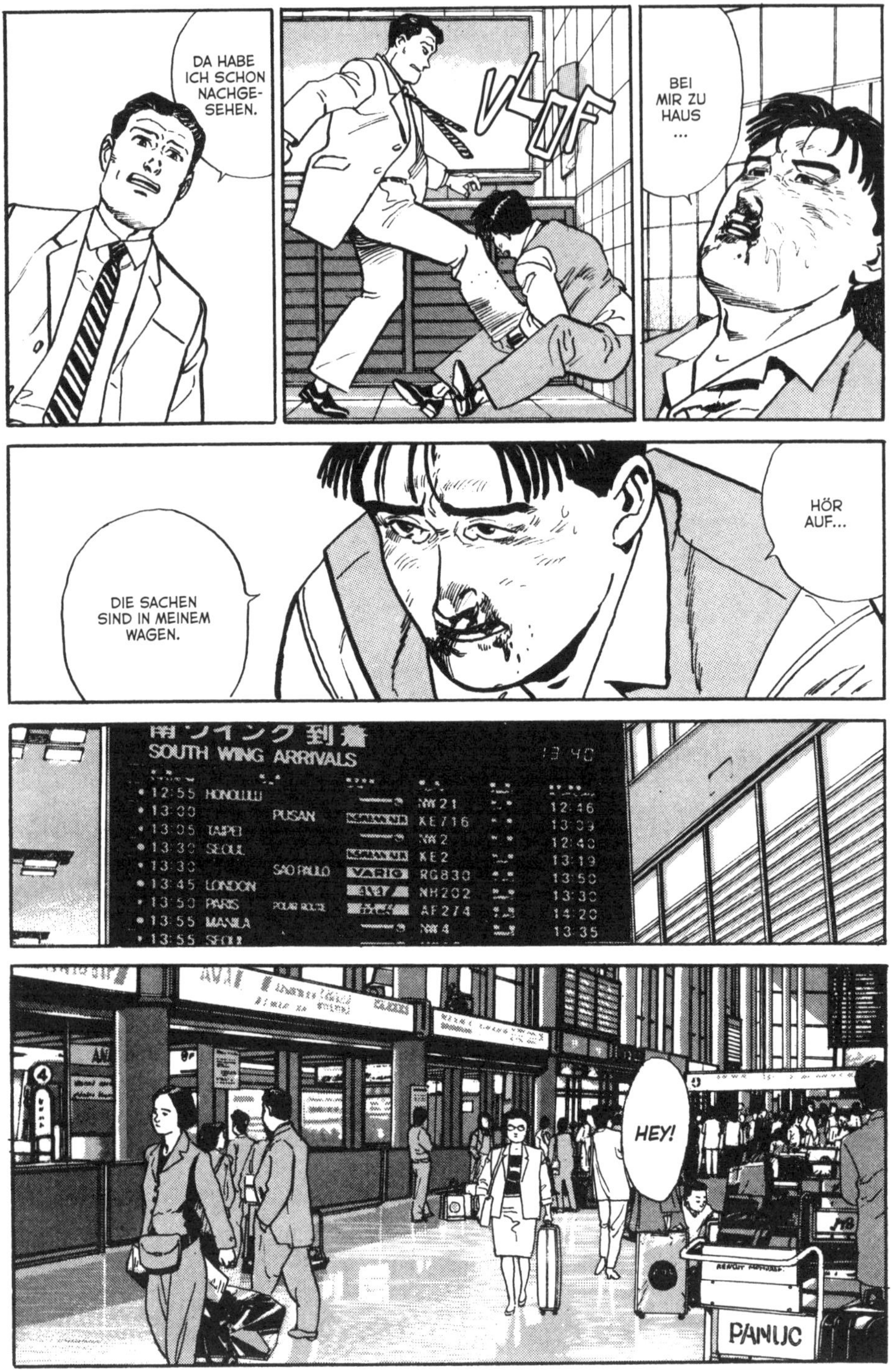

DA HABE ICH SCHON NACHGE-SEHEN.
VLOF
BEI MIR ZU HAUS ...
DIE SACHEN SIND IN MEINEM WAGEN.
HÖR AUF...
SOUTH WING ARRIVALS
HEY!
PANUC

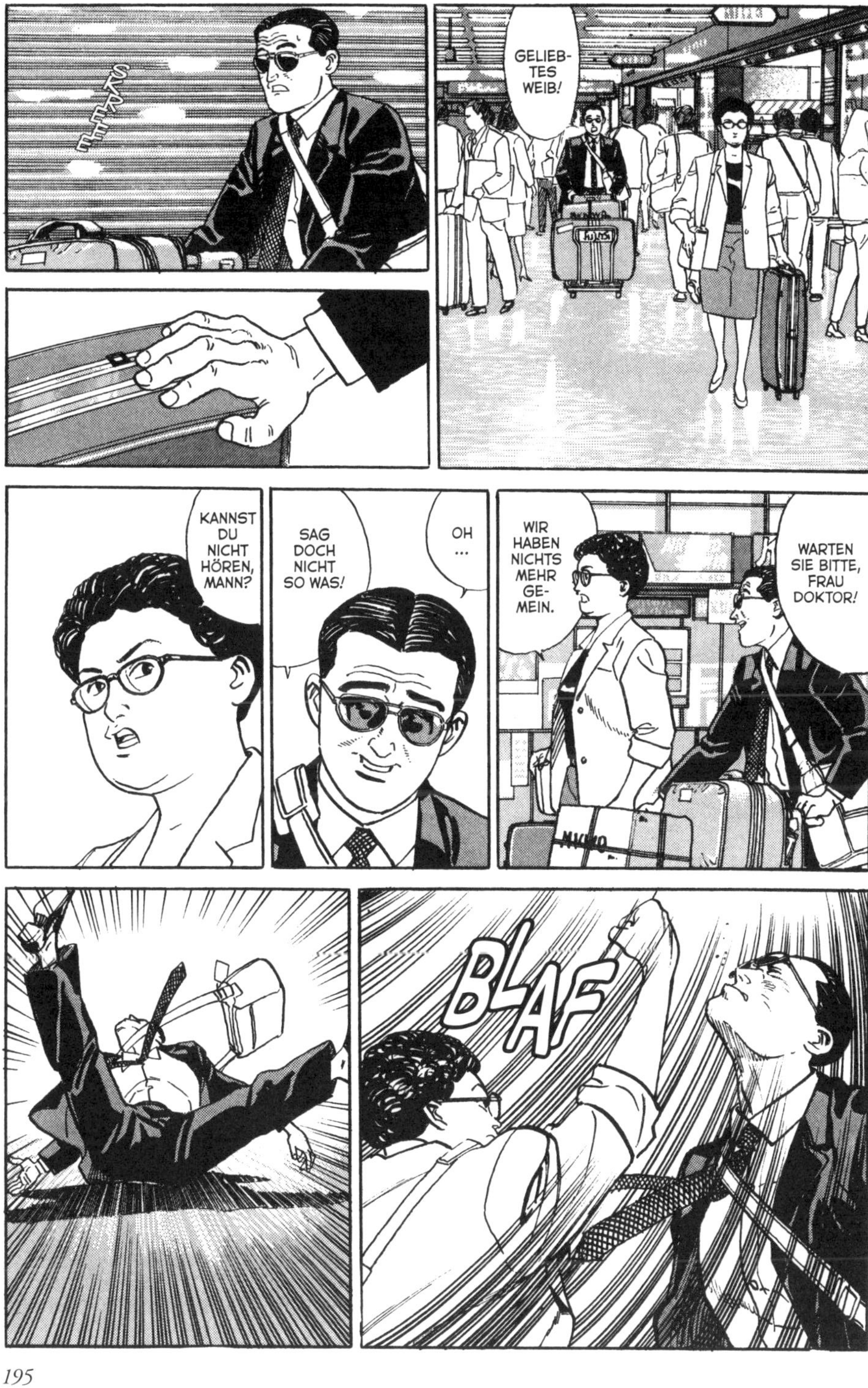
SKREEE
GELIEB-TES WEIB!
KANNST DU NICHT HÖREN, MANN?
OH …
SAG DOCH NICHT SO WAS!
WARTEN SIE BITTE, FRAU DOKTOR!
WIR HABEN NICHTS MEHR GE-MEIN.
BLAF

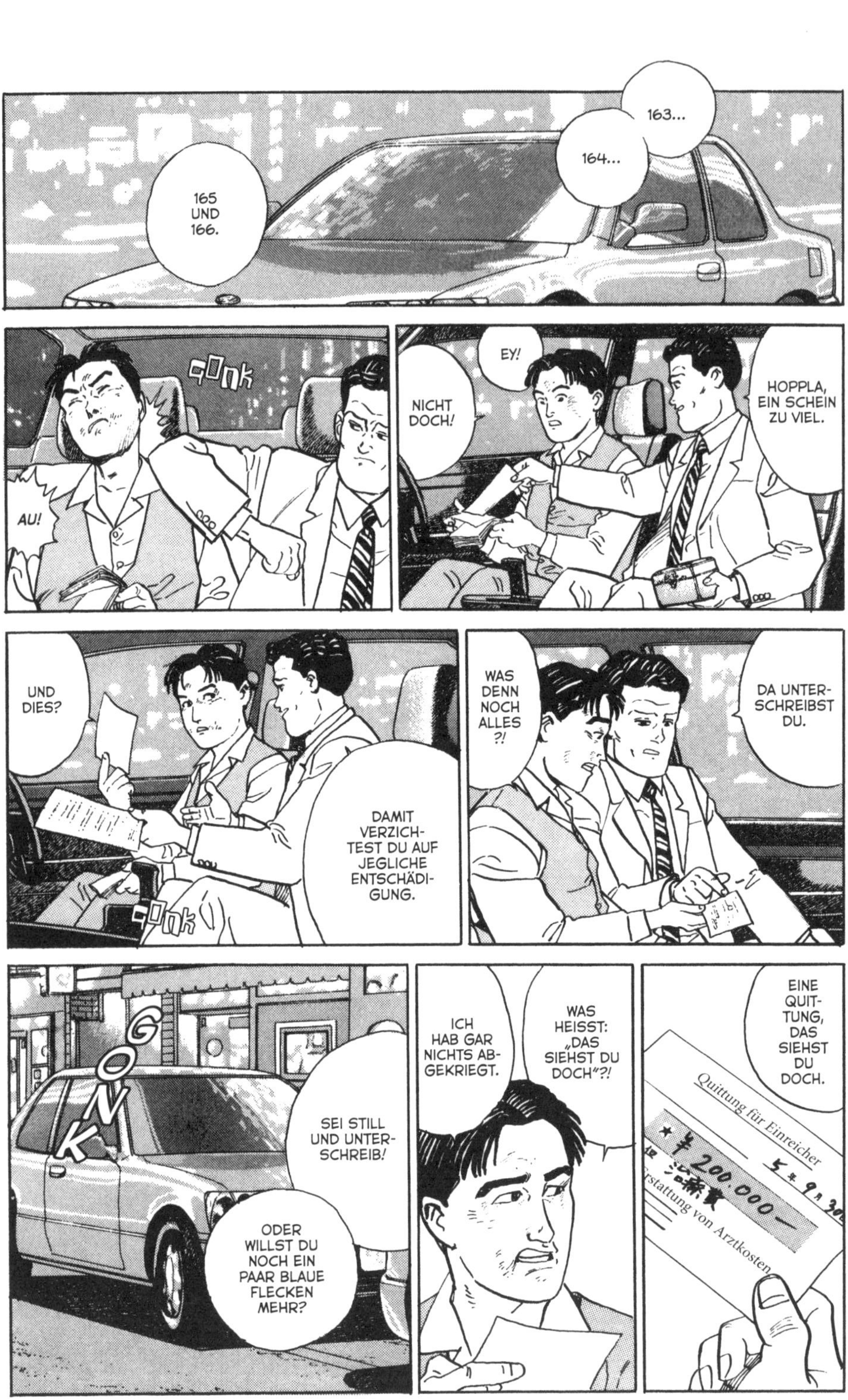
163…
164…
165 UND 166.
HOPPLA, EIN SCHEIN ZU VIEL.
EY!
NICHT DOCH!
GONK
AU!
DA UNTER-SCHREIBST DU.
WAS DENN NOCH ALLES?!
UND DIES?
DAMIT VERZICH-TEST DU AUF JEGLICHE ENTSCHÄDI-GUNG.
GONK
EINE QUIT-TUNG, DAS SIEHST DU DOCH.
Quittung für Einreicher
¥ 200.000—
Erstattung von Arztkosten
WAS HEISST: „DAS SIEHST DU DOCH"?!
ICH HAB GAR NICHTS AB-GEKRIEGT.
SEI STILL UND UNTER-SCHREIB!
ODER WILLST DU NOCH EIN PAAR BLAUE FLECKEN MEHR?
GONK

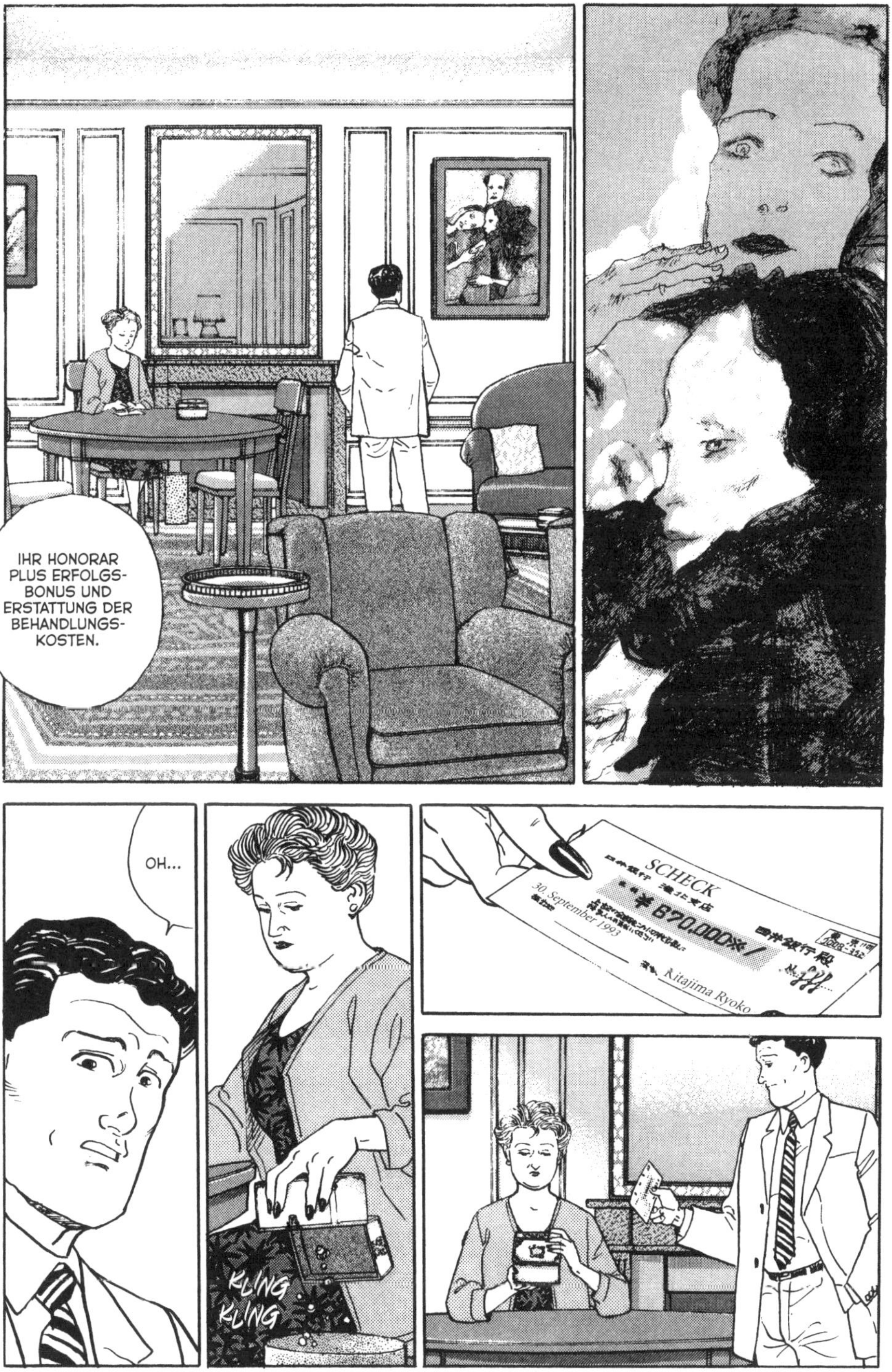

IHR HONORAR PLUS ERFOLGS-BONUS UND ERSTATTUNG DER BEHANDLUNGS-KOSTEN.
OH...
KLING KLING
SCHECK
¥870.000※
30. September 1993
Kitajima Ryoko

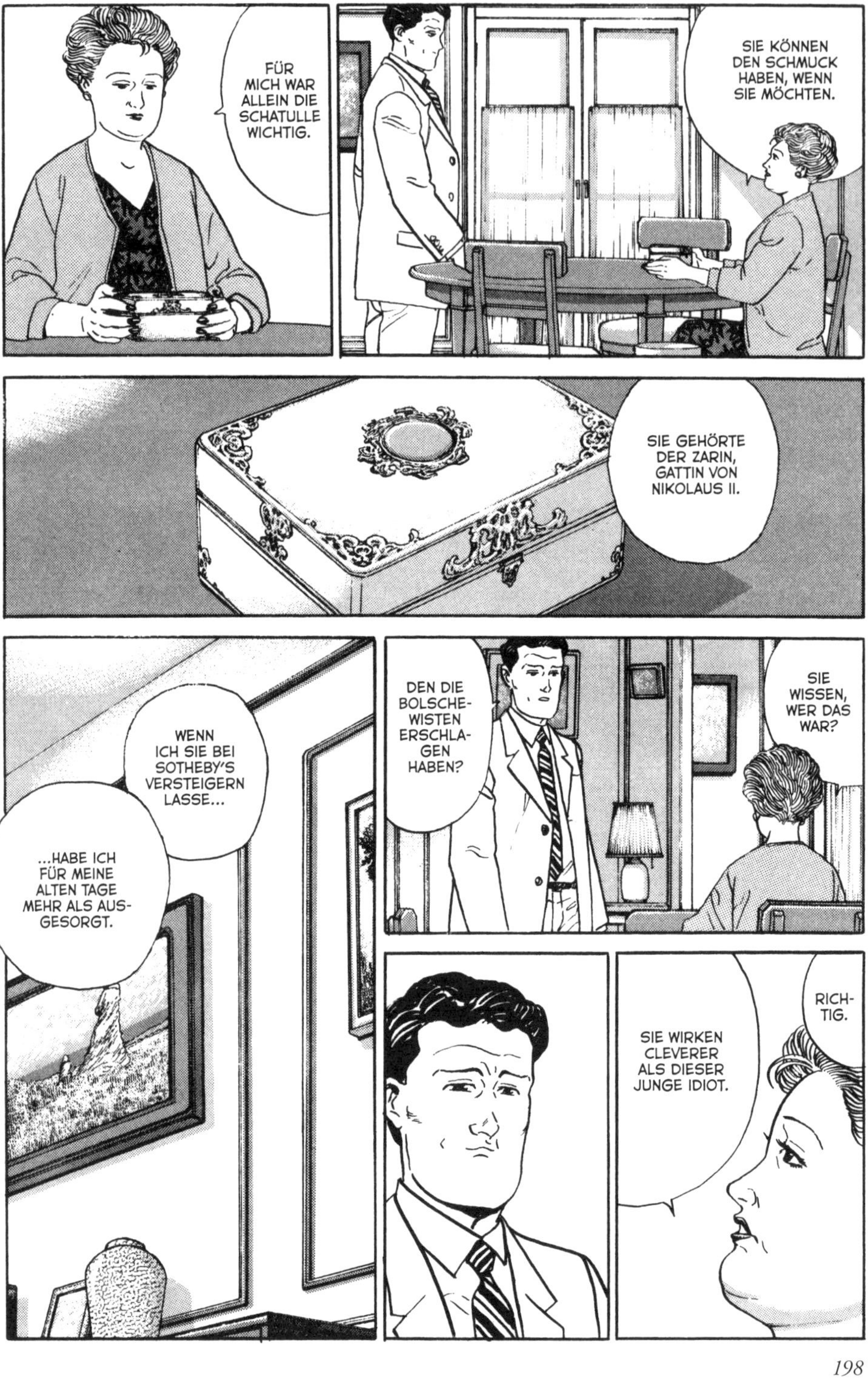
SIE KÖNNEN DEN SCHMUCK HABEN, WENN SIE MÖCHTEN.
FÜR MICH WAR ALLEIN DIE SCHATULLE WICHTIG.
SIE GEHÖRTE DER ZARIN, GATTIN VON NIKOLAUS II.
SIE WISSEN, WER DAS WAR?
DEN DIE BOLSCHE-WISTEN ERSCHLA-GEN HABEN?
RICH-TIG.
SIE WIRKEN CLEVERER ALS DIESER JUNGE IDIOT.
WENN ICH SIE BEI SOTHEBY'S VERSTEIGERN LASSE...
...HABE ICH FÜR MEINE ALTEN TAGE MEHR ALS AUS-GESORGT.

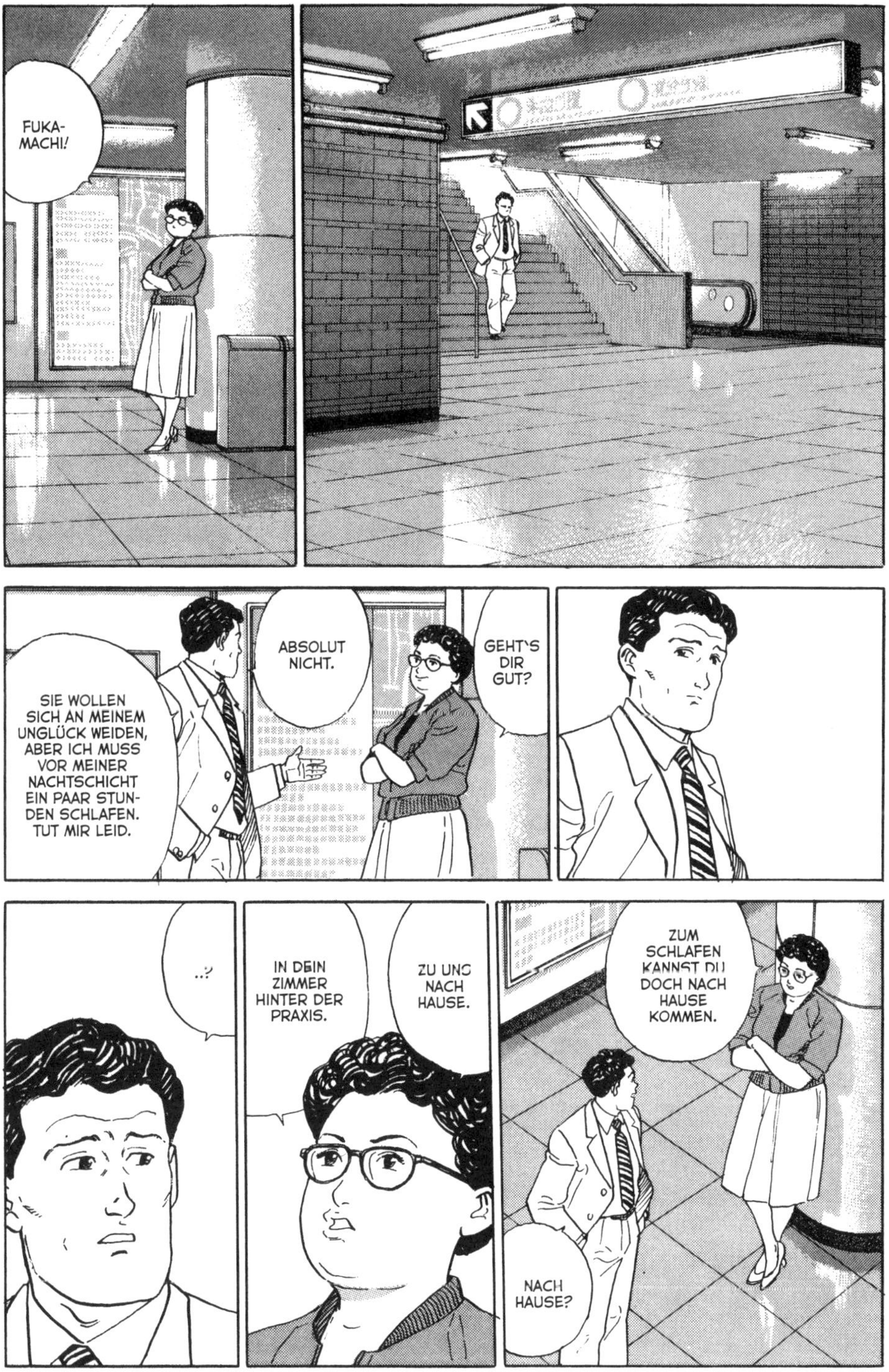

FUKA-MACHI!
GEHT`S DIR GUT?
ABSOLUT NICHT.
SIE WOLLEN SICH AN MEINEM UNGLÜCK WEIDEN, ABER ICH MUSS VOR MEINER NACHTSCHICHT EIN PAAR STUNDEN SCHLAFEN. TUT MIR LEID.
ZUM SCHLAFEN KANNST DU DOCH NACH HAUSE KOMMEN.
NACH HAUSE?
ZU UNS NACH HAUSE.
IN DEIN ZIMMER HINTER DER PRAXIS.
..?

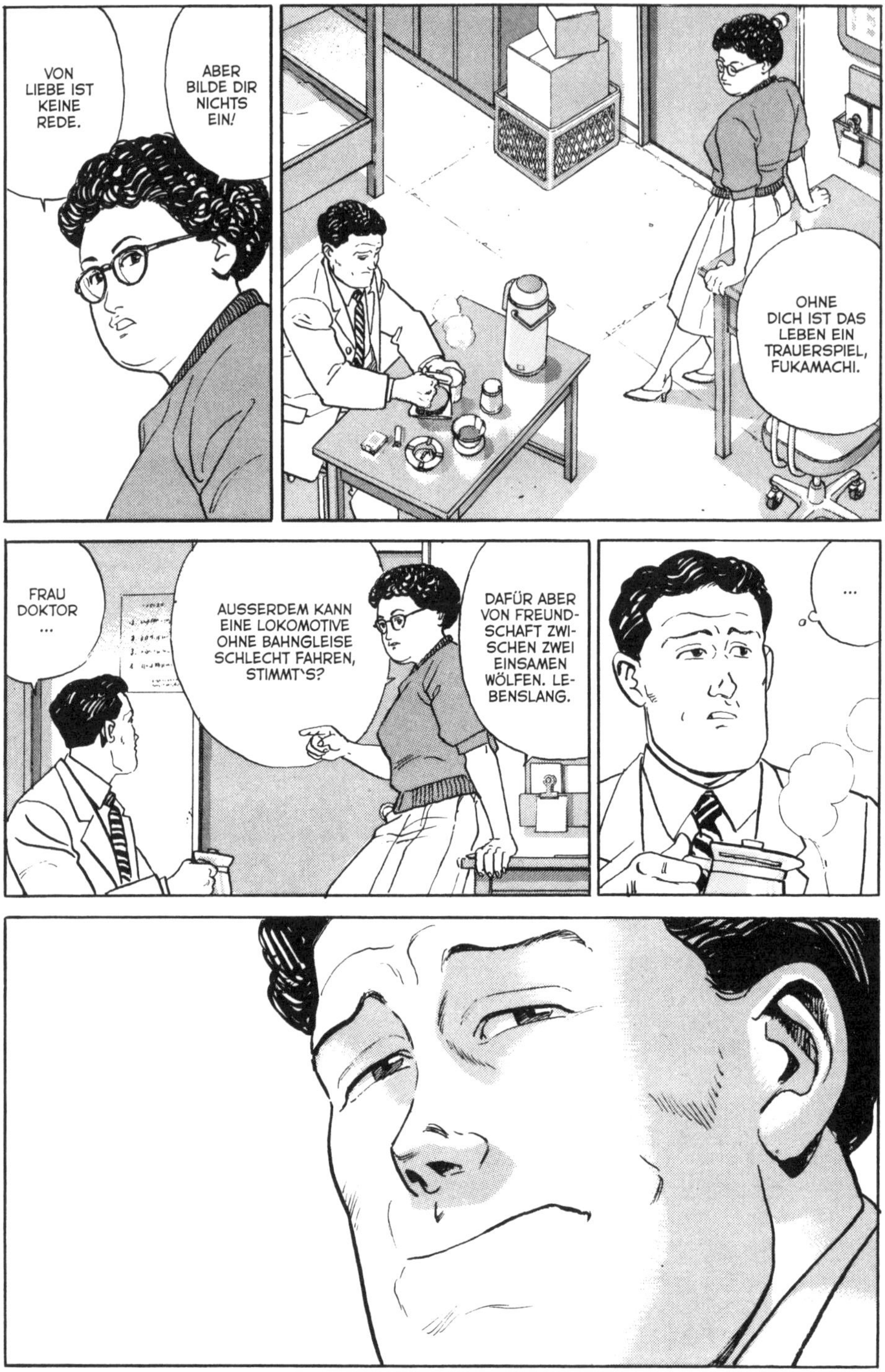

OHNE DICH IST DAS LEBEN EIN TRAUERSPIEL, FUKAMACHI.
ABER BILDE DIR NICHTS EIN!
VON LIEBE IST KEINE REDE.
...
DAFÜR ABER VON FREUNDSCHAFT ZWISCHEN ZWEI EINSAMEN WÖLFEN. LEBENSLANG.
AUSSERDEM KANN EINE LOKOMOTIVE OHNE BAHNGLEISE SCHLECHT FAHREN, STIMMT`S?
FRAU DOKTOR ...

## Kapitel 44
# Der Detektiv ist unsterblich

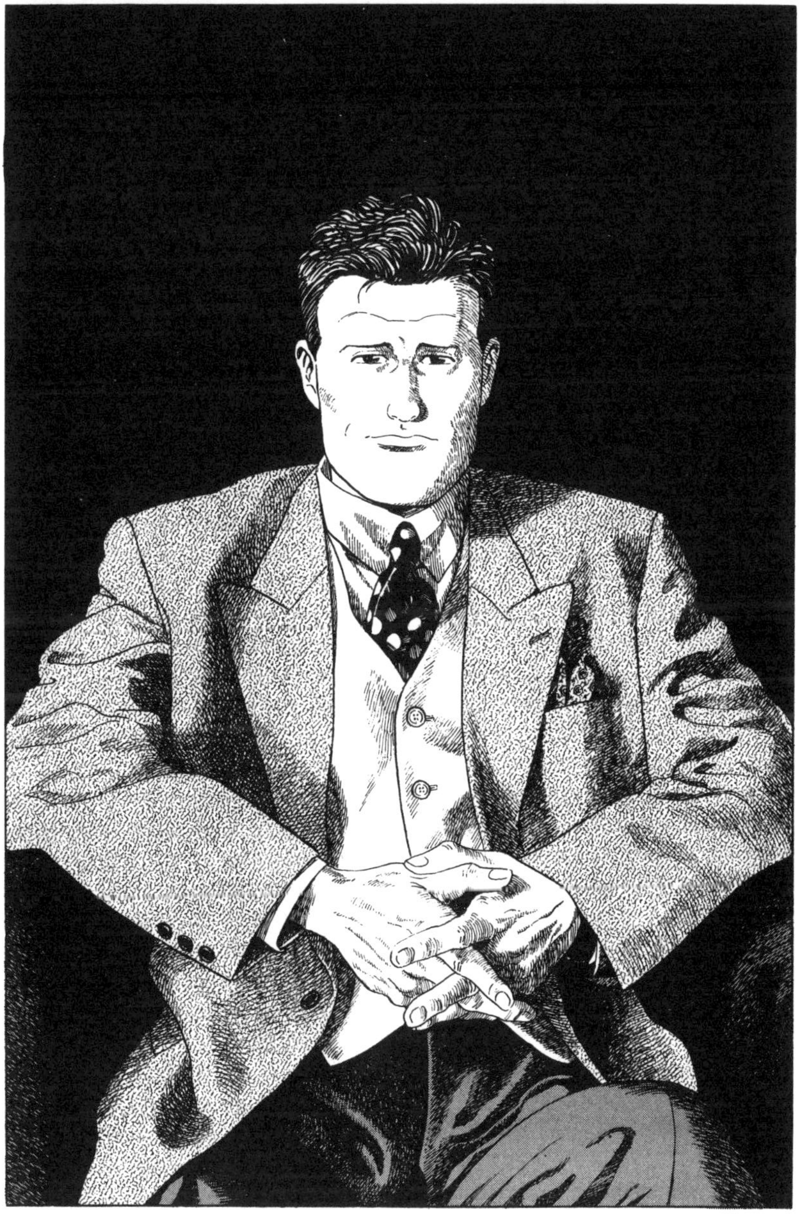

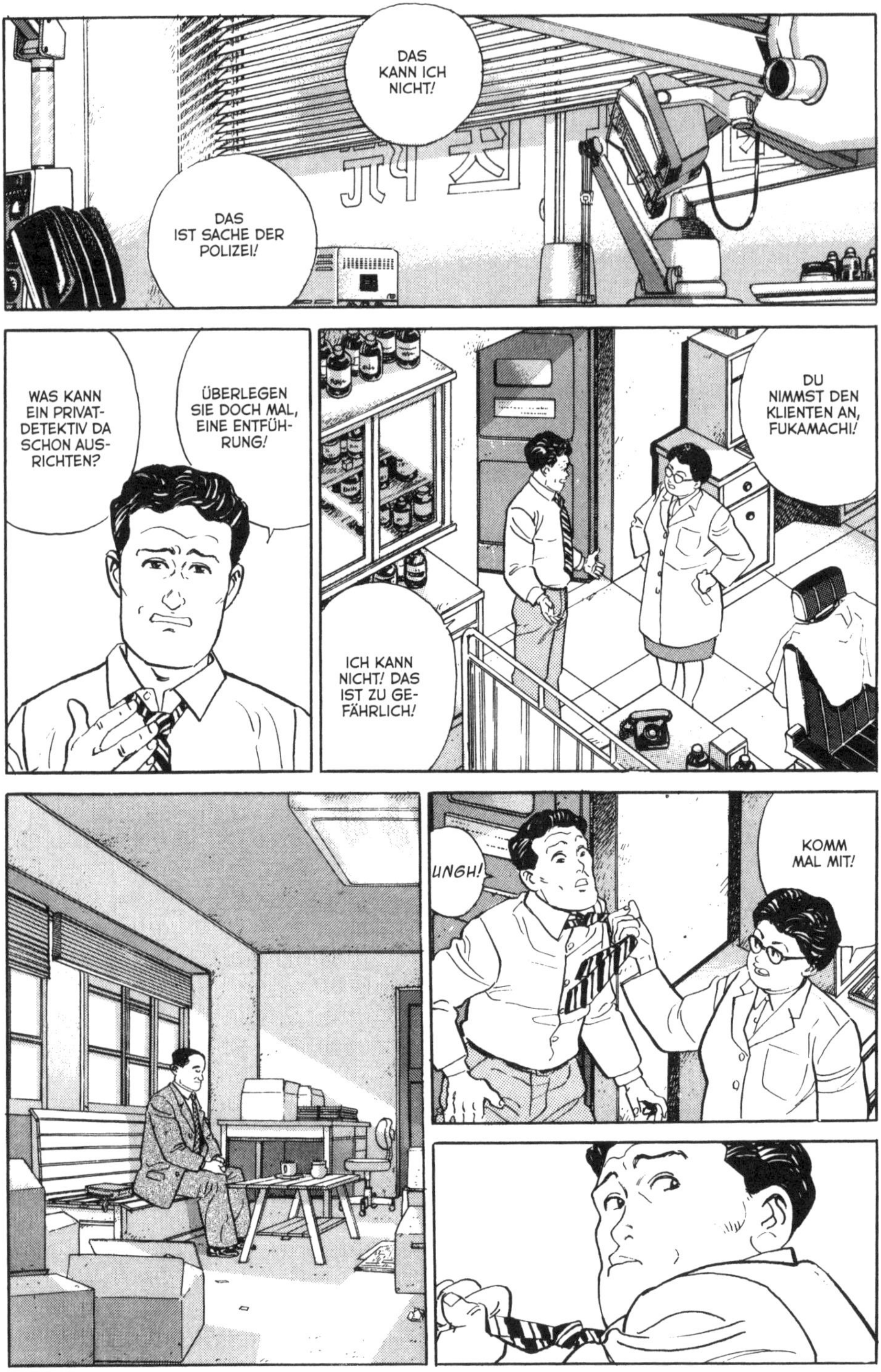
DAS KANN ICH NICHT!
DAS IST SACHE DER POLIZEI!
DU NIMMST DEN KLIENTEN AN, FUKAMACHI!
ICH KANN NICHT! DAS IST ZU GE-FÄHRLICH!
ÜBERLEGEN SIE DOCH MAL, EINE ENTFÜH-RUNG!
WAS KANN EIN PRIVAT-DETEKTIV DA SCHON AUS-RICHTEN?
KOMM MAL MIT!
UNGH!

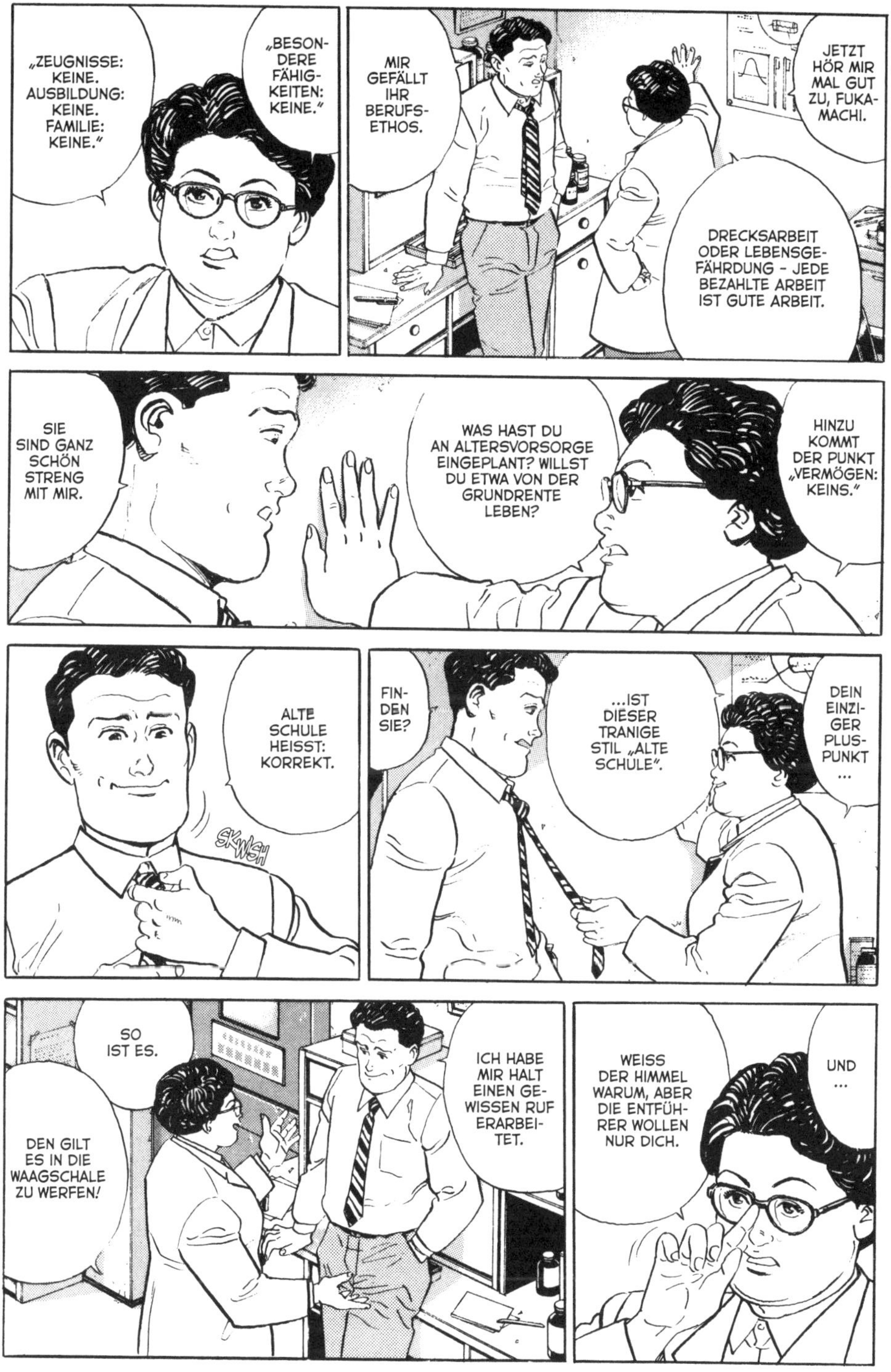
„ZEUGNISSE: KEINE. AUSBILDUNG: KEINE. FAMILIE: KEINE.“
„BESONDERE FÄHIGKEITEN: KEINE.“
MIR GEFÄLLT IHR BERUFSETHOS.
JETZT HÖR MIR MAL GUT ZU, FUKAMACHI.
DRECKSARBEIT ODER LEBENSGEFÄHRDUNG - JEDE BEZAHLTE ARBEIT IST GUTE ARBEIT.
SIE SIND GANZ SCHÖN STRENG MIT MIR.
WAS HAST DU AN ALTERSVORSORGE EINGEPLANT? WILLST DU ETWA VON DER GRUNDRENTE LEBEN?
HINZU KOMMT DER PUNKT „VERMÖGEN: KEINS.“
ALTE SCHULE HEISST: KORREKT.
SKWSH
FINDEN SIE?
...IST DIESER TRANIGE STIL „ALTE SCHULE“.
DEIN EINZIGER PLUSPUNKT ...
SO IST ES.
DEN GILT ES IN DIE WAAGSCHALE ZU WERFEN!
ICH HABE MIR HALT EINEN GEWISSEN RUF ERARBEITET.
WEISS DER HIMMEL WARUM, ABER DIE ENTFÜHRER WOLLEN NUR DICH.
UND ...

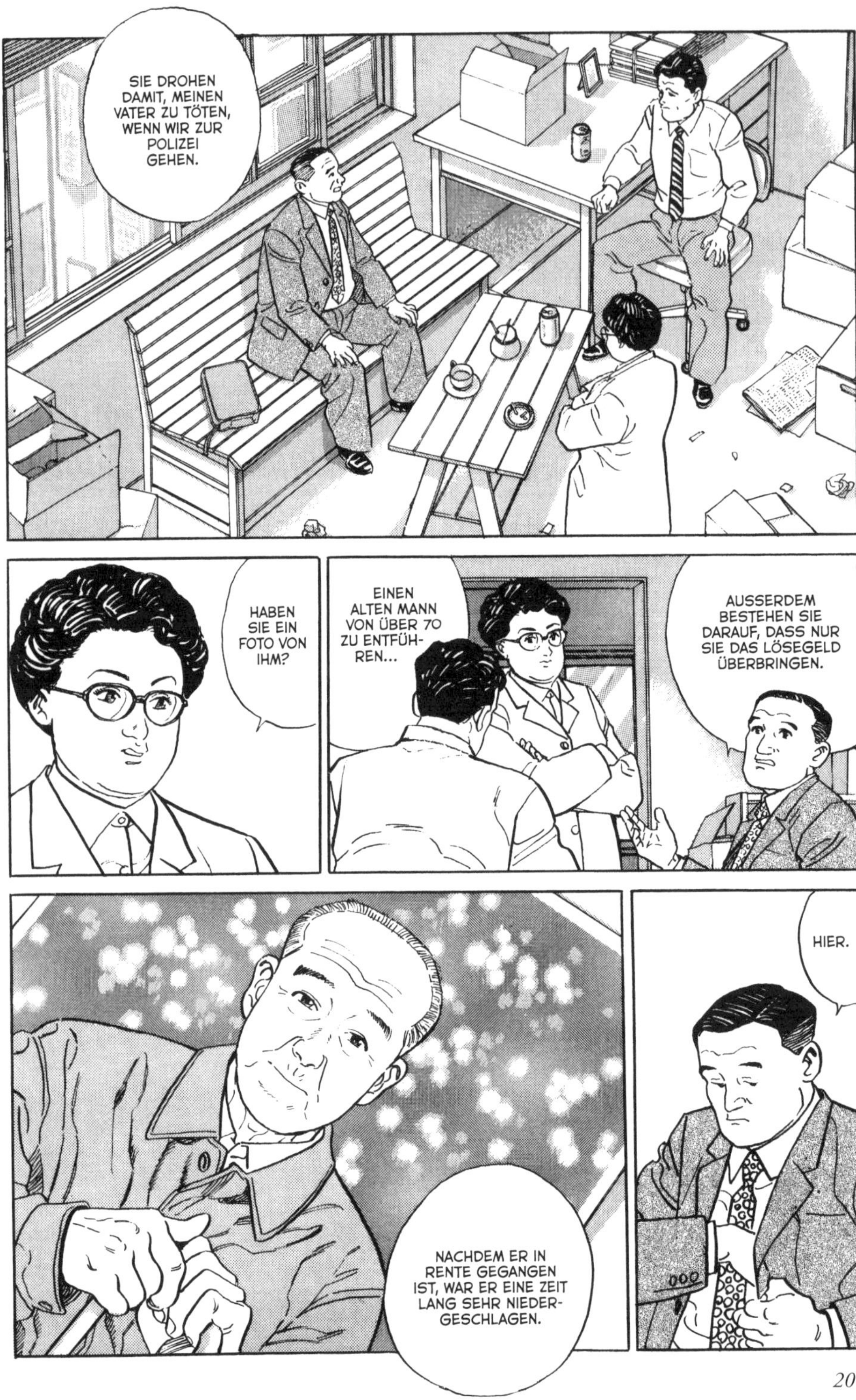
SIE DROHEN DAMIT, MEINEN VATER ZU TÖTEN, WENN WIR ZUR POLIZEI GEHEN.
HABEN SIE EIN FOTO VON IHM?
AUSSERDEM BESTEHEN SIE DARAUF, DASS NUR SIE DAS LÖSEGELD ÜBERBRINGEN.
EINEN ALTEN MANN VON ÜBER 70 ZU ENTFÜH-REN...
HIER.
NACHDEM ER IN RENTE GEGANGEN IST, WAR ER EINE ZEIT LANG SEHR NIEDER-GESCHLAGEN.

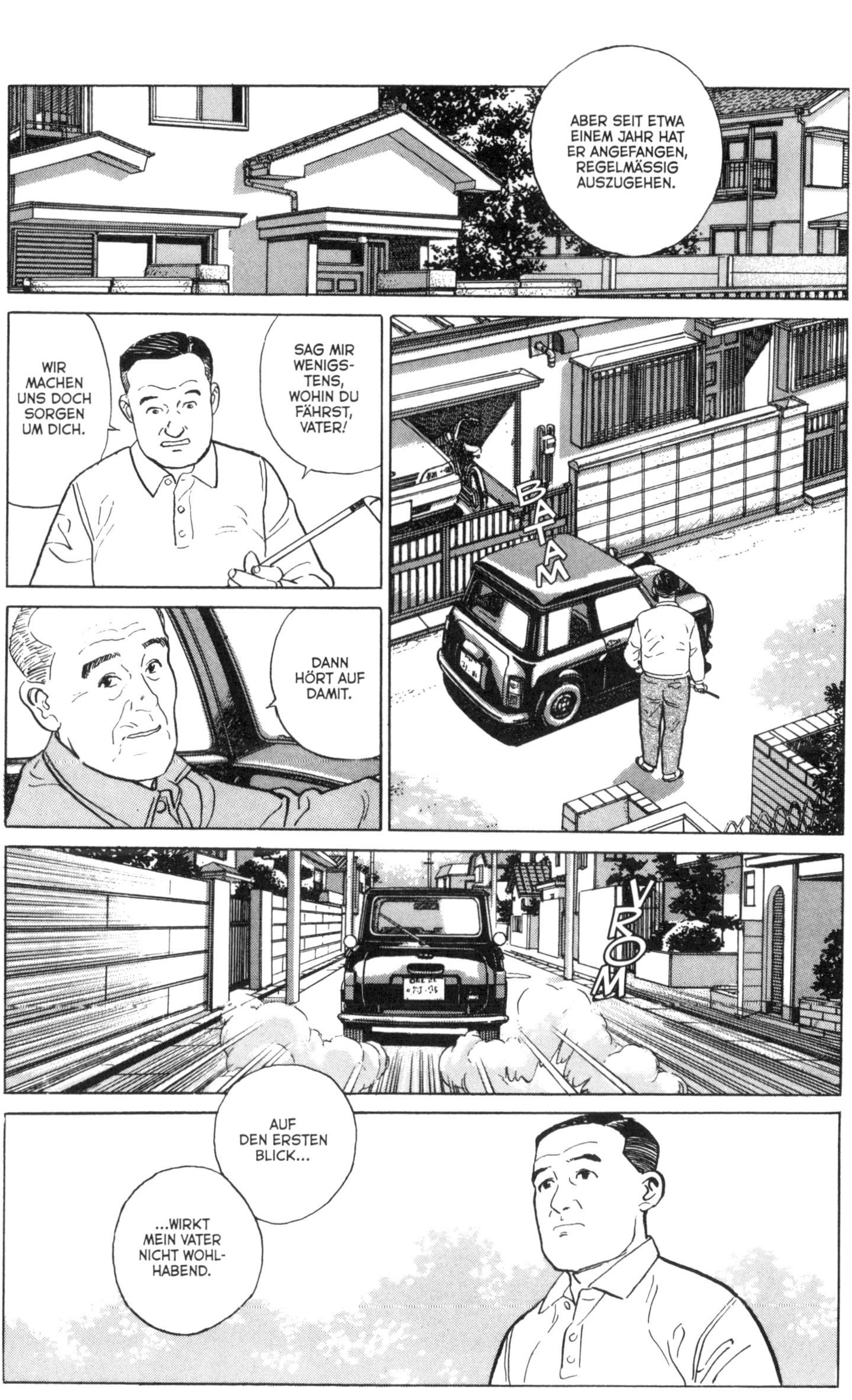
ABER SEIT ETWA EINEM JAHR HAT ER ANGEFANGEN, REGELMÄSSIG AUSZUGEHEN.
SAG MIR WENIGSTENS, WOHIN DU FÄHRST, VATER!
WIR MACHEN UNS DOCH SORGEN UM DICH.
BATAM
DANN HÖRT AUF DAMIT.
VROM
AUF DEN ERSTEN BLICK...
...WIRKT MEIN VATER NICHT WOHLHABEND.

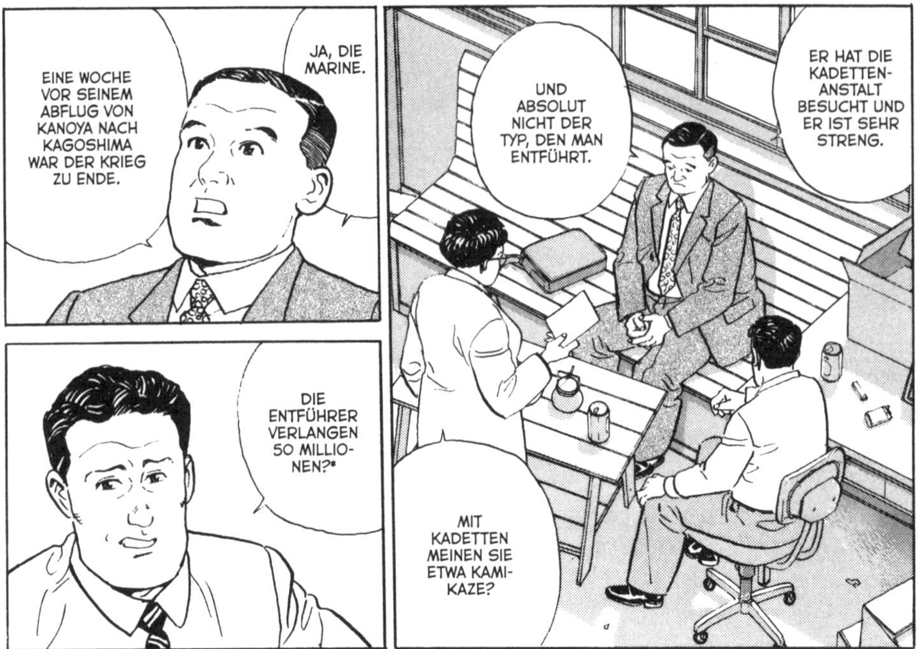


* CA. 400.000 EURO

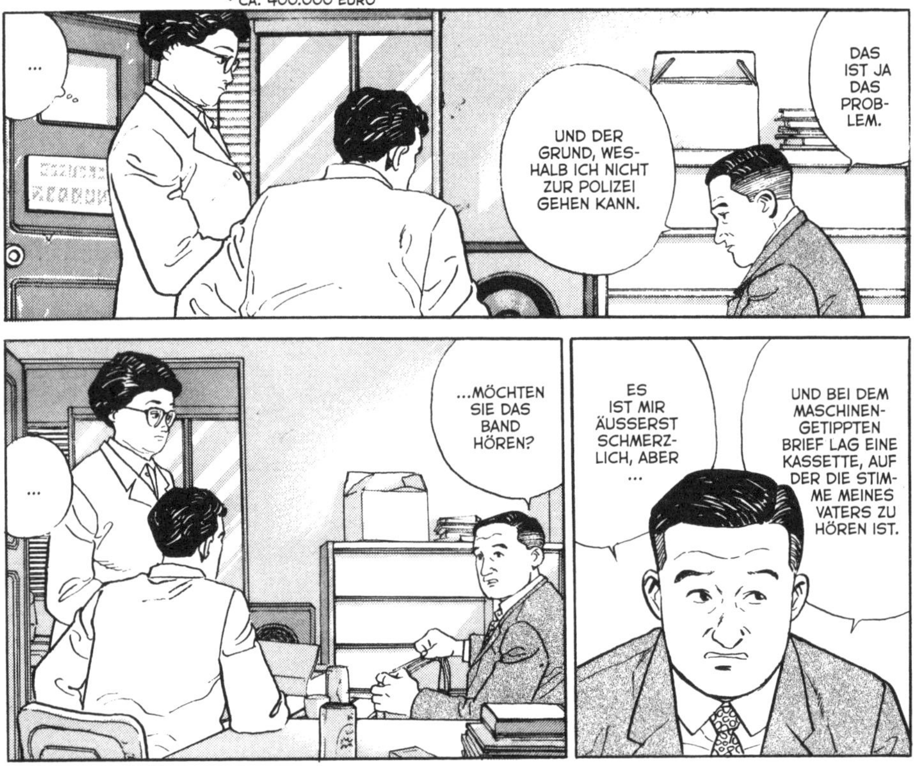

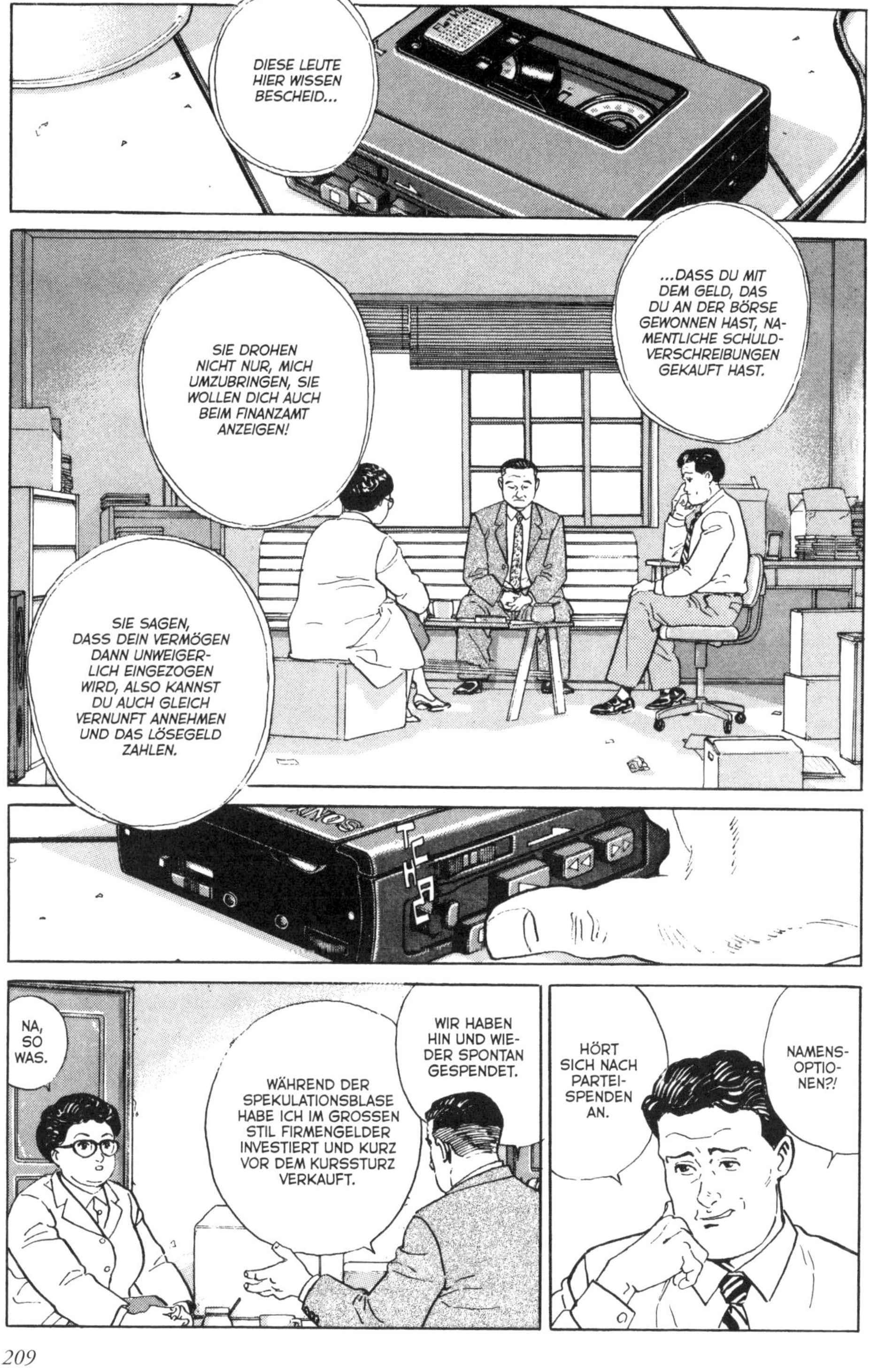
DIESE LEUTE HIER WISSEN BESCHEID...
...DASS DU MIT DEM GELD, DAS DU AN DER BÖRSE GEWONNEN HAST, NAMENTLICHE SCHULDVERSCHREIBUNGEN GEKAUFT HAST.
SIE DROHEN NICHT NUR, MICH UMZUBRINGEN, SIE WOLLEN DICH AUCH BEIM FINANZAMT ANZEIGEN!
SIE SAGEN, DASS DEIN VERMÖGEN DANN UNWEIGERLICH EINGEZOGEN WIRD, ALSO KANNST DU AUCH GLEICH VERNUNFT ANNEHMEN UND DAS LÖSEGELD ZAHLEN.
SONY
TCM
NA, SO WAS.
WÄHREND DER SPEKULATIONSBLASE HABE ICH IM GROSSEN STIL FIRMENGELDER INVESTIERT UND KURZ VOR DEM KURSSTURZ VERKAUFT.
WIR HABEN HIN UND WIEDER SPONTAN GESPENDET.
HÖRT SICH NACH PARTEISPENDEN AN.
NAMENSOPTIONEN?!

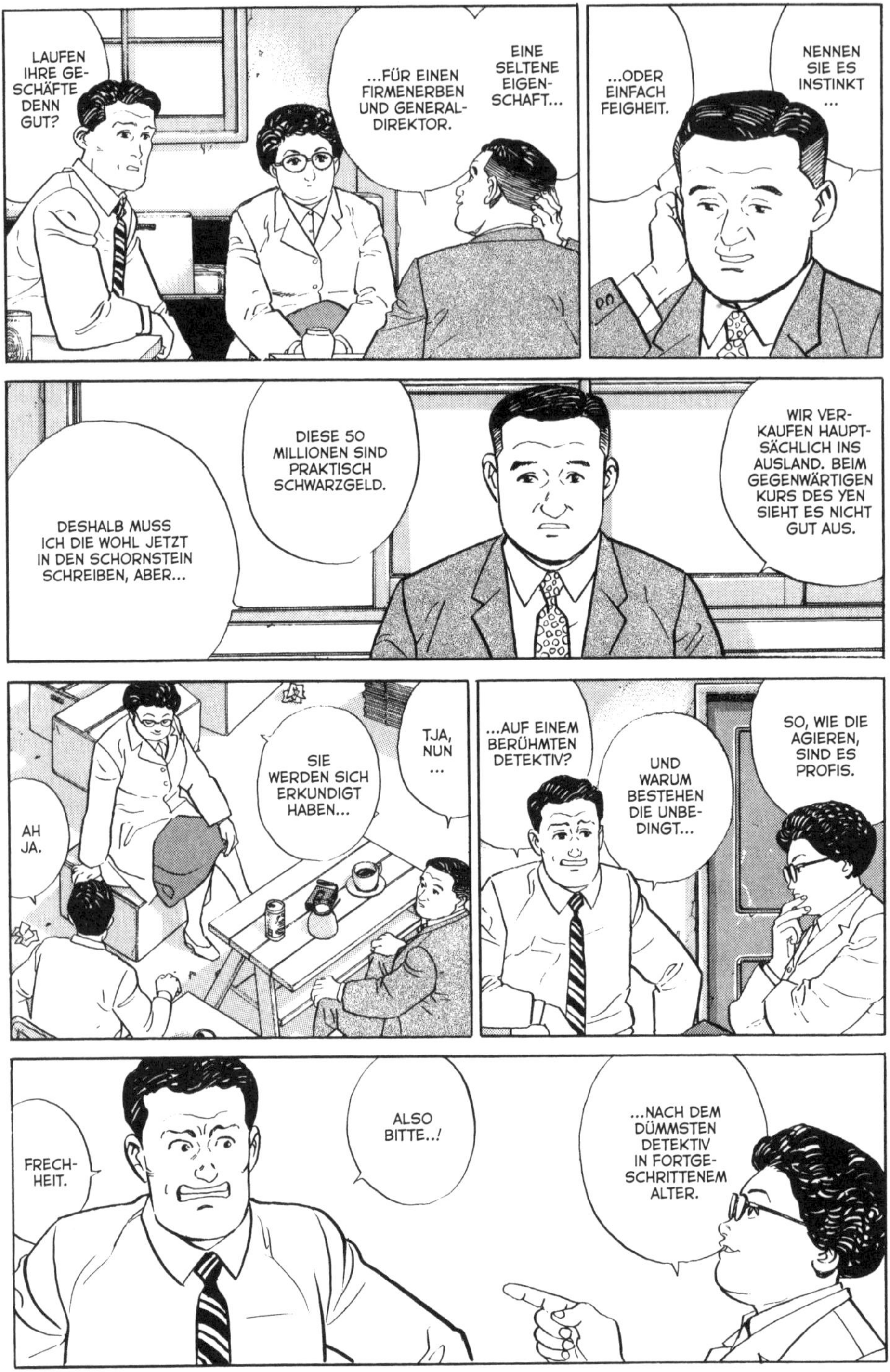
LAUFEN IHRE GESCHÄFTE DENN GUT?
...FÜR EINEN FIRMENERBEN UND GENERALDIREKTOR.
EINE SELTENE EIGENSCHAFT...
...ODER EINFACH FEIGHEIT.
NENNEN SIE ES INSTINKT ...
DESHALB MUSS ICH DIE WOHL JETZT IN DEN SCHORNSTEIN SCHREIBEN, ABER...
DIESE 50 MILLIONEN SIND PRAKTISCH SCHWARZGELD.
WIR VERKAUFEN HAUPTSÄCHLICH INS AUSLAND. BEIM GEGENWÄRTIGEN KURS DES YEN SIEHT ES NICHT GUT AUS.
AH JA.
SIE WERDEN SICH ERKUNDIGT HABEN...
TJA, NUN ...
...AUF EINEM BERÜHMTEN DETEKTIV?
UND WARUM BESTEHEN DIE UNBEDINGT...
SO, WIE DIE AGIEREN, SIND ES PROFIS.
FRECHHEIT.
ALSO BITTE..!
...NACH DEM DÜMMSTEN DETEKTIV IN FORTGESCHRITTENEM ALTER.

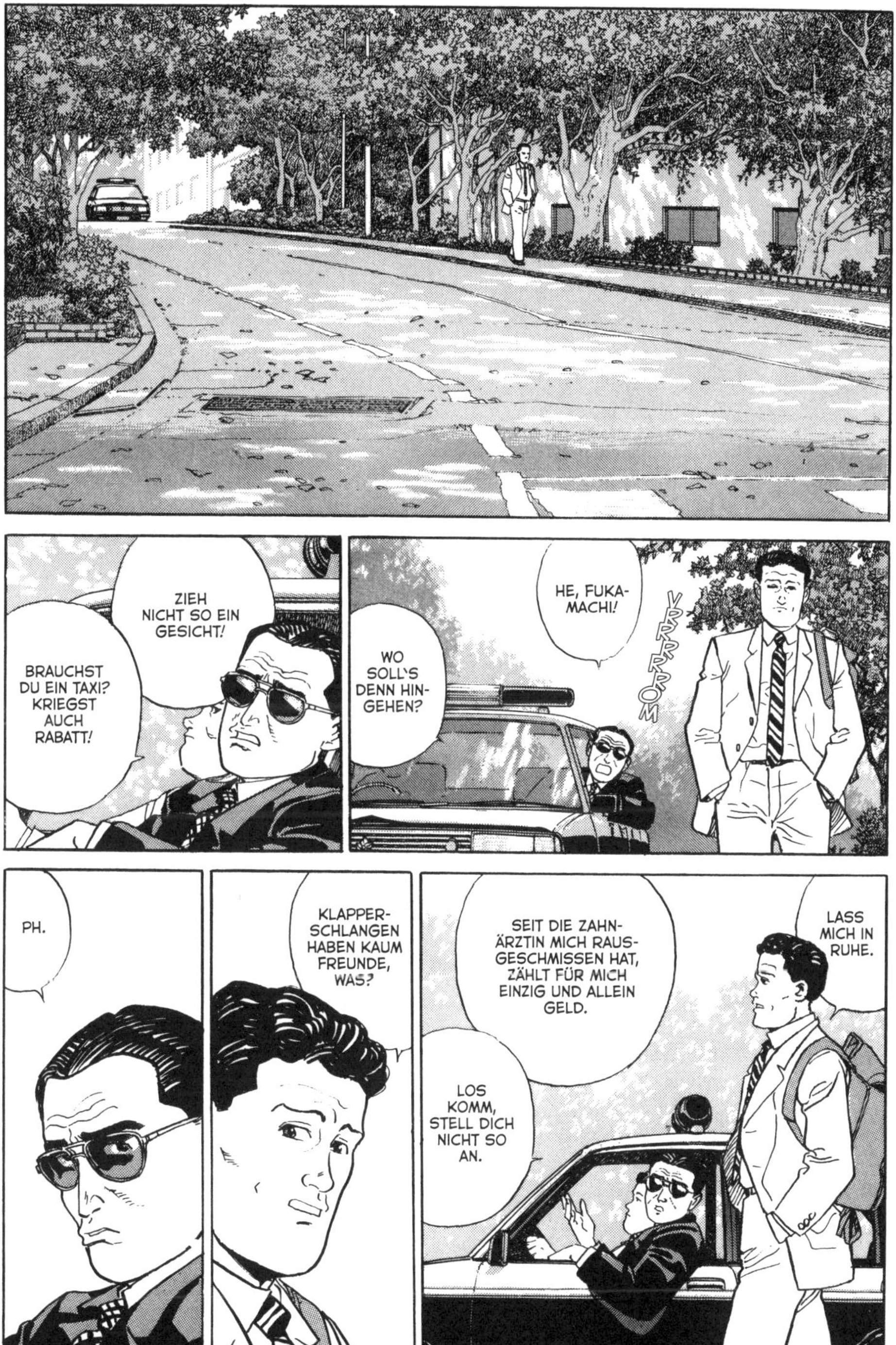
HE, FUKA-MACHI!
VRRRROM
WO SOLL'S DENN HIN-GEHEN?
ZIEH NICHT SO EIN GESICHT!
BRAUCHST DU EIN TAXI? KRIEGST AUCH RABATT!
LASS MICH IN RUHE.
SEIT DIE ZAHN-ÄRZTIN MICH RAUS-GESCHMISSEN HAT, ZÄHLT FÜR MICH EINZIG UND ALLEIN GELD.
LOS KOMM, STELL DICH NICHT SO AN.
KLAPPER-SCHLANGEN HABEN KAUM FREUNDE, WAS?
PH.

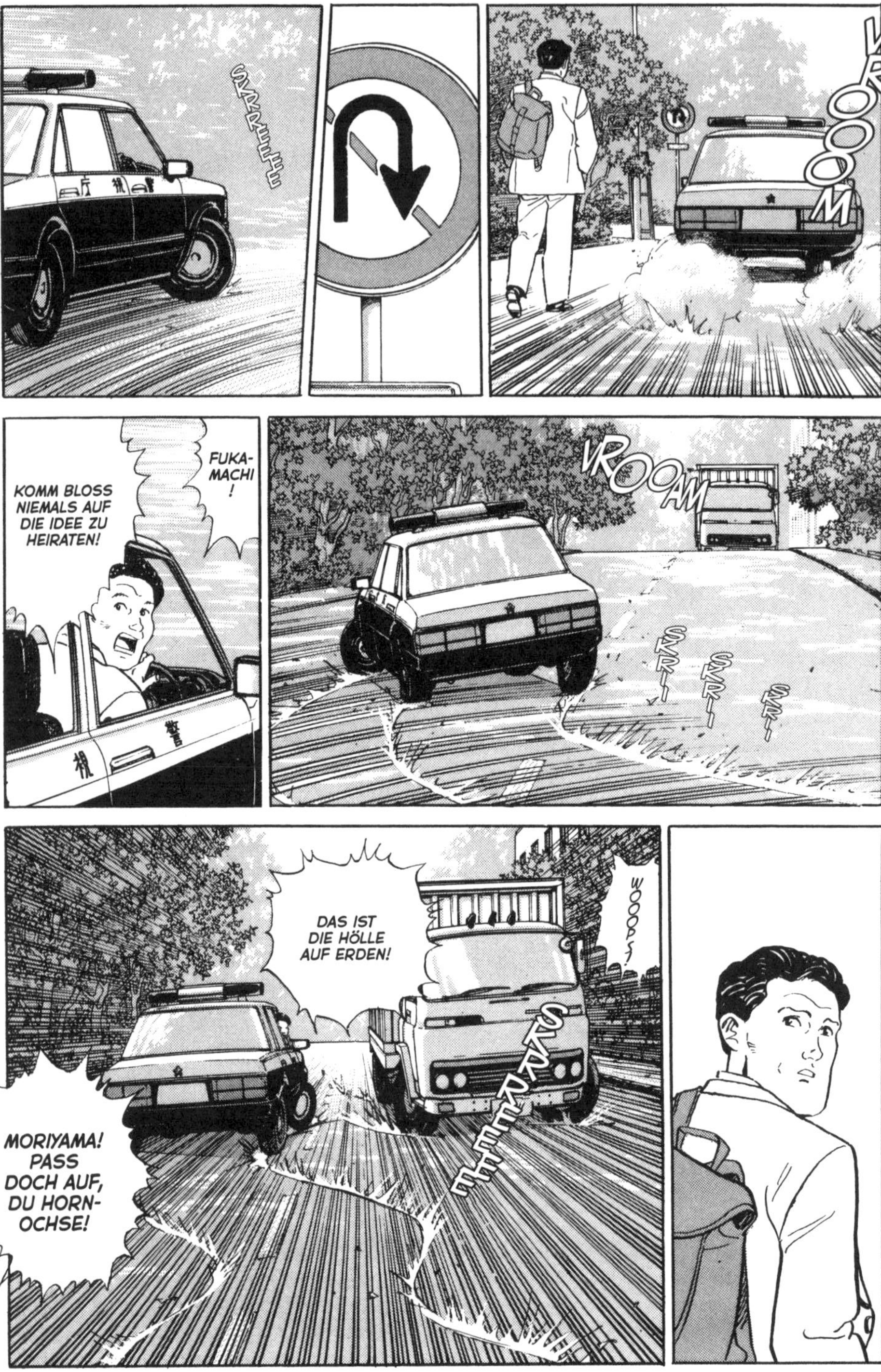
SKRREEEE
VROOOOM
KOMM BLOSS NIEMALS AUF DIE IDEE ZU HEIRATEN!
FUKA-MACHI!
VROOAM
SKRI
SKRI
SKRI
DAS IST DIE HÖLLE AUF ERDEN!
WOOOPS
SKRREEEE
MORIYAMA! PASS DOCH AUF, DU HORN-OCHSE!

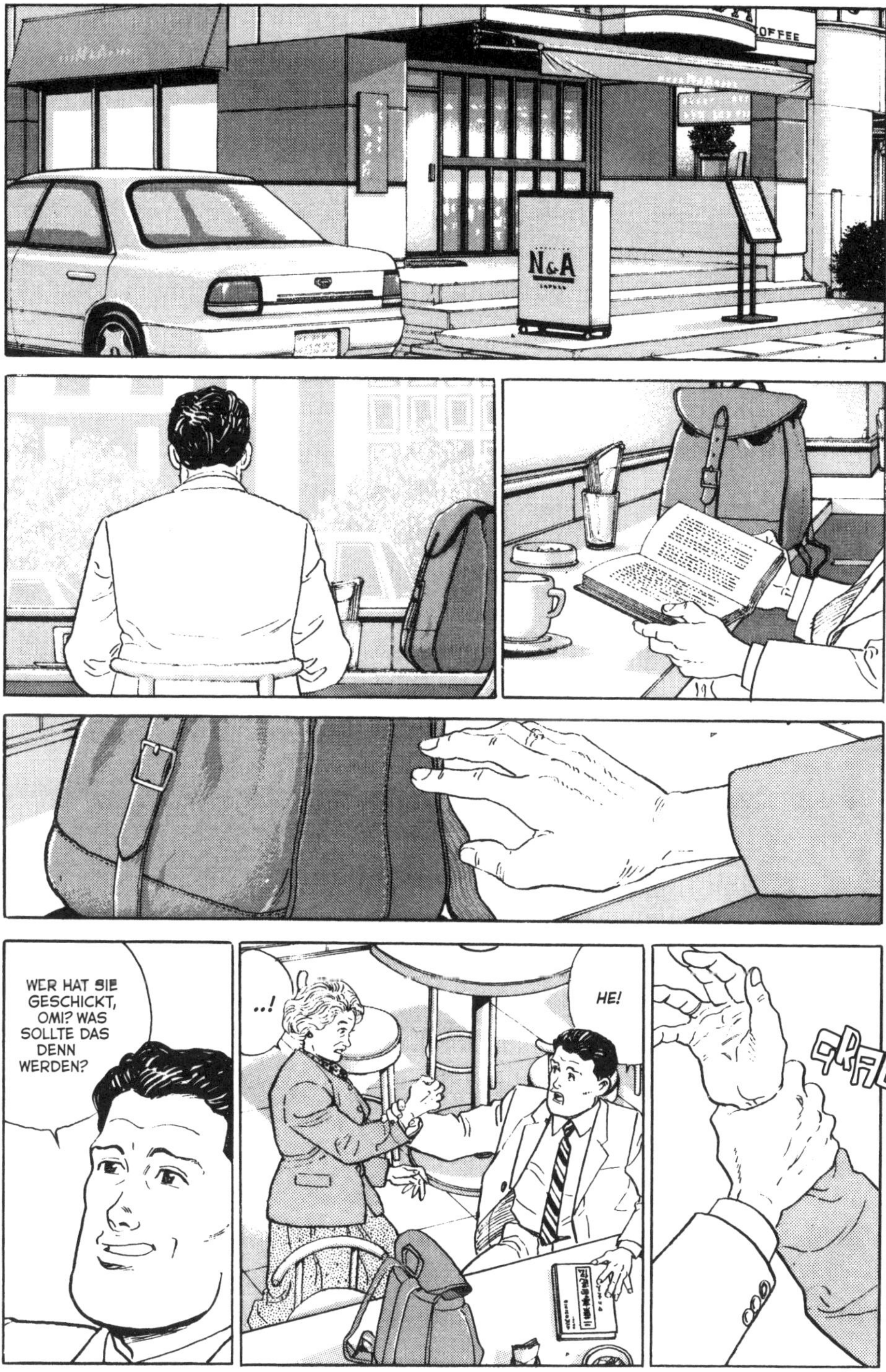
COFFEE
N&A
GRAB
HE!
..!
WER HAT SIE GESCHICKT, OMI? WAS SOLLTE DAS DENN WERDEN?

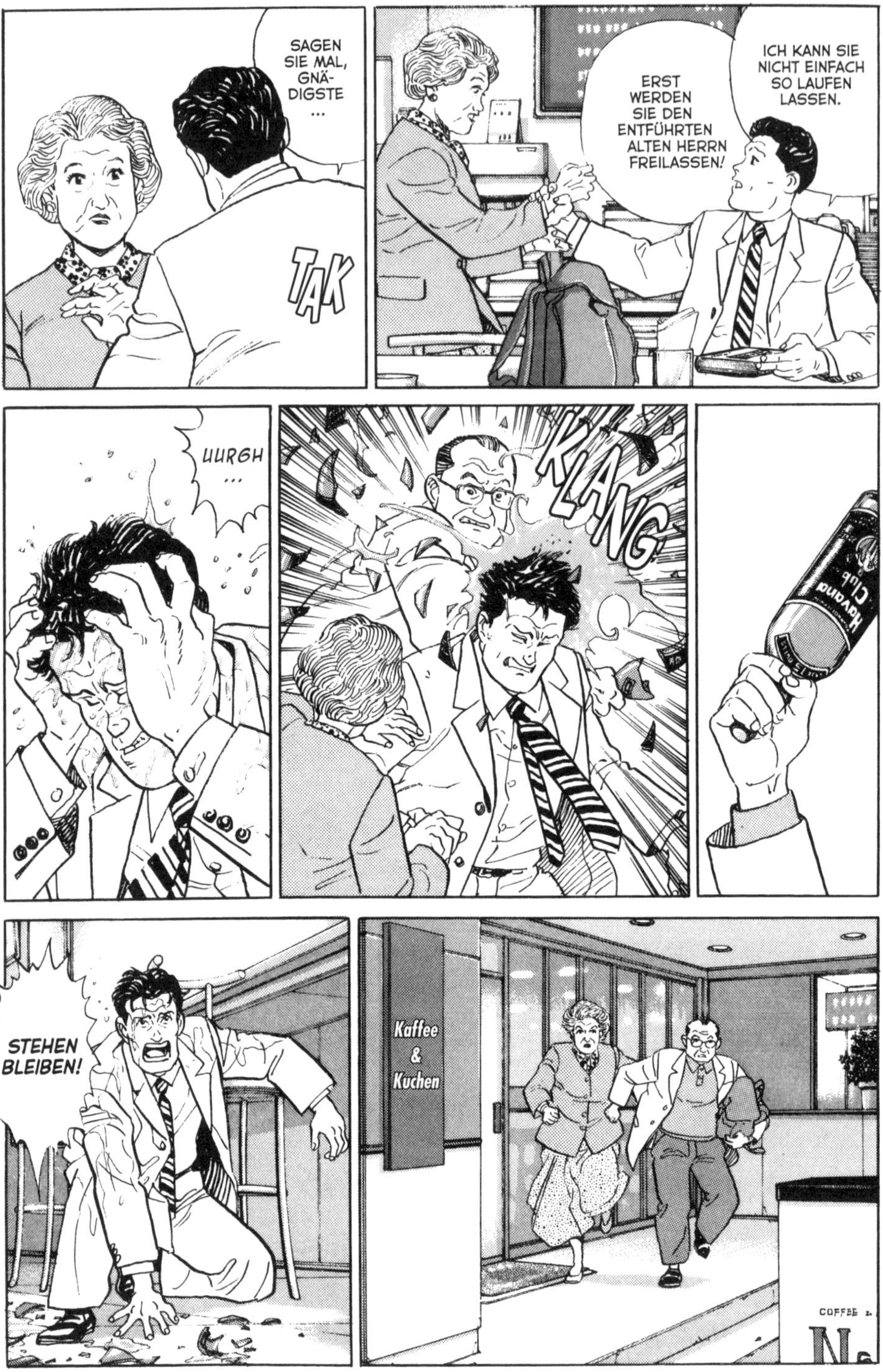

SAGEN SIE MAL, GNÄDIGSTE ...
TAK
ICH KANN SIE NICHT EINFACH SO LAUFEN LASSEN.
ERST WERDEN SIE DEN ENTFÜHRTEN ALTEN HERRN FREILASSEN!
Havana Club
KLANG
UURGH ...
STEHEN BLEIBEN!
Kaffee & Kuchen
COFFEE

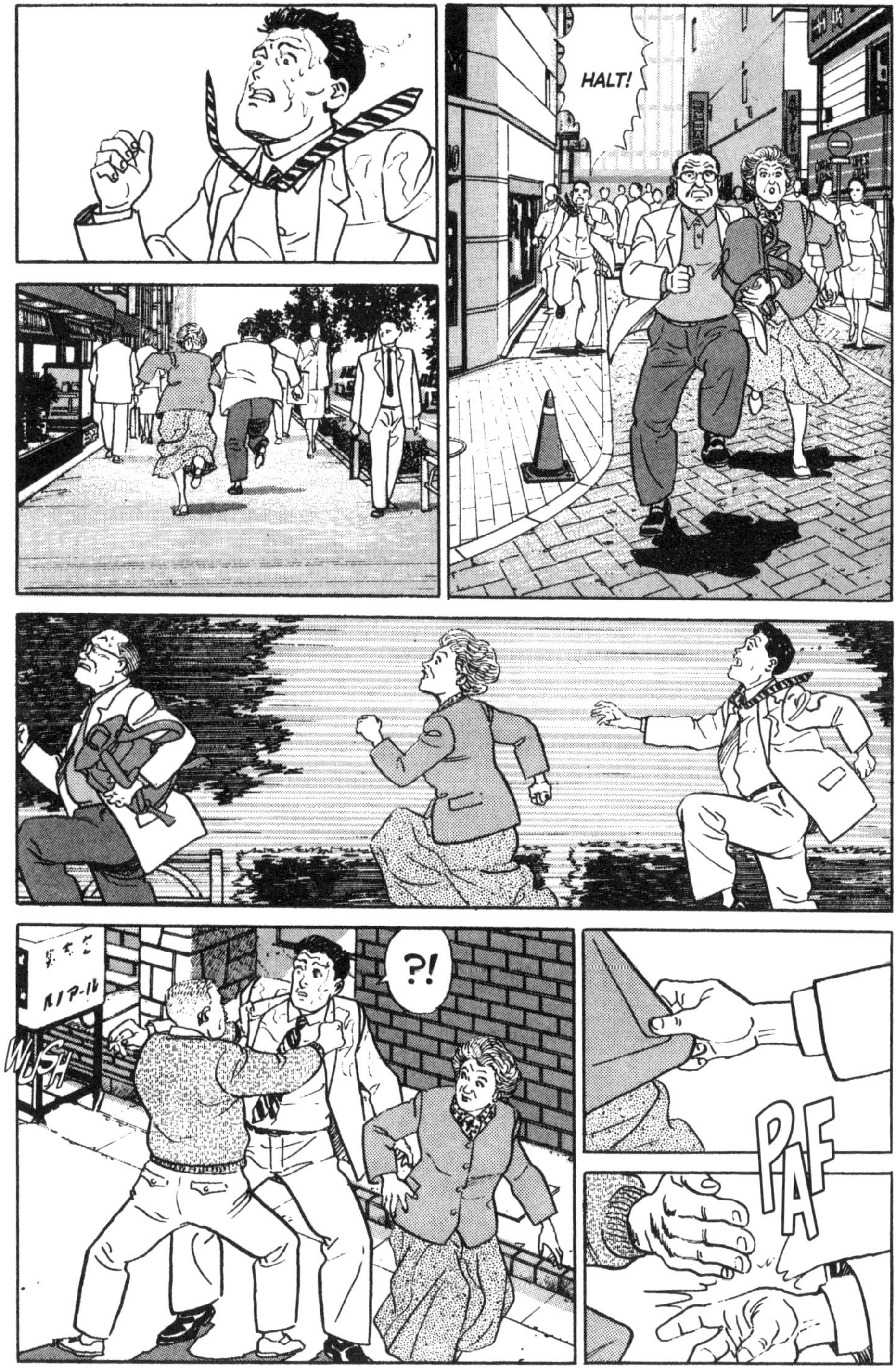
HALT!
?!
WUSH
PAF

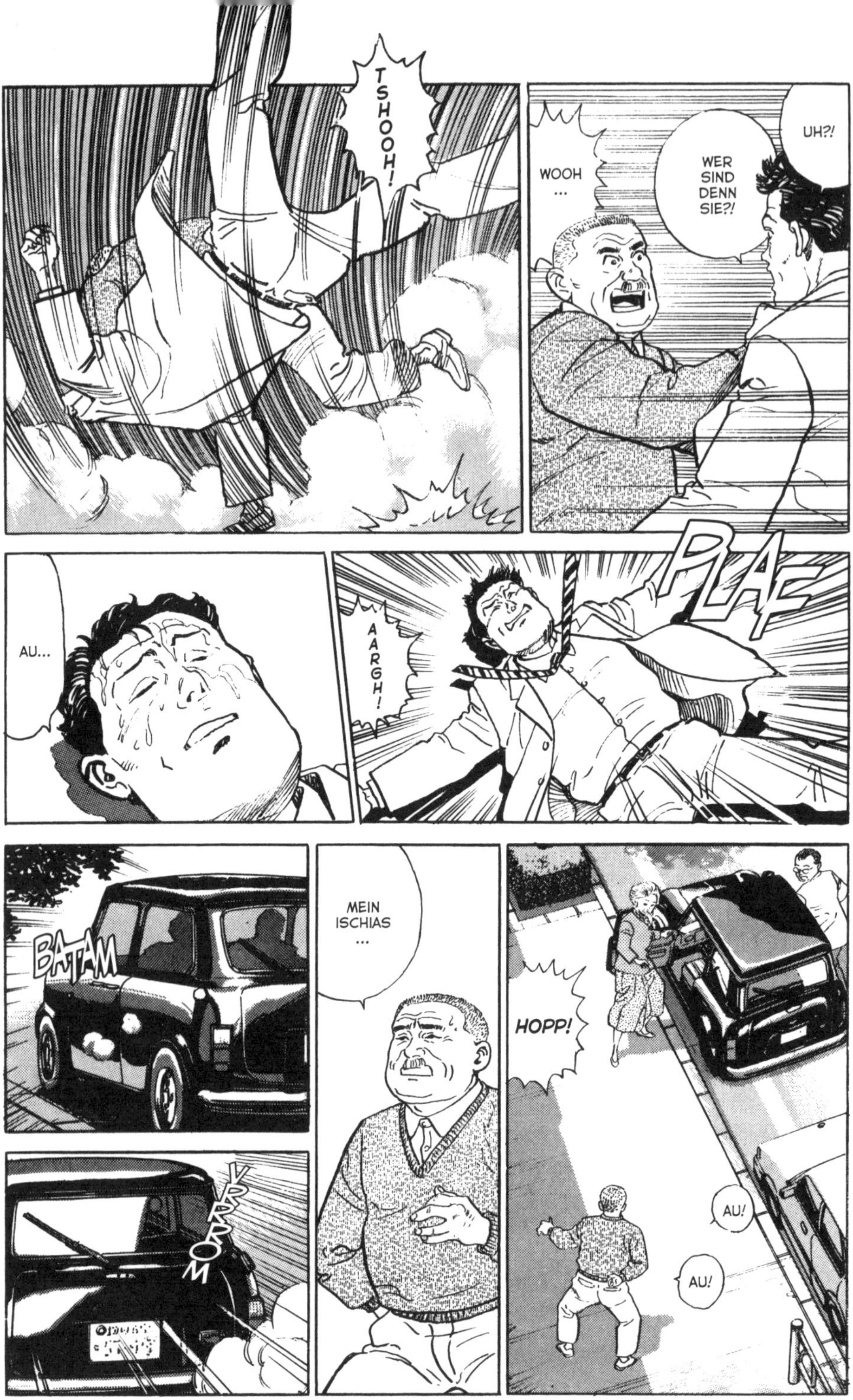

TSHOOOH!
WOOH ...
WER SIND DENN SIE?!
UH?!
AU...
AARGH!
PLAF
BATAM
VRRROOM
MEIN ISCHIAS ...
HOPP!
AU!
AU!

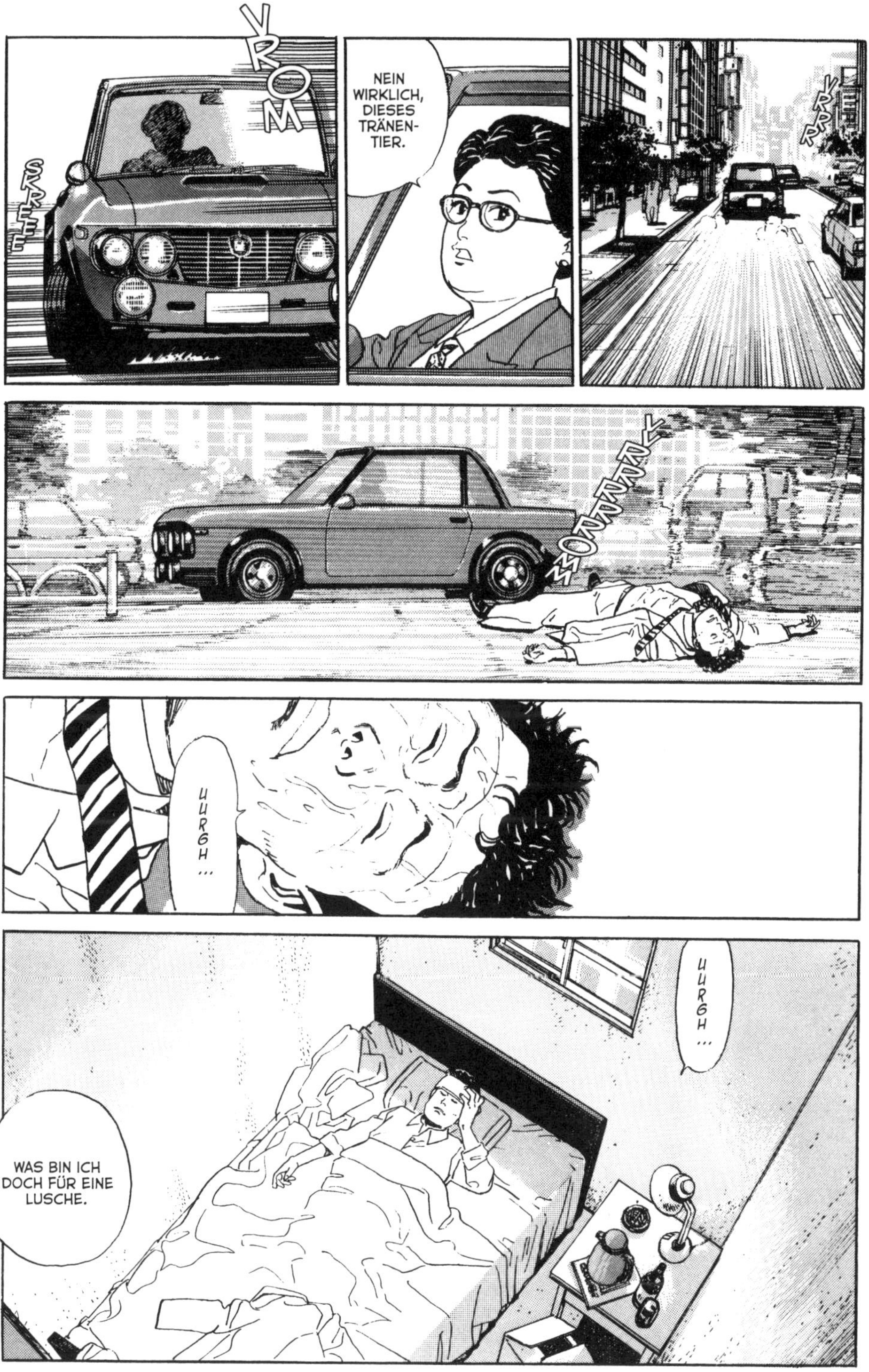
VROM
SKREEE
NEIN WIRKLICH, DIESES TRÄNEN-TIER.
VRRR
VRRRRROMM
UURGH...
UURGH...
WAS BIN ICH DOCH FÜR EINE LUSCHE.

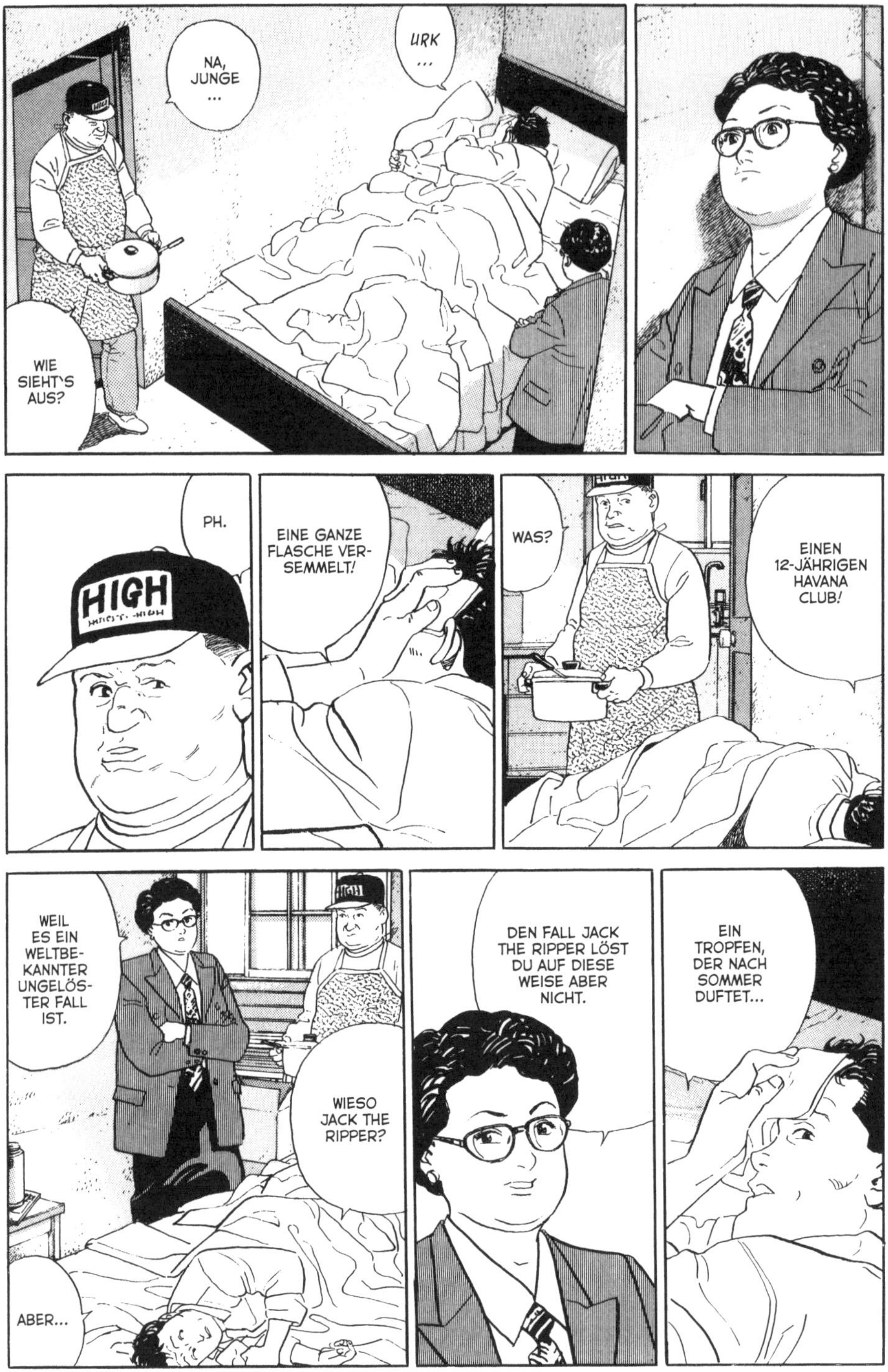
NA, JUNGE ...
URK ...
WIE SIEHT`S AUS?
PH.
EINE GANZE FLASCHE VERSEMMELT!
WAS?
EINEN 12-JÄHRIGEN HAVANA CLUB!
WEIL ES EIN WELTBEKANNTER UNGELÖSTER FALL IST.
WIESO JACK THE RIPPER?
ABER...
DEN FALL JACK THE RIPPER LÖST DU AUF DIESE WEISE ABER NICHT.
EIN TROPFEN, DER NACH SOMMER DUFTET...

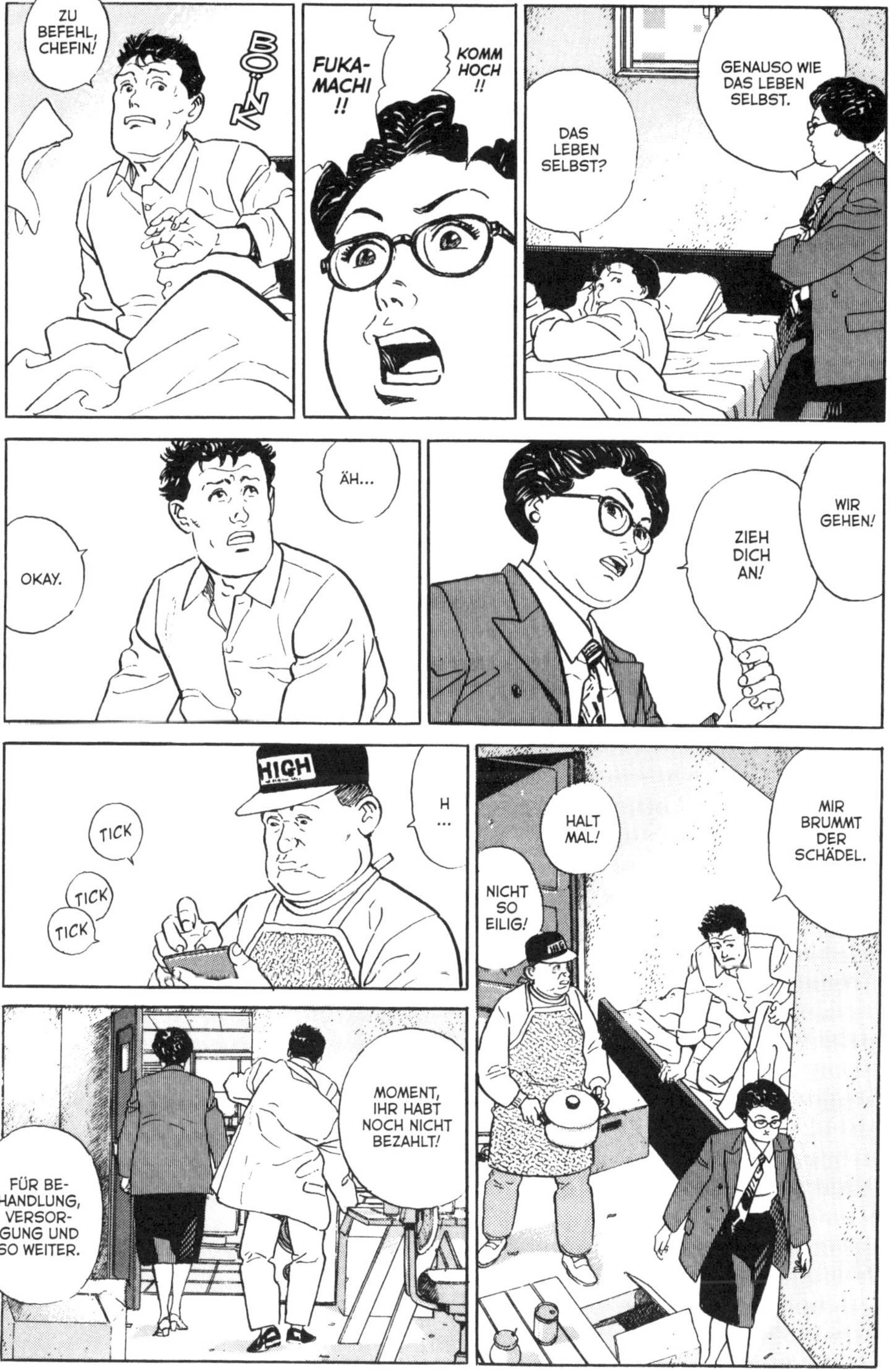

GENAUSO WIE DAS LEBEN SELBST.
DAS LEBEN SELBST?
KOMM HOCH!!
FUKA-MACHI!!
BOING
ZU BEFEHL, CHEFIN!
WIR GEHEN!
ZIEH DICH AN!
ÄH...
OKAY.
MIR BRUMMT DER SCHÄDEL.
HALT MAL!
NICHT SO EILIG!
H...
TICK
TICK
TICK
MOMENT, IHR HABT NOCH NICHT BEZAHLT!
FÜR BE-HANDLUNG, VERSOR-GUNG UND SO WEITER.

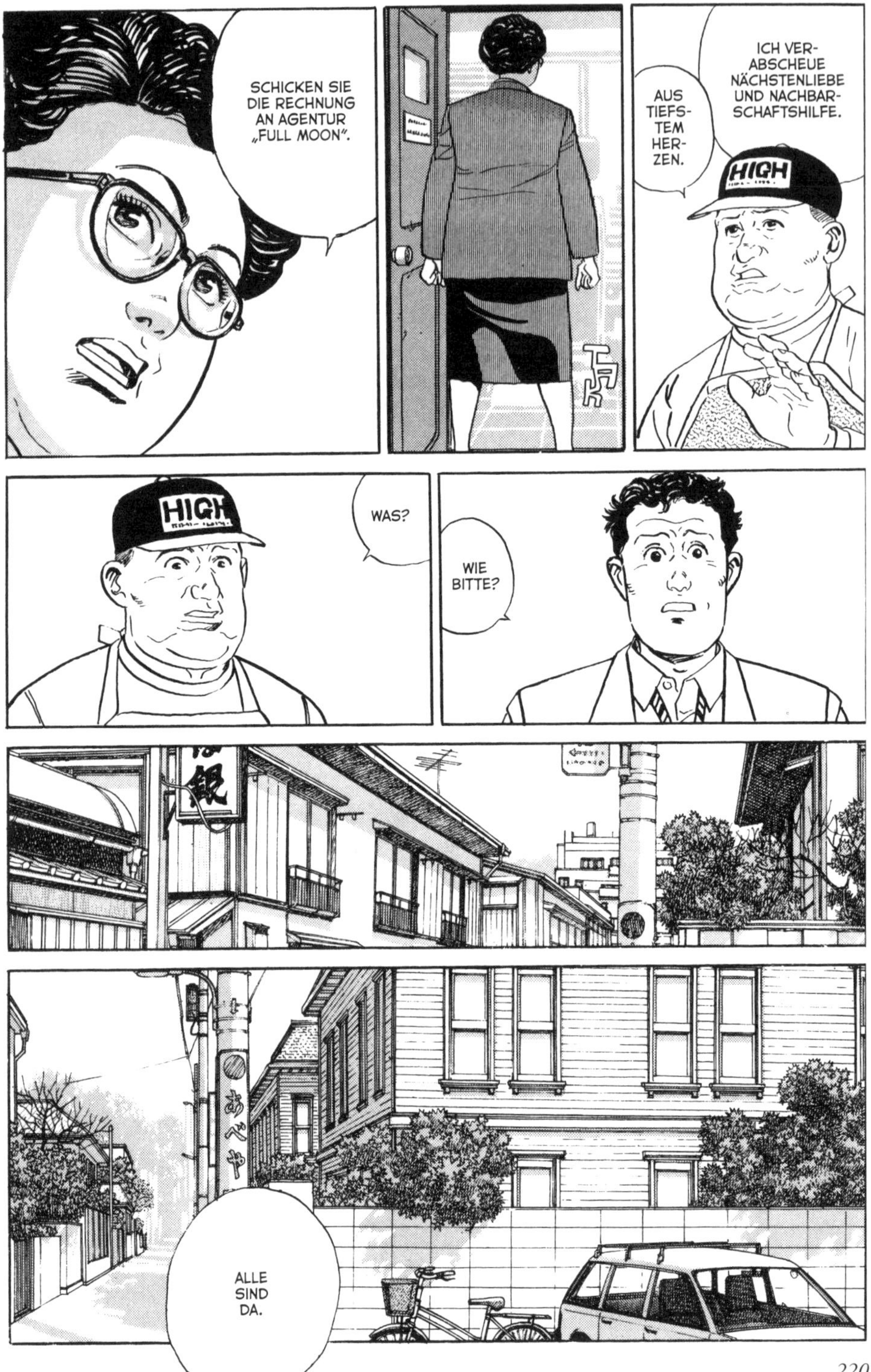
SCHICKEN SIE DIE RECHNUNG AN AGENTUR „FULL MOON“.
ICH VERABSCHEUE NÄCHSTENLIEBE UND NACHBARSCHAFTSHILFE.
AUS TIEFSTEM HERZEN.
WAS?
WIE BITTE?
ALLE SIND DA.

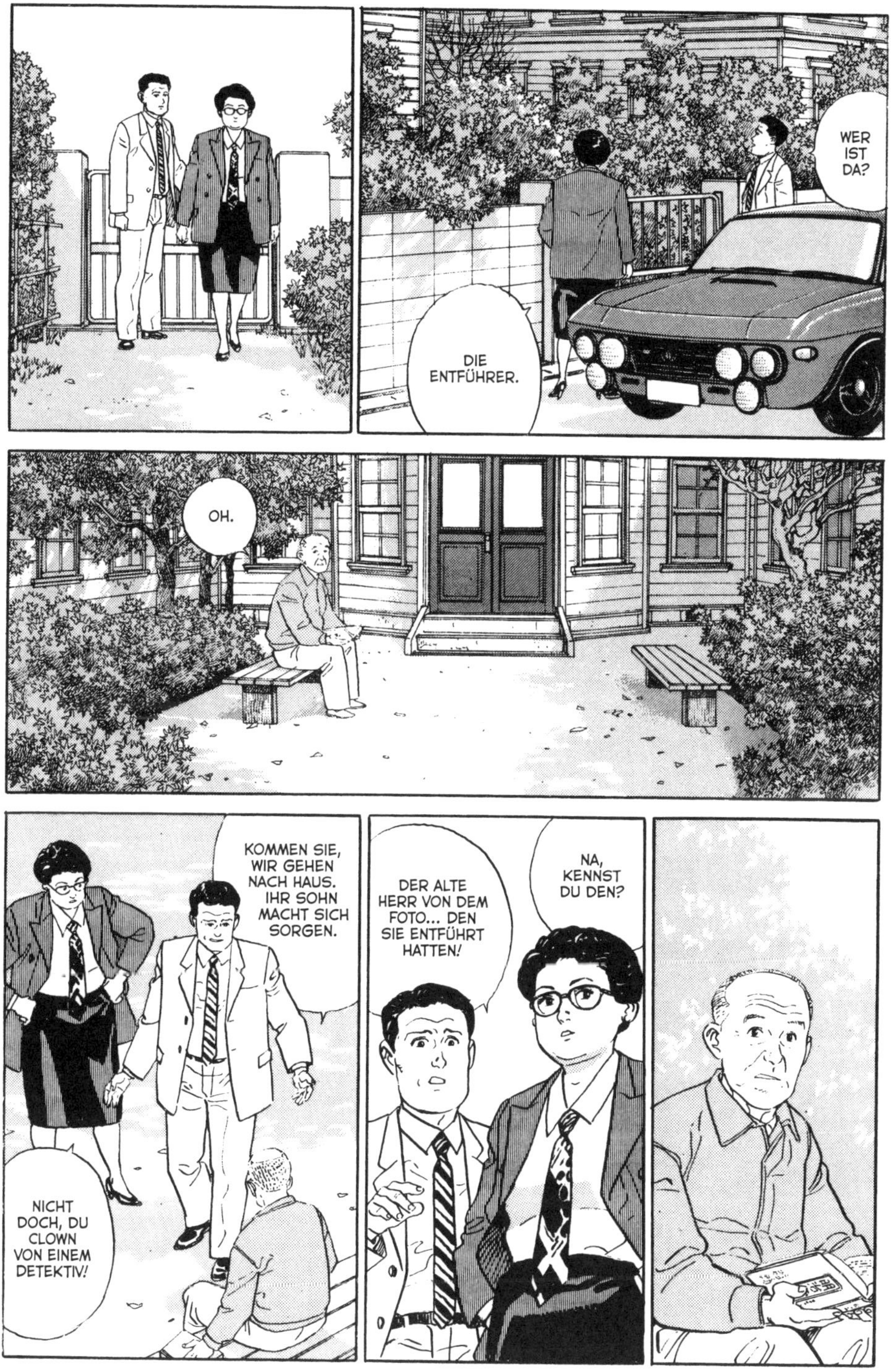
WER IST DA?
DIE ENTFÜHRER.
OH.
KOMMEN SIE, WIR GEHEN NACH HAUS. IHR SOHN MACHT SICH SORGEN.
NICHT DOCH, DU CLOWN VON EINEM DETEKTIV!
NA, KENNST DU DEN?
DER ALTE HERR VON DEM FOTO... DEN SIE ENTFÜHRT HATTEN!

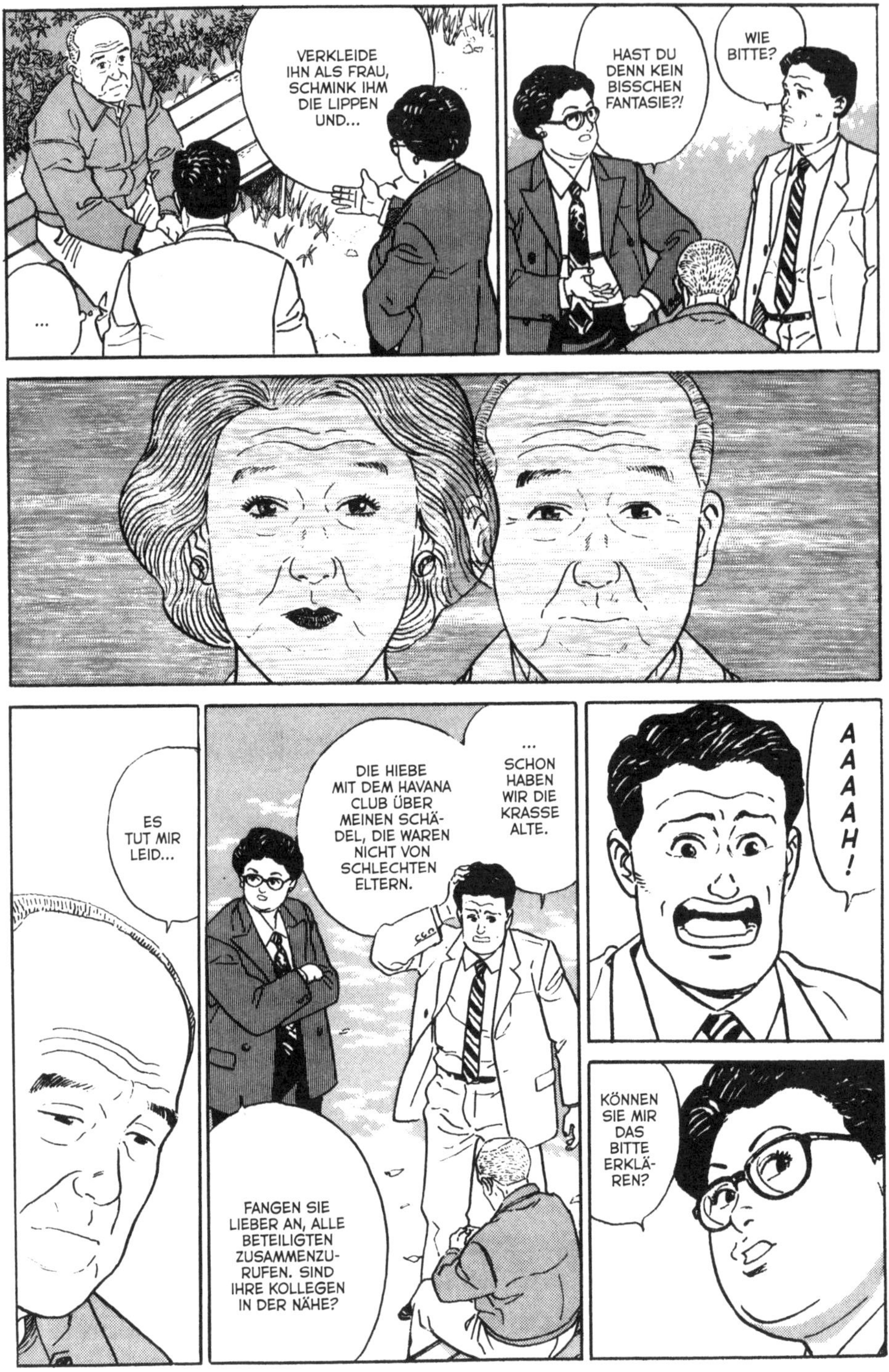

VERKLEIDE IHN ALS FRAU, SCHMINK IHM DIE LIPPEN UND...
...
HAST DU DENN KEIN BISSCHEN FANTASIE?!
WIE BITTE?
ES TUT MIR LEID...
DIE HIEBE MIT DEM HAVANA CLUB ÜBER MEINEN SCHÄDEL, DIE WAREN NICHT VON SCHLECHTEN ELTERN.
... SCHON HABEN WIR DIE KRASSE ALTE.
FANGEN SIE LIEBER AN, ALLE BETEILIGTEN ZUSAMMENZURUFEN. SIND IHRE KOLLEGEN IN DER NÄHE?
AAAAAH!
KÖNNEN SIE MIR DAS BITTE ERKLÄREN?

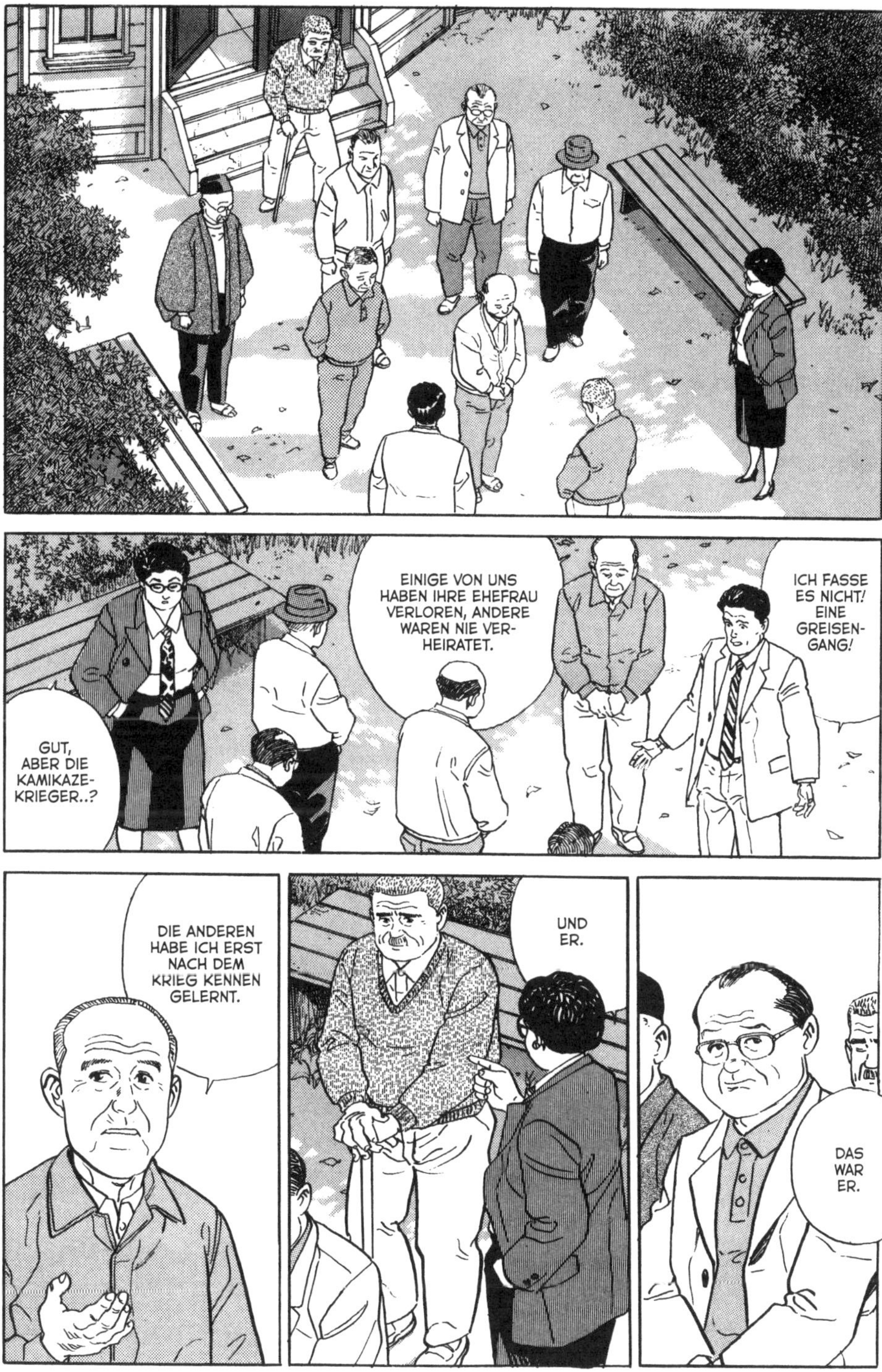
ICH FASSE ES NICHT! EINE GREISEN-GANG!
EINIGE VON UNS HABEN IHRE EHEFRAU VERLOREN, ANDERE WAREN NIE VER-HEIRATET.
GUT, ABER DIE KAMIKAZE-KRIEGER..?
DIE ANDEREN HABE ICH ERST NACH DEM KRIEG KENNEN GELERNT.
UND ER.
DAS WAR ER.

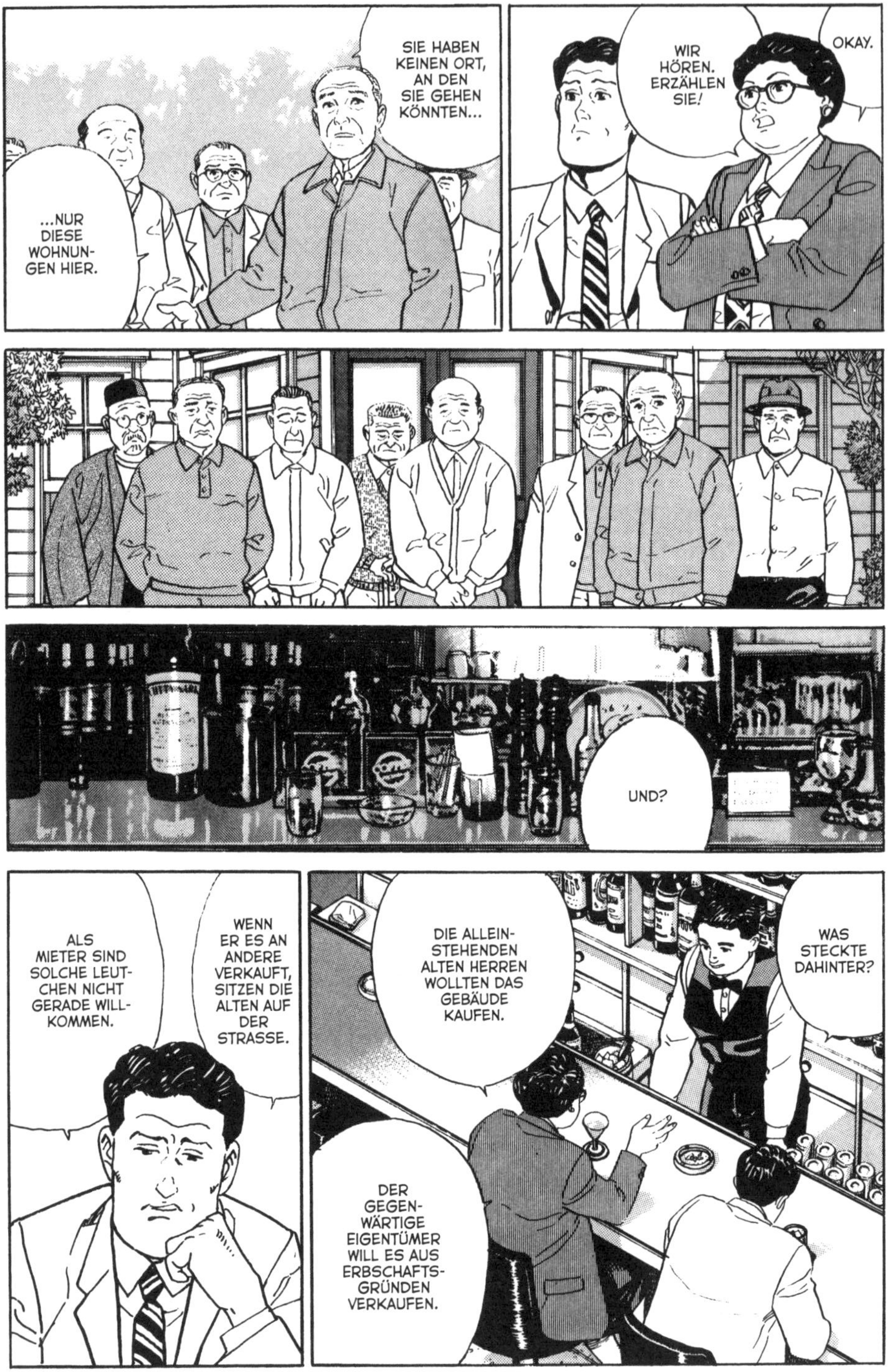
WIR HÖREN. ERZÄHLEN SIE!
OKAY.
SIE HABEN KEINEN ORT, AN DEN SIE GEHEN KÖNNTEN...
...NUR DIESE WOHNUNGEN HIER.
UND?
WAS STECKTE DAHINTER?
DIE ALLEINSTEHENDEN ALTEN HERREN WOLLTEN DAS GEBÄUDE KAUFEN.
DER GEGENWÄRTIGE EIGENTÜMER WILL ES AUS ERBSCHAFTSGRÜNDEN VERKAUFEN.
WENN ER ES AN ANDERE VERKAUFT, SITZEN DIE ALTEN AUF DER STRASSE.
ALS MIETER SIND SOLCHE LEUTCHEN NICHT GERADE WILLKOMMEN.

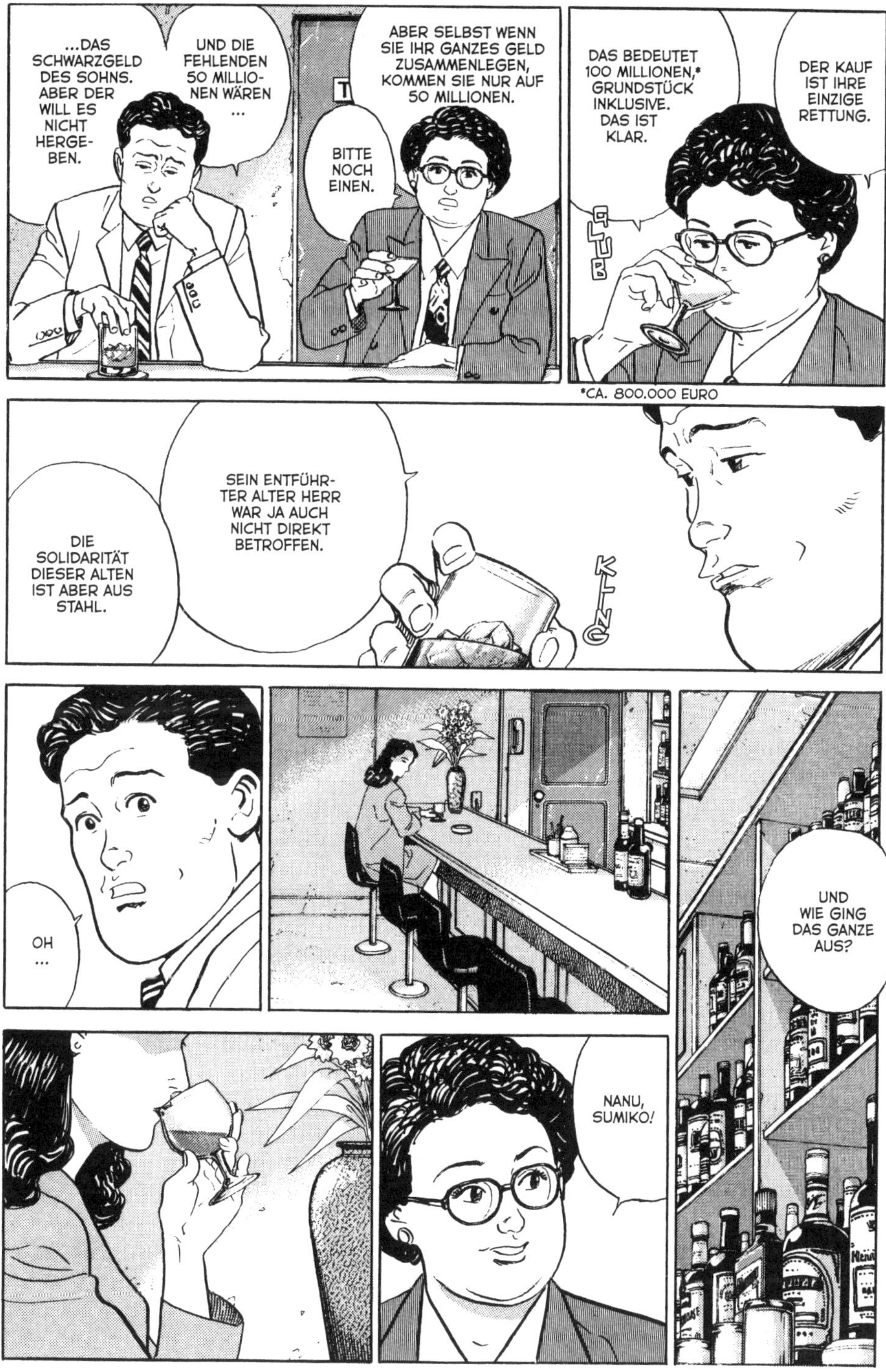
DER KAUF IST IHRE EINZIGE RETTUNG.
DAS BEDEUTET 100 MILLIONEN,* GRUNDSTÜCK INKLUSIVE. DAS IST KLAR.
GLUB
*CA. 800.000 EURO
ABER SELBST WENN SIE IHR GANZES GELD ZUSAMMENLEGEN, KOMMEN SIE NUR AUF 50 MILLIONEN.
BITTE NOCH EINEN.
UND DIE FEHLENDEN 50 MILLIONEN WÄREN ...
...DAS SCHWARZGELD DES SOHNS. ABER DER WILL ES NICHT HERGEBEN.
KLING
SEIN ENTFÜHRTER ALTER HERR WAR JA AUCH NICHT DIREKT BETROFFEN.
DIE SOLIDARITÄT DIESER ALTEN IST ABER AUS STAHL.
UND WIE GING DAS GANZE AUS?
OH ...
NANU, SUMIKO!

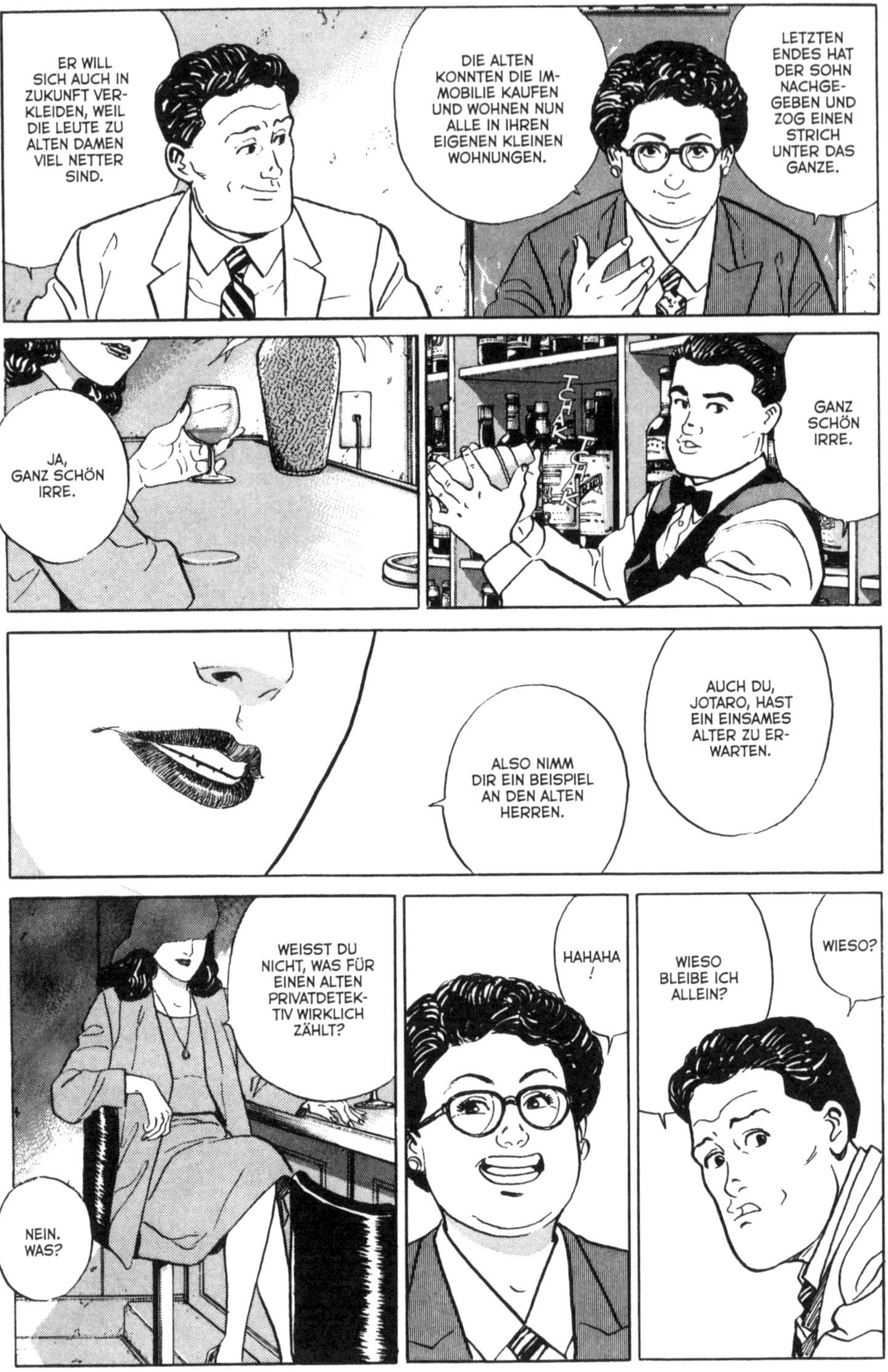
ER WILL SICH AUCH IN ZUKUNFT VERKLEIDEN, WEIL DIE LEUTE ZU ALTEN DAMEN VIEL NETTER SIND.
DIE ALTEN KONNTEN DIE IMMOBILIE KAUFEN UND WOHNEN NUN ALLE IN IHREN EIGENEN KLEINEN WOHNUNGEN.
LETZTEN ENDES HAT DER SOHN NACHGEGEBEN UND ZOG EINEN STRICH UNTER DAS GANZE.
JA, GANZ SCHÖN IRRE.
TCHAK TCHAK
GANZ SCHÖN IRRE.
ALSO NIMM DIR EIN BEISPIEL AN DEN ALTEN HERREN.
AUCH DU, JOTARO, HAST EIN EINSAMES ALTER ZU ERWARTEN.
NEIN. WAS?
WEISST DU NICHT, WAS FÜR EINEN ALTEN PRIVATDETEKTIV WIRKLICH ZÄHLT?
HAHAHA!
WIESO BLEIBE ICH ALLEIN?
WIESO?

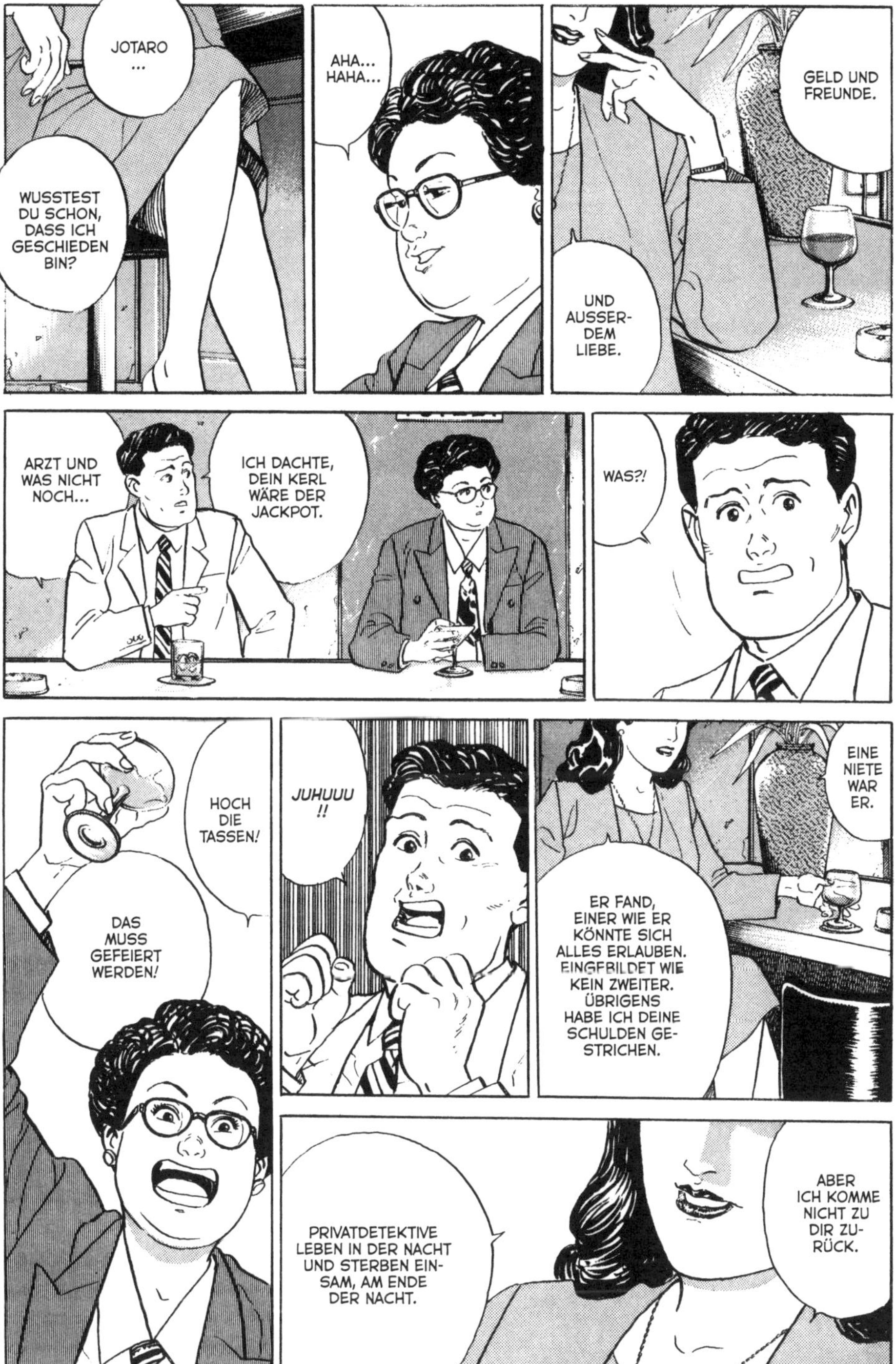
JOTARO ...
WUSSTEST DU SCHON, DASS ICH GESCHIEDEN BIN?
AHA... HAHA...
GELD UND FREUNDE.
UND AUSSER-DEM LIEBE.
ARZT UND WAS NICHT NOCH...
ICH DACHTE, DEIN KERL WÄRE DER JACKPOT.
WAS?!
EINE NIETE WAR ER.
ER FAND, EINER WIE ER KÖNNTE SICH ALLES ERLAUBEN. EINGEBILDET WIE KEIN ZWEITER. ÜBRIGENS HABE ICH DEINE SCHULDEN GE-STRICHEN.
JUHUUU !!
HOCH DIE TASSEN!
DAS MUSS GEFEIERT WERDEN!
ABER ICH KOMME NICHT ZU DIR ZU-RÜCK.
PRIVATDETEKTIVE LEBEN IN DER NACHT UND STERBEN EIN-SAM, AM ENDE DER NACHT.

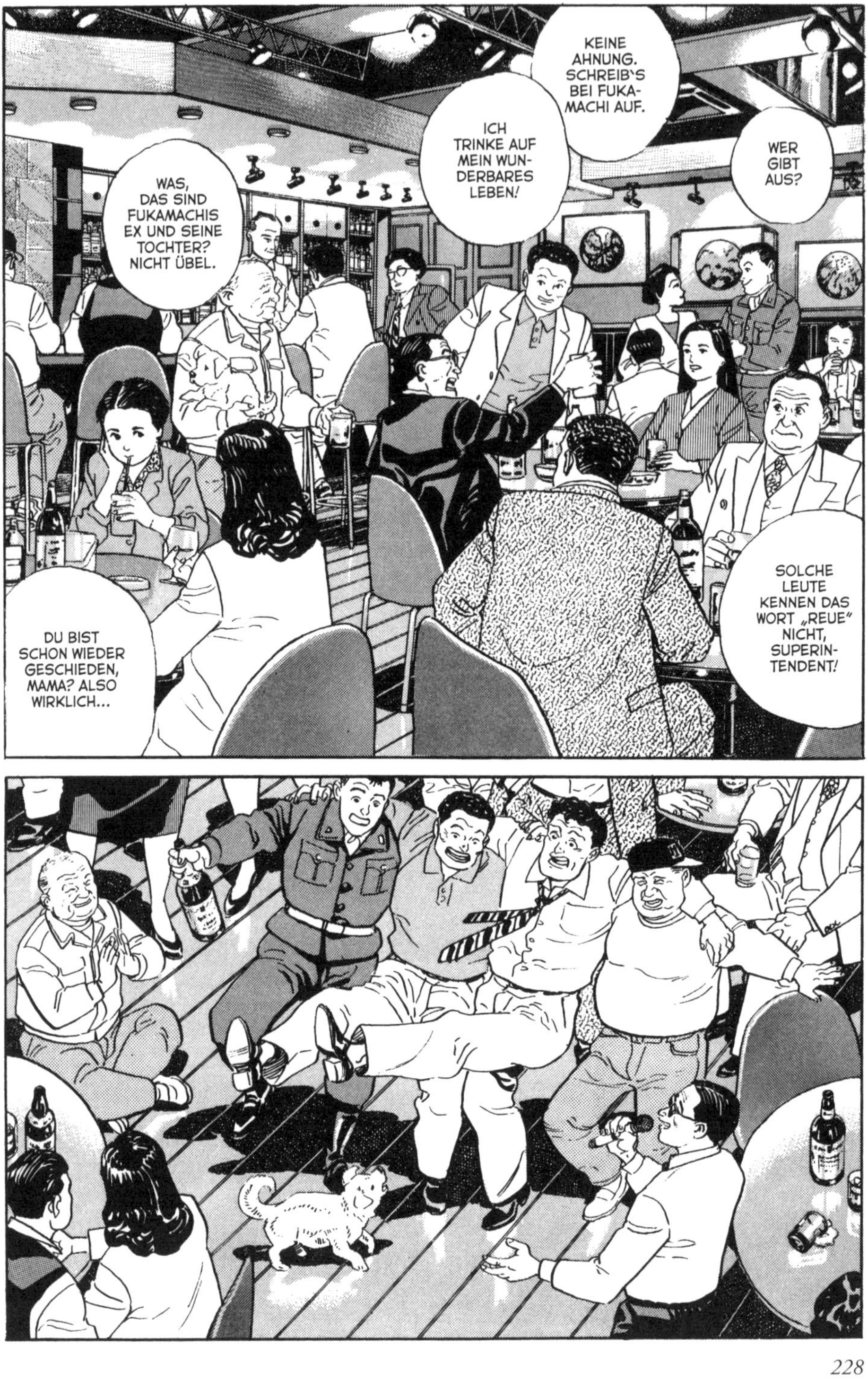

WER GIBT AUS?
KEINE AHNUNG. SCHREIB'S BEI FUKAMACHI AUF.
ICH TRINKE AUF MEIN WUNDERBARES LEBEN!
WAS, DAS SIND FUKAMACHIS EX UND SEINE TOCHTER? NICHT ÜBEL.
SOLCHE LEUTE KENNEN DAS WORT „REUE“ NICHT, SUPERINTENDENT!
DU BIST SCHON WIEDER GESCHIEDEN, MAMA? ALSO WIRKLICH...

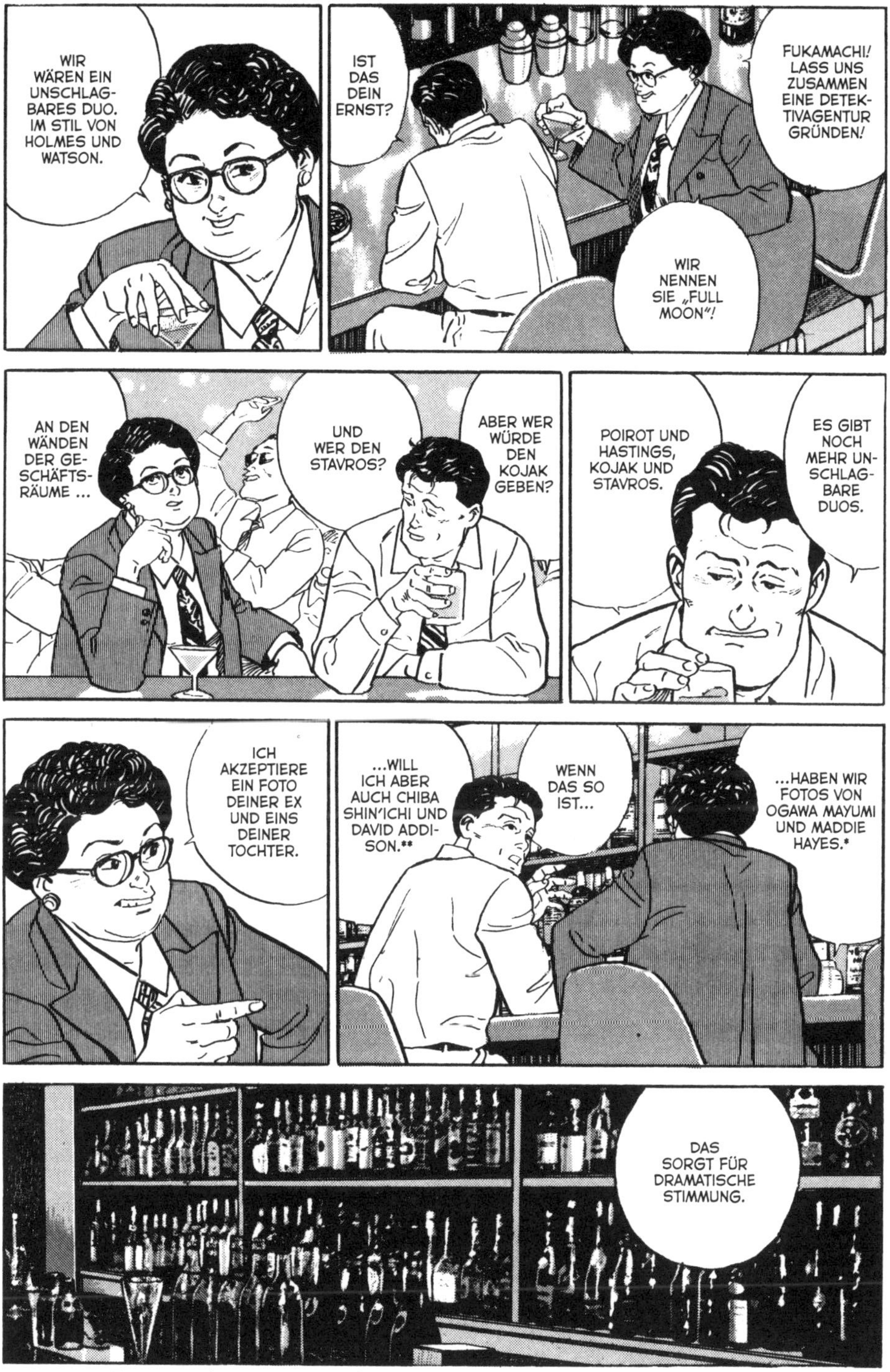


*Protagonistin der US-TV-Serie Moonlighting, dargestellt von Cybill Shepherd.

** Protagonist derselben Serie, dargestellt von Bruce Willis

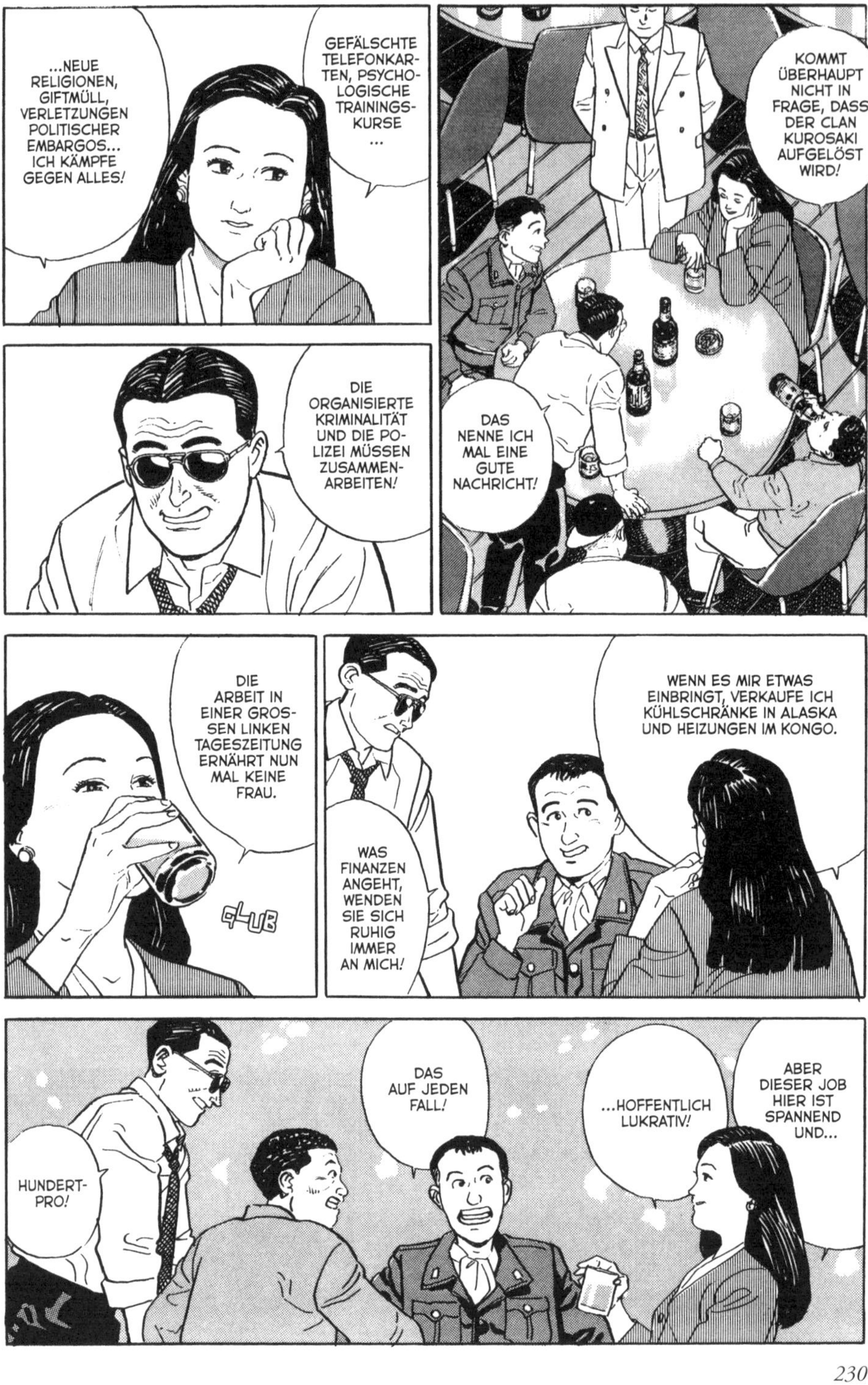
KOMMT ÜBERHAUPT NICHT IN FRAGE, DASS DER CLAN KUROSAKI AUFGELÖST WIRD!
DAS NENNE ICH MAL EINE GUTE NACHRICHT!
GEFÄLSCHTE TELEFONKARTEN, PSYCHOLOGISCHE TRAININGSKURSE ...
...NEUE RELIGIONEN, GIFTMÜLL, VERLETZUNGEN POLITISCHER EMBARGOS... ICH KÄMPFE GEGEN ALLES!
DIE ORGANISIERTE KRIMINALITÄT UND DIE POLIZEI MÜSSEN ZUSAMMENARBEITEN!
WENN ES MIR ETWAS EINBRINGT, VERKAUFE ICH KÜHLSCHRÄNKE IN ALASKA UND HEIZUNGEN IM KONGO.
WAS FINANZEN ANGEHT, WENDEN SIE SICH RUHIG IMMER AN MICH!
DIE ARBEIT IN EINER GROSSEN LINKEN TAGESZEITUNG ERNÄHRT NUN MAL KEINE FRAU.
GLUB
ABER DIESER JOB HIER IST SPANNEND UND...
...HOFFENTLICH LUKRATIV!
DAS AUF JEDEN FALL!
HUNDERTPRO!

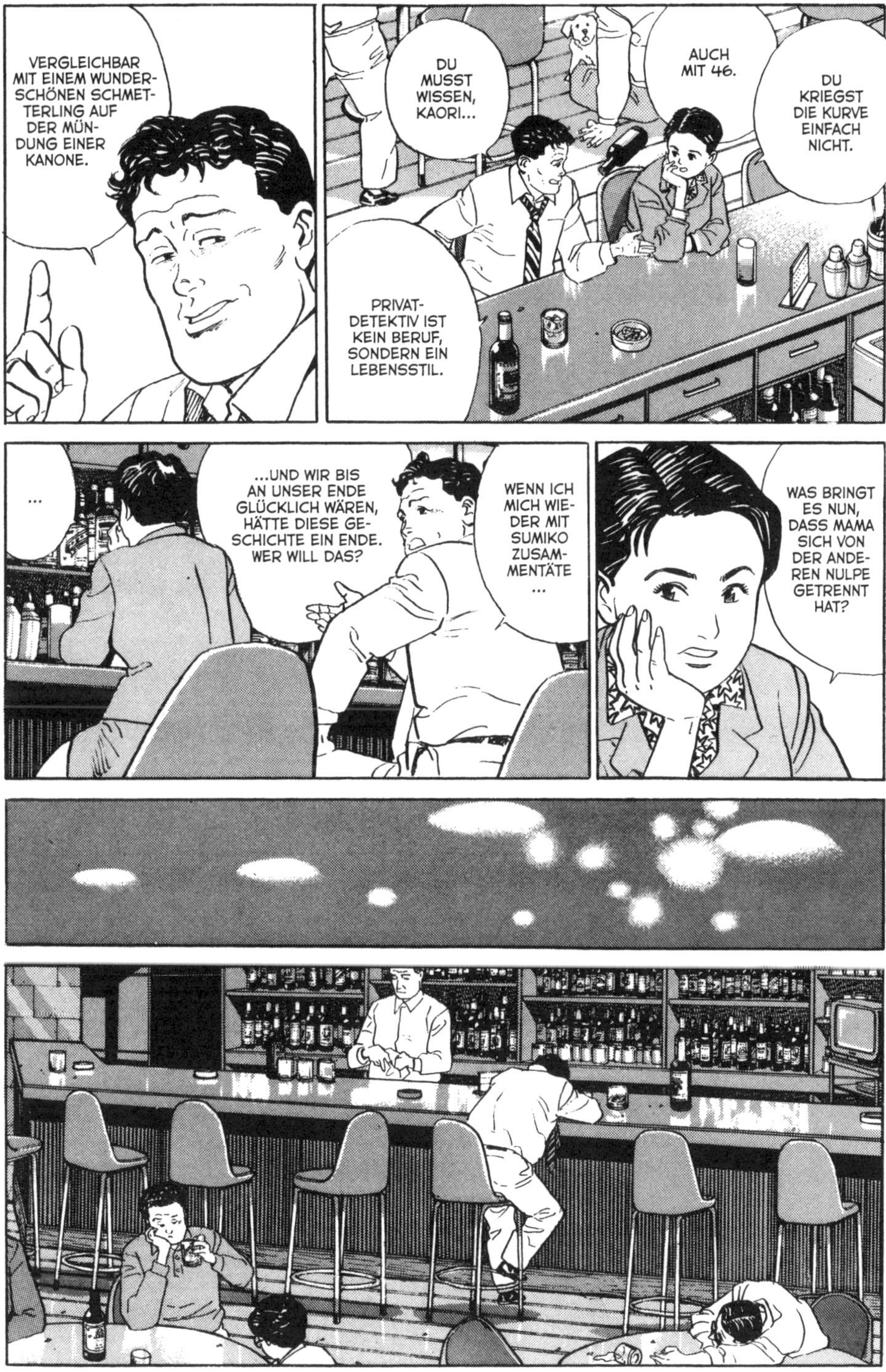
DU KRIEGST DIE KURVE EINFACH NICHT.
AUCH MIT 46.
DU MUSST WISSEN, KAORI...
PRIVAT-DETEKTIV IST KEIN BERUF, SONDERN EIN LEBENSSTIL.
VERGLEICHBAR MIT EINEM WUNDER-SCHÖNEN SCHMET-TERLING AUF DER MÜN-DUNG EINER KANONE.
WAS BRINGT ES NUN, DASS MAMA SICH VON DER ANDE-REN NULPE GETRENNT HAT?
WENN ICH MICH WIE-DER MIT SUMIKO ZUSAM-MENTÄTE ...
...UND WIR BIS AN UNSER ENDE GLÜCKLICH WÄREN, HÄTTE DIESE GE-SCHICHTE EIN ENDE. WER WILL DAS?
...

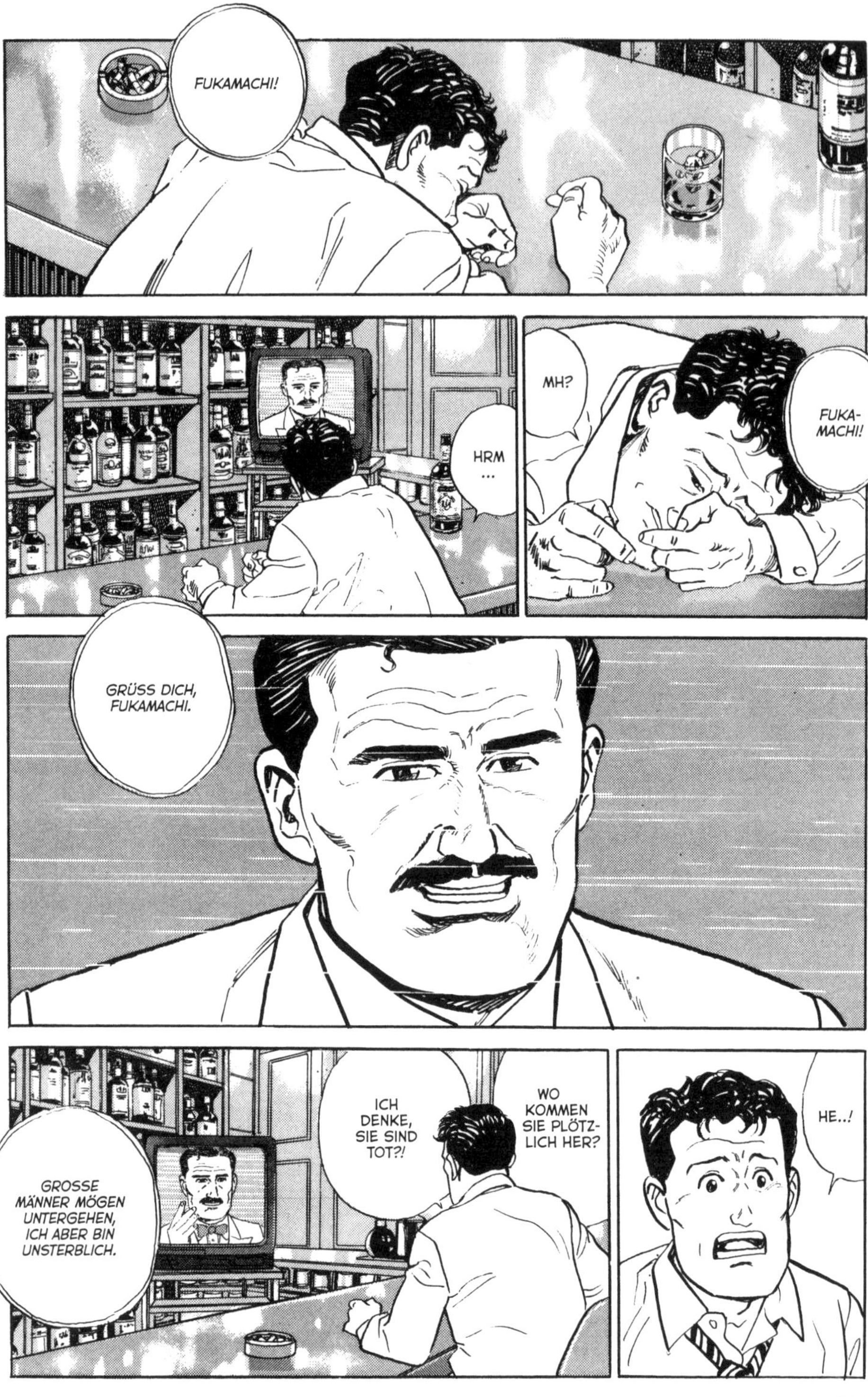
FUKAMACHI!
HRM ...
MH?
FUKA-MACHI!
GRÜSS DICH, FUKAMACHI.
GROSSE MÄNNER MÖGEN UNTERGEHEN, ICH ABER BIN UNSTERBLICH.
ICH DENKE, SIE SIND TOT?!
WO KOMMEN SIE PLÖTZLICH HER?
HE..!

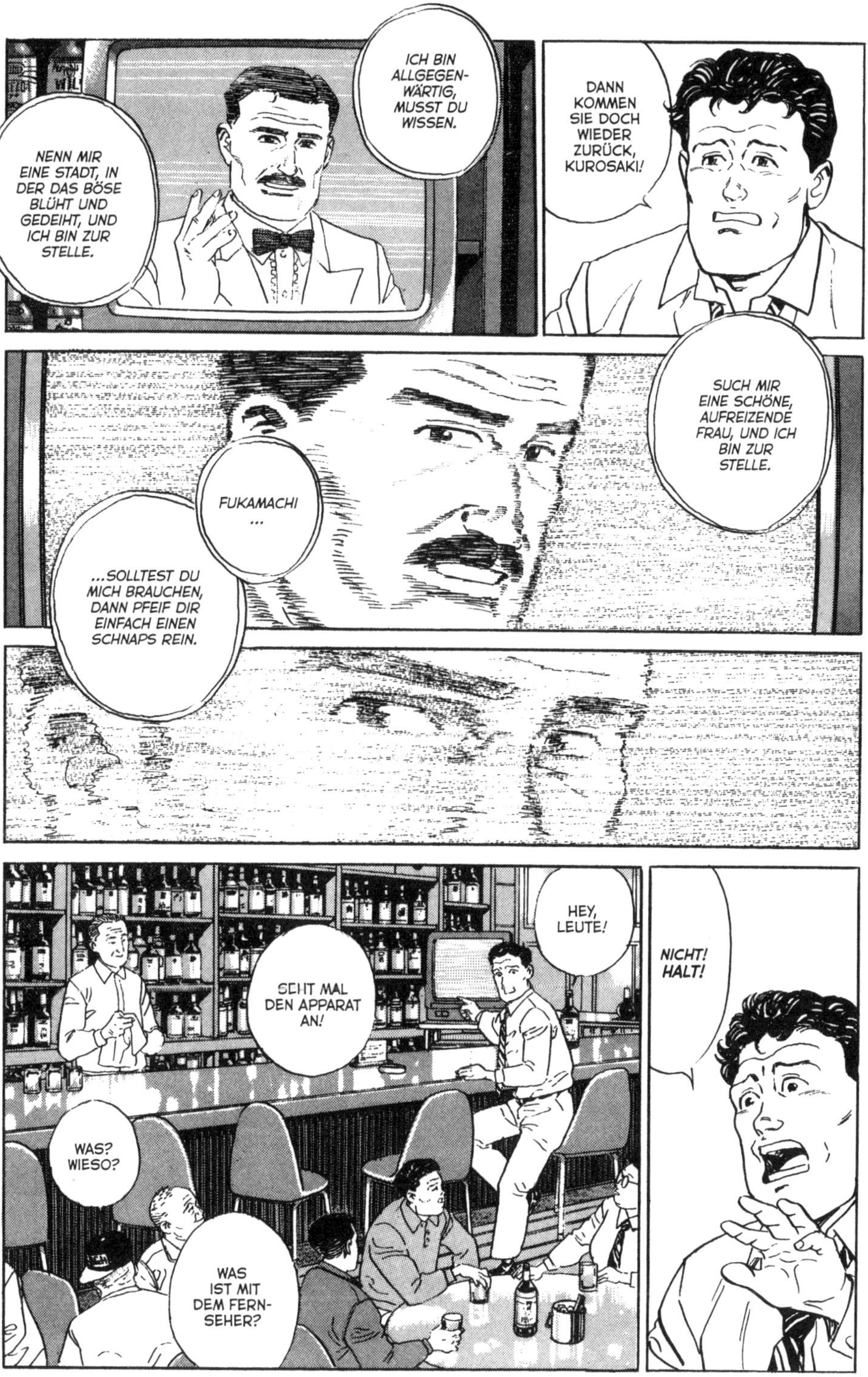
DANN KOMMEN SIE DOCH WIEDER ZURÜCK, KUROSAKI!
ICH BIN ALLGEGENWÄRTIG, MUSST DU WISSEN.
NENN MIR EINE STADT, IN DER DAS BÖSE BLÜHT UND GEDEIHT, UND ICH BIN ZUR STELLE.
SUCH MIR EINE SCHÖNE, AUFREIZENDE FRAU, UND ICH BIN ZUR STELLE.
FUKAMACHI ...
...SOLLTEST DU MICH BRAUCHEN, DANN PFEIF DIR EINFACH EINEN SCHNAPS REIN.
NICHT! HALT!
HEY, LEUTE!
SEHT MAL DEN APPARAT AN!
WAS? WIESO?
WAS IST MIT DEM FERNSEHER?

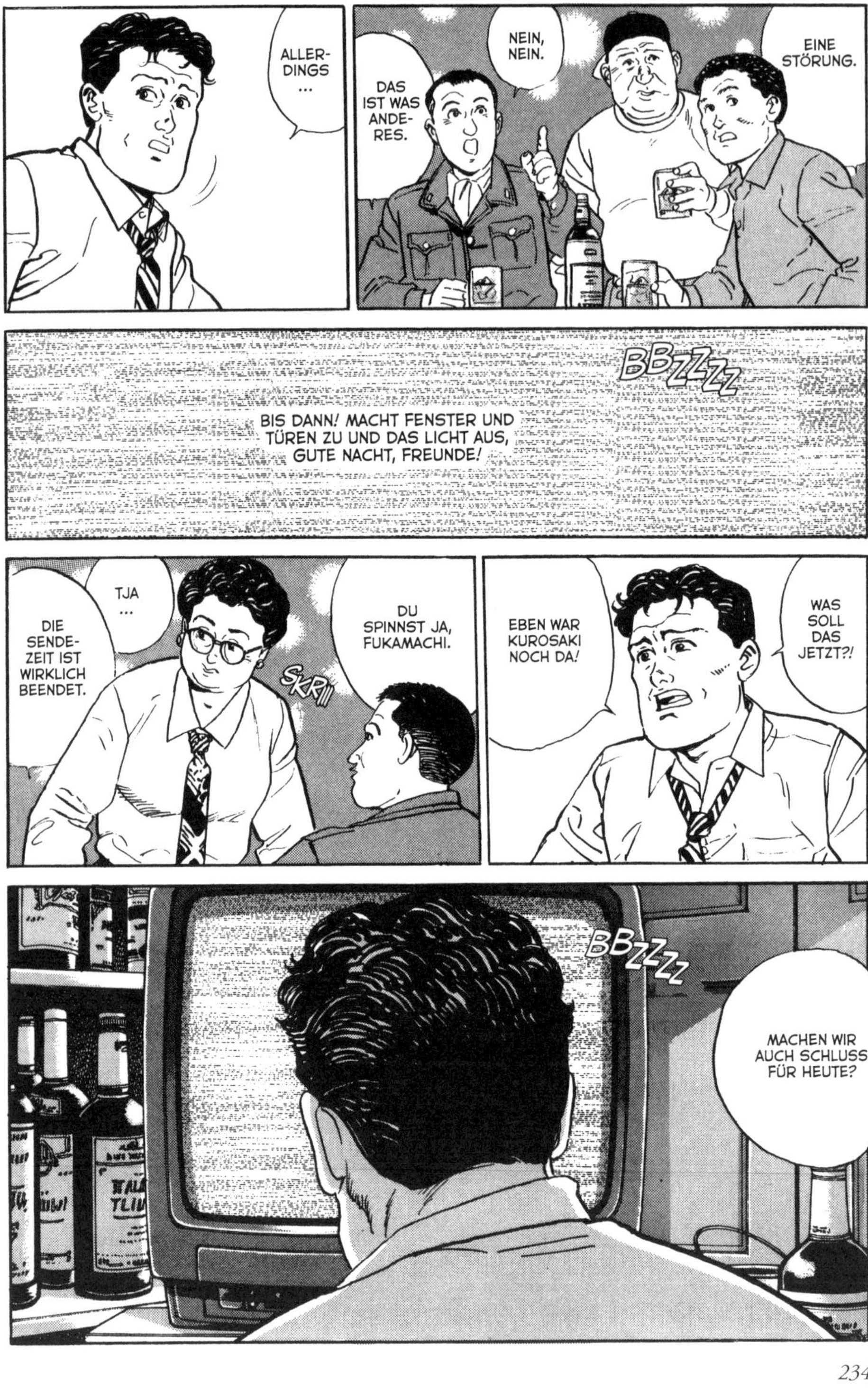
ALLER-DINGS ...
EINE STÖRUNG.
NEIN, NEIN.
DAS IST WAS ANDE-RES.
BBZZZZ
BIS DANN! MACHT FENSTER UND TÜREN ZU UND DAS LICHT AUS, GUTE NACHT, FREUNDE!
WAS SOLL DAS JETZT?!
EBEN WAR KUROSAKI NOCH DA!
DU SPINNST JA, FUKAMACHI.
SKRII
TJA ...
DIE SENDE-ZEIT IST WIRKLICH BEENDET.
BBZZZZ
MACHEN WIR AUCH SCHLUSS FÜR HEUTE?

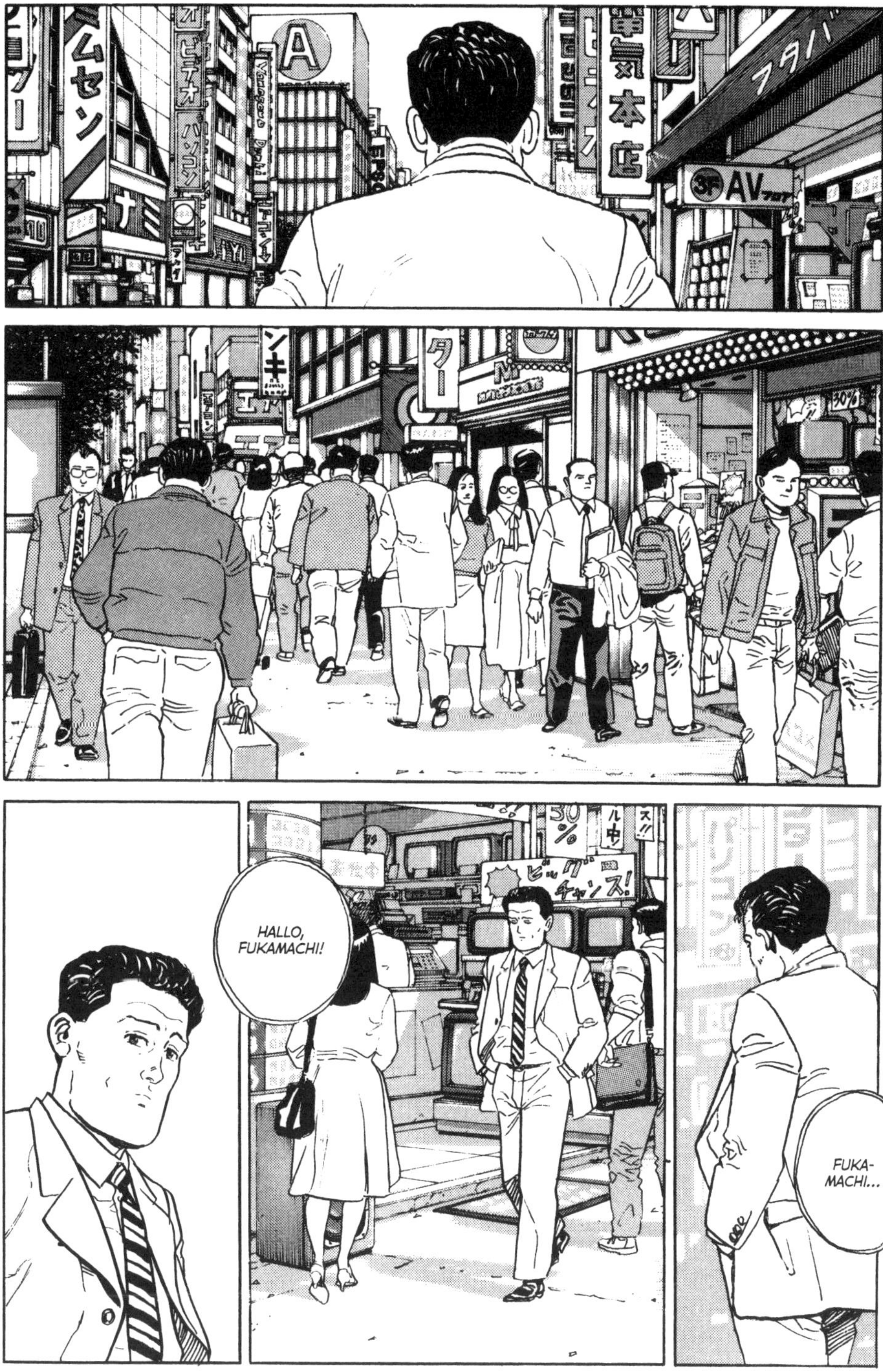
HALLO, FUKAMACHI!
FUKA-MACHI...

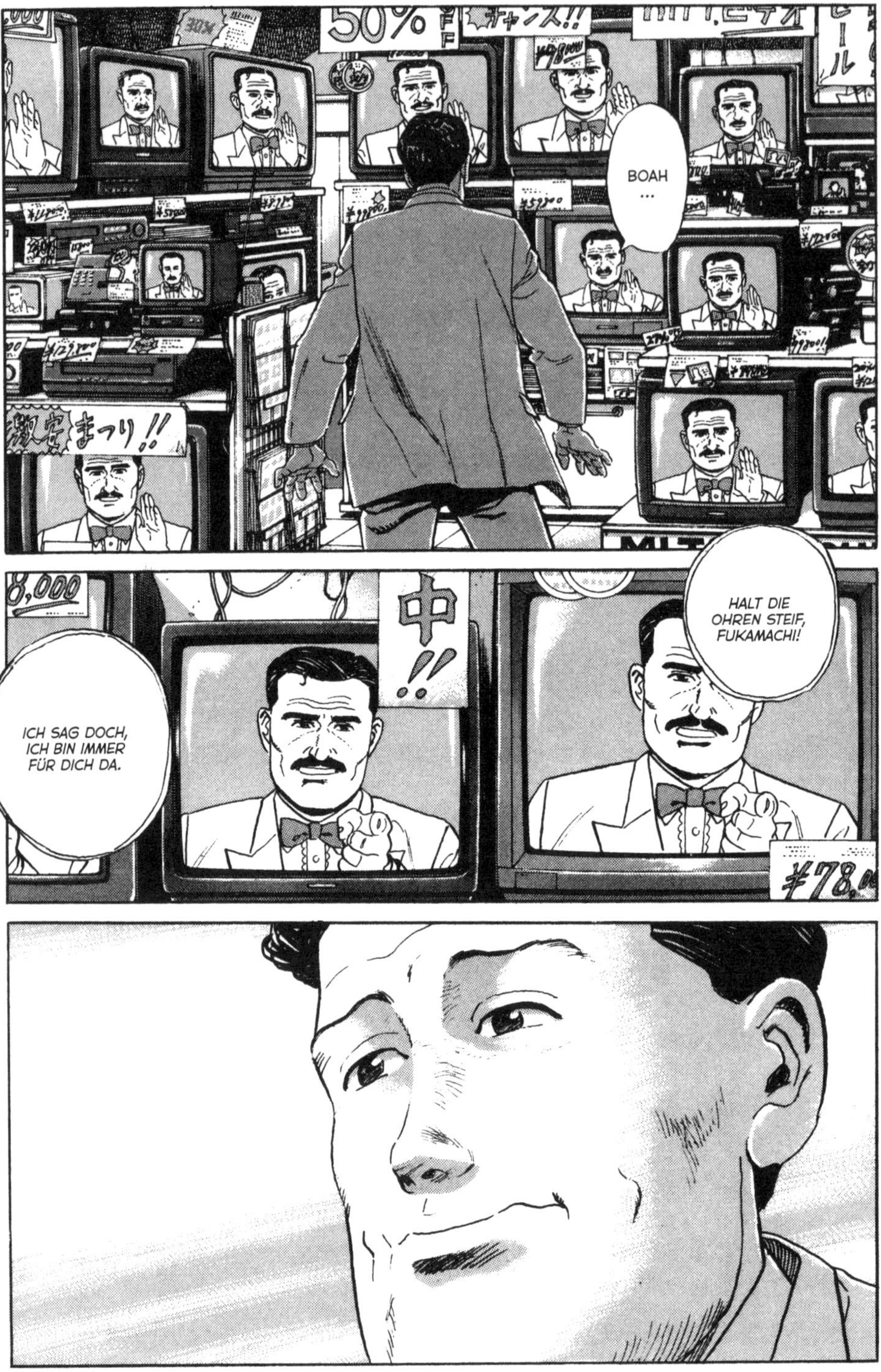
50%
BOAH
...
激安まつり!!
中!!
HALT DIE OHREN STEIF, FUKAMACHI!
ICH SAG DOCH, ICH BIN IMMER FÜR DICH DA.

**1948**

25. November, Jotaro kommt im Horinouchi-Viertel in der japanischen Stadt Kawasaki (Teil der heutigen Metropolregion Tokio-Yokohama) auf die Welt. Er ist das erste Kind von Kinjiro Fukamachi und seiner Ehefrau Hana. Der Vater Kinjiro wurde nach der Niederlage Japans im Zweiten Weltkrieg repatriiert aus der größten mandschurischen Hafenstadt Dalian (auf der Halbinsel Liaodong im Nordosten Chinas quasi gegenüber des heutigen Nordkorea am Gelben Meer), die von 1905 bis 1945 unter japanischer Kontrolle stand. Zunächst kommt er in einem sozialen Wohnungsbau für Rückkehrer in Kawasaki unter. Dort lernt er Hana kennen, die ebenfalls in der Mandschurei aufwuchs, nämlich in der zweitgrößten Hafenstadt Yingkou, und die zur selben Zeit repatriiert wurde. Beide heiraten, bevor sie sich in Kawasaki niederlassen, wo Kinjiro eine Ziegelei eröffnet.

**1950**

Im Dezember Geburt des Bruders Yujiro. Dieser wird nach seiner Schulzeit an der Shonan High School an der juristischen Fakultät der Universität Tokio studieren, bevor er eine berufliche Karriere in der Verwaltung des Gesundheitsministeriums beginnt. Die Brüder werden sich mit der Zeit stark entfremden, sodass schließlich kaum noch Kontakt zwischen ihnen besteht.

**1954**

Ab April besucht Jotaro einen privaten Kindergarten. Hier zeigt sich schon nach wenigen Wochen sein rebellischer Charakter. Er wird nach damaligen Standards als „schwer erziehbar" eingestuft und muss den Kindergarten verlassen. Auch in einem zweiten Kinderhort hält er es nicht lange aus und muss nach einem Streit, bei dem er einen anderen Jungen verletzt, noch am selben Tag seine Sachen packen. Einen dritten Versuch wollen die Eltern nicht wagen und so verbringt er die letzten wenigen Monate vor dem Eintritt in die Grundschule im Elternhaus.

**1955**

Ab April geht er auf eine städtische Grundschule. Sein aufmüpfiger Charakter sorgt weiter für Probleme und führt ihn häufig auf die Krankenstation. Nicht selten muss er nachsitzen oder erhält zeitweise sogar Einzelunterricht.

**1958**

Vom vierten bis sechsten Schuljahr entwickelt Jotaro eine Faszination für einen bestimmten Lehrer, der ihn maßgeblich prägen wird: der für den Sprach- und Literaturunterricht zuständige Lehrer Hasegawa Ryuhei. Besonders der Leitspruch des Lehrers hat es Jotaro angetan: „Von den Sternen am Himmel bis zu den Kieselsteinen des Flussbettes gibt es nichts Unnützes auf dieser Welt. Auch du hast eine Rolle zu spielen. Auch du bist auf diese Welt gekommen, um einem Zweck zu dienen." Von da an beginnt Jotaro nicht nur, mehr und mehr seine Gewaltausbrüche zu kontrollieren, sondern es wird in ihm auch sichtlich ein frühes Interesse für Literatur und Philosophie geweckt. Man findet ihn immer öfter in der Bibliothek, wo er sich in die Fortsetzungsromane „Daibutsu Tōge"[1] von Kaizan Nakazato oder „Musashi"[2] von Eiji Yoshikawa vertieft.

[1] „Daibutsu Tōge" (etwa „Der Große Boddhisatva Bergpass") erschien in 32 Folgen zwischen 1913 und 1941 landesweit in verschiedenen Zeitungen, wurde aber nie abgeschlossen, da der Autor 1944 verstarb. Das figurenreich angelegte Werk, dem eine klare Linie fehlt und das vielmehr eine Serie von Episoden ist, erfreute sich vor allem aufgrund der volkstümlichen Motive und der nihilistischen Figuren großer Popularität. Das Werk bzw. Episoden daraus wurden mehrfach für das japanische Kino adaptiert.

[2] Zwischen 1935 und 1939 in der Tageszeitung „Asahi Shimbun" veröffentlicht, erzählt dieser Fortsetzungsroman die Abenteuergeschichte des historisch belegten Ronin (also herrenlosen Samurai) Miyamoto Musashi. Der Roman diente mehrfach als Vorlage fürs heimische Kino, und selbst noch die Manga-Serie „Vagabond" (erscheint seit 1998) von Takehiko Inoue beruft sich wesentlich auf „Musashi".

**1960**
Jotaro verliebt sich erstmals Hals über Kopf. Doch die angebetete Eiko Nagashima, die in der Schulbibliothek aushilft, reagiert abweisend auf seinen Liebesbrief. Er ist am Boden zerstört.

**1961**
Weiterhin in Horinouchi in Kawasaki zuhause, führt es Jotaro jetzt ins städtische College, wo er sich umgehend beim Schwimm-Klub und beim Kunst-Klub einschreibt. Vom Kunst-Klub erhofft er sich vor allem, Mädchen kennenzulernen. Im Schwimm-Klub macht er wiederum mit, um nicht als Stubenhocker zu gelten und außerdem bewegt er sich gerne, doch dann überrascht er sich selbst und auch andere: 1962 Sieger des Stadtturniers in den Kategorien 100-Meter-Freistil und 100-Meter-Schmetterling. 1963 Erster im 200-Meter-Schmetterling und Zweiter im 100-Meter-Freistil und 200-Meter-Einzellagen. Aber der kulturverliebte Jotaro wäre nicht er selbst, wenn er in dieser Zeit nicht auch eine Leidenschaft fürs heimische Kino entwickelt hätte, insbesondere für die Genrefilme des Produktionsstudios Nikkatsu.

**1964**
Wechsel auf das städtische Berufscollege von Shirite in Kawasaki. Auch hier tritt er wieder dem Schwimm-Klub bei und schreibt sich im Literatur-Klub ein. Doch erneut bringt ihm sein Kulturenthusiasmus kein Glück bei den Frauen: Ein Liebesbrief an die Mitschülerin Yoko Naito führt nur wieder zu einer Abfuhr, er ist verzweifelt.

**1965**
Sieg beim nationalen Schulwettkampf im 100-Meter-Schmetterling und zweiter Platz im 400-Meter-Einzellagen.

**1966**
Bei den japanischen Meisterschaften wird er Zweiter im 100-Meter-Schmetterling, Sechster im 200-Meter-Schmetterling und Sechster im 400-Meter-Einzellagen. Daraufhin wird er sogar in die nationale Vorauswahl für die Olympischen Spiele 1968 in Mexiko berufen, aber am Vorabend der Abreise zu einem wichtigen Trainingscamp betrinkt er sich und wird in eine Schlägerei mit Studenten aus Tokio verwickelt… Dem nationalen Schwimmverband bleibt nichts anderes übrig, als Jotaro wieder nach Hause zu schicken. Doch es bleibt nicht bei diesem Schicksalsschlag, und das was folgt, ist sogar noch weit heftiger: Im Oktober 1966 stirbt die Mutter nach schwerer und langer Krankheit im Alter von nur 54 Jahren.

**1967**
Er beendet das College und findet eine Anstellung als Verkäufer bei „Scottish", einem angesehenen Geschäft, das sich auf den Verkauf von Krawatten spezialisiert hatte.

**1968**
Im Jahr 1968 sorgen zivile Bewegungen, die für den Weltfrieden sowie mehr soziale Gerechtigkeit und gegen Diskriminierung und das Establishment kämpfen, mehr denn je weltweit für Unruhen. Unter diesem Eindruck kommt es im September auch in der Belegschaft, zu der Jotaro gehört, zu Forderungen nach verbesserten Arbeitsbedingungen und Streikmaßnahmen. Jotaros Arbeitgeber macht in ihm einen der Rädelsführer aus, er wird fristlos entlassen. Zu allem Überfluss führt ihn sein Liebesleben erneut in eine Sackgasse: Die Arbeitskollegin Satomi Kobayashi, auf die er ein Auge geworfen hatte, beachtet ihn nicht, sondern bandelt mit dem eigentlichen Anstifter Mitani an. Jotaro muss sogar noch erleben, wie sie kurz darauf heiraten. Sein Selbstwertgefühl ist auf dem Nullpunkt angekommen.

## 1970

Halb aus Verzweiflung, halb aus Frust beginnt Jotaro, Verbindungen in die lokale Unterwelt zu knüpfen und arbeitet bald schon als Schuldeneintreiber und Kurier für einen Bandenboss aus Yokohama, der nur unter seinen Spitznamen „Fugu" alias „Kugelfisch auf Beinen" bekannt ist. Doch wie er sich in dieses Abenteuer gestürzt hat, so stürzt er sich auch schon ins nächste: Aus einer Laune heraus beschließt er, sich spontan als Gasthörer an der nicht weit entfernten, ehrwürdigen Waseda-Universität in Tokio einzuschreiben. Er hängt seine kriminelle Karriere an den Nagel und taucht erst mal eine Weile ab, wobei ihm der neue Job als Wachmann sogar sehr hilft. Im Mai wird er an der Kodokan-Judo-Sportakademie aufgenommen. In der Folge wird er es bis zum schwarzen Gürtel im Rang eines 2. Dan schaffen. Im Oktober wird er bei der Bungaku-za-Theatertruppe vorstellig, aber die Leiterin Haruko Sugimura[3] gibt ihm früh zu verstehen, dass sein Talent für die Bühne nicht reicht. Weiterhin auf der Suche nach Beschäftigung entdeckt er eine Anzeige im beliebten Jugendmagazin Monthly Myojo, die für einen Fernkurs zwecks Ausbildung zum Privatdetektiv wirbt. Er fühlt sich natürlich sofort angesprochen und meldet sich dort.

## 1971

Jotaro hangelt sich weiter von Gelegenheitsjob zu Gelegenheitsjob: Im Juli beginnt in er in der Müllverbrennung der Medizinischen Fakultät der renommierten Universität Tokio zu arbeiten. Hier begegnet er erstmals Sumiko Kawashima, die zu diesem Zeitpunkt eine Fortbildung an der Uniklinik absolviert. Jotaro startet eine Charmeoffensive und ab September beginnen beide sogar, miteinander auszugehen. Dann geht alles ziemlich schnell, denn kaum ist das Jahr um, stehen beide im Standesamt. Vater Kinjiro bricht während der Hochzeitsfeier vor Glück in Tränen aus.

## 1972

Im August wird Tochter Kaori geboren. Vom Sommer 1972 bis zum Frühjahr 1973 bleibt Mutter Sumiko beim Kind in ihrem neuen Domizil im Tokioter Stadtbezirk Minato. Jotaro jobbt mittlerweile auf einer Baustelle, die dem Ausbau der Metro dient.

## 1973

Im Juni, nachdem er wegen Nichtzahlung der Studiengebühren seinen Gasthörerschein an der Waseda-Universität entzogen bekommen hat, schreibt er sich für die Laufzeit von zwei Jahren für Abendkurse an der Detektivschule „Eyeful" (Leitung: Ogawa Mayumi) ein. Umzug in den Bezirk Naka in Yokohama. Im November wird Sumiko als Assistenzärztin am Kanagawa Cardiovascular and Respiratory Center in Yokohama eingestellt.

## 1975

Jotaro darf sich ab sofort Absolvent der Eyeful Detective School schimpfen… mit der Note C-. Mit seinen Mitschülern Tani, Okawa und Kawaguchi wird er als Detektiv an der Schule angestellt. Während es für ihn erstmals beruflich etwas erfolgreicher läuft, gibt es im Eheleben mit Sumiko erste Anzeichen einer Krise.

---

[3] Haruko Sugimura (1906-1997): Theater- und Kinoschauspielerin. Sie gehörte 1937 zu den Gründungsmitgliedern der Bungaku-za-Truppe, die wesentlich das „Neue Theater" in Japan einführte, also die ein Theater nach eher westlichem Verständnis und entsprechende Stücke spielte und auch Frauen (wieder) individuelle Rollen gestattete. Mit der Zeit übernahm sie faktisch auch die Leitung der Truppe und galt als nationale Theatergröße. Ihr Ruhm wurde auch durch Rollen in über 100 Film- und Fernsehproduktionen vermehrt, wodurch sie im Grunde mit dem Who is Who des japanischen Nachkriegsfilms (Ozu, Kurosawa, Kinoshita, Naruse, Mizoguchi, Inagaki, Imai, Toyoda, Kobayashi, Shindo) zusammenarbeitete.

**1976**

Im April reist Sumiko als Visiting Fellow an die Johns Hopkins University in die USA. Als sie beschließt, Kaori mitzunehmen, kommt es zum Bruch. Es folgt die Scheidung. Für Jotaro ist das der härteste Schicksalsschlag, den er bis dahin in seinem Leben erfahren hat.

**1978**

Jotaro findet langsam wieder raus aus seinem Stimmungstief und eröffnet das unabhängige Detektivbüro „Shark Investigations". Seinen Arbeitsplatz richtet er im zweiten Stock der Zahnarztpraxis Sugimoto ein, die ebenfalls im Stadtteil Naka von Yokohama liegt. Die ersten heiklen Fälle, die es zu lösen gilt, lassen auch nicht lange auf sich warten. Im April stirbt sein Vater Kinjiro im Alter von 60 Jahren, nachdem er die letzten Jahre sehr zurückgezogen in tiefer Trauer um seine verstorbene Frau verbrachte.

**1979**

Im Dezember führt ihn ein Fall erneut in die Welt der organisierten Kriminalität, wo er auf den Yakuza Kurosaki Junichi trifft, der ein lustiger Geselle ist und zu dem er in der Folge eine gewisse Freundschaft entwickelt. Gleichzeitig lernt er in diesen Tagen die zwei Polizisten Gotoda und Moriyama kennen, die selbst so ihre Probleme damit haben, Gesetzestreue an den Tag zu legen, sich aber von Zeit zu Zeit trotzdem als ganz nützlich erweisen. Die beiden sind erst seit kurzem im Polizeirevier von Naka tätig und somit auch fürs Hafenviertel von Yokohama verantwortlich. Kurze Zeit später lernt Jotaro außerdem noch Polizeioberkommissar Tojo kennen, der sich selbst als „Finanzaufseher" versteht, was Jotaros Sorgen und Probleme nicht kleiner werden lässt.

**1982**

Die Krise aufgrund des starken Yen macht auch Jotaro zu schaffen, denn es kommen kaum noch Aufträge rein, daher plant er kurzzeitig die Schließung seines Ermittlungsbüros. Er überlegt es sich aber noch einmal und gelangt zum Ergebnis, lieber noch einen Wach- und Sicherheitsdienst anzubieten. Als sich sein Yakuza-Freund Kurosaki jedoch darüber lustig macht und dann auch noch die Sache mit dem „Klapperschlangen-Trio" passiert, verwirft er die Idee. Er gibt sich damit zufrieden, dass er wohl für immer der „Bluthund ohne Halsband" sein wird, selbst wenn er dafür regelmäßig auf warme Mahlzeiten verzichten muss.

**1986**

Im Laufe der 1980er-Jahre hält auch in Japan eine neue internationale Popkultur Einzug, was man besonders am Look und Publikum der Bars und Spielhallen erkennt, die jetzt das Stadtbild prägen. Das bemerkt natürlich auch Jotaro, der schon aus beruflichen Gründen nicht umhinkommt, sich in diesen Etablissements herumzutreiben. Der Wandel wird ihm noch einmal besonders bewusst, als ein Caféhaus-Möchtegern-Autor ihn darauf aufmerksam macht, dass sein Kleidungsstil „ja komplett aus der Zeit gefallen" sei. Doch Jotaro, der modisch weiterhin unter dem Einfluss der Nikkatsu-Filme der 1960er-Jahre steht, lässt sich davon nicht beirren und beschließt kurzerhand, von nun an lebenslang einen „anachronistischen Geschmack" zu pflegen.

**1989**

Beflügelt vom Börsenboom und dem hohen Kurs des Yen nach dem Plaza-Abkommen steckt er all seine mageren Ersparnisse in den Kauf von Aktien. Doch nicht nur seine Börsenspekulationen scheinen glücklich zu verlaufen, auch eine eher versehentliche Investition ins Glücksspielautomatengeschäft geht auf. Die Abende verbringt er mittlerweile damit, sein Geld zu zählen und Listen zu erstellen mit dem, was er in naher Zukunft alles kaufen möchte. Es scheint keine Grenzen mehr zu geben, und selbst sein langjähriger Freund Kurosaki, ebenfalls vom Finanzhoch getrieben, plant über eine Immobiliengesellschaft, in die auch Jotaro investiert, ein Casino-Projekt auf der Insel Martinique. Im Rausch der Glücksgefühle traut er sich wieder, einer Frau seine Gefühle zu offenbaren: Doch der Liebesbrief an Fubuki Yoriko, eine Frau aus der Nachbarschaft, der er immer wieder über den Weg läuft, bleibt unbeantwortet. Während einer sich anschließenden Panikattacke erwirbt Jotaro eine Grabstelle am Fuße des Berges Fuji, um Sumiko das Angebot zu unterbreiten, dort für sie beide ein Familiengrab einzurichten. Der Vorschlag kommt aber gar nicht gut an und Jotaros Kummer wächst weiter.

**1991**

Die Spekulationsblase platzt. Das Casino-Projekt auf Martinique stellt sich als Griff ins Klo heraus. Jotaro und mit ihm viele andere sind gezwungen, ihre Aktien zu Schleuderpreisen abzustoßen, sie werden zu Opfern einer Schuldenspirale. Zu allem Überfluss hat er jetzt auch noch den Geldverleiher Tojo an den Fersen kleben, der ihn in die Mangel nehmen will. Vorübergehende Depression. Im selben Jahr heiratete Sumiko erneut, einen Arzt, doch noch während den Flitterwochen in Buenos Aires kommt es zur Scheidung. Jotaros Depression ist plötzlich wie weggeblasen – für kurze Zeit zumindest.

**1992**

Die Zahnärztin Sugimoto heiratet ausgerechnet den Polizisten Gotoda. Jotaro muss daraufhin seinen Schreibtisch räumen. Mal wieder am Ende mit seinem Latein, nimmt er eine Stelle als Reinigungskraft bei der Metro an. Eine feste Bleibe hat er zu dieser Zeit nicht. Doch Sugimotos Eheglück hält nicht lange, nach nicht einmal drei Monaten gehen sie und Gotoda wieder getrennte Wege. Jotaro darf sein altes Büro wieder beziehen, als Sugimoto von seinem aktuellen Zustand erfährt, der sich auch auf seinen Bluthochdruck ausgewirkt hat. Immerhin hat er mittlerweile mit dem Rauchen aufgehört.

**1994**

Aufgrund einer heimtückischen Intrige eines seiner Untergebenen verliert Kurosaki seine Position als Bandenboss und wird obdachlos. Doch er schmiedet schnell einen Racheplan und schon zwei Monate später kann er wieder seinen alten Platz einnehmen. In den Wochen danach umwirbt er die schöne Otake Maho, eine Journalistin, die für die Kulturseiten der Tageszeitung „Tonichi" schreibt. Am Abend der Hochzeitsfeier stirbt Kurosaki auf brutale Weise bei einem vermeintlichen Unfall. Jotaro fühlt sich schuldig, weil er es nicht verhindern konnte. Otake Maho kündigt bei der Zeitung und tritt in die unternehmerischen Fußstapfen von Kurosaki, die sie schon bald auf ihre ganz eigene raffiniert-kriminelle Art ausfüllt.

**1997**

Im November, am Tag seines 49. Geburtstags, schließt er sich mit Sugimoto, die ihre Tätigkeit als Zahnärztin an den Nagel hängt, zusammen, um gemeinsam eine Detektei zu gründen: Es ist die Geburtsstunde des Ermittlungsbüros „Full Moon". Voller Elan blickt Jotaro wieder in eine goldene Zukunft, wobei er diesmal den festen Entschluss fasst, sich mehr denn je für die gute Sache einzusetzen und nicht nur darauf zu achten, sich mit vollen Taschen aus jeder Affäre zu ziehen…

*(Verfasser: Sekikawa Natsuo, Leitender Ermittler)*

Dies ist der letzte Band von *Trouble is my business*. Begonnen hat es im Dezember 1979, also sind 18 Jahre vergangen, seitdem Fukamachi Jotaro diese Bühne betrat. Damals war er 31, seit vier Jahren als Privatdetektiv tätig, und ein Freund beschrieb ihn so:
„Manchmal wirkt er wie ein einsamer Knabe im Anblick des Ozeans, manchmal trällert er Liedchen wie ein sorgloser Wanderbursche à la 'Hab Sonne im Herzen'. Mitunter erinnert er an einen hungrigen, reißenden Wolf, dann wieder an ein altes Ferkel. Er ist ein Gauner in Geldfragen und ebenso in der Liebe. Ständig schwankt er zwischen Hoffnung und Verzweiflung und er gleicht einem streunenden Kater, dessen einzige Konstante die Lust auf das pulsierende Leben in den Straßen und Gassen seiner Stadt ist."
Geboren wurde er 1948, er ist also ein Babyboomer. Kennzeichnend für jene schlimme Generation ist das ewige Lamento über die Gesellschaft, die an allem schuld ist, sowie das Dagegensein gegen alles. Fukamachi würde dies zwar nicht zugeben, aber „der Tiger verliert seine Streifen nicht in der Wäsche", wie es so schön heißt.
1971, mit 22 Jahren, lernte Fukamachi Jotaro die junge Ärztin Kawashima Sumiko kennen. Sie absolvierte ihr praktisches Jahr in der Uniklinik und war zwei Jahre älter als er. Noch im selben Jahr heirateten sie. Als Sumiko schwanger wurde, unterbrach sie ihre Berufstätigkeit und bekam die Tochter Kaori.
– „Die Knarre in der Faust, den Glimmstängel im Mundwinkel."
– „Den lockenden Blick einer schönen Frau mit entblößten Schultern erwidern, indem man die eigenen zuckt." (die Schultern)
– „Bourbon ohne Eis und unflätige Bemerkungen."
Das und mehr fand Fukamachi klasse, deshalb wollte er Detektiv werden. 1973 schrieb er sich in der Detektivakademie Eyeful ein, die es zu trauriger Berühmtheit gebracht hatte. Zwei Jahre lang genoss er die durch und durch belanglose Ausbildung durch die Leiterin, Ogawa Mayumi. 1975 machte er sich mit seiner Firma Shark Investigations selbstständig.
Nach der Niederkunft kehrte Sumiko zurück in die Welt der Medizin und zeigte wenig Verständnis für die Männlichkeitsfantasien ihres Gatten. Denn in das Reich der Fantasie gehörte das alles. Wäre Jotaro ein braver Krawattenverkäufer, der im Haushalt mit anpackte und sich um seine Tochter kümmerte, hätte er in Frieden mit seiner Frau alt werden können. Leider ließ er solche Vernunft vermissen.
1976 hatte Sumiko die Ehe satt und ließ sich von Fukamachi Jotaro scheiden. Deutlicher ausgedrückt: sie setzte ihn vor die Tür. Aber vergessen kann er sie nicht. Natürlich weiß er, dass die Uhr sich nicht zurückdrehen lässt, dennoch lassen die Erinnerungen ihn nicht los. Doch von der Tätigkeit als Privatdetektiv kann er auch nicht lassen. Natürlich weiß er, wie frustrierend dieser Job ist und dass er keine großen Lorbeeren damit ernten wird, dennoch ist die Leidenschaft stärker.
– „Als Mann weiß man einen gesprächigen Bartender sehr zu schätzen. Er weiß alles, versteht alles und vergisst alles sofort. Er hat ein beneidenswertes Leben."
– „Privatdetektiv, das ist kein Beruf, sondern ein Lebensstil. Schön und schmutzig zugleich, verachtet und in der ganzen Welt beneidet."
– „Ein Privatdetektiv ist wie ein Schmetterling auf der Mündung einer Kanone."
Als reifer Mann nimmt Fukamachi Jotaro aus fehlgeleitetem Stolz viele Nackenschläge hin, sein Leben gleicht einer Kette von Eseleien. 1998 wird er 50.

„Viel Wasser ist unter seinen Brücken hindurchgelaufen. Die Tage vergingen zu Tausenden, die Stunden schlugen zu Zehntausenden. Freunde kamen und gingen. Die Jahre lasteten schwer auf den Schultern des Privatdetektivs, das Haar wurde grau, aber er harrte an seinem Platz aus, aufrecht und allein. Als hätte er ein Herz aus Stahl. Doch selbst ein ehernes Herz wird angesichts menschlicher Not manchmal weich. Diesem Zustand hilft ein kräftiger Schluck Schnaps wieder ab."

Solche Ergüsse sind in Fukamachi Jotaros Tagebuch zu lesen. Was für pompöses Geschwätz, diese weinerliche Nabelschau! Mit Menschen wie diesen möchte man sich gar nicht lange abgeben.

Gibt es dennoch eine Zukunft für Fukamachi Jotaro, den gealterten Detektiv mit der sinkenden Sehkraft und dem steigenden Blutdruck, der früh zu Bett geht und spät aufsteht?

„Ja."

Als Autor kann ich das sagen. Das Böse ist ebenso unsterblich wie die Liebe, und dasselbe gilt für Privatdetektive.

Vielleicht ist der ewig unreife Fukamachi mir im Lauf der Jahre unter die Haut gegangen, und vielleicht muss ich ihm die Zeit lassen, doch noch ein reifer Mann zu werden. Vielleicht wird das ehrwürdige Alter sogar die aufregendste Zeit seines Lebens. Diese Hoffnung gebe ich meinem Helden mit auf seinen weiteren Weg.

**Sekikawa Natsuo**
November 1997

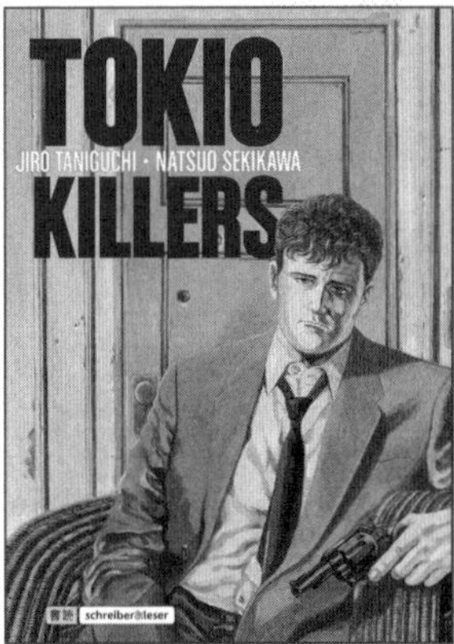
TOKIO
JIRO TANIGUCHI · NATSUO SEKIKAWA
KILLERS
schreiber&leser



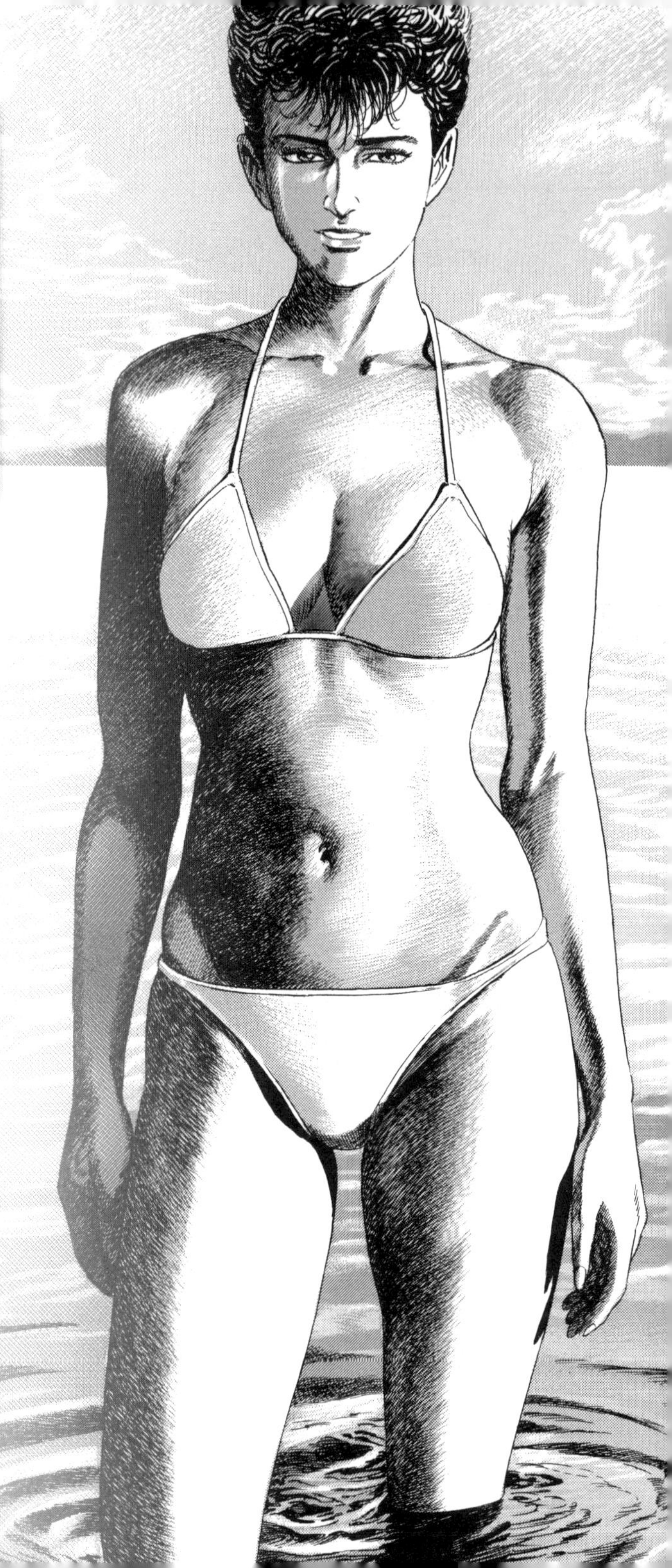

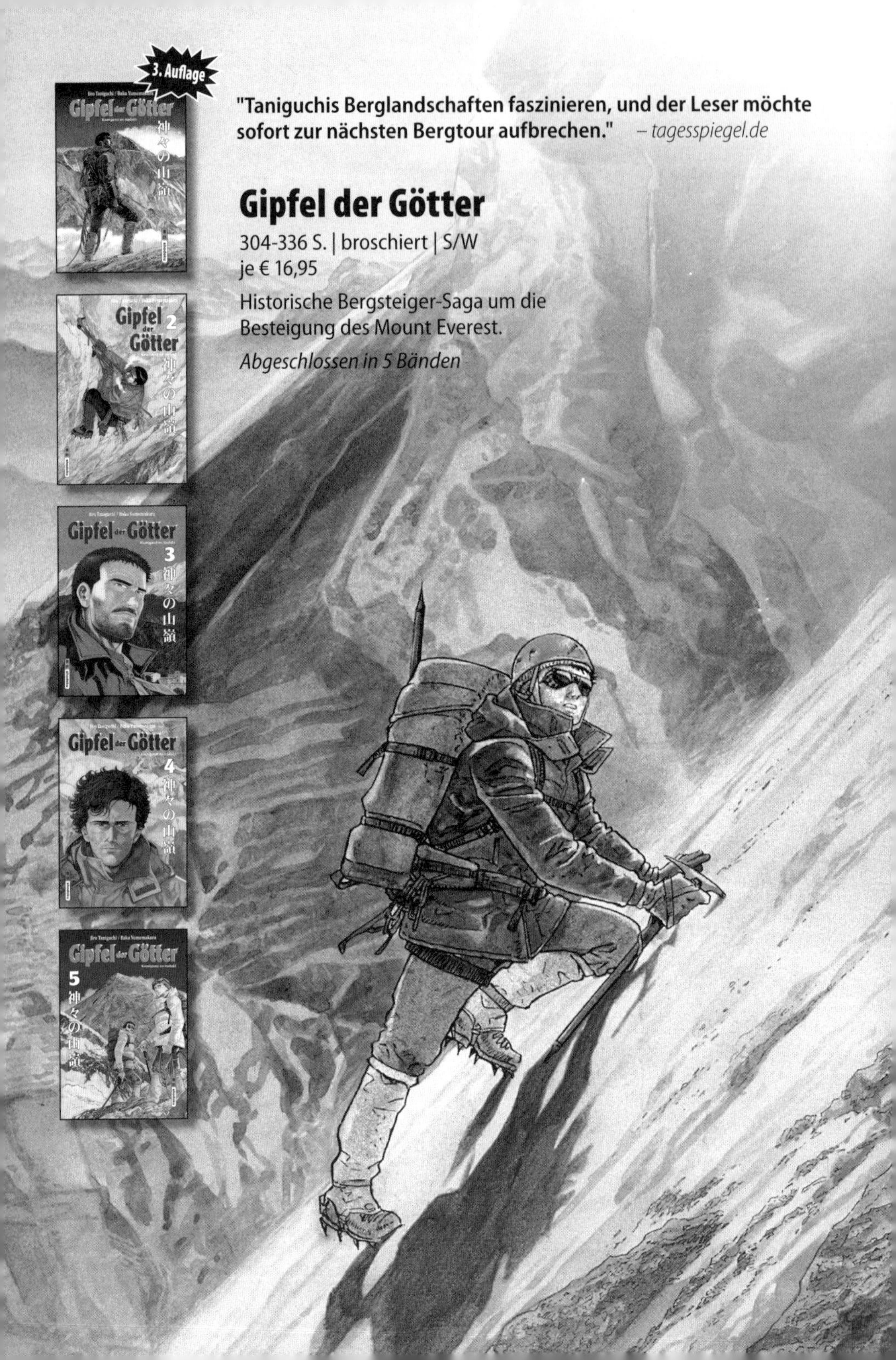
3. Auflage
"Taniguchis Berglandschaften faszinieren, und der Leser möchte sofort zur nächsten Bergtour aufbrechen." – tagesspiegel.de
Gipfel der Götter
304-336 S. | broschiert | S/W
je € 16,95
Historische Bergsteiger-Saga um die Besteigung des Mount Everest.
Abgeschlossen in 5 Bänden
Gipfel der Götter
Gipfel der Götter 2
Gipfel der Götter 3
Gipfel der Götter 4
Gipfel der Götter 5

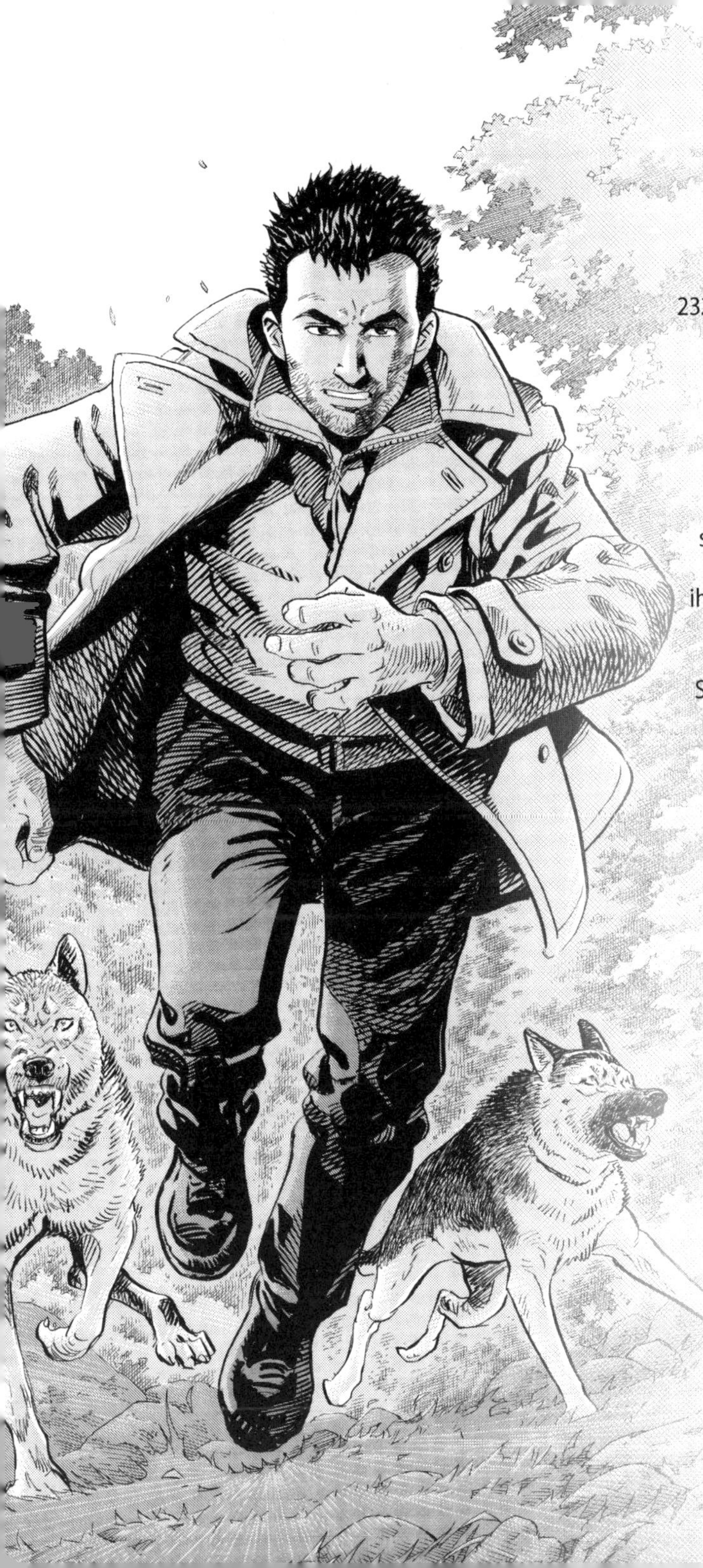

# Jäger

*Abgeschlossen in 2 Bänden*
1. Witterung aufnehmen
2. Auf der Pirsch

232 u. 224 S. | broschiert | S/W
je € 16,95

Taku Ryumon liebt das einfache Leben in seinem Bergwald und seinen Apportierhund Joe. Mit seinem großen Wissen über Wild und Hund gelingt es ihm hin und wieder, verloren gegangene Jagdhunde aufzuspüren - was ihm den Spitznamen „Philip Marlowe der Berge“ eingebracht hat.

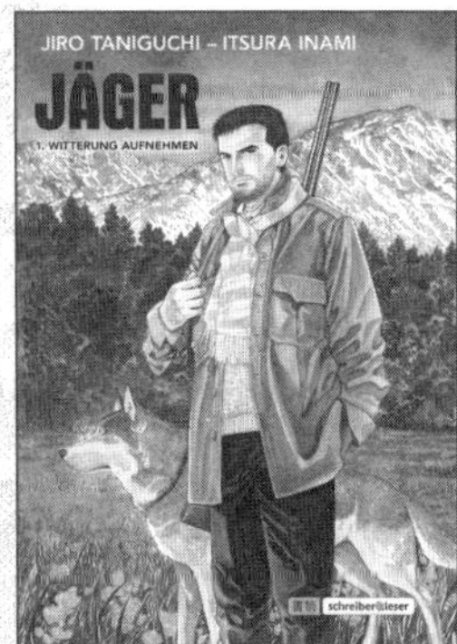


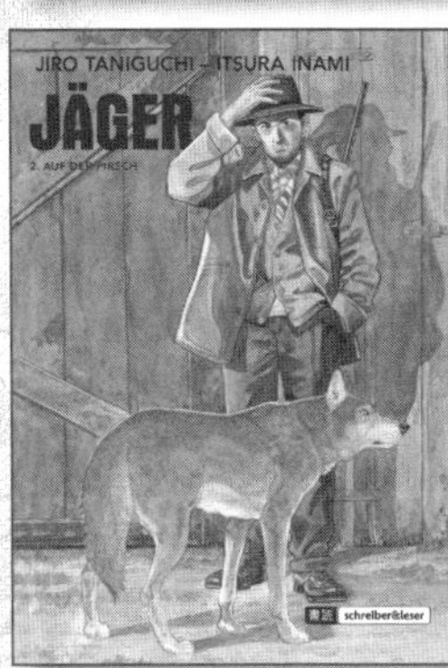

# Achtung, hier ist das ENDE!

**Dieser Manga liest sich wie das japanische Original von rechts nach links.**

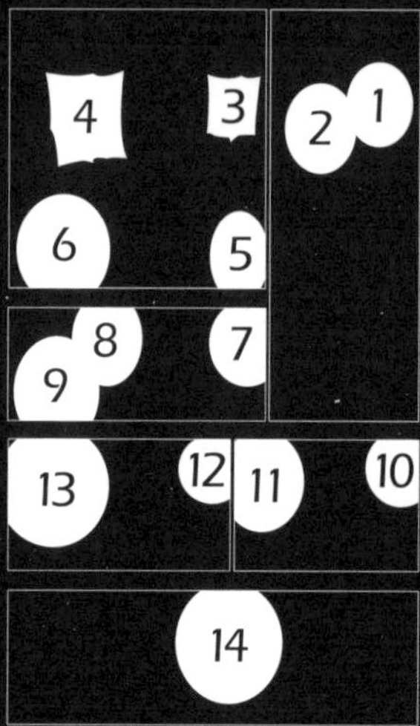


**Lesereihenfolge**

1. Auflage 2021


www.schreiberundleser.de

ISBN: 978-3-96582-072-2

Original Title: „Jikenya Kagyo" vol. 6 by Jiro Taniguchi and Natsuo Sekikawa


First published in Japan in 1996 by Futabasha Publishers Ltd.



Übersetzung: Tsuwame und Resel Rebiersch

Textbearbeitung: Ömür Gül